陳澧集

增訂本

〔清〕陳澧 著

黃國聲 主編

第四册

麥耘 尉遲治平 等 整理

上海古籍出版社

第四册目録

説文聲表

麥耘、尉遲治平 等 點校

點校説明

《説文聲表》十七卷（因篇幅關係，臺灣本〔詳下〕將卷十五分爲上、下，廣州本〔詳下〕更將卷五亦分上、下）是陳澧研究上古漢語音的著作，具體地説，是從諧聲角度研究上古韻部的著作。陳澧有《説文聲表序》云：

上古之世，未有文字，人之言語，以聲達意。聲者，肖乎意而出者也。文字既作，意與聲皆附麗焉。象形、指事、會意之字，由意而作者也。形聲之字，由聲而作者也，聲肖乎意，故形聲之字，其意即在所諧之聲。數字同諧一聲，則數字同出一意，孳乳而生，至再至三，而不離其宗焉。……乃以暇日爲之編次，以聲爲部首，而形聲之字屬之。其屬字之次第，則以形之相益爲等級，以意之相引爲先後，部首之音相近者，其部亦以類聚，依段氏古韻定爲十七卷。其後讀戴東原書，知其嘗勸段氏爲此書，謂以聲統字，千古奇作。竊自幸所見，不謬於前人。又聞姚文僖公及張皋文、錢溉亭皆嘗爲此，求其書讀之，錢氏書不可得，姚氏書改篆爲隸，張氏書則爲古韻而作，與澧所編之意不同。遂存此編，弗忍棄也。（見本集第壹册《東塾集》卷三）

其書取《説文解字》九千餘字（不取徐鉉新附字），以段玉裁古韻十七部爲綱，按諧聲偏旁重新縷列，類而聚之，形成一個諧聲系統，其中有些諧聲偏旁和諧聲字的分部、歸屬與段氏不同。每字基本上鈔録大徐本《説文解字》原文（包括徐鉉所附反切，時亦鈔録徐鉉注），但爲理順諧聲關係，有時略作變更（主要是將部分古文或籀文移作字頭，或篆文與古籀分列，並相應改動説解），又少數地方取小徐本的説解（主要是大徐不言聲而小徐言聲之處），陳氏大都作出説明。又時引段玉裁《説文解字注》、姚文田《説文聲系》等，並參有陳氏自己的看法。

據黄國聲、李福標兩位先生所編《陳澧先生年譜》（廣東人民出版社二〇一四年版），陳氏於道光十八年（一八三八）始作《説文聲統》，至道光二十年（一八四〇）書成。書名初作《説文聲類譜》，嗣後改爲《説文聲統》，再改《説文聲表》。陳氏晚年撰《自述》（後人冠於《東塾讀書記》卷首），即稱此書爲《説文聲表》。本整理本即用此書名。（但《蛾術軒篋存善本書録》謂其書原名《説文聲表》，而指《説文聲統》爲陳氏晚年所改，有待商榷。）

此書在陳氏生前不曾正式刊行。從陳氏與友人的來往書信可知，他曾於咸豐三年（一八五三）有過付剛之謀，並爲此撰寫《説文聲表序》，但未能如願。長期以來，此書以多種謄鈔本形式流傳。據陳氏致徐灝（字子遠，有《説文段注箋》等行世）數番書信（見《東塾集外文》卷五《與徐子遠書》之十、十一、十二等），曾有一個多次校訂的謄清本，並據以另鈔一本付徐氏，請其爲之作箋（但徐氏未有所作）。陳氏門人胡錫燕亦鈔有一本。據陳澧曾孫陳之邁所言（見本書跋），陳澧逝世之後，其弟子廖澤群曾送一謄本予廣雅書局供出版，事亦未成。陳澧孫陳慶琳在抗戰前又另存一謄本於上海信托公司，却因戰火散佚。惟此書之目録，即「標目」部分，曾單獨抽出傳鈔，題《説文聲表標目》，今每見於各地一些圖書館中。

一九五九年，加拿大英屬哥倫比亞大學（The University of Columbia，UBC. ca）亞洲圖書館從澳門購得一批中國綫裝圖書，其中有陳澧《説文聲統》鈔本一部。據該大學研究人員考證（估計係以藏書章爲據），其原藏者爲嶺南著名藏書家徐信符。一九七一年，臺灣文海出版社據此鈔本的影印件，以《説文聲表》的書名影印出版（分上、中、下三册）；後來還作爲《中國語文研究叢刊》之八再次印刷。另，《海外廣東珍本文獻叢刊》第一輯（廣東人民出版社二〇一六年版）收入此本，題《説文聲統》。以下將此本稱爲「臺灣本」。

臺灣本所據原本係由他人（大約是陳澧的弟子或子侄輩）抄寫，白紙，每頁十行。從字迹可看出，標目爲一寫者，卷一至卷十五上爲另一寫者，卷十五下及其後又爲另一人所寫。標目每卷之首均題「説文聲表標目弟某數」，而正文每卷之首多有陳澧自書「説文聲統」四字（有時寫卷數，大約係在分册裝訂之首頁）。書中有不少陳澧本人以朱筆所作勾改，頁眉或行間時有陳氏親筆批語。最初鈔寫及陳澧批改的時間均不詳。據陳之邁跋，原本多有空白頁，推測爲預留作箋之用，應與倩徐灝作箋有關；而此本原藏者徐信符正是徐灝之侄。由此可見，此本極有可能即陳澧書信中所言交付徐灝之本。

廣東省立中山圖書館藏有陳澧《説文聲類譜》鈔本一部，絲闌紙，每頁十行。卷首有「史悠豫丙午九月以翦本覆校」字樣(史悠豫係廣東著名學者史澄的子侄輩；丙午當指道光二十六年，即公元一八四六年)。承黄國聲先生指教，中山圖書館藏有多種陳澧稿本，均來自陳澧家藏，此本當亦是。(但未見上述史氏語)。此本非完本，缺失卷十五下之末尾部分及卷十六、十七，臺灣本綴於書後的《中國古籍珍本叢刊·廣東省立中山圖書館卷》(國家圖書館出版社二〇一五年版)第十册收入此本「《説文聲表》所收字《韻徵》無者」亦當在缺失之列。又，除卷一及卷二開頭數頁之外，大部分篆文字頭及籀文、古文空缺。推測係先由一人(或即史氏)鈔寫楷書部分，篆籀位置留空，由另一人填入，但因故祇有卷一及卷二小部分填完。按：陳氏著書有一習慣：每一草稿成，再作修改時，輒取草稿剪裁拼貼之，史氏所言「翦本」當即此類。史氏所據翦本殆陳氏自定的底本或諸底本之一。其時書成僅數年，尚用早期書名。以下稱此本爲「廣州本」。

近年坊間流傳一種陳澧《説文聲統》鈔本之影印本(底本似爲不甚清晰的照片本)，絲闌紙，每頁十二行。封署「復旦大學圖書館藏王氏學禮齋鈔本」。按此當爲一九六六年復旦大學圖書館所收王欣夫先生藏書之一。承復旦大學董建交教授提示，王先生《蛾術軒篋存善本書録》(上海古籍出版社二〇〇二年版)對此本有著録,言係馬叙倫先生據傳鈔本重作校勘,王先生從馬先生處借取,屬朱五峯氏鈔存。與臺灣、廣州兩本不同,此本之正文爲一簡略本,祇寫字頭(且以楷書而非篆書),省去《説文》的解説,故篇幅不及前述兩本之什一。書中每略摘取陳氏注文,可與臺灣、廣州本互見,又間以「倫案」起首出馬氏校語。臺灣、廣州兩本各諧聲系列多分紙謄鈔,使裝訂時或易致錯葉,而上海本不同諧聲系列祇分行,故於校訂次序有其便處。上述王先生著録中言及郭則澐先生事,而鈔本通篇不避清帝諱,是知寫於民國年間。至於馬先生所據傳鈔本是否亦爲簡略本,則暫未知。以與臺灣、廣州兩本相較,此本似更接近臺灣本。以下將此本稱爲「上海本」。

此次整理以臺灣本爲底本,所行數事如次:

一、儘量遵從臺灣本中陳澧手迹;原鈔及廣州本、上海本與陳澧所批改不同之處,一般不出校。但若涉及諧聲歸部不同時,則出校。陳氏所批内容,儻有不能體現於正文者,均録於校記中。

二、臺灣本有若干缺頁,均可據廣州本補全(其中一部分亦可從上海本看出),均出校。

三、臺灣本有個别明顯錯葉,或係原本裝訂即有誤,或係出版社影印時所亂,今參考標目及廣州本、上海本調整次序,亦不出校(廣州本亦有錯葉現象)。

四、標目及正文均有一個諧聲系列或一字重見於兩處者,均於校記中説明。

五、原書中雙行小注(今排爲單行小號字)或係引二徐,或係引段、姚,或出陳氏自注,屬反映陳氏對諧聲及古音觀點之緊要處，凡臺灣、廣州、上海三本有歧異者，必於校記中一一分説。

六、是書主《説文》大徐本，而又每謂「從小徐本」，凡遇此等，則於校記中説明大徐本的情況，用中華書局一九六三年影印陳昌治刻本。有需要説明小徐本情況時，則用中華書局一九八七年影印祁嶲藻刻本。

七、原本所鈔《説文》，時有魚魯，乃徑依大徐本改正，反切偶脱，亦據大徐本補。原書每引段玉裁或姚文田，整理時偶需查對原文，用成都古籍出版社一九八一年影印龔麗正校刊本《説文解字注》及商務印書館一九三六年影印粤雅堂本《説文聲系》。此類非必要不出校。

八、從上海本馬叙倫先生案語中每可窺見所據傳鈔本情況，今亦多録於校記中。

本書整理工作係中山大學中國古文獻研究所委托中國社會科學院語言研究所麥耘研究員組織。電子版輸入及初期校點工作，主要於二〇〇六年間，由華中科技大學尉遲治平教授帶領其研究團隊進行，參加人員有：姜永超、甘勇、張新艷、周揚；篆體字庫開發者：童小松。時在中山大學攻讀博士學位的李書嫻、胡海瓊，曾以上述團隊所輸入之文本與廣東省立中山圖書館善本室所藏廣州本（其時影印本尚未出版）作異同比對。降至二〇一一至二〇一二年間，麥耘（此時爲江蘇師範大學語言科學與藝術學院特聘教授）重新依據臺灣、廣州、上海三本，通盤檢覈一過。

陳澧曾孫陳之邁先生爲臺灣本寫有跋語，今附於書後。

目録

標目弟一

之臺寺時特待蚩
止徙
直
㝵
弋式代貸
戠
陟
士仕
畟
史吏
色
嗇
茲
甶畁
巛菑

才在存戋
辫
子
宰
采
再
則
仄
矢
食
司
絲
犛塞
巳巸
不否音部丕

啚
葡
佩
婦
負
北
皕
畐富䈏复復
伏
𠬝服
琙
母每緐
某
麥
牧

標目弟二

天芺渶

幺幼

皀《説文》皀讀若窈窕之窈。⿺尢皀讀若燿[三]

皛《説文》皛讀若皎[四]

杳

窅

梟

龠籥

県

囂

号號

唬

諕

隺

爻𡥈教肴[五]

敫噭

交要

高歊蒿

杲

臭

喬

敫

垚堯曉

虐

樂

褭

尿

⿰亻水

弱

尞橑

了

料《説文》讀若遼[六]

勞
刀到召昭照羔沼
弔
兆
肁肇
罩《説文》讀若到[七]
盜
卓
翟耀
屵《説文》讀若躍[八]

勺約的豹䫉
𠬢《詩》「挑兮達兮」，《説文》引作「𠬢」[九]
鼂《説文》讀若朝。「朝」字韻在此部，諧聲幽部[十]
皃
巢
喿
爵
雀截

羋繇
小肖削捎稍
㚖麃
猋
𠬪
暴暴
苗
毛
丿少眇
冃

標目弟三

㥑憂
𢆶幽
麀《説文》麀或从幽聲[十二]
酉
丣畱擂劉
牗
休
好
畜
冒
臭

丩收句昫姁
九尻
簋
韭
夰
顥《説文》云：「南山四顥」，即四皓也[十二]
臼
𣪘
咎晷
告造

匊
臼學覺
革
丂
求
𢍏
牛
要
𡿺
肉育充䍃繇缶
毓

流
牢
浮
囚
翏膠謬
老孝
六𡴀竈坴奋賣瀆
州
舟受輈
周
盩
鳥
帚
肘
守

首道
手
夲皋「皋、陶」疊韻。「皋陶」亦作「咎繇」[十三]
舀
卣卤猷
攸條脩儵
由
雔
𠃬𦒱壽𥬇𣪘
尗叔俶戚
毐毒
竹筑簕䈞
祝
秃[十四]

丑狃
亍
蒐
𪛁秋愁
酋猶
曹
𣗥
艸
叉蚤
爪
早
棗
就
叜嫂
秀莠

㐁宿
茜
㯻[十五]
肅
彪
驫
髟
勹包匋櫜

孚
毚
保
𥝌
𠈃
𠦂
報
缶

𠂤
䀠
矛敄務婺瞀楙柔
牟
卯貿
戊
冃冒曼蔓
目

標目第四

臾
㼌
屋

矦
后
㫗

後
冓
具

谷容欲　局　収菐僕　角　區　口　寇　曲　青㱿穀　禺　獄　岳　玉国　乳　辱

婁數　⿷匚豆　屚　鹿　彔　兜　朱　戍　斗　丶主　畁　豆壴尌鼓　豎斲　鬥　晝

豖　逐　蜀屬　俞　几殳投　耇　秃　芻　取最[十六]聚叢　走　奏　叮　族　足　須

[illegible]
束速敕
付腐

軵
卜仆

[illegible]
木沐

標目第五

烏
於
亞
[illegible]
亏粤蕚夸雩污
夸
舁與
予

与與旟
雨
羽
禹
虍虜虛慮盧盧虞獻虘戲虐
虎
乎虖
壺

户雇所
夏
下
互
蒦
霍
叡
赫

車
瓜孤狐
夃
寡
乑
斝
蠱
襾賈
古酤辜固胡苦
㱿𠪚嚴
叚豭家
𩫏郭
倝
丮
各路客洛

居
凥
巨
榘渠
豦遽
䀠奭瞿矍
𡧊㝵
凵去
谷卻
魚穌
𩺰
牙邪
吳虞
圉
午卸御

五吾
屰逆㡿咢
奴
女
如挐
若匿
叒
鹵
呂
𣥒者諸奢箸屠豬［十七］
圖
土
兔
鼠
舍余除

桼
躿
庶席度
宁宔
亦夜狄
乇託厇秅
睪擇
石橐
隻
炙
初
赤赦
尺

彳
辵
麤
且祖助租沮菹虘
乍作
昔耤籍
疋胥踈
素
索
舄
夕
巴吧
夫

父甫浦尃溥博薄傅布
普
步
百
霏
白
毋
巫
霖舞
馬
武
茻莫

標目弟六

蠅
興
恆
厷
厶弘〔十八〕强
轟
弓
厷

乃
夌凌
登
𢍺
升
㷉朕騰
徵
乘

丞烝蒸
承
再
仌馮
凭
朋堋
瞢夢薨

標目第七

音瘖[illegible]闇意

猒厭

垩

邑

咸鹹[illegible]緘箴

合弇拾翕荅

兼廉

丅今念貪含侌陰酓岑金欽

及

釿[十九]

㐺

㬎顯

男

囟

㚔執

喦

入

壬任

𢆉南

冄

廿

林禁

㐭[illegible]

廩

立昱

位

占煔沾

冘沈眈

甛

㐁

甚

讋

突湥

審
十
雥焦𤍽
㗊
闖
森
閃
夾陜
𨗬

𢦏韱
先兟朁鬵
㑴㝳㵘
彤
品臨
㝵
乏
凡風

卅
三
心
凶[二十]習
集
亼
咠戢
僉斂

標目弟八

奄
炎剡燮
焱
㝵
嚩
马函氾范
𢎘
臽閻㟏監
盇
劦脅
甘拑

凵
欠
劫
甲
㚒匧㾜
广
業
聿
聶
耴
染

鼸
詹
譶
㬅闟
狧
曡
聑
臿
芝
涉
毚

斬漸　帀　妾

思　燮　𤎖

叜　瀀

標目弟九

邕雝　用庸甬　𩫏　兇兇㚇匈　孔　夅降隆贛贛　𨛜　公翁松

工巩項江空邛　躳宮　共　鬨　戎　宂　軵　弄

東重童龍　同　穼冬　中　蟲　眾　舂　雙

囪悤聰茸蔥農
宋
豐
四曾
送
龙
宗
丰夆逢奉
冢
从從
封
蒙
竦[二十二]

標目第十

央盎英
香
畺彊
羊羕羌
亯
畕
王
向尚當堂臺黨嘗賞
弜
兄況
皇
京景涼
永
㞷狂往匡
庚康唐
皀鄉皍量
行
羹

竟
詰
亞
光
芡黄廣横
慶
亢
夘
卬
网兩
从
昜陽湯鍚傷殤暘碭蓎
章商

上
丈
昌
刅梁
鬯
爽
倉
爿戕牀牆壯醬將
桑
相
𤕦襄釀
象
匠

方旁
匚
兵
丙更
秉
竝
名
亾忘良郎巟荒長
囧朙
黽
皿孟
网岡
望

標目弟十一

賏嬰
盈
嬴嬴聲當從十七部移於此〔二十二〕
熒瑩營榮
幸
冂
同
敬
頃
肎

殸
寍寧〔二十三〕
霝
丁成
鼎貞
壬呈聖戥戴廷巠輕
正定
奠
晶
爭靜

井荆
青靚
生星
觲
省
甹
平苹
冖冥
鳴

標目弟十二

因
屾
寅夤
丨引
廴
胤〔二十四〕
勻均鈞
乙戹曰昃失
玄〔二十五〕
弥
血

巾
幵研刑并屏
吉壹頡
畵
虤
人仁千秊
日
臸晉
令
粦
㮚

眞
天
中伸身陳
扂
坤
靁
田
典
至致
疐
斦質

豒
逸
實
臣臤堅
𠕁閵進
疢
屾[二十六]
燊
甡
兟[二十七]
𦘒津𦘔盡

卪卽節
秦
歬葥湔
桼厀
七
辛屖稺季亲新親
信
悉
卂
囟𢍏思
旬𦧇筍

扁翩
便
瀕
八𦚏屑穴𣎳必宓密瑟𥁕
朩
丏𡧍賓
𦤎邊
宀
民敃
芇
乙[二十八]

標目弟十三

肙殷
𤔌㥯隱
乚
尹伊君羣
印
𥁕溫
壹
雲
云
熏
卉賁萃

昏敯
慶
圂
斤近欣⿰犭斤沂靳
筋
艮
軍
⿱罒鳥鰥
昆
䖵
丨［二十九］

堇鷬漢
困
困麇
犾
奻
刃忍
閏
侖
⿱曰又
屯萅
𦎫敦

豚

屍殿

盾

川

舛舜

彡㐱曑殄得彤彭

𤘍

尊

薦

寸

孫

飧

先

西垔甄

分粉岔釁

班

本

奮

豩燹

門

文閔吝虔

標目第十四

焉

燕

夗宛

冤

安晏妟

爰

衍

㫃倝乾榦[illegible]

㝅

叡

睿

厂彥產雁

夐奐
吅雚單
仚
夏
丸
萑
亘宣
縣
寒蹇褰
馬
閔
宦
幻
干旱𢆉岸舌
姦

閒簡
肩
柬湅闌蘭
㒼
見
建
巺巽
官
盥
毌貫
辛言
侃
𠳋譴
犬
原

虤
歺奴
兀元完睆
奻
𠬸赧
肰然
癹
䜌攣鸞
連
聯
輦
丱絆
𤔔亂
丹
耑遄段

旦亶　彖篆　斷　珏𧝑㞡　延　廛　孨　羴鮮　扇　譱　善　穿　雋　删　山

屾　贊　爨　戔棧　𣧑　全　泉　鱻　赸　容　㪔散　筭　𠨍巽　頭　次羨

旋　蠡　般　棥樊𡣞煩彬　𠦒糞　釆番潘旛𠔉卷奥　片　辡　反　弁　半　㚘　娩　縣　免

㒼滿

標目弟十五上

衣依
伊
威
畏
尉
一孚號
鬱
乙
暗
粵

面

口韋圍肙員
帬
衞
胃
稀豨豨
毇毀
火
虫
旻
寣

冐
回
惠
采
會
贊
頁
巂犛
皆
坐

幾
朩
几
[illegible]
癸闋
鬼嵬
臾蕢
繼
魝薊
旡既
先㤅愛
彑彝
戾
叡
介

丯害憲㓞契恝瘛[三十]
夬決抉
匃曷渴葛
巜
計
骨
氒昏涽錉[三十一]
欮厥
㇄戉
孑
孓
启啟
气氣
器
棄

霓
凷
㕡
䕫
桀
亅
乂艾
豙顡
執蓺
外
月
歺𣦻列
刖
𠯑
隉

內納芮
商喬嶲
尒薾壐
二次咨恣資
弍貳

靁纍壘藟
豊
叕
利
朸勑

戾盭
耒
頪類
剌賴
劣[三十二]

標目第十五下[三十三]

氏汦
𠂤帥追歸
隹崔推維唯魋淮
隼
水
沝

㕣沿兑説挩鉛
剮劚
對
帶
西
夒

㞢
突
厺
尸
豕豙遂隊
矢医殹疾疑𠤕

矦
菡
㡀
夂
制
致[三十四]
叕窡
贅
出祟⿰祟又⿱穴⿰祟又屈
示柰隸
籆
折
斲
設
朮述

豸
屮叀專袁睘繯圜還蚩疌省辥
离摛
徹
聅
夷
大羍達
隶眔褱隸
夊
率
㕞
殺
朩
祭察
卒萃翠

妻
此柴
毳
竄
齊
辠
最
自息臮臬
厶私
師
死
四
𣏟
戌歲薉
离

彗
冩
絶
𢇍
非匪
飛
肥
匕旨耆尼泥
比坒陛齜
𢍏
𣲖敝
貝
䦶
吠

閉
䜌
孛
𤼽
由畀鼻畢
癶登發
犮
弗沸𢎿費
乀
伐
罰
𠛬
逯
倉

枚
𢼸微豈
尾犀
美
米罙麋
未味𣢾
彔
萬蠇厲
董
旻
威
苜莫蔑𥻦莧寬
勿忽
末

標目第十六

益
森
役
醯
兮
匸
畫
覞
卟
罼
圭窐恚鞋烓耿

規
丫
菲
解
狊鶪
鬲
毄繫
产危
餐
兒
疒

厽絫
磊
詈
秝厤歷
厂曳係鯀延辰晨屑弟梯虒厄
𦃃奚
乁也施氏
世貰枼葉
易賜
知𥏼
支枝

卮
只伿
是
彖蠡
叉
册
脊

朿刺敇責帝啻適
惢
析
卑庳箄
辟
𣏟

𠂢
芈
買
賣
衇
糸

標目第十七

委
綏
禾
匕化

丂可何阿奇旖苛杏
哥
戈
加枷

冎咼過
果
科
牛[illegible]

爲皮
我義羲
瓦
臥
𣎆羸[三十五]
羅
多侈移宜

朵
隓隋
嫷惰隨
它
𠂹垂騒
吹炊
差羞魯

沙
𠂇左𢀚
垔
衰
貟
罷
麻靡

【校記】

[一]廣州本無此小注。上海本有。

[二]同[一]。

[三]同[一]。「若」臺灣本訛爲「老」，今據上海本改正。

[四]同[一]。

[五]臺灣、上海本「肴」字重出，今依廣州本。

[六]同[一]。

［七］同［一］。

［八］同［一］。

［九］同［一］。「諸」臺灣本訛爲「諂」，今據上海本改正。

［十］同［一］。

［十一］同［一］。

［十二］同［一］。

［十三］同［一］。

［十四］「秃」字重見於標目弟三和弟四，但正文衹見於卷四。上海本注：「倫案：見《表》四。《聲統》三無秃部，疑誤入。」按：上海本正文題《説文聲統》，而標目則名《説文聲表標目》，故馬叙倫案語中所言「聲統」即指正文，「表」即指標目(不過又往往稱「標目」)。

［十五］「臬」字重見於標目弟三和弟四。上海本僅見於標目第四。正文「臬」字條只見於卷四。

［十六］「最」字重見於標目弟四和弟十五，最部於正文亦兩見於卷四和卷十五下。

［十七］臺灣本無「諸奢箸屠豬」五字，今據廣州本補。

［十八］「弘」字缺末筆，係避康熙諱。全書均同。

［十九］「斦」字不見於正文卷七，而收入卷十三斤聲下。參看卷十三校記［一二］。

[二十]「囟」(「自」或體)當移往標目弟十五下之自聲下。參看卷十五下校記[二十六]。

[二十一]「涑」字於正文兩見於卷四和卷九，但於卷九有注，云改入束聲。參看卷九校記[五]。

[二十二]「羸」字爲後增，其下注文爲陳澧親筆添加。廣州本無之。上海本此處有此字。

[二十三]「寧」字缺末筆，係避道光諱。書中多作「寕」。又，書中往往「寍」字亦兼避，寫作「寍」。

[二十四]「胤」字缺末筆，係避雍正諱。全書均同。

[二十五]「玄」字缺末筆，係避康熙諱。全書均同，且涉及衆多从玄之字。

[二十六]「屾」字重見於標目弟十二和弟十四，正文亦重見於卷十二和卷十四。

[二十七]「兟」字重見於標目十二和弟十三，但正文「兟」字條祇見於卷十三，而又注：「疑贊从兟聲。」(「贊」在卷十四)上海本注：「倫案：《聲統》在十三類，十二類無兟部。」

[二十八]「乙」字重見於標目弟十二和弟十五上，乙部諸字於正文亦兩見於卷十二和卷十五上。

[二十九]「丨」字重見於標目弟十二和弟十三，但正文卷十三無丨部。

[三十] 臺灣本無「㓞契恝瘛」四字，今據廣州本補。

[三十一] 臺灣本無「銽」字，今據廣州本補。

[三十二]「劣」字爲後加，廣州、上海本均無之，但正文三本均有「劣」。

[三十三] 標目弟十五原不分上、下，今係爲與正文對應而分。

[三十四]「致」字重見於標目弟十二「至」字下。正文卷十五下亦有致部，但陳澧注云入至部。參看卷十五下校記[十一]。

[三十五]「羸」字下原尚有「羸」字，廣州本同。上海本此處無此字。今刪。參看校記[二十二]。

卷一

𦣞 顄也。象形。與之切 頤 篆文𦣞。𩠐 籀文从首。〔一〕

宧 養也。室之東北隅，食所居。从宀𦣞聲。與之切

[illegible] 司空也。从狀𦣞聲。復説獄司空。段氏注曰：「司空也，空字衍。『復説』上有奪字，某復者，姓名也。」息茲切

[illegible] 取蟣比也。从竹𦣞聲。居之切

[illegible] 石之似玉者。从玉𦣞聲。讀若貽。與之切

洍 水也。从水𦣞聲。《詩》曰：「江有洍。」詳里切

姬 黄帝居姬水，以爲姓。从女𦣞聲。居之切

茝 虈也。从艸𦣞聲。昌改切

㠯 用也。从反巳。賈侍中說：巳，意巳實也。象形。羊止切

矣 語巳詞也。从矢㠯聲。於巳切

唉　譍也。从口矣聲。讀若埃。烏開切

欸　訾也。从欠矣聲。兇戒切，又烏開切

誒　可惡之辭。从言矣聲。一曰誒然。《春秋傳》曰：「誒誒出出。」許其切

竢　待也。从立矣聲。牀史切　𥏐　或从巳。

䅘　《詩》曰：「不䅘不來。」从來矣聲。牀史切　𢓍　䅘或从彳。

涘　水厓也。从水矣聲。《周書》曰：「王出涘。」牀史切

俟　大也。从人矣聲。《詩》曰：「伾伾俟俟。」牀史切

騃　馬行仡仡也。从馬矣聲。五駭切

挨　擊背也。从手矣聲。於駭切

娭　戲也。从女矣聲。一曰卑賤名也。遏在切

埃　塵也。从土矣聲。烏開切

异　舉也。从廾㠯聲。《虞書》曰：「岳曰异哉。」羊吏切

允　信也。从儿㠯聲。樂準切

粇　進也。从夲从屮，允聲。《易》曰：「粇升大吉。」余準切

夋　行夋夋也。一曰倨也。从夊允聲。七倫切

行趚趨也。从走夋聲。七倫切

復也。从辵夋聲。七倫切

推也。从手夋聲。《春秋傳》曰：「捘衛侯之手。」子寸切

止也。从心夋聲。此緣切

偓竣也。从立夋聲。《國語》曰：「有司已事而竣。」七倫切

陗高也。从𨸏夋聲。私閏切

高也。从山陖聲。私閏切　陖或省。

材千人也。从人夋聲。子峻切

蘦屬。可以香口。从艸俊聲。息遺切

馬之良材者。从馬夋聲。子峻切

農夫也。从田夋聲。子峻切

杼也。从水夋聲。私閏切

酢也。从酉夋聲。關東謂酢曰酸。素官切　籀文酸从畯。

小雨也。从雨酸聲。素官切

焌　然火也。从火夋聲。《周禮》曰：「遂籥其焌。」焌火在前，以焞焯龜。子寸切，又倉聿切

梭　木也。从木夋聲。臣鉉等曰：「今人別音穌禾切，以爲機杼之屬。」私閏切

鵔　鵔鸃，鷩也。从鳥夋聲。私閏切

狻　狻麑，如虦貓，食虎豹者。从犬夋聲。見《爾雅》。素官切

阭　高也。一曰石也。从𨸏允聲。余準切

鈗　侍臣所執兵也。从金允聲。《周書》曰：「一人冕，執鈗。」讀若允。余準切

吮　欶也。从口允聲。徂沇切

沇　水。出河東東垣王屋山，東爲泲。从水允聲。以轉切　𣲡　古文沇。

能　熊屬。足似鹿。从肉㠯聲。能獸堅中，故稱賢能；而彊壯，稱能傑也。奴登切

態　意也。从心从能。姚尚書文田《說文聲系》曰：「能亦聲。」凡許書於形聲之字，有不箸其聲者，或以字屬會意，不言聲而聲已明，或許書本箸其聲，後人執今音以疑古音，妄加刪削。近儒箸書有補其闕佚者，今采以補之。後倣此。他代切　㑷　或从人。

𣈶　埃𣈶，日無光也。从日能聲。奴代切

佀　象也。从人㠯聲。詳里切

台　說也。从口㠯聲。與之切

怡 和也。从心台聲。與之切

飴 米櫱煎也。从食台聲。與之切  籀文飴，从異省。

冶 銷也。从仌台聲。羊者切

齝 吐而噍也。从齒台聲。《爾雅》曰：「牛曰齝。」丑之切

胎 婦孕三月也。从肉台聲。土來切

始 女之初也。从女台聲。詩止切

殆 危也。从歺台聲。徒亥切

紿 絲勞即紿。从糸台聲。徒亥切

箈 竹萌也。从竹怠聲。徒哀切[二]

駘 馬銜脱也。从馬台聲。徒哀切

佁 癡皃。从人台聲。讀若騃。夷在切

詒 相欺詒也。一曰遺也。从言台聲。與之切

眙 直視也。从目台聲。丑吏切

炱 灰，炱煤也。从火台聲。徒哀切

枱 耒耑也。从木台聲。弋之切 鈶 或从金。  籀文从辝。段注云：「从木，辝聲也。」

笞　擊也。从竹台聲。丑之切

瓵　甌瓿謂之瓵。从瓦台聲。與之切

邰　炎帝之後，姜姓所封，周棄外家國。从邑台聲。右扶風斄縣是也。《詩》曰：「有邰家室。」土來切

治　水。出東萊曲城陽丘山南，入海。从水台聲。直之切

菭　水衣。从艸治聲。徒哀切

枲　麻也。从𣏟台聲。胥里切

𨽻　及也。从隶枲聲。《詩》曰：「𨽻天之未陰雨。」徒耐切　隸　籀文枲从𣏟从辝。

鮐　海魚名。从魚台聲。徒哀切

枱　耒耑也。从木㠯聲。一曰徒土輂，齊人語也。詳里切　梩　或从里。

苢　芣苢。一名馬舄。其實如李，令人宜子。从艸㠯聲。《周書》所說。羊止切

畀　分也。从廾从畀。畀，予也。羊吏切

翼　翄也。从羽異聲。與職切　𩙣　籀文翼。許書先「䢼」後「翼」，以在飛部也。今以「䢼、瀷」並从翼，故先後互易，亦先篆後籀之通例也。「䢼」下云：「翄也。異聲。」今移入「翼」下，以解説字義字聲，例在居先之字之下也。「翼」下有「篆文䢼」三字，今不録。以篆文在古籀後，故須箸之；篆在先者，例不箸也。

凡字有重文，先後互易者，其解説亦移易、删削，以合通例。後皆倣此。籀文「翼」字大徐本無，从小徐本。

 趨進翼如也。从走翼聲。與職切

瀷 水。出河南密縣，東入潁。从水翼聲。與職切

趩 行聲也。一曰不行皃。从走異聲。讀若敕。丑亦切

廙 行屋也。从广異聲。與職切

 石利也。从厂異聲。讀若枲。胥里切

 田器也。从匚異聲。與職切

冀 北方州也。从北異聲。几利切

驥 千里馬也，孫陽所相者。从馬冀聲。天水有驥縣。几利切

潩 水。出河南密縣大隗山，南入潁。从水異聲。與職切

 芓也。从艸異聲。羊吏切

郵 境上行書舍。从邑、垂。垂，邊也。羽求切

又 手也。象形。三指者，手之列多，略不過三也。于救切

右 助也。从口又聲。大徐本作「从又」。此從小徐。凡許書形聲之字，大徐本但云从某者，小徐本多云某

聲。是書據大徐編録，其於此等則取小徐。後倣此。許書又部重出「右」字，云：「手口相助也。」今不録。

于救切

祐 助也。从示右聲。于救切

𥁑 小甌也。从皿从右。右聲。此「𥁑」或字。許書於或字例不言聲，今到易之，故注其聲。後倣此。讀若灰。一曰若賄。于救切 𥁑 或从有聲。許書先「𥁑」後「𥁑」，今互易，以𥁑聲有「醢」字屬之而無𥁑聲之字也。許書上等部屬字从古文不从篆文，則部首篆文與古文先後互易，今用其例也。後倣此。又許書以「𥁑」爲或字，今既先録「𥁑」字，故轉以「𥁑」爲或字。或者，别異之詞，以字有異體，須别其彼此，固不謂或字非正，故可轉易也[三]。如「𢀳」下云「巸或省」，而「𦤀」下云「𢀳，古文巸」，則古文亦可云或矣。又許書「羶」爲「羴」或字，「篪」爲「䶵」或字，《玉篇》則轉以「羴」爲「羶」或字，「䶵」爲「篪」或字。又許書或字《玉篇》互易先後，如「萱、藼」，「𦾰、蕁」，「蓾、𦶜」，「菼、𦵹」等字，不可枚舉。《玉篇》祖述《説文》者也，今用其例。後仿此。[四]

醢 肉醬也。从酉𥁑聲。從小徐本[五]。呼改切。醢 籀文。

有 不宜有也。《春秋傳》曰：「日月有食之。」从月又聲。云九切

痏 疻痏也。从疒有聲。榮美切

䵋 青黄色也。从黄有聲。呼辠切

腹中長蟲也。从虫有聲。户恢切

鮥也。《周禮》：「春獻王鮪。」从魚有聲。榮美切

朽玉也。从玉有聲。讀若畜牧之畜。許救切

寬也。从宀有聲。于救切

財也。从貝有聲。呼罪切[六]

耦也。从女有聲。讀若祐。于救切　姷或从人。

走也。从走有聲。讀若又。于救切

彈彄也。从糸有聲。弋宰切，又古亥切

右扶風郁夷也。从邑有聲。於六切

水。出潁川陽城山，東南入潁。从水有聲。榮美切

異也。从乙又聲。羽求切

罪也。从言尤聲。《周書》曰：「報以庶訧。」羽求切

贅也。从肉尤聲。羽求切　籀文肬从黑。

顫也。从頁尤聲。于救切　頄或从疒。

不動也。从心尤聲。讀若祐。于救切

水也。从水尤聲。羽求切

顫也。从疒又聲。于救切

苑有垣也。籀文囿。从囗，象垣；十，其中路也；从四木。許書先「囿」後「𡈹」，今易之。凡古籀在篆文後者，多不解字形，[七]其先於篆者則解之，許書之通例也。今既以「𡈹」居先，故以管見補説字形。後仿此。一曰禽獸曰𡈹。許書作「曰囿」，今改。于救切。篆文。凡篆文在後者，許書例箸之。今依例附注。後仿此。从囗有聲。

艸也。从艸𡈹聲。許書有「𡈹，籀文囿」四字，今不録。許書「𡈹」、「⿱艹𡈹」不同部，故須箸之。今二字相屬，無庸復箸此語也。後仿此。于救切

同志爲友。从二又，相交友也。云久切　古文友。　亦古文友。

邦也。从囗从戈，以守一。一，地也。于逼切　或又从土。

邦也。从囗或聲。從小徐本[八]。古惑切

筐當也。从木國聲。古悔切

門榍也。从門或聲。《論語》曰：「行不履閾。」于逼切　古文閾从洫。

瓦器也。从缶或聲。于逼切

羔裘之縫。从黑或聲。于逼切

水流也。从川或聲。于逼切

有文章也。从有惑聲。於六切

疾流也。从水或聲。于逼切

軍戰斷耳也。《春秋傳》曰：「以爲俘聝。」从耳或聲。古獲切 聝或从首。

亂也。从心或聲。胡國切

頭痛也。从疒或聲。讀若溝洫之洫。于逼切

吹气也。从欠或聲。於六切

短狐也。似鼈，三足，以气䠶害人。从虫或聲。于逼切 蜮又从國。

白桵也。从木或聲。於逼切

快也。从言从中。於力切

滿也。从心啻聲。一曰十萬曰意。於力切 籒文省。

安也。从人意聲。於力切

薏苢。从艸啻聲。一曰薏英。於力切

梓屬。大者可爲棺椁，小者可爲弓材。从木啻聲。於力切

死火餘夷也。从火从又。又，手也。火既滅，可以執持。呼恢切

恢 大也。从心灰聲。苦回切

喜 樂也。从壴从口。虛里切 歖 古文喜从欠，與歡同。

歖 卒喜也。从欠喜聲。從小徐本。此即古文「喜」字。許其切[九]

僖 樂也。从人喜聲。許其切

憙 説也。从心从喜，喜亦聲。許記切

瞦 目童子精也。从目喜聲。讀若禧。許其切

禧 禮吉也。从示喜聲。許其切

饎 酒食也。从食喜聲。《詩》曰：「可以饙饎。」昌志切 [illegible] 饎或从配。 糦 饎或从米。

譆 痛也。从言喜聲。火衣切

熹 炙也。从火喜聲。許其切

亥 荄也。十月，微陽起，接盛陰。从二。二，古文上字。一人男，一人女也。从乙，象裹子咳咳之形。《春秋傳》曰：「亥有二首六身。」胡改切 𠀅 古文亥爲豕，與豕同。許書此下有「亥而生子，復從一起」八字，言始一終亥之意，今別爲編次，不録。

咳 小兒笑也。从口亥聲。户來切 孩 古文咳从子。

荄 艸根也。从艸亥聲。古哀切，又古諧切。

骸　脛骨也。从骨亥聲。户皆切

胲　足大指毛也。从肉亥聲。古哀切

閡　外閉也。从門亥聲。五溉切

陔　階次也。从𨸏亥聲。古哀切

痎　二日一發瘧。从疒亥聲。古諧切

欬　屰气也。从欠亥聲。苦蓋切

㤥　苦也。从心亥聲。胡槩切

駭　驚也。从馬亥聲。侯楷切

𣪠　𣪠改，大剛卯也。以逐精鬼。从殳亥聲。古哀切

侅　奇侅，非常也。从人亥聲。古哀切

頦　醜也。从頁亥聲。户來切

晐　兼晐也。从日亥聲。古哀切

垓　兼垓八極地也。《國語》曰：「天子居九垓之田。」从土亥聲。古哀切

該　軍中約也。从言亥聲。讀若心中滿該。古哀切

刻　鏤也。从刀亥聲。苦得切

劾 法有辠也。从力亥聲。胡槩切

核 蠻夷以木皮爲篋，狀如籢尊。从木亥聲。古哀切

郂 陳留鄉。从邑亥聲。古哀切

黑 火所熏之色也。从炎，上出囪。囪，古窻字。呼北切

墨 書墨也。从土从黑，黑亦聲。莫北切

纆 索也。从糸黑聲。莫北切

默 犬暫逐人也。从犬黑聲。讀若墨。莫北切

嫼 怒皃。从女黑聲。呼北切

丌 下基也。薦物之丌。象形。讀若箕同。居之切

𨑓 古之遒人，以木鐸記詩言。从辵从丌，丌亦聲。讀與記同。居吏切

其 簸也。古文箕。𠀠，象形，下其丌也。姚曰：「丌亦聲。」許書首「箕」字，次五[十]「亓」字。今改「亓」字於首，以[十二]「畁」、「基」等字从「亓」。「亓」即「亓」字。此如許書丄部「帝」字、「旁」字皆从「二」。「二」即「丄」，字體小異耳。許書「箕」下云：「𠀠，象形。」今移於「亓」下，改云「𠀠，象形」。居之切 𠀠 古文其省。𠔀 亦古文箕。𠀡 亦古文其。𠥱 籀文其[十三]。箕 篆文从竹。

㠱 長踞也。从己其聲。讀若杞。暨己切

 墻始也。从土其聲。居之切

 豆莖也。从艸其聲。渠之切

 復其時也。从禾其聲。《虞書》曰：「稘三百有六旬。」居之切

 會也。从月其聲。渠之切  古文期从日、丌。

 熊旗五游，以象罰星，士卒以爲期。从㫃其聲。《周禮》曰：「率都建旗。」渠之切

 吉也。从示其聲。渠之切  籀文从基。

 醜也。从頁其聲。今逐疫有䫏頭。去其切

 人姓也。从女其聲。杜林說：娸，醜也。去其切

 毒也。从心其聲。《周書》曰：「來就惎惎。」渠記切

 忌也。从言其聲。《周書》曰：「上不諅于兇德。」渠記切

 詐欺也。从欠其聲。去其切

 醉舞皃。从人欺聲。《詩》曰：「屢舞僛僛。」去其切

 欺也。从言其聲。去其切

 析也。从斤其聲。《詩》曰：「斧以斯之。」息移切

 散聲。从疒斯聲。先稽切

悲聲也。从言，斯省聲。先稽切

流仌也。从仌斯聲。息移切

水索也。从水斯聲。息移切

櫪㯕也。从木斯聲。先稽切

博棊。从木其聲。渠之切

馬青驪，文如博棊也。从馬其聲。渠之切

許書無此字，徐鉉所録，今仍之。以有「璂」、「綦」二字諧其聲也。鉉以爲「綥」或字，今不從。當从糸其聲。渠之切

弁飾，往往冒玉也。从玉綦聲。渠之切　璂或从基。

綦月爾也。从艸綦聲。渠之切

水。出河内共北山，東入河。或曰出隆慮西山。从水其聲。渠之切

魚名。从魚其聲。渠之切

仁獸也。麇身牛尾，一角。从鹿其聲。渠之切

舊也。外骨内肉者也。从它，龜頭與它頭同。天地之性，廣肩無雄；龜鼈之類，以它爲雄。象足甲尾之形。居追切　古文龜。

鬭取也。从鬥龜聲。讀若「三合繩糾」。古矦切

土之高也，非人所爲也。从北从一。一，地也，人居在丘南，故从北。中邦之居，在崐崘東南。一曰四方高，中央下爲丘。象形。去鳩切 古文从土。

地名。从邑丘聲。去鳩切

中宫也。象萬物辟藏詘形也。己承戊，象人腹。居擬切 古文己。

絲別也。从糸己聲。居擬切

疏也。从言己聲。居吏切

別也。从非己聲。非尾切[十三]

四也。从女己聲。段氏刪「聲」字。芳非切

謹身有所承也。从己、丞。己亦聲讀若《詩》云「赤舄己己」。居隱切

憎惡也。从心己聲。渠記切

誡也。从言忌聲。渠記切

長跪也。从足忌聲。渠几切

毀也。《虞書》曰：「方命圮族。」从土己聲。符鄙切 圮或从手从非，配省聲。

山無草木也。从山己聲。《詩》曰：「陟彼屺兮。」墟里切

攺　更也。从攴己聲。從小徐本[十四]。古亥切

配　酒色也。从酉己聲。臣鉉等曰:「己非聲。」段注同[十五]。滂佩切

嶏　崩聲。从屵配聲。讀若費。蒲没切

妀　女字也。从女己聲。居擬切

邔　南陽縣。从邑己聲。居擬切

芑　白苗嘉穀。从艸己聲。驅里切

杞　枸杞也。从木己聲。墟里切[十六]

久　以後灸之,象人兩脛後有距也。《周禮》曰:「久諸牆以觀其橈。」舉友切

灸　灼也。从火久聲。舉友切

羑　進善也。从羊久聲。文王拘羑里,在湯陰。與久切

㕗　相試呼也。从厶从羑。羑亦聲。與久切　誘　或从言、秀。　䛻　或如此。　⿰羊久　古文。臣鉉等案:「羊部有『羑』。此古文重出。」

宊　貧病也。从宀久聲。《詩》曰:「煢煢在宊。」居又切

⿰女久　女字也。从女久聲。舉友切

玖　石之次玉黑色者。从玉久聲。《詩》曰:「貽我佩玖。」讀若芑。或曰「若人句脊」之句。舉友切

柩 棺也。从匚从木，久聲。巨救切 匶 籀文柩。

戒 警也。从廾，持戈，以戒不虞。居拜切

誡 敕也。从言戒聲。古拜切

悈 飾也。从心戒聲。《司馬法》曰：「有虞氏悈於中國。」古拜切

械 桎梏也。从木戒聲。一曰器之總名。一曰持也。一曰有盛爲械，無盛爲器。胡戒切

祴 宗廟奏祴樂。从示戒聲。古哀切

圣 汝潁之閒謂致力於地曰圣。从土从又。讀若兔窟。苦骨切

怪 異也。从心圣聲。古壞切

⿰圣多 大也。从多圣聲。苦回切

棘 小棗叢生者。从並朿。己力切

僰 犍爲蠻夷。从人棘聲。蒲北切

襋 衣領也。从衣棘聲。《詩》曰：「要之襋之。」己力切

亟 敏疾也。从人从口，从又从二。二，天地也。紀力切，又去吏切

㥛 疾也。从心亟聲。一曰謹重皃。己力切

⿰革亟 急也。从革亟聲。紀力切

殊也。从歺亟聲。《虞書》曰：「殛鯀于羽山。」己力切

棟也。从木亟聲。渠力切

自急敕也。从羊省，从包省。从口，口猶慎言也。从羊，羊與義、善、美同意。己力切　古文羊不省。

肩也。象屋下刻木之形。苦得切　古文克。　亦古文克。

尤極也。从力克聲。苦得切

盛皃。从孨从曰。讀若薿薿。一曰若存。魚紀切　籀文孴从二子。一曰𡥀即奇字晉。

大牲也。牛，件也；件，事理也。象角頭三、封尾之形。語求切

頰毛也。象毛之形。《周禮》曰：「作其鱗之而。」如之切

罪不至髡也。从而从彡。姚曰：「而亦聲。」奴代切　或从寸。諸法度字从寸。

艸多葉皃。从艸而聲。沛城父有楊荋亭。如之切

屋枅上標。从木而聲。《爾雅》曰：「栭謂之格。」如之切

洝也。一曰煮孰也。从水而聲。如之切

丸之孰也。从丸而聲。奴禾切

爛也。从肉而聲。如之切

慙也。从心而聲。女六切

須也。遇雨不進，止須也。从雨而聲。《易》曰：「雲上於天，需。」相俞切

柔也。術士之偁。从人需聲。人朱切

弱也。一曰下妻也。从女需聲。相俞切

駑弱者也。从心需聲。人朱切

乳子也。一曰輸也。輸，尚小也。从子需聲。而遇切

厚酒也。从酉需聲。《詩》曰：「酒醴惟醹。」而主切

臂羊矢也。从肉需聲。讀若襦。那到切

染也。从手需聲。《周禮》：「六曰擩祭。」而主切

鬼鬽聲，䰭䰭不止也。从鬼需聲。奴豆切

怒犬皃。从犬需聲。讀若槈。奴豆切，又乃矦切

短衣也。从衣需聲。一曰㬳衣。人朱切

繒采色。从糸需聲。讀若《易》「繻有衣」。相俞切

水。出涿郡故安，東入漆涑。从水需聲。人朱切

稍前大也。从大而聲。讀若「畏偄」。而沇切

弱也。从人从耎。姚曰：「耎亦聲。」奴亂切

好皃。从女耎聲。而沇切

動也。从虫耎聲。而沇切

温也。从火耎聲。乃管切

湯也。从水耎聲。乃管切

衣戚也。从糸耎聲。而沇切

蹈瓦聲。从瓦耎聲。零帖切

築牆聲也。从𠂤耎聲。《詩》云：「捄之陾陾。」如乘切

有骨醢也。从肉耎聲。人移切  腝或从難。

城下田也。一曰[illegible]，郤也。从田耎聲。而緣切

石次玉者。从石耎聲。而沇切

木耳也。从艸耎聲。一曰萮茈。而兖切

沛國謂稻曰稬。从禾耎聲。奴亂切

鹿麛也。从鹿耎聲。讀若「偄弱」之「偄」。奴亂切

喪車也。从車而聲。如之切

魚子也。一曰魚之美者，東海之鮞。从魚而聲。讀若而。如之切

主聽也。象形。而止切

瑱也。从玉耳，耳亦聲。仍吏切

斷耳也。从刀从耳。姚曰：「耳亦聲。」仍吏切

辱也。从心耳聲。敕里切

佽也。从人耳聲。仍吏切

女號也。从女耳聲。仍吏切

弓無緣，可以解轡紛者。从弓耳聲。緜婢切　弭或从兒。

厲也。一曰止也。从心弭聲。讀若沔。彌兖切

飲也。从水弭聲。緜婢切

鹿子也。从鹿弭聲。莫兮切

粉餅也。从鬻耳聲。仍吏切　鬻或从食，耳聲。

周所受瑞麥來麰。一來二縫，象芒朿之形。天所來也，故爲行來之來。《詩》曰：「詒我來麰。」洛哀切

𥝩 齊謂麥𥝩也。从禾來聲。洛哀切

賚 賜也。从貝來聲。《周書》曰：「賚尒秬鬯。」洛帶切

勑 勞也。从力來聲。洛代切

䚅 内視也。从見來聲。洛代切

睞 目童子不正也。从目來聲。洛代切

猌 犬張齗怒也。从犬來聲。讀又若銀。魚僅切。段注云：「「聲」字衍，「又」字衍。

憖 問也。謹敬也。从心猌聲。一曰説也。一曰甘也。《春秋傳》曰：「昊天不憖。」又曰：「兩君之士皆未憖。」魚覲切

⿱猌魚 魚也。从魚猌聲。力珍切

斄 彊曲毛，可以箸起衣。从犛省，來聲。洛哀切 𠩺 古文斄省。

⿱來玉 ⿱來玉瓄，玉也。从玉來聲。落哀切

淶 水。起北地廣昌，東入河。从水來聲。并州浸。洛哀切

萊 蔓華也。从艸來聲。洛哀切。大篆从茻。

騋 馬七尺爲騋，八尺爲龍。从馬來聲。《詩》曰：「騋牝驪牡。」洛哀切

里 居也。从田从土。良止切

理　治玉也。从玉里聲。良止切

裏　衣内也。从衣里聲。良止切

⿺走里　䛐意也。从走里聲。讀若「小兒孩」。户來切

俚　聊也。从人里聲。良止切

悝　啁也。从心里聲。《春秋傳》有孔悝。一曰病也。苦回切

⿰里阝　南陽西鄂亭。从邑里聲。良止切

荲　艸也。从艸里聲。讀若釐。里之切

鯉　鱣也。从魚里聲。良止切

貍　伏獸，似貙。从豸里聲。里之切

薶　瘞也。从艸貍聲。莫皆切

霾　風雨土也。从雨貍聲。《詩》曰：「終風且霾。」莫皆切

力　筋也。象人筋之形。治功曰力，能圉大災。林直切

肋　脅骨也。从肉力聲。盧則切

阞　地理也。从𨸏力聲。盧則切

泐　水石之理也。从水阞聲。從小徐本[十七]。《周禮》曰：「石有時而泐。」盧則切

木之理也。从木力聲。平原有朸縣。盧則切

馬頭絡銜也。从革力聲。盧則切

玪塾也。从玉勒聲。盧則切

《易》筮，再扐而後卦。从手力聲。盧則切

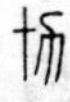材十人也。从十力聲。盧則切

出也。象艸過屮，枝莖益大，有所之。一者，地也。止而切

神艸也。从艸之聲。從小徐本〔十八〕。止而切

飛盛皃。从羽之聲。侍之切

觀，四方而高者。从至从之，从高省。與室屋同意。之聲〔十九〕。從小徐本。徒哀切

遲鈍也。从女臺聲。闒嬯亦如之。徒哀切

買賣所之也。市有垣，从冂从㇕，㇕，古文及，象物相及也。之省聲。時止切

職也。从史，之省聲。鉏史切　古文事。

廷也。有法度者也。从寸之聲。祥吏切

齊簡也。从竹从寺。姚曰：「寺亦聲。」寺，官曹之等平也。多肯切

四時也。从日寺聲。市之切　古文時从之、日。

蒔 更別種。从艸時聲。時吏切

塒 雞棲垣爲塒。从土時聲。市之切

詩 志也。从言寺聲。書之切 訨 古文詩省。

持 握也。从手寺聲。直之切

特 朴特，牛父也。从牛寺聲。徒得切

榯 槌也。从木，特省聲。陟革切

恃 賴也。从心寺聲。時止切

歭 躇也。从止寺聲。直离切

待 竢也。从彳寺聲。徒在切

偫 待也。从人待聲[二十]。直里切

洔 水暫益且止，未減也。从水寺聲。直里切

庤 儲置屋下也。从广寺聲。直里切

侍 承也。从人寺聲。時吏切

畤 天地五帝所基址，祭地。从田寺聲。右扶風有五時。好時、鄜時，皆黃帝時祭。或曰秦文公立也。周市切

痔　後病也。从疒寺聲。直里切

邿　附庸國。在東平亢父邿亭。从邑寺聲。《春秋傳》曰：「取邿。」書之切

蚩　蟲也。从虫之聲。赤之切

𢾅　刺也。从攴蚩聲。豬几切

滍　水。出南陽魯陽堯山，東北入汝。从水蚩聲。直几切

欪　欪欪，戲笑皃。从欠之聲。許其切[二十二]

止　下基也。象艸木出有址，故以止爲足。諸市切

阯　基也。从𨸏止聲。諸市切　址　阯或从土。

齒　口齗骨也。象口齒之形，止聲。昌里切　𠁽　古文齒字。

沚　小渚曰沚。从水止聲。《詩》曰：「于沼于沚。」諸市切

企　舉踵也。从人止聲。去智切　𧻚　古文企。从足。

徙　迻也。从辵止聲。斯氏切　𢓊　徙或从彳。　𡱁　古文徙。

簁　簁箄，竹器也。从竹徙聲。所綺切

𩌦　鞮屬。从革徙聲。所綺切

祉　福也。从示止聲。敕里切

正見也。从乚从十从目。徐力切　古文直。

户植也。从木直聲。常職切　或从置。

早種也。从禾直聲。《詩》曰：「稙稚尗麥。」常職切

黏土也。从土直聲。常職切

脂膏久殖也。从歺直聲。常職切

措也。从人直聲。直吏切

赦也。从网直聲。從小徐本[二十二]。陟吏切

水也。从水直聲。恥力切

外得於人，内得於己也。从直从心。段曰：「直亦聲。」多則切　古文[二十三]

升也。从彳悳聲。多則切

取也。从見从寸。寸，度之，亦手也。臣鉉等案：「彳部作古文『得』字，此重出。」多則切

行有所得也。从彳㝵聲。多則切　古文省彳。

橜也。象折木衺鋭著形。从厂，象物挂之也。與職切

繳射飛鳥也。从隹弋聲。與職切

法也。从工弋聲。賞職切

用也。从言式聲。《虞書》曰：「明試以功。」式吏切

臣殺君也。《易》曰：「臣弑其君。」从殺省，式聲。式吏切

惕也。从人式聲。《春秋國語》曰：「於其心侙然。」恥力切

車前也。从車式聲。賞職切

更也。从人弋聲。徒耐切

失常也。从心代聲。他得切

施也。从貝代聲。他代切

蟲，食苗葉者。吏乞貸則生蟘。从虫从貸，貸亦聲。《詩》曰：「去其螟蟘。」徒得切

太山也。从山代聲。徒耐切

更也。从心弋聲。他得切

从人求物也。从貝弋聲。他得切

婦官也。从女弋聲。與職切

酒色也。从酉弋聲。與職切

劉，劉杙。从木弋聲。與職切

闕。从戈从音。之弋切

織　作布帛之緫名也。从糸戠聲。之弋切　《樂浪挈令》織从糸从式。

職　記微也。从耳戠聲。之弋切

識　常也。一曰知也。从言戠聲。賞職切

熾　盛也。从火戠聲。昌志切　古文熾。

樴　弋也。从木戠聲。之弋切

陟　登也。从𨸏从步。竹力切　古文陟。

騭　牡馬也。从馬陟聲。讀若郅。之日切

士　事也。數始於一，終於十。从一从十。孔子曰：「推十合一爲士。」鉏里切

仕　學也。从人士聲。從小徐本[二十四]。鉏里切

𡊄　食所遺也。从肉仕聲。《易》曰：「噬乾𡊄。」阻史切　胏　楊雄説：𡊄从𠂔。

畟　治稼畟畟進也。从田、人，从夊。《詩》曰：「畟畟良耜。」初力切

稷　齋也。五穀之長。从禾畟聲。子力切　古文稷省。

㮨　細理木也。从木畟聲。子力切

史　記事者也。从又持中。中，正也。疏士切

吏　治人者也。从一从史，史亦聲。力置切

伶也。从人吏聲。疏士切

列也。从𣦼吏聲。讀若迅。疏吏切

顔气也。从人从卪。所力切　古文。

愛濇也。从來从㐭。來者，㐭而藏之。故田夫謂之嗇夫。小徐本此下有「一曰棘省聲」五字，今不從。所力切　古文嗇从田。

穀可收曰穡。从禾嗇聲。所力切

不滑也。从水嗇聲。色立切

悲意。从欠嗇聲。火力切

車籍交錯也。从車嗇聲。所力切

薔虞，蓼。从艸嗇聲。所力切

黑也。从二玄。《春秋傳》曰：「何故使吾水茲。」子之切

艸木多益。从艸，茲省聲。小徐本作「絲省聲」。子之切

益也。从水茲聲。一曰滋水，出牛飲山白陘谷，東入呼沱。子之切

汲汲生也。从子茲聲。子之切　籀文孳从絲。

愛也。从心茲聲。疾之切

嗟也。从口茲聲。子之切

鸕鶿也。从鳥茲聲。疾之切

東楚名缶曰甾。象形。側詞切 古文。

舉也。从廾甶聲。各本作由聲、甶聲。今從段本。《春秋傳》曰：「晉人或以廣墜，楚人𢍰之。」黄顥說：廣車陷，楚人爲舉之。杜林以爲騏麟字。渠記切

帛蒼艾色。从糸畀聲。《詩》：「縞衣綥巾。」未嫁女所服。一曰不借綥。渠之切

不耕田也。从田巛聲。側詞切 或从艸。《易》曰：「不菑畬。」許書先「菑」後「甾」，云：「菑或省艸。」今易之，以「菑」爲或字。

害也。从一雝川。《春秋傳》曰：「川雝爲澤，凶。」祖才切

帛黑色。从糸甾聲。側持切

軿車前，衣車後也。从車甾聲。側持切

六銖也。从金甾聲。側持切

艸木之初也。从丨上貫一，將生枝葉。一，地也。昨哉切

木梃也。从木才聲。昨哉切

人所寶也。从貝才聲。昨哉切

鼒　鼎之圜掩上者。从鼎才聲。《詩》曰：「鼐鼎及鼒。」子之切　鎡　俗鼒从金从茲。

𩟂　設飪也。从丮从食，才聲。讀若載。作代切

𪌂　餅籟也。从麥才聲。昨哉切

在　存也。从土才聲。昨代切

茬　艸皃。从艸在聲。濟北有茬平縣。仕甾切

存　恤問也。从子才聲。徂尊切

荐　薦蓆也。从艸存聲。在甸切

栫　以柴木壅也。从木存聲。徂悶切

𢦏　傷也。从戈才聲。祖才切

烖　天火曰烖。从火𢦏聲。祖才切　灾　或从宀、火。　𢦔　古文从才。　災　籀文从巛。

哉　言之閒也。从口𢦏聲。祖才切

載　乘也。从車𢦏聲。作代切

裁　制衣也。从衣𢦏聲。昨哉切

栽　築牆長版也。从木𢦏聲。《春秋傳》曰：「楚圍蔡，里而栽。」昨代切

戴　分物得增益曰戴。从異𢦏聲。都代切　𢦷　籀文戴。

胾 大臠也。从肉𢦏聲。側吏切

酨 酢漿也。从酉𢦏聲。徒奈切

𨙸 故國。在陳留。从邑𢦏聲。作代切

蛓 毛蟲也。从虫𢦏聲。千志切

⿺走才 疑之，等趑而去也。从走才聲。倉才切

豺 狼屬，狗聲。从豸才聲。士皆切

辤 不受也。从辛从受。受辛宜辤之。似兹切 辝 籀文辤从台。

子 十一月，陽气動，萬物滋，人以爲偁。象形。即里切 𡿺 古文子，从巛，象髮也。𢀈 籀文子，囟有髮，臂脛在几上也。

字 乳也。从子在宀下，子亦聲。疾置切

秄 壅禾本。从禾子聲。即里切

孜 汲汲也。从攴子聲。《周書》曰：「孜孜無怠。」子之切

仔 克也。从人子聲。子之切

芓 麻母也。从艸子聲。一曰芓即枲也。疾吏切

李 果也。从木子聲。良止切 杍 古文。

 辠人在屋下執事者。从宀从辛。辛，辠也。作亥切

 益梁之州謂聾爲聹，秦晉聽而不聞、聞而不達謂之聹。从耳宰聲。作亥切

 澱也。从水宰聲。阻史切

 羹菜也。从艸宰聲。阻史切

 楸也。从木宰聲。即里切  或省。許書先「梓」後「梓」，「梓」下云：「宰省聲。」「梓」下云：「或不省。」今易之，以「梓」爲或字。

 捋取也。从木从爪。倉宰切

 艸之可食者。从艸采聲。蒼代切

 姦也。从心采聲。倉宰切

 一舉而二也。从冓省。作代切

 雷震洅洅也。从水再聲。作代切

 等畫物也。从刀从貝。貝，古之物貨也。子德切  古文則。 亦古文則。 籀文則，从鼎。

 深所至也。从水則聲。初側切

 旁也。从人則聲。阻力切

[illegible] 遏遮也。从土則聲。初力切

廁 清也。从广則聲。初吏切

賊 敗也。从戈則聲。昨則切

惻 痛也。从心則聲。初力切

萴 烏喙也。从艸則聲。阻力切

鰂 烏鰂，魚名。从魚則聲。昨則切 鯽 鰂或从即。

仄 側傾也。从人在厂下。阻力切 [illegible] 籀文从夨，夨亦聲。

昃 日在西方，時側也。从日仄聲。《易》曰：「日昃之離。」阻力切

夨 傾頭也。从大，象形。阻力切

食 一米也。从皀亼聲。或說：亼，皀也。段曰：「此九字不可通。當作『从亼、皀』二字是也。」[二十五] 乘力切

飤 糧也。从人、食。姚曰：「食亦聲。」祥吏切

蝕 敗創也。从虫、人、食，食亦聲。乘力切

飾 㕞也。从巾从人，食聲。讀若式。一曰襐飾。賞隻切

飭 致堅也。从人从力，食聲。讀若敕。恥力切

司 臣司事於外者。从反后。息兹切

諸侯嗣國也。从冊从口，司聲。祥吏切　古文嗣，从子。

訟也。籀文辭从𤔔。𤔔，猶理辜也。从司。姚曰：「司聲。」似茲切。　篆文从辛。許書先「辭」後「𤔔」，今互易。

意内而言外也。从司从言。小徐本作「从言司聲」。當作「从司从言，司亦聲」。似茲切

春祭曰祠。品物少，多文詞也。从示司聲。仲春之月，祠不用犧牲，用圭璧及皮幣。似茲切

飯及衣之器也。从竹司聲。相吏切

蠶所吐也。从二糸。息茲切

窒也。从㠭从廾，窒宀中。㠭猶齊也。穌則切

隔也。从土𡨄聲。從小徐本[二十六]。先代切

行棊相塞謂之簺。从竹从塞，塞亦聲。先代切

實也。从心，塞省聲。《虞書》曰：「剛而𡫳。」先則切

已也。四月，陽气已出，陰气已藏，萬物見，成文章，故巳爲蛇，象形。詳里切

祭無已也。从示巳聲。詳里切　祀或从異。

水別復入水也。一曰汜，窮瀆也。从水巳聲。《詩》曰：「江有汜。」詳里切

能立也。从走巳聲。墟里切 古文起从辵。

東楚謂橋爲圯。从土巳聲。與之切

廣𦣝也。从𦣝巳聲。與之切 古文巸从戶。

説樂也。从女巸聲。許其切

燥也。从火巸聲。許其切

毅改，大剛卯，以逐鬼鬽也。从攴巳聲。讀若巳。古亥切

鳥飛上翔不下來也。从一，一猶天也。象形。方久切

不也。从口从不，不亦聲。方久切

相與語，唾而不受也。从丶从否，否亦聲。天口切 音或从豆从欠。

反也。从人音聲。薄亥切

僵也。从走音聲。讀若匐。朋北切

僵也。从足音聲。《春秋傳》曰：「晉人踣之。」蒲北切

判也。从刀音聲。浦后切

治敝絮也。从糸音聲。芳武切

重土也。一曰滿也。从𨸏音聲。薄回切

培　培敦。土田山川也。从土咅聲。薄回切

棓　梲也。从木咅聲。步項切

䍌　小缶也。从缶咅聲。蒲侯切

瓿　甂也。从瓦咅聲。蒲口切

醅　醉飽也。从酉咅聲。匹回切

䏽　豕肉醬也。从肉咅聲。薄口切

掊　把也。今鹽官入水取鹽爲掊。从手咅聲。父溝切

⿰髟咅　髮皃。从髟音聲。步矛切

箁　竹箬也。从竹音聲。薄侯切

郶　天水狄部。从邑音聲。蒲口切

篰　萳爰也。从竹部聲。薄口切

涪　水。出廣漢剛邑道徼外，南入漢。从水音聲。縛牟切

菩　艸也。从艸音聲。步乃切

⿱不日　不見也。从日，否省聲。美畢切

娝　不肖也。从女否聲。讀若竹皮箁。匹才切

痞 痛也。从疒否聲。符鄙切

嚭 大也。从喜否聲。《春秋傳》：「吴有太宰嚭。」匹鄙切

⿰否須 短須髮皃。从須否聲。敷悲切

⿱网否 兔罟也。从网否聲。縛牟切

桮 ⿷匚贛也。从木否聲。布回切 ⿷匚否 籀文桮。

⿰不頁 曲頤也。从頁不聲。薄回切

丕 大也。从一不聲。敷悲切

魾 大鱯也。其小者名鮡。从魚丕聲。敷悲切

駓 黄馬白毛也。从馬丕聲。敷悲切

伾 有力也。从人丕聲。《詩》曰：「以車伾伾。」敷悲切

邳 奚仲之後，湯左相仲虺所封國。在魯辥縣。从邑丕聲。敷悲切

秠 一稃二米。从禾丕聲。《詩》曰：「誕降嘉穀，惟秬惟秠。」天賜后稷之嘉穀也。敷悲切

芣 華盛。从艸不聲。一曰芣苢。縛牟切

紑 白鮮衣皃。从糸不聲。《詩》曰：「素衣其紑。」匹丘切

肧 婦孕一月也。从肉不聲。匹桮切

衃　凝血也。从血不聲。芳桮切

坏　丘再成者也。一曰瓦未燒。从土不聲。芳桮切

啚　嗇也。从口、㐭。㐭，受也。方美切　啚　古文啚如此。

鄙　五酇爲鄙。从邑啚聲。兵美切

葡　具也。从用，苟省。平祕切

備　慎也。从人葡聲。平祕切　備　古文備。

犕　《易》曰：「犕牛乘馬。」从牛葡聲。平祕切

𢟍　㦏也。从心葡聲。蒲拜切　𤺊　或从疒。

糒　乾也。从米葡聲。平祕切

佩　大帶佩也。从人从凡从巾。佩必有巾，巾謂之飾。蒲妹切

婦　服也。从女持帚灑掃也。房九切

負　恃也。从人守貝，有所恃也。一曰受貸不償。房九切

萯　王萯也。从艸負聲。房九切

北　菲也。从二人相背。博墨切

背　脊也。从肉北聲。補妹切

邶 故商邑。自河内朝歌以北是也。从邑北聲。補妹切

皕 二百也。讀若祕。彼力切

奭 盛也。从大从皕，皕亦聲。此燕召公名。讀若郝。《史篇》名醜。詩亦切 奭 古文奭。

衋 傷痛也。从血、聿，皕聲。《周書》曰：「民罔不衋傷心。」許力切

畐 滿也。从高省，象高厚之形。讀若伏。芳逼切

富 備也。一曰厚也。从宀畐聲。方副切

䕎 葍也。从艸富聲。方布切

福 祐也。从示畐聲。方六切

幅 布帛廣也。从巾畐聲。方六切

愊 誠志也。从心畐聲。芳逼切

楅 以木有所逼束也。从木畐聲。《詩》曰：「夏而楅衡。」彼即切

副 判也。从刀畐聲。《周禮》曰：「副辜祭。」芳逼切 疈 籀文副。

𤗚 判也。从片畐聲。芳逼切

䵗 治黍、禾、豆下潰葉。从黍畐聲。蒲北切

𤓰 以火乾肉。从火䵗聲。籀文𤍲从火䵗聲。符逼切 𤍲 篆文省。大徐本先「𤍲」後「𪏰」。「𤍲」下云「䵗聲」。

徐鉉等曰：「當从䵷省。」「爨」下云：「籀文不省。」今互易先後。「爨」下删「不省」二字，「㸑」下補「篆文省」三字。許書教部「斆」从教；「學」篆文斆省。屬字篆文省、古籀不省，則先古籀後篆文。今用其例也。後仿此。

匐　伏地也。从勹畐聲。蒲北切

复　行故道也。从夊，畗省聲。房六切

復　往來也。从彳复聲。房六切

𠣬　重也。从勹復聲。扶富切　⿹勹复　或省彳。

覆　覂也。一曰蓋也。从襾復聲。敷救切

⿱穴復　地室也。从穴復聲。《詩》曰：「陶⿱穴復陶穴。」芳福切

蕧　盜庚也。从艸復聲。房六切

複　重衣皃。从衣復聲。一曰褚衣。方六切

腹　厚也。从肉復聲。方六切

鍑　釜大口者。从金复聲。方副切

輹　車軸縛也。从車复聲。《易》曰：「輿脱輹。」芳六切

椱　機持繒者。从木复聲。扶富切

蝮　虫也。从虫复聲。芳目切

鰒　海魚名。从魚复聲。蒲角切

輻　輪轑也。从車畐聲。方六切

堛　凷也。从土畐聲。芳逼切

葍　葍也。从艸畐聲。方六切

蝠　蝙蝠，服翼也。从虫畐聲。方六切

伏　司也。从人从犬。房六切

絥　車絥也。从糸伏聲。平祕切　茯　絥或从艸。　鞴　絥或从革葡聲。

𠬝　治也。从又从卪。卪，事之節也。房六切

服　用也。一曰車右騑，所以舟旋。从舟𠬝聲。房六切　𦨈　古文服从人。

箙　弩矢箙也。从竹服聲。《周禮》：「仲秋獻矢箙。」房六切

菔　蘆菔。似蕪菁，實如小尗者。从艸服聲。蒲北切

⿲王車王　車笭間皮篋。古者使奉玉以藏之。从車、珏。讀與服同。房六切

母　牧也。从女，象褱子形。一曰象乳子也。莫后切

拇　將指也。从手母聲。莫厚切

艸盛上出也。从屮母聲。武罪切

六尺爲步，步百爲畮。从田每聲。莫厚切　畮或从田、十、久。

背肉也。从肉每聲。《易》曰：「咸其脢。」莫桮切

《易》卦之上體也。《商書》曰：「貞曰𠧪。」从卜每聲。荒內切

疾也。从攴每聲。眉殞切

曉教也。从言每聲。荒內切

悔恨也。从心每聲。荒內切

傷也。从人每聲。文甫切　古文从母。

月盡也。从日每聲。荒內切

天池也。以納百川者。从水每聲。呼改切

网也。从网每聲。莫桮切

馬髦飾也。从糸每聲。《春秋傳》曰：「可以稱旌緐乎？」附袁切　緐或从䒼。䒼，籀文弁。

泉水也。从泉緐聲。讀若飯。符萬切

白蒿也。从艸緐聲。附袁切

娒 女師也。从女每聲。讀若母。莫后切

鋂 大瑣也。一環貫二者。从金每聲。《詩》曰：「盧重鋂。」莫桮切

梅 枏也。可食。从木每聲。莫桮切 楳 或从某。

坶 朝歌南七十里地。《周書》：「武王與紂戰于坶野。」从土母聲。莫六切

苺 馬苺也。从艸母聲。武辠切

䳇 鸚䳇也。从鳥母聲。文甫切

某 酸果也。从木从甘。闕。莫厚切 槑 古文某从口。

㥼 㥼，撫也。从心某聲。讀若侮。亡甫切

腜 婦始孕腜兆也。从肉某聲。莫桮切

謀 慮難曰謀。从言某聲。莫浮切 古文謀。 亦古文。

媒 謀也，謀合二姓。从女某聲。莫桮切

禖 祭也。从示某聲。莫桮切

麥 芒穀，秋穜厚薶，故謂之麥。麥，金也。金王而生，火王而死。从來，有穗者；从夊。莫獲切

牧 養牛人也。从攴从牛。《詩》曰：「牧人乃夢。」莫卜切

【校記】

[一] 臺灣、廣州本正文均以匠部爲首，與標目次序不同；上海本次序則同標目。陳澧於臺灣本「匠」字條右側頁邊手書「説文聲統卷一 番禺陳澧編」十餘字，爲抄寫之後再添上，顯示其初列於卷一之首位者並非匠部，乃陳澧後來將其調整至此位置。

[二] 標目有「怠」，而正文有「箈」無「怠」，臺灣、廣州、上海本均同。正文當有脱漏。按：《説文》有「怠」字，解説爲「慢也。从心台聲」。

[三]「故可轉易也」廣州本作「轉易無害也」。

[四] 陳澧於「右」字條頁眉手批：「此等語入凡例。」又於「㿿」字條頁眉手批：「入凡例。」按：均係指其中的注語。是曾有作凡例的計劃。

[五] 大徐本作「从酉、㿿」。

[六] 廣州本於「賄」字條後有「囿」字條，與後「圞」字條重出(惟後者篆、籀倒置)。臺灣、上海本無之。

[七] 臺灣本此處原衍一「宥」字。今依廣州本。

[八] 大徐本作「从口从或」。

[九] 此小注臺灣本抄寫顛倒，今從廣州本。又，大徐本作「从欠从喜」。

[十] 臺灣、上海本原作「四」，今從廣州本改「五」。

[十一] 臺灣本脱「以」字，今據廣州本補。

［十二］臺灣本作「箕」，今從廣州本改「其」。

［十三］廣州本無「𡙇」字條，臺灣本有，但僅有篆文及説解中的「别也」二字，似爲後加。上海本有此字。今依大徐本補齊。

［十四］大徐本作「从攴、己」。

［十五］段注云：「非省聲。」

［十六］臺灣本「杞」字條後原有「沯」字條，與前相重。上海本亦有，注云：「倫案：重出。」廣州本無之。今删。

［十七］大徐本作「从水从阞」。

［十八］大徐本作「从艸从之」。

［十九］大徐本無「之聲」二字。

［二十］此係從小徐本。大徐本作「从人从待」。

［二十一］臺灣本「㞢」字條右側有一行注文：「『志』字收否，再酌。凡增加十九文，皆酌收否。」廣州本無此注。按：《説文》大徐本：「志，意也。从心之聲。」段注作「从心、㞢，㞢亦聲。」段氏謂小徐本無此篆，但祁刻小徐本有，亦作「之聲」。段氏又云：「大徐以『意』下曰『志也』補此，爲十九文之一。」按：徐鉉爲《説文》所增十九字，除「志」字外，「詔、件、劓、駙、緻、笑、峯」七字《説文聲表》不收，其餘「借、趄、瑱」三字收入卷五，「迓」作爲「訝」異體亦見於卷五，「綦」收入卷一，「醆、晥」二字收入卷十四，「顛、癠、檝」三字收入卷七，「魋」字參看卷十五下校記［三］。

［二十二］大徐本作「从网、直」。

［二十三］臺灣本脱自「直」至「悳」九字條。與廣州本比對，知係缺一頁（臺灣本、廣州本均爲一頁十行）。今據

廣州本補。上海本亦有此九字。

〔二十四〕大徐本作「从人从土」。

〔二十五〕臺灣本無此小注，今依廣州本。

〔二十六〕大徐本作「从土从𡨄」。

卷二

 屈也。从大，象形。於兆切

 木少盛皃。从木夭聲。《詩》曰：「桃之枖枖。」於喬切

 艸也。味苦，江南食以下气。从艸夭聲。烏皓切

 巧也。一曰女子笑皃。《詩》曰：「桃之𡝩𡝩。」从女芺聲。於喬切

 溉灌也。从水芺聲。木盛須灌溉之。〔一〕烏鵠切。

 白金也。从金，芺省聲。烏酷切

 燕食也。从食芺聲。《詩》曰：「飲酒之䬴。」依據切

 地反物爲祅也。从示芺聲。天屈故爲反戾。於喬切

 鳥也。从鳥芺聲。烏浩切

 小也。象子初生之形。於堯切

 少也。从幺从力。段曰：「幺亦聲。」伊謬切

深遠也。从穴幼聲。烏皎切

微青黑色。从黑幼聲。《爾雅》曰：「地謂之黝。」於糾切

憂皃。从心幼聲。於虯切

愁皃。从欠幼聲。於虯切

鹿鳴聲也。从口幼聲。伊虯切 呦或从欠。

澤。在昆侖下。从水幼聲。讀與⿰幼欠同。於糾切

魚名。从魚幼聲。讀若幽。於糾切

望遠合也。从日、匕。匕，合也。讀若窈窕之窈。烏皎切

冥也。从穴皀聲。烏皎切

户樞聲也。室之東南隅。从宀皀聲。烏皎切

行不正也。从尣皀聲。讀若耀。弋笑切

顯也。从三白。讀若皎。烏皎切

冥也。从日在木下。烏皎切

深目也。从穴中目。烏皎切

目深皃。从目、窅。讀若《易》曰「勿卹」之「卹」。於悅切

樂之竹管，三孔，以和眾聲也。从品、侖。侖，理也。以灼切

書僮竹笘也。从竹龠聲。以灼切

呼也。从頁籥聲。讀與籥同。《商書》曰：「率籲眾戚。」羊戍切

關下牡也。从門龠聲。以灼切

漬也。从水龠聲。以灼切

火飛也。从火龠聲。一曰爇也。以灼切

趠趯也。从走龠聲。以灼切

視誤也。从見龠聲。弋笑切

爵麥也。从艸龠聲。以勺切

不孝鳥也。日至，捕梟磔之。从鳥頭在木上。古堯切

鉅鹿縣。从邑梟聲。牽遥切

聲嘄嘄也。从口梟聲。古堯切

到首也。賈侍中說：此斷首到縣県字。古堯切

聲也。气出頭上。从㗊从頁。頁，首也。許嬌切 囂或省。

炊气皃。从鬲嚻聲。許嬌切

 楚謂之蘺，晉謂之虈，齊謂之茝。从艸囂聲。許嬌切

 痛聲也。从口在丂上。胡到切

 呼也。从号从虎。段云：「号亦聲。」乎刀切

 貪也。从食號聲。土刀切  饕或从口，刀聲。  籀文饕从號省。

 石之似玉者。从玉號聲。讀若鎬。乎到切

 木也。从木，號省聲。乎刀切

 木根也。从木号聲。《春秋傳》曰：「歲在玄枵。」玄枵，虛也。許嬌切

 土鍪也。从䖒号聲。讀若鎬。胡到切

 南陽淯陽鄉。从邑号聲。乎刀切

 鴟鴞，寧鴂也。从鳥号聲。于嬌切

 嗁聲也。一曰虎聲。从口从虎。姚云：「號省聲。」讀若暠。呼訏切

 號也。从言从虎。乎刀切

 高至也。从隹上欲出冂。《易》曰：「夫乾隺然。」胡沃切

 鳴九皋，聲聞于天。从鳥隺聲。下各切

 鳥之白也。从白隺聲。胡沃切

[illegible] 白牛也。从牛隺聲。五角切

[illegible] 苑名。一曰馬白額。从馬隺聲。下各切

榷 水上橫木，所以渡者也。从木隺聲。江岳切

搉 敲擊也。从手隺聲。苦角切

㸌 灼也。从火隺聲。胡沃切

[illegible] 灌也。从水隺聲。口角切，又公沃切

[illegible] 肉羹也。从肉隺聲。呼各切

[illegible] 艸也。从艸隺聲。《詩》曰：「食鬱及藿。」余六切

爻 交也。象《易》六爻頭交也。胡茅切

𡥈 放也。从子爻聲。古肴切

教 上所施下所效也。从攴从𡥈。𡥈亦聲。古孝切。[illegible] 古文教。[illegible] 亦古文教。

[illegible] 交灼木也。从火，教省聲。讀若狡。古巧切

[illegible] 解鳶屬。从鳶孝聲。闕。古孝切

駁 馬色不純。从馬爻聲。北角切

肴 啖也。从肉爻聲。胡茅切

相雜錯也。从殳肴聲。胡茅切

刺也。从人肴聲。一曰痛聲。胡茅切

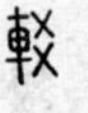

車騎上曲銅也。从車爻聲。古岳切[二]

交脛也。从大，象交形。古爻切

脛也。从骨交聲。口交切

交也。从人交聲。從小徐本[三]。下巧切

會也。从辵交聲。古肴切

象也。从攴交聲。胡教切

身中也。象人要自臼之形。从臼，交省聲。於消切，又於笑切　古文要。

旗屬。从㫃要聲。烏皎切

艸也。从艸要聲。《詩》曰：「四月秀葽。」劉向説：「此味苦，苦葽也。」於消切

交木然也。从火交聲。古巧切

乾芻。从艸交聲。一曰牛蘄艸。古肴切

竹索也。从竹交聲。胡茅切

縊也。从交从糸。小徐本作「从交糸聲」，轉寫之誤也。當云「从交从糸，交亦聲」。古巧切

木囚也。从木交聲。古孝切

齧骨也。从齒交聲。五巧切

窅窔，深也。从穴交聲。烏叫切

距國百里爲郊。从邑交聲。古肴切

月之白也。从白交聲。《詩》曰：「月出皎兮。」古了切

憭也。从心交聲。下交切，又古了切

好也。从女交聲。胡茅切

少狗也。从犬交聲。匈奴地有狡犬，巨口而黑身。古巧切

水。出常山石邑井陘，東南入于泜。从水交聲。郝國有洨縣。下交反

小瓜也。从瓜交聲。蒲角切

龍之屬也。池魚滿三千六百，蛟來爲之長，能率魚飛。置笱水中，即蛟去。从虫交聲。古肴切

海魚，皮可飾刀。从魚交聲。古肴切

鵁鶄也。从鳥交聲。一曰鵁鸕也。古肴切

獸，如馬，倨牙，食虎豹。从馬交聲。北角切

崇也。象臺觀高之形。从冂、口。與倉、舍同意。古牢切

豪　豕，鬣如筆管者。出南郡。从希高聲。乎刀切　豪　籒文从豕。

歊　歊歊，气出皃。从欠、高，高亦聲。許嬌切

藃　艸皃。从艸歊聲。《周禮》曰：「轂獘不藃。」許嬌切

熇　火熱也。从火高聲。《詩》曰：「多將熇熇。」火屋切

鎬　温器也。从金高聲。武王所都，在長安西上林苑中，字亦如此。乎老切

槁　木枯也。从木高聲。苦浩切

稾　稈也。从禾高聲。古老切

滈　久雨也。从水高聲。乎老切

毃　擊頭也。从殳高聲。口卓切

敲　横擿也。从攴高聲。口交切

塙　堅不可拔也。从土高聲。苦角切

膏　肥也。从肉高聲。古勞切

翯　鳥白肥澤皃。从羽高聲。《詩》云：「白鳥翯翯。」胡角切

縞　鮮色也。从糸高聲。古老切

鄗　常山縣。世祖所即位，今爲高邑。从邑高聲。呼各切

蒿 菣也。从艸高聲。呼毛切

薨 死人里也。从死，蒿省聲。呼毛切

𦒷 年九十曰𦒷。从老，蒿省聲[四]。莫報切

鰝 大鰕也。从魚高聲。胡到切

敫 光景流也。从白从放。讀若龠。以灼切

皦 玉石之白也。从白敫聲。古了切

璬 玉佩。从玉敫聲。古了切

激 水礙衺疾波也。从水敫聲。一曰半遮也。古歷切

墽 磽也。从土敫聲。口交切

竅 空也。从穴敫聲。牽料切

噭 吼也。从口敫聲。一曰噭，呼也。古弔切

𣢇 所謌也。从欠，噭省聲。讀若叫呼之叫。古弔切

譥 痛呼也。从言敫聲。古弔切

撽 㫄擊也。从手敫聲。苦弔切

⿰角敫 杖耑角也。从角敫聲。胡狄切

徼　循也。从彳敫聲。古堯切

覈　實也。考事，襾笮邀遮，其辤得實曰覈。从襾敫聲。下革切　　覈或从雨。

檄　二尺書。从木敫聲。胡狄切

繳　生絲縷也。从糸敫聲。之若切

憿　幸也。从心敫聲。古堯切[五]

杲　明也。从日在木上。小徐本有「讀若槀」三字。古老切

　大白，澤也。从大从白。古文以爲澤字。古老切

喬　高而曲也。从夭，从高省。《詩》曰：「南有喬木。」巨嬌切

僑　高也。从人喬聲。巨嬌切

驕　馬高六尺爲驕。从馬喬聲。《詩》曰：「我馬唯驕。」一曰野馬。舉喬切

蹻　舉足行高也。从足喬聲。《詩》曰：「小子蹻蹻。」居勺切

撟　舉手也。从手喬聲。一曰撟，擅也。居少切

趫　善緣木走之才。从走喬聲。讀若王子蹻。去嚻切

鷮　走鳴長尾雉也。乘輿以爲防釳，著馬頭上。从鳥喬聲。巨嬌切

獢　獡獢也。从犬喬聲。許喬切

鐈　似鼎而長足。从金喬聲。巨嬌切

屩　屐也。从履省，喬聲。居勺切

橋　水梁也。从木喬聲。巨驕切

矯　揉箭箝也。从矢喬聲。居夭切

敿　繫連也。从攴喬聲。《周書》曰：「敿乃干。」讀若矯。居夭切

繑　絝紐也。从糸喬聲。牽搖切

蟜　蟲也。从虫喬聲。居夭切

敖　出游也。从出从放。許書出部、放部皆有「敖」字。出部解説云：「游也。」今惟録放[六]部。五牢切

傲　倨也。从人敖聲。五到切

嫯　侮易也。从女敖聲。五到切

謷　不肖人也。从言敖聲。一曰哭不止，悲聲謷謷。五牢切

嗷　眾口愁也。从口敖聲。《詩》曰：「哀鳴嗷嗷。」五牢切

熬　乾煎也。从火敖聲。五牢切　䵅　熬或从麥。

䫨　䫨顤，高也。从頁敖聲。五到切

嶅　山多小石也。从山敖聲。五交切

⿰敖力 健也。从力敖聲。讀若豪。五牢切

驁 駿馬。以壬申日死，乘馬忌之。从馬敖聲。五到切

獒 犬如人心可使者。从犬敖聲。《春秋傳》曰：「公嗾夫獒。」五牢切

滶 水。出南陽魯陽，入城父。从水敖聲。五勞切

垚 土高也。从三土。凡垚之屬皆从垚。吾聊切

堯 高也。从垚在兀上，高遠也。姚曰：「垚亦聲。」吾聊切 㚁 古文堯。

嶢 焦嶢，山高皃。从山堯聲。古僚切

僥 南方有焦僥。人長三尺，短之極。从人堯聲。五聊切

顤 高長頭。从頁堯聲。五弔切

翹 尾長毛也。从羽堯聲。渠遥切

蕘 薪也。从艸堯聲。如昭切

磽 磬石也。从石堯聲。口交切

⿰堯攴 磐田也。从攴堯聲。牽遥切

橈 曲木。从木堯聲。女教切

撓 擾也。从手堯聲。一曰抓也。奴巧切

繞　纏也。从糸堯聲。而沼切

嬈　苛也。一曰擾，戲弄也；一曰嬥也。从女堯聲。奴鳥切

嘵　懼也。从口堯聲。《詩》曰：「唯予音之嘵嘵。」許幺切

譊　恚呼也。从言堯聲。女交切

趬　行輕皃。一曰趬，舉足也。从走堯聲。牽遥切

驍　良馬也。从馬堯聲。古堯切

獟　狃犬也。从犬堯聲。五弔切

曉　明也。从日堯聲。呼鳥切

⿰金曉　鐵文也。从金曉聲。呼鳥切

皢　日之白也。从白堯聲。呼鳥切

燒　爇也。从火堯聲。式昭切

澆　渎也。从水堯聲。古堯切

饒　飽也。从食堯聲。如昭切

膮　豕肉羹也。从肉堯聲。許幺切

蟯　腹中短蟲也。从虫堯聲。如招切

鐃　小鉦也。軍法：卒長執鐃。从金堯聲。女交切

虐　殘也。从虍，虎足反爪人也。魚約切　虐　古文虐如此。

瘧　熱寒休作。从疒从虐，虐亦聲。魚約切

謔　戲也。从言虐聲。《詩》曰：「善戲謔兮。」虛約切

樂　五聲八音總名。象鼓鞞。木，虡也。玉角切

䟒　動也。从走樂聲。讀若《春秋傳》曰「輔䟒」。郎擊切

轢　車所踐也。从車樂聲。郎擊切

鑠　銷金也。从金樂聲。書藥切

藥　治病艸。从艸樂聲。以勺切

𤻲　治也。从疒樂聲。力照切　療　或从尞。

嚛　食辛嚛也。从口樂聲。火沃切

礫　小石也。从石樂聲。郎擊切

瓅　玓瓅。从玉樂聲。郎擊切

纅　絲色也。从糸樂聲。以灼切

觻　角也。从角樂聲。張掖有觻得縣。盧谷切

濼 齊魯閒水也。从水樂聲。《春秋傳》曰："公會齊侯于濼。"盧谷切

櫟 木也。从木樂聲。郎擊切

鱳 魚名。出樂浪潘國。从魚樂聲。盧谷切

褭 以組帶馬也。从衣从馬。奴鳥切

尿 人小便也。从尾从水。奴弔切

㲻 没也。从水从人。奴歷切

弱 橈也。上象橈曲，彡象毛氂橈弱也。弱物并，故从二弓。而勺切

搦 按也。从手弱聲。尼革切

䚥 調弓也。从角，弱省聲。於角切

愵 憂皃。从心弱聲。讀與惄同。奴歷切

溺 水。自張掖刪丹西，至酒泉合黎，餘波入于流沙。从水弱聲。桑欽所說。而灼切

嫋 姌也。从女弱聲。從小徐本[七]。奴鳥切

蒻 蒲子。可以爲平席。从艸弱聲。而灼切

䐞 肉表革裏也。从肉弱聲。而勺切

尞 柴祭天也。从火从眘。眘，古文慎字。祭天所以慎也。力照切

放火也。从火尞聲。力小切

炙也。从炙尞聲。讀若𤒹燎。力照切

牛腸脂也。从肉尞聲。《詩》曰：「取其血膫。」洛蕭切　膫或从勞省聲。

纏也。从糸尞聲。盧鳥切

周垣也。从土尞聲。力沼切

椽也。从木尞聲。盧浩切

乾梅之屬。从艸橑聲。《周禮》曰：「饋食之籩，其實乾藔。」後漢長沙王始煑艸爲藔。盧皓切　藔或从潦。

蓋弓也。一曰輻也。从車尞聲。盧皓切

宗廟盛肉竹器也。从竹尞聲。《周禮》：「供盆簝以待事。」洛蕭切

理也。从手尞聲。洛蕭切

好皃。从人尞聲。力小切

慧也。从心尞聲。力小切

穿也。从穴尞聲。《論語》有公伯寮。洛蕭切

遠也。从辵尞聲。洛蕭切

嫽　女字也。从女尞聲。洛蕭切

獠　獵也。从犬尞聲。力昭切

潦　雨水大皃。从水尞聲。盧皓切

鐐　白金也。从金尞聲。洛蕭切

璙　玉也。从玉尞聲。洛簫切

鷯　刀鷯。剖葦，食其中蟲。从鳥尞聲。洛簫切

了　尦也。从子無臂。象形。盧鳥切

料　量也。从斗，米在其中。讀若遼。洛蕭切

勞　劇也。从力，熒省。熒，火燒冂，用力者勞。魯刀切　𢥒　古文勞从悉。

嘮　嘮呶，讙也。从口勞聲。敕交切

癆　朝鮮謂藥毒曰癆。从疒勞聲。郎到切

澇　水。出扶風鄠，北入渭。从水勞聲。魯刀切

犖　駁牛也。从牛，勞省聲。吕角切

刀　兵也。象形。都牢切

到　至也。从至刀聲。都悼切

菿　艸木倒。从艸到聲。都盜切

召　評也。从口刀聲。直少切

招　手呼也。从手召聲[八]。止摇切

𠧞　卜問也。从卜召聲。市沼切

柖　樹摇皃。从木召聲。止摇切

卲　高也。从卪召聲。寔照切

超　跳也。从走召聲。敕宵切

弨　弓反也。从弓召聲。《詩》曰：「彤弓弨兮。」尺招切

[illegible]　耕以臿，浚出下壚土也。一曰耕休田也。从𠂤从土，召聲。之少切

釗　刓也。从刀从金。小徐本作「從刀金聲」。當作「从刀从金，刀亦聲」。周康王名。止遥切[九]

劭　勉也。从力召聲。讀若舜樂韶。寔照切

紹　繼也。从糸召聲。一曰紹，緊糾也。市沼切　[illegible]　古文紹，从邵。

韶　虞舜樂也。《書》曰：「《簫韶》九成，鳳皇來儀。」从音召聲。市招切

昭　日明也。从日召聲。止遥切

炤　明也。从火昭聲。之少切

羊子也。从羊，照省聲。古牢切

大頭也。从頁羔聲。口幺切

燒瓦竈也。从穴羔聲。余招切

禾皮也。从禾羔聲。之若切

廟佋穆。父爲佋，南面。子爲穆，北面。从人召聲。市招切

小車也。从車召聲。以招切

大鐵也。从金召聲。鐮謂之鉊，張徹説。止摇切

絝上也。从衣召聲。市沼切

鞀遼也。从革召聲。徒刀切　鞀或从兆。　鞀或从鼓从兆。　籒文鞀从殸、召。

池水。从水召聲。之少切

艸也。从艸沼聲。昨焦切

晋邑也。从邑召聲。寔照切

艸也。从艸召聲。徒聊切

蟲也。从虫召聲。都僚切

鼠屬。大而黃黑，出胡丁零國。从豸召聲。都僚切

葦華也。从艸刀聲。徒聊切

問終也。古之葬者，厚衣之以薪。从人持弓，會敺禽。多嘯切

至也。从辵弔聲。都歷切

棺中縑裏。从衣弔聲。從小徐本[十]。讀若雕。都僚切

器也。从皿弔聲。止遥切

灼龜坼也。古文兆象形。治小切。篆文从卜。許書先「𠧞」後「兆」。「兆」下云：「古文𠧞省。」今不録「省」字。「𠧞」下增「篆文」二字。

畔也。爲四時界，祭其中。《周禮》曰：「垗五帝於四郊。」从土兆聲。治小切

龜蛇四游，以象營室，游游而長。从㫃兆聲。《周禮》曰：「縣鄙建旐。」治小切

綺絲之數也。《漢律》曰：「綺絲數謂之絩，布謂之緫，綬組謂之首。」从糸兆聲。治小切

雀行也。从走兆聲。徒遼切

亾也。从辵兆聲。徒刀切

蹶也。从足兆聲。一曰躍也。徒遼切

祭也。从肉兆聲。土了切

晦而月見西方謂之朓。从月兆聲。土了切

諸矦三年大相聘曰頫。頫，視也。从見兆聲。他弔切

撓也。从手兆聲。一曰摷也。《國語》曰：「郤至挑天。」土凋切

相呼誘也。从言兆聲。徒了切

目不正也。从目兆聲。他弔切

愉也。从人兆聲。《詩》曰：「視民不佻。」土彫切

深肆極也。从穴兆聲。讀若挑。徒了切

斛㫄有𣂪。从斗𠩺聲。臣鉉等曰：「《説文》無𠩺字，疑厂象形，兆聲。」一曰突也。一曰利也。《尔疋》曰：「𣂪謂之疀。」古田器也。土雕切

温器也。一曰田器。从金兆聲。以招切

楚謂兒泣不止曰噭咷。从口兆聲。徒刀切

虞舜居姚虛，因以爲姓。从女兆聲。或爲姚，嬈也。《史篇》以爲姚，易也。余招切

水。出隴西臨洮，東北入河。从水兆聲。土刀切

果也。从木兆聲。徒刀切

魚名。从魚兆聲。治小切

蜃甲也。所以飾物也。从玉兆聲。《禮》云：「佩刀，天子玉琫而珧珌。」余昭切

羊未卒歲也。从羊兆聲。或曰：夷羊百斤左右爲𦍩。讀若《春秋》「盟于洮」。治小切

始開也。从戶从聿。治矯切

上諱。臣鉉等曰：「後漢和帝名也。」案：李舟《切韻》云：「擊也。」从戈肁聲。直小切

擊也。从攴，肇省聲。治小切

覆鳥令不飛走也。从网、隹。讀若到。都校切

私利物也。从次，次欲皿者。徒到切

高也。早匕爲𠦝，匕卪爲卬，皆同義。竹角切　古文𠦝。

特止也。从稽省，卓聲。竹角切

踶也。从足卓聲。知教切

泥也。从水卓聲。奴教切

明也。从火卓聲。《周書》曰：「焯見三有俊心。」之若切

箸大也。从人卓聲。《詩》曰：「倬彼雲漢。」竹角切

遠也。从走卓聲。敕角切

遠也。从辵卓聲。一曰蹇也。讀若棹苕之棹。敕角切

𦃃也。从素卓聲。昌約切　繛或省。

搖也。从手卓聲。《春秋傳》曰：「尾大不掉。」徒弔切

懼也。陳楚謂懼曰悼。从心卓聲。徒到切

女病也。从女卓聲。奴教切

捕魚器也。从网卓聲。都教切

烝然鯙鯙。从魚卓聲。都教切

山雉尾長者。从羽从隹。徒歷切

直好皃。一曰嬈也。从女翟聲。徒了切

踊也。从走翟聲。以灼切

迅也。从足翟聲。以灼切

引也。从手翟聲。直角切

内肉及菜湯中薄出之。从䰜翟聲。以勺切

澣也。从水翟聲。直角切

照也。从火翟聲。弋笑切

穀也。从米翟聲。他弔切

出穀也。从出从糶，糶亦聲。他弔切

市穀也。从入从糴。段注云：「糴亦聲。」徒歷切

釐艸也。一曰拜商藋。从艸翟聲。徒弔切

禺屬。从虫翟聲。首角切

岸上見也。从厂，从之省。讀若躍。以灼切

挹取也。象形，中有實，與包同意。之若切

盛酒行觴也。从酉勺聲。之若切

酌也，斟酌二姓也。从女勺聲。市勺切

料柄也。从木勺聲。從小徐本[十二]。甫搖切

鉤魚也。从金勺聲。多嘯切

禾危穗也。从禾勺聲。都了切

激水聲也。从水勺聲。井一有水、一無水，謂之瀱汋。市若切

手足指節鳴也。从筋省，勺聲。北角切　䈾或省竹。

疾擊也。从手勺聲。都了切

炙也。从火勺聲。之若切

纏束也。从糸勺聲。於略切

小籟也。从竹約聲。於角切

約也。从人勺聲。往歷切

行脛相交也。从尣勺聲。牛行腳相交爲尥。力弔切

夏祭也。从示勺聲。以灼切

白約，縞也。从素勺聲。以灼切

明也。从日勺聲。《易》曰：「爲旳顙。」都歷切

馬白額也。从馬，的省聲。一曰駿也。《易》曰：「爲的顙。」都歷切

玓瓅，明珠色。从玉勺聲。都歷切

似虎，圜文。从豸勺聲。北教切

頌儀也。从頁，豹省聲。莫教切　或从人，白象人面形。許書先「皃」後「貌」，「貌」爲或字。今先後互易，以「皃」爲或字。　籀文皃，从豹省。

美也。从心貌聲。莫角切

茈艸也。从艸貌聲。莫覺切

皛茈也。从艸勺聲。胡了切

胡地風鼠。从鼠勺聲。之若切

滑也。《詩》云：「𠬶兮達兮。」从又、屮。一曰取也。土刀切

牛徐行也。从牛𠬶聲。讀若滔。土刀切

弓衣也。从弓从𠬶。𠬶，垂飾，與鼓同意。𠬶亦聲。土刀切

匽鼂也。讀若朝。楊雄説：匽鼂，蟲名。杜林以爲朝旦，非是。从黽从旦。直遥切 篆文从皀。「篆文」，段依《玉篇》改爲「古文」。

獸也。似兔，青色而大。象形。頭與兔同，足與鹿同。丑略切 篆文。

大葉陊也。从木皀聲。讀若薄。他各切

鳥在木上曰巢，在穴曰窠。从木，象形。鉏交切

澤中守艸樓。从木巢聲。鉏交切

兵高車加巢以望敵也。从車巢聲。《春秋傳》曰：「楚子登轈車。」鉏交切

繹繭爲絲也。从糸巢聲。穌遭切

勞也。《春秋傳》曰：「安用勦民。」从力巢聲。小子切，又楚交切

拘擊也。从手巢聲。子小切

石之似玉者。从玉巢聲。子浩切

南陽棗陽鄉。从邑巢聲。鉏交切

水艸也。从艸从水，巢聲。《詩》曰：「于以采藻。」子皓切　薻或从澡。大篆从茻。

鳥羣鳴也。从品在木上。穌到切

擾也。从言喿聲。蘇到切

愁不安也。从心喿聲。《詩》曰：「念子懆懆。」七早切

疾也。从走喿聲。則到切

乾也。从火喿聲。穌到切

絶也。从刀喿聲。《周書》曰：「天用劋絶其命。」子小切

洒手也。从水喿聲。子皓切

把持也。从手喿聲。七刀切

車轂中空也。从木喿聲。讀若藪。山樞切

鮏臭也。从魚喿聲。《周禮》曰：「膳膏鱢。」穌遭切

豕膏臭也。从肉喿聲。穌遭切

玉飾。如水藻之文。从玉喿聲。《虞書》曰：「璪火黺米。」子皓切

帛如紺色。或曰深繒。从糸喿聲。讀若喿。親小切

爵　禮器也。象爵之形，中有鬯酒，又持之也。所以飲。器象爵者，取其鳴節節足足也。即略切

古文爵，象形。

釂　飲酒盡也。从酉爵聲。大徐本作「嚼省聲」。今從小徐。子肖切

潐　水小聲。从水爵聲。士角切

爝　苣火，祓也。从火爵聲。吕不韋曰：「湯得伊尹，爝以爟火，釁以犧豭。」子肖切

雀　依人小鳥也。从小、隹。讀與爵同。即略切

截　斷也。从戈雀聲。昨結切

[illegible]　束髮少也。从髟截聲。子結切

巀　巀嶭山，在馮翊池陽。从山截聲。才葛切

蠽　小蟬蜩也。从䖵截聲。子列切

[illegible]　鳥也。从鳥截聲。子結切

丵　叢生艸也。象丵嶽相竝出也。讀若浞。士角切

糳　糲米一斛舂爲九斗曰糳。从毇丵聲。則各切

鑿　穿木也。从金，糳省聲。在各切

小　物之微也。从八，丨見而分之。私兆切

相高也。从木小聲。私兆切

骨肉相似也。从肉小聲。不似其先，故曰「不肖」也。私妙切

夜也。从宀，宀，下冥也；肖聲。相邀切

趨趙也。从走肖聲。治小切

陖也。从𠂤肖聲。七笑切

不容也。从口肖聲。才肖切

鞞也。一曰析也。从刀肖聲。息約切

人臂皃。从手削聲。《周禮》曰：「輻欲其掣。」所角切

以竿擊人也。从竹削聲。虞舜樂曰箾韶。所角切，又音簫

小小侵也。从女肖聲。息約切

自關已西，凡取物之上者爲撟捎。从手肖聲。所交切

陳畱謂飯帚曰⿱竹捎。从竹捎聲。一曰飯器，容五升。一曰宋魏謂箸筩爲⿱竹捎。所交切

國甸，大夫稍。稍，所食邑。从邑肖聲。《周禮》曰：「任郩地。」在天子三百里之内。所教切

出物有漸也。从禾肖聲。所教切

飯筥也。受五升。从竹稍聲。秦謂筥曰⿱竹稍。山樞切

消　盡也。从水肖聲。相幺切

霄　雨霓爲霄。从雨肖聲。齊語也。相邀切

銷　鑠金也。从金肖聲。相邀切

悄　憂也。从心肖聲。《詩》曰：「憂心悄悄。」親小切

痟　酸痟，頭痛。从疒肖聲。《周禮》曰：「春時有痟首疾。」相邀切

莦　惡艸皃。从艸肖聲。所交切

綃　生絲也。从糸肖聲。相幺切

梢　木也。从木肖聲。所交切

蛸　蟲蛸，堂蜋子。从虫肖聲。相邀切

票　火飛也。从火、𡿺。𡿺不成字。當从奧省。與䙴同意。方昭切

熛　火飛也。从火票聲。讀若摽。甫遥切

飄　回風也。从風票聲。撫招切

旚　旌旗旚繇也。从㫃票聲。匹招切

幖　幟也。从巾票聲。方招切

標　木杪末也。从木票聲。敷沼切

鏢 刀削末銅也。从金𤐫聲。撫招切

漂 浮也。从水𤐫聲。匹消切，又匹妙切

瓢 蠡也。从瓠省，𤐫聲。符宵切

僄 輕也。从人𤐫聲。匹妙切

嫖 輕也。从女𤐫聲。匹招切

⿺走票 輕行也。从走𤐫聲。撫招切

嘌 疾也。从口𤐫聲。《詩》曰：「匪車嘌兮。」撫招切

慓 疾也。从心𤐫聲。敷沼切

⿰票見 目有察省見也。从見𤐫聲。方小切

瞟 瞭也。从目𤐫聲。敷沼切

摽 擊也。从手𤐫聲。一曰挈門壯也。符少切

剽 砭刺也。从刀𤐫聲。一曰剽，劫人也。匹妙切

勡 劫也。从力𤐫聲。匹眇切

縹 帛青白色也。从糸𤐫聲。敷沼切

驃 黄馬發白色。一曰白髦尾也。从馬𤐫聲。毗召切

 苕之黃華也。从艸㶾聲。一曰末也。方小切

 牛脅後髀前合革肉也。从肉㶾聲。讀若繇。敷紹切

 麠屬。从鹿，㶾省聲。薄交切

 行皃。从人麃聲。《詩》曰：「行人儦儦。」甫嬌切

 馬銜也。从金麃聲。補嬌切  鑣或从角。

 耕禾閒也。从禾麃聲。《春秋傳》曰：「是穮是衮。」甫嬌切

 雨雪瀌瀌。从水麃聲。甫嬌切

 牛黃白色。从牛麃聲。補嬌切 與驃同義。

 上衣也。古文表从衣从麃。姚曰：「麃聲。」陂矯切  篆文从毛。古者衣裘，从毛爲表。

許書先「表」後「⿰衤麃」，今互易。「表」下增「篆文」二字。

 左馮翊縣。从邑麃聲。甫無切

 鹿藿也。从艸麃聲。讀若剽。一曰蔽屬。平表切

 犬走皃。从三犬。甫遙切

 旌旗飛揚皃。从㫃猋聲。甫遙切

 扶搖風也。从風猋聲。甫遙切  飆或从包。

物落；上下相付也。从爪从又。讀若《詩》「摽有梅」。平小切

晞也。从日从出，从𠬞从米。薄報切　古文暴从日麃聲。

疾有所趣也。从日出夲廾之。姚曰：「暴省聲。」薄報切

鳥鸔也。从鳥暴聲。蒲木切

疾雨也。一曰沫也。一曰瀑，資也。从水暴聲。《詩》曰：「終風且瀑。」平到切

大呼自勉也。从言，暴省聲。蒲角切

灼也。从火暴聲。蒲木切

黼領也。从衣暴聲。《詩》曰：「素衣朱襮。」蒲沃切

頸連也。从糸，暴省聲。補各切

艸生於田者。从艸从田。武鑣切

旄絲也。从糸苗聲。《周書》曰：「惟緢有稽。」武儦切

目裏好也。从女苗聲。莫交切

眉髮之屬及獸毛也。象形。莫袍切

髮也。从髟毛聲。從小徐本[十二]。莫袍切

犛牛尾也。从犛省，从毛。姚曰：「毛亦聲。」莫交切[十三]

幢也。从㫃从毛，毛亦聲。莫袍切

艸覆蔓。从艸毛聲。《詩》曰：「左右芼之。」莫抱切

目少精也。从目毛聲。《虞書》「耄」字从此。亡報切

擇也。从見毛聲。讀若苗。莫袍切

稻屬。从禾毛聲。伊尹曰：「飯之美者，玄山之禾，南海之秏。」呼到切

右戾也。象左引之形。《唐韻》「房密切」。今以此字不見經典，故據「少」字編韻。[十四]

不多也。从小丿聲。書沼切

一目小也。从目从少，少亦聲。亡沼切

小管謂之篎。从竹眇聲。亡沼切

鷦⿰鳥眇也。从鳥眇聲。亡沼切

木標末也。从木少聲。亡沼切

禾芒也。从禾少聲。亡沼切

訬，擾也。一曰訬，獪。从言少聲。讀若毚。楚交切

叉取也。从金少聲。楚交切

𢆶少（篆） 急戾也。从弦省，少聲。於霄切

（篆） 地名。从邑少聲。書沼切

冃 重覆也。从冂、一。莫保切讀若艸苺之苺。

冒（篆） 突前也。从見冃聲。從小徐本[十五]。莫紅、亡茯二切

【校記】

[一] 廣州本無此小注。

[二]「駁」字條後原有「闃」字條，爲單獨一頁，臺灣、廣州本均同。臺灣本於頁縫處有「表十六」三字。按：卷十六兒聲内有此字條。上海本亦有此字，注：「倫案：兒聲見十六，此誤出。」今删去。

[三] 大徐本作「从人从交」。

[四] 此係從小徐本。大徐本作「从老从蒿省」。

[五] 臺灣、上海本高部在前，敫部在後，與標目次序不同。廣州本次序同標目。

[六]「放」原誤爲「出」，三本均同。今改。

[七] 大徐本作「从女从弱」。

[八] 此係從小徐本。大徐本作「从手，召」。

［九］「釗」字條據廣州本補。臺灣本此位置爲空行（不排除是原本有字，後剪去或貼住）。上海本無此字。
［十］大徐本作「从衣、弔」。
［十一］大徐本作「从木从勺」。
［十二］大徐本作「从髟从毛」。
［十三］此反切同段注。大徐本注「里之切」，小徐本注「蓼梢反」。
［十四］廣州本無此小注。
［十五］大徐本作「从見、冃」。

卷三

愁也。从心从頁。於求切

和之行也。从夊𢝊聲。《詩》曰：「布政憂憂。」於求切

饒也。从人憂聲。一曰倡也。於求切

澤多也。从水憂聲。《詩》曰：「既瀀既渥。」於求切

語未定皃。从口憂聲。於求切

鄧國地也。从邑憂聲。《春秋傳》曰：「鄧南鄙鄾人攻之。」於求切

摩田器。从木憂聲。《論語》曰：「櫌而不輟。」於求切

微也。从二幺。於虯切

隱也。从山中𢆶，𢆶亦聲。於虯切

蚴蟉也。从虫幽聲。於虯切

牝鹿也。从鹿从牝省。於虯切　或从幽聲。

鏖　温器也。一曰金器。从金麀聲。於刀切[一]

酉　就也。八月黍成，可爲酎酒。象古文酉之形。與久切

酒　就也，所以就人性之善惡。从水从酉，酉亦聲。一曰造也，吉凶所造也。古者儀狄作酒醪，禹嘗之而美，遂疏儀狄。杜康作秫酒。子酉切

逎　迫也。从辵酉聲。字秋切　遒　逎或从酋。

槱　積火燎之也。从木从火，酉聲。《詩》曰：「薪之槱之。」《周禮》：「以槱燎祠司中、司命。」余救切　𥛩　柴祭天神或从示。

庮　久屋朽木。从广酉聲。《周禮》曰：「牛夜鳴則庮，臭如朽木。」與久切

醜　可惡也。从鬼酉聲。昌九切

丣　古文酉。从卯，卯爲春門，萬物已出；丣爲秋門，萬物已入。一，閉門象也。與久切

畱　止也。从田丣聲。力求切

罶　曲梁，寡婦之笱，魚所畱也。从网、畱，畱亦聲。力九切　𦌾　罶或从婁。《春秋國語》曰：「溝罛𦌾。」

𢹂　引也。从手畱聲。敕鳩切　抽　𢹂或从由。　㨨　𢹂或从秀。

䄂　祝䄂也。从示畱聲。力救切

霤 屋水流也。从雨畱聲。力救切

廇 中庭也。从广畱聲。力救切

餾 飯气蒸也。从食畱聲。力救切

瘤 腫也。从疒畱聲。力求切

溜 水。出鬱林郡。从水畱聲。力救切

鶹 鳥少美長醜爲鶹離。从鳥畱聲。力求切

鼦 竹鼠也，如犬。从鼠，畱省聲。力求切

騮 赤馬黑毛尾也。从馬畱聲。力求切

昴 白虎宿星。从日丣聲。各本作「卯聲」，附音「莫飽切」。《毛詩傳》曰：「昴，畱也。」《史記・律》謂「昴」爲「畱」。惠棟、王鳴盛謂「昴」當从丣，是也，今從之。當音力九切。

劉 各本無此篆，今補。殺也。段氏補解説云：「從金、刀，丣聲。」力求切。

鐂《玉篇》云：「鐂，古劉字。」

䉧 竹聲也。从竹劉聲。力求切

瀏 流清皃。从水劉聲。《詩》曰：「瀏其清矣。」力久切

聊 耳鳴也。从耳丣聲。各本作「卯聲」，今從段本改。洛蕭切

窌　窖也。从穴丣聲。各本作「卯聲」，附音「匹皃切」。段氏據《左傳釋文》音「力救、力到二反」，與「丣」雙聲，改从丣。今從之。

奅　大也。从大丣聲。各本作「卯聲」，附音「匹貌切」。段氏據《漢書・公孫賀南窌侯表》作「南奅」，當「力救切」，改从丣。今從之。

珋　石之有光，璧珋也。出西胡中。从玉丣聲。力求切

茆　鳧葵也。从艸丣聲。《詩》曰：「言采其茆。」力久切。疑从丣。《切韻》誤。[二]

桺　小楊也。从木丣聲。此下有「丣，古文酉」四字，今不録。力九切

牖　穿壁以木爲交窻也。从片、戶、甫。小徐本有「聲」字，今不從。[三]譚長以爲「甫」上「日」也，非「戶」也。牖，所以見日。與久切

休　息止也。从人依木。許尤切　庥　休或从广。

⿰馬休　馬名。从馬休聲。許尤切

好　美也。从女、子。呼皓切

薅　拔去田艸也。从蓐，好省聲。呼毛切　⿱茻休　籀文薅省。　茠　薅或从休。《詩》曰：「既茠荼蓼。」

畜　田畜也。《淮南子》曰：「玄田爲畜。」丑六切　⿱茲田　《魯郊禮》畜，从田从茲。茲，益也。

 積也。从艸畜聲。丑六切

 起也。从心畜聲。《詩》曰：「能不我慉。」許六切

 媢也。从女畜聲。丑六切

 晉邢侯邑。从邑畜聲。丑六切

 㹌也。象耳、頭、足厹地之形。古文嘼，下从厹。許救切

 守備者。从嘼从犬，嘼亦聲。「嘼亦聲」三字從小徐本。舒救切

 禽走，臭而知其跡者，犬也。从犬从自。尺救切

 以鼻就臭也。从鼻从臭，臭亦聲。讀若畜牲之畜。許救切

 行也。从走臭聲。香仲切

 腐气也。从歺臭聲。尺救切

 熬米麥也。从米臭聲。去九切

 相糾繚也。一曰瓜瓠結丩起。象形。居虯切

 艸之相丩者。从茻从丩，丩亦聲。居虯切

 繩三合也。从糸、丩聲。從小徐本[四]。居黝切

 腹中急也。从疒丩聲。古巧切

捕也。从攴丩聲。式州切

蚍虾也。从艸收聲。渠遥切

曲也。从口丩聲。古矦切，又九遇切

曲也。从金从句，句亦聲。古矦切

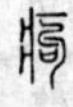

曲脊也。从疒句聲。其俱切

羽曲也。从羽句聲。其俱切

軶下曲者。从車句聲。古候切

曲竹捕魚笱也。从竹从句，句亦聲。古厚切

鎌也。从刀句聲。古矦切

纑繩絇也。从糸句聲。讀若鳩。其俱切

脯挺也。从肉句聲。其俱切

積[illegible]也。从禾从又，句聲。又者，从丑省。一曰木名。俱羽切

雄雉鳴也。雷始動，雉鳴而句其頸。从隹从句，句亦聲。「雄雉」，大徐作「雄雌」，小徐作「雌雉」。「句其頸」，大徐小徐皆作「雊」。段本據《小弁》正義改正，今從之。古候切

止也。从句从手，句亦聲。舉朱切

跔　天寒足跔也。从足句聲。其俱切

昫　日出温也。从日句聲。北地有昫衍縣。火于切，又火句切

煦　烝也。一曰赤皃。一曰温潤也。从火昫聲。香句切

欨　吹也。一曰笑意。从欠句聲。况于切

姁　嫗也。从女句聲。况羽切

敂　擊也。从攴句聲。讀若扣。苦候切

斪　斫也。从斤句聲。其俱切

佝　務也。从人句聲。苦候切

竘　健也。一曰匠也。从立句聲。讀若齲。《逸周書》有竘匠。丘羽切

蒟　果也。从艸竘聲。俱羽切

酗　醉醟也。从酉句聲。香遇切

耇　老人面凍黎若垢。从老省，句聲。古厚切

郇　地名。从邑句聲。其俱切

玽　石之次玉者。从玉句聲。讀若苟。古厚切

苟　艸也。从艸句聲。古厚切

木也。可爲醬。出蜀。从木句聲。俱羽切

鼃屬，頭有兩角，出遼東。从黽句聲。其俱切

鴝鵒也。从鳥句聲。其俱切

精鼩鼠也。从鼠句聲。其俱切

馬二歲曰駒，三歲曰駣。从馬句聲。舉朱切

孔子曰：「狗，叩也。叩气吠以守。」从犬句聲。古厚切

北方肓蚼犬，食人。从虫句聲。古厚切

角皃。从角丩聲。《詩》曰：「兕觵其觓。」渠幽切

龍子有角者。从虫丩聲。渠幽切

高木也。从木丩聲。吉虯切。《釋木》云：「下句曰朻。」

高聲也。一曰大呼也。从㗊丩聲。《春秋公羊傳》曰：「魯昭公嘂然而哭。」古弔切。「嘂然」本作「叫」。今從段氏改。

大呼也。从言丩聲。《春秋傳》曰：「或訆于宋大廟。」古弔切

嘷也。从口丩聲。古弔切

輕勁有才力也。从走丩聲。讀若鐈。居黝切

九 陽之變也。象其屈曲究盡之形。舉有切

究 窮也。从穴九聲。居又切

艽 遠荒也。从艸九聲。《詩》曰：「至于艽野。」巨鳩切

氿 水厓枯土也。从水九聲。《爾雅》曰：「水醮曰氿。」居洧切

尻 脽也。从尸九聲。苦刀切

栲 山樗也。从木尻聲。苦浩切

馗 九達道也。似龜背，故謂之馗。馗，高也。从九从首。段注云：「九亦聲。」渠追切 逵 馗或从辵从坴。

叴 高气也。从口九聲。臨淮有叴猶縣。巨鳩切

旭 日旦出皃。从日九聲。讀若勖。一曰明也。許玉切

軌 車徹也。从車九聲。居洧切

厹 獸足蹂地也。象形，九聲。《尔疋》曰：「狐狸貛貉醜，其足蹞，其迹厹。」人九切 蹂 篆文从足柔聲。

訄 迫也。从言九聲。讀若求。巨鳩切

仇 讎也。从人九聲。巨鳩切

姦也。外爲盜，内爲宄。从宀九聲。讀若軌。居洧切　古文宄。　亦古文宄。

聚也。从勹九聲。讀若鳩。居求切

病寒鼻窒也。从鼻九聲。巨鳩切

虎鳴也。一曰師子。从虎九聲。許交切

鶻鵃也。从鳥九聲。居求切

孰肉醬也。从肉九聲。讀若舊。巨鳩切

黍稷方器也。从竹从皿从皀。居洧切　古文簋从匚、飢。　古文簋或从軌。　亦古文簋。

竦身也。从女簋聲。讀若《詩》「糾糾葛屨」。居夭切

菜名。一穜而久者，故謂之韭。象形，在一之上。一，地也。此與耑同意。舉友切

放也。从大而八分也。古老切

春爲昦天，元气昦昦。从日、夰，夰亦聲。胡老切

嫚也。从百从夰，夰亦聲。《虞書》曰：「若丹朱奡。」讀若傲。《論語》：「奡湯舟。」五到切

白皃。从頁从景。《楚詞》曰：「天白顥顥。」南山四顥，白首人也。胡老切

豆汁也。从水顥聲。乎老切

舂也。古者掘地爲臼，其後穿木石。象形。中，米也。其九切

舂糗也。从臼、米。臼亦聲。其九切

老人齒如臼也。一曰馬八歲齒臼也。从齒从臼，臼亦聲。其久切

母之兄弟爲舅，妻之父爲外舅。从男臼聲。其久切

雖舊，舊畱也。从萑臼聲。巨救切　舊或从鳥休聲。

揉屈也。从殳从皀。皀，古文叀字。廄字从此。居又切

恭謹行也。从辵𣪘聲。讀若九。居又切

飽也。从勹𣪘聲。民祭，祝曰：「厭𣪘。」己又切，又乙庚切

馬舍也。从广𣪘聲。《周禮》曰：「馬有二百十四匹爲廄，廄有僕夫。」居又切　古文从九。

災也。从人从各。各者，相違也。其久切

毀也。从人咎聲。其久切

怨仇也。从心咎聲。其久切

蹴鼻也。从欠咎聲。讀若《爾雅》曰「麔豭短脰」。於糾切

麋牝者。从鹿咎聲。其久切

𥡴𥠢而止也。从稽省，咎聲。讀若皓。賈侍中說，「稽、𥡴、𥠢」三字皆木名。古老切

日景也。从日咎聲。居洧切

仄出泉也。从厂晷聲。讀若軌。居洧切

緯十縷爲綹。从糸咎聲。讀若柳。力久切

大鼓也。从鼓咎聲。《詩》曰：「鼛鼓不勝。」古勞切

車上大橐。从橐省，咎聲。《詩》曰：「載櫜弓矢。」古勞切

木也。从木咎聲。讀若皓。古老切

當互也。从魚咎聲。其久切

牛觸人，角箸橫木，所以告人也。从口从牛。《易》曰：「僮牛之告。」古奥切

手械也。从木告聲。古沃切

牛馬牢也。从牛告聲。《周書》曰：「今惟牿牛馬。」古屋切

地藏也。从穴告聲。古孝切

告也。从言告聲。古到切　古文誥。

告祭也。从示从告聲。苦浩切

就也。从辵告聲。譚長說：「造，上士也。」七到切　古文造，从舟。

艸皃。从艸造聲。初救切

相違也。从非告聲。苦到切

日出皃。从日告聲。胡老切

旱气也。从火告聲。苦沃切

酒厚味也。从酉告聲。苦渫切

澆也。从水告聲。《虞書》曰：「洪水浩浩。」胡老切

大𨸏也。一曰右扶風郿有陪𨸏。从𨸏告聲。苦渫切

山皃。一曰山名。从山告聲。古到切

石聲。从石告聲。苦角切

周文王子所封國。从邑告聲。古到切

鴻鵠也。从鳥告聲。胡沃切

在手曰匊。从勹、米。居六切

窮也。从走匊聲。居六切

蹋鞠也。从革匊聲。居六切 鞠或从簐。

馬曲脊也。从馬鞠聲。巨六切

治牆也。从艸鞠聲。居六切

大菊，蘧麥。从艸匊聲。居六切

蝌鼀，詹諸，以脰鳴者。从虫匊聲。居六切

魚名。出樂浪潘國。从魚匊聲。一曰鮪魚，出江東，有兩乳。居六切

叉手也。从E、ヨ。居玉切

覺悟也。从教省，从冂。冂，尚矇也。臼聲。胡覺切　古文。許書先「斅」後「學」，以在教部也。今以「覺」、「礐」等字解説並云「學省聲」，故互易先後。「學」[五]下有「篆文」二字，今不録。「斅」下增「古文」二字。

寤也。从見，學省聲。一曰發也。古岳切

亂也。从手覺聲。《詩》曰：「祇攪我心。」古巧切

急告之甚也。从告，學省聲。苦沃切

馬行徐而疾也。从馬，學省聲。於角切

石聲。从石，學省聲。胡角切

山多大石也。从山，學省聲。胡角切

夏有水、冬無水曰澩。从水，學省聲。讀若學。胡角切　澩或不省。

闕。《廣雅》：「⿱𦥯氏，誤也。」《玉篇》引《聲類》同。段云：「从氐，學省聲。」《玉篇》《廣雅》音並乎孝切[六]

雗鷽，山鵲，知來事鳥也。从鳥，學省聲。胡角切　鷽或从隹。

鳥也。从鳥臼聲。居玉切

獸皮治去其毛，革更之。古文革从三十。三十年爲一世，而道更也。臼聲。古覈切　革　篆文，象古文革之形。許書先「革」後「革」，今易之。「革」下增「篆文」二字。

飾也。一曰更也。从言革聲。讀若戒。古覈切

翄也。从羽革聲。古翮切

气欲舒出。㇉上礙於一也。丂，古文以爲亏字，又以爲巧字。苦浩切

敂也。从攴丂聲。苦浩切

技也。从工丂聲。苦絞切

老也。从老省，丂聲。苦浩切

腐也。从歺丂聲。許久切　㱙或从木。

皮衣也。象形。許書先「裘」後「求」，今易之。「求」下「古文」二字今不録。[七]大徐本云：「古文省衣。」小徐無「省衣」二字，今亦不録。巨鳩切　篆文。今增二字。从衣求聲。一曰象形，與衰同意。

冠飾皃。从人求聲。《詩》曰：「弁服俅俅。」巨鳩切

多足蟲也。从䖵求聲。巨鳩切　𧖢或从虫。

急也。从糸求聲。《詩》曰：「不競不絿。」巨鳩切

止也。从攴求聲。居又切

以財物枉法相謝也。从貝求聲。一曰戴質也。巨留切

斂聚也。从辵求聲。《虞書》曰：「旁逑孱功。」又曰怨匹曰逑。巨鳩切

盛土於梩中也。一曰擾也。《詩》曰：「捄之陾陾。」从手求聲。舉朱切

齊人謂臞脙也。从肉求聲。讀若休止。巨鳩切

玉聲也。从玉求聲。巨鳩切　球或从翏。

地名。从邑求聲。巨鳩切

茉椒實裹如表者。从艸求聲。巨鳩切

櫟實。一曰鑿首。从木求聲。巨鳩切

持弩拊。从廾、肉。讀若逵。渠追切

脛肉也。一曰曲脛也。从足𠦝聲。讀若逵。渠追切

權也。从頁𠦝聲。渠追切

貪獸也。一曰母猴，似人。从頁，巳、止、夊，其手足。奴刀切

煩也。从手夒聲。而沼切

獿𤢺也。从犬、夒。女交切

墀地以巾擱之。从巾夒聲。讀若水温䨓也。一曰箸也。乃昆切

牛柔謹也。从牛夒聲。而沼切

玉也。从玉夒聲。讀若柔。耳由切

頭髓也。从匕。匕，相匕著也。巛象髮，囟象𡿺形。奴皓切

有所恨也。从女𡿺聲。今汝南人有所恨曰嫍。臣鉉等曰：「𡿺，古囟字。非聲，當从𡿺省。」奴皓切

胾肉。象形。如六切

面和也。从百从肉。姚曰：「肉亦聲。」讀若柔。耳由切

養子使作善也。从𠫓肉聲。《虞書》曰：「教育子。」　育或从每。余六切

長也。高也。从儿，育省聲。昌終切

紀也。从糸充聲。從小徐本[八]。他綜切

帛青經縹緯。一曰育陽染也。从糸育聲。余六切

水。出弘農盧氏山，東南入海。从水育聲。或曰出酈山西。余六切

艸也。从艸育聲。余六切

徒歌。从言、肉。《六書故》引唐本作「从言从肉，肉亦聲」。余招切

喜也。从人䍃聲。自關以西，物大小不同謂之傜。余招切

隨從也。从係䍃聲。余招切

行⿺辶繇徑也。从辵繇聲。以周切

大徐本作「⿵門繇」，今從小徐。開閉門利也。从門繇聲。各本作「繇聲」，《説文》無「繇」字，今改。一曰縷十洪也。旨沇切

弓便利也。从弓繇聲。讀若燒。火招切

艸盛皃。从艸繇聲。《夏書》曰：「厥艸惟蘨。」大徐本作「繇聲」，惟「蘨」從小徐本改。[九] 余招切

瓜也。从瓜，繇省聲。各本作「繇省聲」，今改。余昭切

各本作「櫾」，今改。崐崘河隅之長木也。从木繇聲。各本作「繇聲」，今改。以周切

瓦器也。从缶肉聲。以周切

動也。从手䍃聲。余招切

樹動也。从木䍃聲。余昭切

跳也。从足䍃聲。余招切

曲肩行皃。从女䍃聲。余招切

歍歍，气出皃。从欠䍃聲。余招切

嗂　喜也。从口䍃聲。余招切

瑤　玉之美者。从玉䍃聲。《詩》曰：「報之以瓊瑤。」余招切

鷂　鷙鳥也。从鳥䍃聲。弋笑切

毓　育或从每余六切

鬻　䰜也。从䰜毓聲。余六切　鬻　鬻或省从米。

㳅　水行也。从水、㐬。㐬，突忽也。力求切。　流　籀文从沝。許書先「㳅」後「流」，今易之。「㳅」下增「籀文」二字。知是籀文者，「㳅」字見石鼓史籀書也。

瑬　垂玉也。冕飾。从玉流聲。力求切

牢　閑，養牛馬圈也。从牛，冬省。取其四周帀也。魯刀切

汓　浮行水上也。从水从子。古或以汓爲没。似由切　泅　汓或从囚聲。

游　旌旗之流也。从㫃汓聲。以周切　遊　古文游。

囚　繫也。从人在囗中。似由切

翏　高飛也。从羽从㐱。力救切

鷚　天龠也。从鳥翏聲。力救切

雡　鳥大雛也。从隹翏聲。一曰雉之莫子爲雡。力救切

飂　高風也。从風翏聲。力求切

樛　下句曰樛。从木翏聲。吉虯切

蟉　蛐蟉也。从虫翏聲。力幽切

繆　枲之十絜也。一曰綢繆。从糸翏聲。武彪切

⿵鬥翏　經繆殺也。从鬥翏聲。力求切

摎　縛殺也。从手翏聲。居求切

戮　殺也。从戈翏聲。力六切

勠　并力也。从力翏聲。力竹切

膠　昵也。作之以皮。从肉翏聲。古肴切

廫　空虛也。从广膠聲。洛蕭切

嫪　婟也。从女翏聲。郎到切

嘐　誇語也。从口翏聲。古肴切

謬　狂者之妄言也。从言翏聲。靡幼切

⿰犭翏　犬獿獿咳吠也。从犬翏聲。火包切

僇　癡行僇僇也。从人翏聲。讀若雡。一曰且也。力救切

疾瘉也。从疒翏聲。敕鳩切

憀然也。从心翏聲。洛蕭切

空谷也。从谷翏聲。洛蕭切

清深也。从水翏聲。洛蕭切

器也。从皿漻聲。古巧切

汁滓酒也。从酉翏聲。魯刀切

燒穜也。《漢律》曰：「疁田茠艸。」从田翏聲。力求切

火皃。从火翏聲。《逸周書》曰：「味辛而不熮。」洛蕭切

弩眢也。一曰黄金之美者。从金翏聲。力幽切

地名。从邑翏聲。盧鳥切

辛菜，薔虞也。从艸翏聲。盧鳥切

考也。七十曰老。从人、毛、匕。言須髮變白也。盧皓切

善事父母者。从老省，从子。子承老也。老省，亦聲。四字從小徐本。呼教切

豕驚聲也。从口孝聲。許交切

《易》之數，陰變於六，正於八。从入从八。力竹切

圥　菌圥，地蕈。叢生田中。从屮六聲。力竹切　𡍾　籀文圥从三圥。

鼀　圥鼀，詹諸也。其鳴詹諸，其皮鼀鼀，其行圥圥。从黽从圥，圥亦聲。七宿切　𪓰　鼀或从酋。

歜　歍歜也。从欠鼀聲。才六切　噈　俗歜从口从就。

竈　炊竈也。从穴，鼀省聲。則到切　𥧂　竈或不省。

坴　土塊坴坴也。从土圥聲。讀若逐。一曰坴梁。力竹切

陸　高平地。从𨸏从坴，坴亦聲。力竹切　𨺅　籀文陸。

稑　疾孰也。从禾坴聲。《詩》曰：「黍稷種稑。」力竹切　穋　稑或从翏。

鵱　蔞鵱也。从鳥坴聲。力竹切

𡕥　目順也。古文睦。从囧。段曰：「圥聲。」[十]　一曰敬和也。莫卜切　睦　篆文。从目坴聲。許書先「睦」後「𡕥」，今易之。「睦」下增「篆文」二字。

𧶠　衒也。从貝𡕥聲。𡕥，古文睦。讀若育。余六切

儥　賣也。从人𧶠聲。余六切

贖　貿也。从貝𧶠聲。殊六切

遺　媟遺也。从辵𧶠聲。徒谷切

嬻 媟嬻也。从女賣聲。徒谷切

黷 握持垢也。从黑賣聲。《易》曰：「再三黷。」徒谷切

殰 胎敗也。从歺賣聲。徒谷切

瀆 溝也。从水賣聲。一曰邑中溝。徒谷切

竇 空也。从穴，瀆省聲。徒奏切

犢 牛子也。从牛，瀆省聲。徒谷切

隫 通溝也。从𨸏賣聲。讀若瀆。小〔十二〕徐本作「洞」。徒谷切 古文隫从谷。

匵 匱也。从匚賣聲。徒谷切

櫝 匱也。从木賣聲。一曰木名。又曰：大梡也。徒谷切

韇 弓矢韇也。从革賣聲。徒谷切

牘 書版也。从片賣聲。徒谷切

續 連也。从糸賣聲。似足切 賡 古文續从庚、貝。

讀 誦書也。从言賣聲。徒谷切

讟 痛怨也。从誩賣聲。《春秋傳》曰：「民無怨讟。」徒谷切

藚 水舄也。从艸賣聲。《詩》曰：「言采其藚。」似足切

兩手盛也。从収𡿧聲。余六切

水中可居曰州，周遶其旁，从重川。昔堯遭洪水，民居水中高土，或曰九州。《詩》曰：「在河之州。」一曰州，疇也。各疇其土而生之。職流切　古文州。

譸也。从言州聲。市流切

呼雞重言之。从吅州聲。讀若祝。之六切

船也。古者，共鼓、貨狄刳木爲舟，剡木爲楫，以濟不通。象形。職流切

相付也。从𠬪，舟省聲。殖酉切

予也。从手从受，受亦聲。殖酉切

韍維也。从糸受聲。植酉切

帀徧也。从勹舟聲。職流切

有廱蔽也。从人舟聲。《詩》曰：「誰侜予美。」張流切

轅也。从車舟聲。張流切　籒文輈。

旦也。从倝舟聲。陟遥切

水朝宗于海。从水，朝省聲。從小徐本[十二]。直遥切

尊先祖皃也。从广朝聲。眉召切　古文。

䳠 鵃鴸也。从鳥舟聲。張流切

貈 似狐，善睡獸。从豸舟聲。《論語》曰：「狐貈之厚以居。」下各切

周 密也。从用口。職畱切 𠁏 古文周字从古文及。

綢 繆也。从糸周聲。直由切

啁 啁，嘐也。从口周聲。陟交切

裯 衣袂，袛裯。从衣周聲。都牢切

調 和也。从言周聲。徒遼切

稠 多也。从禾周聲。直由切

鬜 髮多也。从髟周聲。直由切

輖 重也。从車周聲。職流切

錭 鈍也。从金周聲。徒刀切

惆 失意也。从心周聲。敕鳩切

𣢾 半傷也。从欠周聲。都僚切

鯛 骨耑脃也。从魚周聲。都僚切

彫 琢文也。从彡周聲。都僚切

琱　治玉也。一曰石似玉。从玉周聲。都寮切

婤　女字也。从女周聲。職流切

禂　禱牲馬祭也。从示周聲。《詩》曰：「既禡既禂。」都皓切　騆　或从馬，壽省聲。

椆　木也。从木周聲。讀若丩。職雷切

蜩　蟬也。从虫周聲。《詩》曰：「五月鳴蜩。」徒聊切　⿰舟周　蜩或从舟。

雕　鷻也。从隹周聲。都僚切　鵰　籀文雕，从鳥。

盩　引擊也。从㚔、攴，見血也。扶風有盩厔縣。張流切

鳥　長尾禽總名也。象形。鳥之足似匕，从匕。都了切

⿰衤鳥　短衣也。从衣鳥聲。《春秋傳》曰有空⿰衤鳥。段注云：「曰，疑衍。空，疑當作公。即昭二十五年《左傳》之季公鳥也。」都僚切

蔦　寄生也。从艸鳥聲。《詩》曰：「蔦與女蘿。」都了切　樢　蔦或从木。

島　海中往往有山可依止，曰島。从山鳥聲。讀若《詩》曰「蔦與女蘿」。都皓切

窵　窵窅，深也。从穴鳥聲。多嘯切

䁵　目孰視也。从目鳥聲。讀若雕。都僚切

帚　糞也。从又持巾埽冂內。古者少康初作箕、帚、秫酒。少康，杜康也，葬長垣。支手切

棄也。从土帚聲。從小徐本[十三]。穌老切

臂節也。从肉从寸。寸，手寸口也。陟柳切

馬緧也。从糸，肘省聲。除柳切

小腹病。从疒，肘省聲。陟柳切

三重醇酒也。从酉，从時省。段本改作「肘省聲」，是也。「肘」與艸書「時」字作「时」相似，轉寫遂誤作「時」耳。《明堂月令》曰：「孟秋，天子飲酎。」除柳切

治也。从言从寸。段云：「或曰从肘省聲。」他皓切

守官也。从宀从寸。寺府之事者。从寸。寸，法度也。書九切

犬田也。从犬守聲。《易》曰：「明夷于南狩。」書究切

頭也。古文百也。象形。巛象髮，謂之鬊鬊，即巛也。書九切。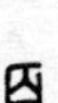篆文。許書「百」、「首」各爲部首，今併爲一條。「首」下有「百同」二字，今不録。「百」下增「篆文」二字。

所行道也。从辵从𦣻。姚曰：「𦣻聲。」一達謂之道。徒皓切古文，道从𦣻寸。

導，引也。从寸道聲。徒皓切

禾也。从禾道聲。司馬相如曰：「䆃，一莖六穗。」徒到切

拳也。象形。書九切古文手。

械也。从木从手，手亦聲。敕九切

進趣也。从大从十。大十，猶兼十人也。讀若滔。土刀切

气臯白之進也。从夲从白。小徐本作「從白從夲聲」。「臯」在夲部，當云：「从夲从白，夲亦聲。」《禮》：「祝曰臯，登謌曰奏。」故「臯、奏」皆从夲。《周禮》曰：「詔來鼓臯舞。」臯，告之也。古勞切

咆也。从口臯聲。乎刀切　譚長說：嗥从犬。

翱翔也。从羽臯聲。五牢切

晧旰也。从日臯聲。胡老切

蒿屬。白華。从艸臯聲。古勞切

抒臼也。从爪、臼。《詩》曰：「或簸或舀。」以沼切　舀或从手从冘。　舀或从臼、冘。

踐也。从足舀聲。徒到切

捾也。从手舀聲。《周書》曰：「師乃搯。」搯者，拔兵刃以習擊刺。《詩》曰：「左旋右搯。」土刀切

說也。从心舀聲。土刀切

水漫漫大皃。从水舀聲。土刀切

古器也。从曲舀聲。土刀切

韜 劒衣也。从韋舀聲。土刀切

稻 稌也。从禾舀聲。徒皓切

駋 馬行皃。从馬舀聲。土刀切

𠧪 艸木實垂𠧪𠧪然。象形。讀若調。徒遼切 [illegible] 籀文三𠧪爲𠧪。

𨒪 气行皃。从乃𠧪聲。讀若攸。以周切

𣢊 言意也。从欠从卣，卣亦聲。讀若酉。與久切

[illegible] 遺玉也。从玉𣢊聲。以周切

[illegible] 下視深也。从見卣聲。讀若攸。以周切

[illegible] 艸也。从艸卣聲。以周切

攸 行水也。从攴从人，水省。以周切 [illegible] 秦刻石繹山文攸字如此。

悠 憂也。从心攸聲。以周切

修 飾也。从彡攸聲。息流切

絛 扁緒也。从糸攸聲。土刀切

鋚 鐵也。一曰轡首銅。从金攸聲。以周切

[illegible] 旌旗之流也。从㫃攸聲。以周切

小枝也。从木攸聲。徒遼切

杳窱也。从穴條聲。徒弔切

洒也。从水條聲。徒歷切

艸田器。从艸，條省聲。《論語》曰：「以杖荷莜。」今作蓧。徒弔切

箭屬。小竹也。从竹攸聲。先杳切

脯也。从肉攸聲。息流切

久泔也。从水脩聲。息流切，又思酒切

失意視也。从目脩聲。他歷切

苗也。从艸脩聲。徒聊切，又湯彫切

眣也。从目攸聲。敕鳩切　脩或从丩。

走也。从犬攸聲。讀若叔。式竹切

疾也。長也。从足攸聲。式竹切

田器也。从匚攸聲。徒聊切

青黑繒縫白色也。从黑攸聲。式竹切

黑虎也。从虎儵聲。式竹切

𩸕 魚名。从魚攸聲。直由切

由 各本無此篆，偏旁有之，今補。《釋詁》云：「由，自也。」段曰：「从田，有路可入也。」《廣韻》以周切。

迪 道也。从辵由聲。徒歷切

䄈 行䄈䄈也。从彳由聲。徒歷切

宙 舟輿所極覆也。从宀由聲。直又切

妯 動也。从女由聲。徒歷切

軸 持輪也。从車由聲。直六切

舳 艫也。从舟由聲。《漢律》名船方長爲舳艫。一曰舟尾。直六切

甹 木生條也。从马由聲。《商書》曰：「若顛木之有甹枿。」古文言由枿。以州切

胄 脅也。从肉由聲。直又切

岫 山穴也。从山由聲。似又切 𡧸 籀文从穴。

笛 七孔筩也。从竹由聲。羌笛三孔。徐鍇曰：「當从胄省乃得聲。」徒歷切

詘 訓也。从言由聲。直又切

怞 朗也。从心由聲。《詩》曰：「憂心且怞。」直又切

紬 大絲繒也。从糸由聲。直由切

冑　兜鍪也。从冃由聲。直又切　䩜《司馬法》冑从革。

邮　左馮翊高陵。从邑由聲。徒歷切

油　水。出武陵孱陵西，東南入江。从水由聲。以周切

苖　蓨也。从艸由聲。徒歷切，又他六切

柚　條也。似橙而酢。从木由聲。《夏書》曰：「厥包橘柚。」余救切

鼬　如鼠，赤黃而大，食鼠者。从鼠由聲。余救切

雔　雙鳥也。从二隹。讀若醻。市流切

讎　猶譍也。从言雔聲。市流切

犨　牛息聲。从牛雔聲。一曰牛名。赤周切

𠃬　耕治之田也。象耕屈之形。許書有「疇或省」三字，今不録。直由切　疇　篆文。从田。許書先「疇」後「𠃬」，今互易先後。「𠷎」下云：「𠷎，古文疇。」然則「疇」爲篆文，今增「篆文」二字。

⿱白𠷎　詞也。从白𠷎聲。《虞書》：「帝曰：『𠷎咨。』」許書有「𠷎與疇同」四字，今與「𠷎」相次，不必著此語，故不録。直由切

𠷎　各本無此篆。《廣韻》「𠷎」字注云：「《說文》：誰也。又作𠷎。」姚氏據以補「𠷎」篆，今從之。誰也。从口𠃬聲。各本「𠷎」下云：「从口、𠃬，又聲。」段曰：「此篆从口𠃬聲足矣，不當兼从又聲。」今移此解於「𠷎」

下，不録「又」字。此下有「𠷎，古文疇」四字，今不録。直由切。 或从又。三字今增。

主人進客也。从酉𠷎聲。市流切　醻或从州。

手推也。一曰築也。从手𠷎聲。都皓切

棄也。从攴𠷎聲。《周書》以爲討。《詩》云：「無我𢾅兮。」市流切

斷木也。从木𠷎聲。《春秋傳》曰：「檮柮。」徒刀切

牛羊無子也。从牛𠷎聲。讀若糗糧之糗。徒刀切

保也。高土也。从土𠷎聲。讀若毒。都皓切

久也。从老省，𠷎聲。殖酉切

告事求福也。从示壽聲。都浩切　禱或省。　籀文禱。

詶也。从言壽聲。讀若醻。《周書》曰：「無或譸張爲幻。」張流切

翳也。从人壽聲。直由切

溥覆照也。从火壽聲。徒到切

銷金也。从金壽聲。之戍切

壺矢也。从竹壽聲。直由切

𢡆箸也。从心𥳍聲。段云：「當云𥳍省聲。」直由切

蜀江原地。从邑壽聲。市流切

禪帳也。从巾𠷎聲。直由切

玉器也。从玉𠷎聲。讀若淑。殊六切

縣物𣪘擊。从殳𠃬聲。市流切

翳也。所以舞也。从羽𣪘聲。《詩》曰：「左執翿。」徒到切

豆也。象尗豆生之形也。式竹切

拾也。从又尗聲。汝南名收芌爲叔。式竹切　叔或从寸。

察也。一曰目痛也。从目叔聲。冬毒切

新衣聲。一曰背縫。从衣叔聲。冬毒切

行平易也。从足叔聲。《詩》曰：「踧踧周道。」子六切

至也。从止叔聲。昌六切

气出土也。一曰始也。从土叔聲。昌六切

善也。从人叔聲。《詩》曰：「令終有俶。」一曰始也。昌六切

艸旱盡也。从艸俶聲。《詩》曰：「蔋蔋山川。」徒歷切

清湛也。从水叔聲。殊六切

 嘆也。从口叔聲。前歷切

 飢餓也。一曰憂也。从心叔聲。《詩》曰：「惄如朝飢。」奴歷切

 茮莍。从艸尗聲。子寮切

 無人聲。从宀尗聲。前歷切  寂或从言。

 惄然也。从欠尗聲。《孟子》曰：「曾西欶然。」才六切

 戉也。从戉尗聲。倉歷切

 憂也。从心戚聲。倉歷切

 木。可作大車輮。从木戚聲。子六切

 秃⿰尗鳥也。从鳥尗聲。七由切  ⿰尗鳥或从秋。

 人無行也。从士从毋。賈侍中說：秦始皇母與嫪毐淫，坐誅，故世罵淫曰嫪毐。讀若娭。遏在切

 厚也。害人之艸，往往而生。从屮毒聲。從小徐本[十四]。徒沃切  古文毒，从刀菖。

 水萹茿。从艸从水，毒聲。讀若督。徒沃切

 衣躬縫。从衣毒聲。讀若督。冬毒切

 冬生艸也。象形。下垂者，箁箬也。陟玉切

以竹曲五弦之樂也。从竹从巩。巩，持之也。竹亦聲。張六切

擣也。从木筑聲。陟玉切 古文。

萹茿也。从艸，筑省聲。陟玉切

厚也。从亯竹聲。讀若篤。冬毒切

厚也。从二竹聲。冬毒切

馬行頓遲。从馬竹聲。冬毒切

窮理罪人也。从㚔从人从言，竹聲。居六切 或省言。

曲脊也。从勹，𥷚省聲。巨六切

撮也。从手，𥷚省聲。居六切

酒母也。从米，𥷚省聲。馳六切 䊻或从麥，鞠省聲。

日精也。以秋華。从艸，𥷚省聲。居六切 蘜或省。

窮也。从宀𥳓聲。此與「𪇾」並从𥳓。許書有「𥳓與𥷚同」四字。今以與「𥳓」相次，故不録。居六切

𥨍或从穴。

秸𪇾，尸鳩。从鳥𥳓聲。居六切

祭主贊詞者。从示从人、口。一曰从兑省。《易》曰：「兑爲口、爲巫。」之六切

樂，木空也。所以止音爲節。从木，祝省聲。昌六切

紐也。十二月，萬物動，用事。象手之形。時加丑，亦舉手時也。敕九切

系也。一曰結而可解。从糸丑聲。女久切

印鼻也。从金丑聲。女久切　古文鈕从玉。

犬性驕也。从犬丑聲。女久切

山。在齊地。从山狃聲。《詩》曰：「遭我于狃之間兮。」奴刀切

鹿藿之實名也。从艸狃聲。敕久切

刺也。从矛丑聲。女久切

水吏也。又，温也。从水丑聲。人九切

鼻出血也。从血丑聲。女六切

雜飯也。从食丑聲。女久切

雜飯也。从米丑聲。女久切

食肉也。从丑从肉。丑亦聲。「丑亦聲」三字從小徐本。女久切

進獻也。从羊，羊，所進也；从丑，丑亦聲。息流切

人姓也。从女丑聲。《商書》曰：「無有作政。」呼到切

地名。从邑丑聲。女九切

步止也。从反彳。讀若畜。丑玉切

茅蒐，茹藘。人血所生，可以染絳。从艸从鬼。所鳩切

灼龜不兆也。从火从龜。《春秋傳》曰：「龜𪚰不兆。」讀若焦。即消切

禾穀孰也。从禾，𪚰省聲。七由切　籒文不省。

憂也。从心秋聲。士尤切

腹中有水气也。从水从愁，愁亦聲。士尤切

束也。从手秋聲。《詩》曰：「百禄是揫。」即由切

隘下也。一曰有湫水，在周地。《春秋傳》曰：「晏子之宅秋隘。」安定朝那有湫泉。从水秋聲。子了切，又即由切。

小兒聲也。从口秋聲。即由切

井壁也。从瓦秋聲。側救切

吹筩也。从竹秋聲。七肖切

蕭也。从艸秋聲。七由切

梓也。从木秋聲。七由切

繹酒也。从酉，水半見於上。《禮》有「大酋」，掌酒官也。字秋切

惟射收繳具。从角酋聲。讀若鰌。字秋切

馬紂也。从糸酋聲。七由切

柔木也。工官以爲耎輪。从木酋聲。讀若糗。以周切

聚也。从手酋聲。即由切

輕車也。从車酋聲。《詩》曰：「輶車鑾鑣。」以周切

行皃。从走酋聲。千牛切

醜也。一曰老嫗也。从女酋聲。讀若蹴。七宿切

蝤蠀也。从虫酋聲。字秋切

鰼也。从魚酋聲。七由切

玃屬。从犬酋聲。一曰隴西謂犬子爲猷。以周切

水邊艸也。从艸猶聲。以周切

獄之兩曹也。在廷東。从棘，治事者；从曰。昨牢切

遇也。从辵曹聲。一曰邐行。作曹切

水轉轂也。一曰人之所乘及船也。从水曹聲。在到切

終也。从人曹聲。作曹切

焦也。从火曹聲。作曹切

慮也。从心曹聲。藏宗切

畜獸之食器。从木曹聲。昨牢切

酒滓也。从米曹聲。作曹切籀文从酉。

帴也。从衣曹聲。昨牢切，又七刀切。

艸也。从艸曹聲。昨牢切

䗬蠹也。从䖵曹聲。財牢切

二東，曹从此。闕。《玉篇》昨遭切。

百芔也。从二屮。倉老切

手足甲也。从又，象叉形。側狡切

齧人跳蟲。从虫叉聲。叉，古爪字。子皓切蚤或从䖵。許書先「𧒂」後「蚤」，「蚤」爲或字。今互易先後，轉以「𧒂」爲或字。

擾也。一曰摩馬。从馬蚤聲。穌遭切

括也。从手蚤聲。穌遭切

慅驕也。从人蚤聲。鮮遭切

動也。从心蚤聲。一曰起也。穌遭切

夜戒守鼓也。从壴蚤聲。《禮》：「昏鼓四通爲大鼓，夜半三通爲戒晨，旦明五通爲發明。」讀若戚。倉歷切

車蓋玉瑵。从玉蚤聲。側絞切

丮也。覆手曰爪。象形。側狡切

晨也。从日在甲上。子浩切

草斗，櫟實也。一曰象斗子。从艸早聲。自保切。大篆从茻五十三文之一。

羊棗也。从重朿。子皓切

就，高也。从京从尤。尤，異於凡也。疾僦切　籀文就。

躡也。从足就聲。七宿切

鳥黑色多子。師曠曰：「南方有鳥，名曰羌鷲，黃頭赤目，五色皆備。」从鳥就聲。疾僦切

老也。从又从灾。闕。穌后切　籀文从寸。　叜或从人。

兄妻也。从女叜聲。穌老切

艸也。从艸嫂聲。蘇老切

臞也。从疒叜聲。所又切

無目也。从目叜聲。穌后切

眾意也。一曰求也。从手叜聲。《詩》曰：「束矢其捘。」所鳩切

船總名。从木叜聲。穌遭切

浸渶也。从水叜聲。疏有切

北方長狄國也。在夏爲防風氏，在殷爲汪茫氏。从邑叜聲。《春秋傳》曰：「鄋瞞侵齊。」所鳩切

南趙名犬獿狻。从犬叜聲。所鳩切

許書云「上諱」。漢光武帝名也。徐鍇曰：「禾實也。有實之象，下垂也。」息救切

禾粟下生莠。从艸秀聲。讀若酉。與久切

石之次玉者。从玉莠聲。《詩》曰：「充耳琇瑩。」息救切

早敬也。古文夙，从人、西。亦古文夙。「亦」字今增。从人、囟。篆文从丮，持事；雖夕不休，早敬者也。許書首「㚢」、次「㐰」、次「㑥」，今易之。「㑥」下有「宿从此」三字，今刪。「㚢」下增「篆文」二字。息逐切[十五]

止也。从宀㑥聲。㑥，古文夙。息逐切

摍 蹴引也。从手宿聲。所六切

縮 亂也。从糸宿聲。一曰蹴也。所六切

莤 禮祭，束茅加于裸圭，而灌鬯酒，是爲莤。象神歆之也。一曰莤，榼上塞也。从酉从艸。《春秋傳》曰：「爾貢包茅不入，王祭不供，無以莤酒。」所六切

肅 持事振敬也。从聿在𣶒上，戰戰兢兢也。息逐切 𦘟 古文肅从心从卪。

潚 深清也。从水肅聲。子叔切

簫 參差管樂。象鳳之翼。从竹肅聲。穌彫切

歗 吟也。从欠肅聲。《詩》曰：「其歗也謌。」穌弔切

嘯 吹聲也。从口肅聲。穌弔切 歗 籀文嘯从欠。

橚 長木皃。从木肅聲。山巧切

蟰 蠨蛸，長股者。从虫肅聲。穌彫切

䐹 乾魚尾䐹䐹也。从肉肅聲。《周禮》有「腒䐹」。所鳩切

繡 五采備也。从糸肅聲。息救切

鷫 鷫鷞也。五方神鳥也。東方發明，南方焦明，西方鷫鷞，北方幽昌，中央鳳皇。从鳥肅聲。息逐切 鷞 司馬相如說，从叜聲。

蕭　艾蒿也。从艸肅聲。蘇彫切

彪　虎文也。从虎，彡象其文也。甫州切

滮　水流皃。从水，彪省聲。《詩》曰：「滮沱北流。」皮彪切

驫　眾馬也。从三馬。甫虬切

㯱　眾盛也。从木驫聲。《逸周書》曰：「疑沮事。」闕。段本依《玉篇》「疑」字上補「㯱」字。又云：「『闕』字淺人妄增。」所臻切

髟　長髮猋猋也。从長从彡。必凋切，又所銜切。

髹　桼也。从桼髟聲。許由切

勹　裹也。象人曲形，有所包裹。布交切

包　象人褢妊，巳在中，象子未成形也。姚曰：「勹亦聲。」元气起於子。子，人所生也。男左行三十，女右行二十，俱立於巳，爲夫婦。褢妊於巳，巳爲子，十月而生。男起巳至寅，女起巳至申。故男年始寅，女年始申也。布交切

胞　兒生裹也。从肉从包。匹交切

袌　褢也。从衣包聲。臣鉉等曰：「今俗作抱，非是。抱與捊同。」薄保切

袍　襺也。从衣包聲。《論語》曰：「衣弊緼袍。」薄褒切

覆車也。从网包聲。《詩》曰：「雉離于罦。」縛牟切　罦或从孚。

瓟也。从包，从夸聲。小徐作「從夸包聲」。姚曰：「當言从瓠省，从包，包亦聲。」按「匏」字許書在包部，當先「从包」二字。包，取其可包藏物也。薄交切

瓦器也。从缶，包省聲。古者昆吾作匋。案：《史篇》讀與缶同。徒刀切

囊張大皃。从橐省，匋省聲。符宵切

蚍蠹也。从䖵橐聲。縛牟切　蠹或从虫从孚。

再成丘也，在濟陰。从𨸏匋聲。《夏書》曰：「東至于陶丘。」陶丘有堯城，堯嘗所居，故堯號陶唐氏。徒刀切

往來言也。一曰小兒未能正言也。一曰祝也。从言匋聲。大牢切　詾或从包。

艸也。从艸匋聲。徒刀切

騊駼，北野之良馬。从馬匋聲。徒刀切

柔革工也。从革包聲。讀若朴。《周禮》曰：「柔皮之工鮑氏。」鞄即鮑也。蒲角切

面生气也。从皮包聲。㫄教切

桼垸已，復桼之。从桼包聲。匹皃切

饐魚也。从魚包聲。薄巧切

 毛炙肉也。从火包聲。薄交切

 猒也。从食包聲。博巧切  古文飽，从采。  亦古文飽，从卯聲。

 廚也。从广包聲。薄交切

 雨冰也。从雨包聲。蒲角切  古文雹。

 擊鼓杖也。从木包聲。甫無切

 嗥也。从口包聲。薄交切

 地名。从邑包聲。布交切

 水。出山陽平樂，東北入泗。从水包聲。匹交切

 艸也。南陽以爲麤履。从艸包聲。布交切

 覆也。从勹覆人。姚曰：「勹亦聲。」薄皓切

 卵孚也。从爪从子。一曰信也。芳無切  古文孚从禾，禾，古文保。

 膀光也。从肉孚聲。匹交切

 郭也。从邑孚聲。甫無切

 穭也。从禾孚聲。芳無切  稃或从米付聲。

 引取也。从手孚聲。步矦切  捊或从包。

軍所獲也。从人孚聲。《春秋傳》曰：「以爲俘聝。」芳無切

氾也。从水孚聲。縛牟切

烝也。从火孚聲。《詩》曰：「烝之烰烰。」縛牟切

棟名。从木孚聲。附柔切

筳也。从竹孚聲。讀若《春秋》魯公子彄。芳無切

艸也。从艸孚聲。芳無切

疾也。从三兔。闕。芳遇切。《玉篇》《廣韻》並云：「今作趦。」

養也。从人，从𤓽省。𤓽，古文孚。博褒切

小兒衣也。从糸保聲。博抱切

衣上擊也。从手保聲。方苟切

艸盛皃。从艸保聲。博褒切

古文保。

藏也。从宀𤓽聲。此下有「𤓽，古文保」四字，今不録。《周書》曰：「陳宗赤刀。」博褒切

古文保不省。

衣博裾。从衣，保省聲。此下有「保，古文保」四字，今不録。博毛切

𠦒　相次也。从匕从十。鴇从此。博抱切

鴇　鳥也。肉出尺胾。从鳥𠦒聲。博好切　鳵　鴇或从包。

報　當罪人也。从㚔从𠬝。𠬝，服罪也。博号切

缶　瓦器。所以盛酒漿。秦人鼓之以節謌。象形。方九切

寶　珍也。从宀从王从貝，缶聲。博皓切　𡧑　古文寶省貝。

⿰缶刀　刀握也。从刀缶聲。方九切

⿱鼓缶　鼓鼙聲。从鼓缶聲。土盍切

𨸏　大陸，山無石者。象形。房九切　𨸐　古文。

𨺅　兩𨸏之閒也。从二𨸏。房九切

矛　酋矛也。建於兵車，長二丈。象形。莫浮切　𢦬　古文矛从戈。

敄　彊也。从攴矛聲。亡遇切

務　趣也。从力敄聲。亡遇切

蓩　卷耳也。从艸務聲。亡考切

騖　亂馳也。从馬敄聲。亡遇切

婺　不繇也。从女敄聲。亡遇切

毒艸也。从艸婺聲。莫候切

地气發，天不應。从雨敄聲。亡遇切　籀文省。

氐目謹視也。从目敄聲。莫候切

天气下，地不應，曰霿。霿，晦也。从雨瞀聲。莫弄切

髮至眉也。从髟敄聲。《詩》曰：「紞彼兩髳。」亡牢切　髳或省。《漢令》有「髳長」。

細艸叢生也。从艸敄聲。莫候切

車軸束也。从革敄聲。莫卜切

車歷録束文也。从木敄聲。《詩》曰：「五楘梁輈。」莫卜切

髼布也。一曰車上衡衣。从巾敄聲。讀若頊。莫卜切

山名。从山敄聲。亡遇切

鍑屬。从金敄聲。莫浮切

醔𨡓，榆醬也。从酉敄聲。莫候切

冬桃。从木敄聲。讀若髦。莫候切

盤蝥也。从虫敄聲。莫交切

舒鳧也。从鳥敄聲。莫卜切

六月生羔也。从羊敄聲。讀若霧。已遇切，又亡遇切

木盛也。从林矛聲。莫候切

勉也。从心楙聲。《虞書》曰：「時惟懋哉。」莫候切 或省。

艸也。从艸楙聲。大篆从茻五十三文之一。莫厚切。

菅也。从艸矛聲。莫交切

蠿蟊也。从䖵矛聲。莫交切

木曲直也。从木矛聲。耳由切

屈申木也。从火、柔，柔亦聲。人久切

耎也。从革从柔，柔亦聲。耳由切

鐵之耎也。从金从柔，柔亦聲。耳由切

嘉善肉也。从肉柔聲。耳由切

和田也。从田柔聲。耳由切

復也。从彳从柔，柔亦聲。人九切

車軔也。从車柔聲。人九切

蛭蝚，至掌也。从虫柔聲。耳由切

衣帶以上。从衣矛聲。一曰南北曰袤，東西曰廣。莫候切　籀文袤从楙。

牛鳴也。从牛，象其聲气从口出。莫浮切

齊等也。从人牟聲。莫浮切

來麰，麥也。从麥牟聲。莫浮切　麰或从艸。

蟲食艸根者。吏抵冒取民財則生。从虫从牟。牟亦聲。許書「古文蟊」三字今不録。莫浮切。

篆文从蟲，象其形。姚曰：蟊从矛古文戕省聲，以褎籀文袤、𢇍古文緜皆如此爲證。意或然也。

「篆文」二字今增。　蟊或從敄。許書首「蟊」、次「蝥」、次「蛑」，今易之。「蟊」下增「篆文」二字。

冒也。二月，萬物冒地而出。象開門之形。故二月爲天門。莫飽切　古文卯。

易財也。从貝丣聲。莫候切

會稽縣。从邑貿聲。莫候切

中宮也。象六甲五龍相拘絞也。戊承丁，象人脅。莫候切

艸豐盛。从艸戊聲。莫候切

小兒蠻夷頭衣也。从冂；二，其飾也。莫報切

冡而前也。从冃从目[十六]。莫報切　古文冒。

諸侯執圭朝天子，天子執玉以冒之，似犂冠。《周禮》曰：「天子執瑁四寸。」从玉、冒，冒亦

聲。莫報切 [illegible]古文省。

[illegible] 門樞之橫梁。从木冒聲。莫報切

[illegible] 低目視也。从目冒聲。《周書》曰：「武王惟䁉。」亡保切

勖 勉也。《周書》曰：「勖哉，夫子！」从力冒聲。許玉切

媢 夫妒婦也。从女冒聲。一曰相視也。莫報切

曼 引也。从又冒聲。無販切

蔓 葛屬。从艸曼聲。無販切

鄤 蜀廣漢鄉也。从邑蔓聲。讀若蔓。無販切

[illegible] 行遲也。从走曼聲。莫還切

慢 惰也。从心曼聲。一曰慢，不畏也。謀晏切

嫚 侮易也。从女曼聲。謀患切

謾 欺也。从言曼聲。母官切

[illegible] 衣車蓋也。从車曼聲。莫半切

幔 幕也。从巾曼聲。莫半切

縵 繒無文也。从糸曼聲。《漢律》曰：「賜衣者縵表白裏。」莫半切

槾 杇也。从木曼聲。母官切

鏝 鐵杇也。从金曼聲。母官切 槾 鏝或从木。

鰻 魚名。从魚曼聲。母官切

獌 狼屬。从犬曼聲。《爾雅》曰：「貙獌，似貍。」舞販切

萺 艸也。从艸冒聲。莫報切

目 人眼。象形。重童子也。莫六切 古文目。

【校記】

[一] 臺灣本脱「麃、鑣」二字條（缺一頁），今據廣州本補。上海本亦有此二字，但注云：「倫案：原本無麃部，依標目補。」

[二]《廣韻》「茆」兩音，一在巧韻「莫飽切」，一在有韻「力久切」。按：此處所言係指其字形及巧韻之音爲誤。

[三] 臺灣本無此小注，今依廣州本。

[四] 大徐本作「从糸、丩」。此字《説文》在丩部，故段注改爲「从糸、丩，丩亦聲」。

[五] 臺灣本此處脱「學」字，今據廣州本補。

[六] 臺灣本無「玉篇廣雅音並乎孝切」九字，今依廣州本。

［七］臺灣本無「求下古文二字今不録」九字，今依廣州本。

［八］陳刻大徐本亦作「从糸充聲」。

［九］此小注有脱誤。當作：「大徐本作『繇聲』，惟篆作『蒜』。今從小徐本改。」

［十］廣州本無「段曰」二字。按：此確爲段注所主。

［十一］臺灣本脱「小」字，今據廣州本補。

［十二］大徐本作「从水、朝省」。

［十三］大徐本作「从土从帚」。

［十四］大徐本作「从中从毒」。

［十五］上海本於「俩」字後注：「倫案：原無此部，依標目補。」然臺灣、廣州本均有此部四字。

［十六］小徐本作「從月目聲」。段注認爲「月亦聲」。

卷四

束縛捽抴爲臾。从申从乙。羊朱切

諂也。从言臾聲。羊朱切

腹下肥也。从肉臾聲。羊朱切

量也。从斗臾聲。《周禮》曰：「泰三斞。」以主切

水槽倉也。从广臾聲。一曰倉無屋者。以主切

茱萸也。从艸臾聲。羊朱切

鼠梓木。从木臾聲。《詩》曰：「北山有楰。」羊朱切

本不勝末，微弱也。从二瓜。讀若庾。以主切

在木曰果，在地曰蓏。从艸㼌聲。從小徐本[二]。郎果切

污窬也。从穴㼌聲。朔方有窳渾縣。以主切

居也。从尸。尸，所主也。一曰尸，象屋形。从至。至，所至止。室、屋皆从至。烏谷切

籀文屋从厂。古文屋。

楃 木帳也。从木屋聲。於角切

握 搤持也。从手屋聲。於角切 古文握。

渥 霑也。从水屋聲。於角切

偓 佺也。从人屋聲。於角切

喔 雞聲也。从口屋聲。於角切

矦 春饗所䠶矦也。从人从厂，象張布；矢在其下。天子䠶熊虎豹，服猛也；諸矦䠶熊豕虎；大夫射麋，麋，惑也；士射鹿豕，爲田除害也。其祝曰：「毋若不寧矦，不朝於王所，故伉而䠶汝也。」乎溝切 古文矦。

候 伺望也。从人矦聲。胡遘切

猴 夒也。从犬矦聲。乎溝切

鍭 矢。金鏃翦羽謂之鍭。从金矦聲。乎鉤切

翭 羽本也。一曰羽初生皃。从羽矦聲。乎溝切

緱 刀劒緱也。从糸矦聲。古矦切

喉 咽也。从口侯聲。乎鉤切

餱 乾食也。从食矦聲。《周書》曰：「峙乃餱粻。」乎溝切

鄇 晉之温地。从邑侯聲。《春秋傳》曰：「争鄇田。」胡遘切

鯸 魚名。从魚侯聲。乎鉤切

后 繼體君也。象人之形。施令以告四方，故厂之。从一、口。發號者，君后也。胡口切

㖃 厚怒聲。从口、后，后亦聲。呼后切

詬 謑詬，恥也。从言后聲。呼寇切 訽 詬或从句。

垢 濁也。从土后聲。古厚切

缿 受錢器也。从缶后聲。古以瓦，今以竹。大口切，又胡講切

郈 東平無鹽鄉。从邑后聲。胡口切

茩 薢茩也。从艸后聲。胡口切

㫗 厚也。从反亯。胡口切

厚 山陵之厚也。从㫗从厂。段云：「㫗亦聲。」胡口切 垕 古文厚从后、土。

後 遲也。从彳、幺、夊者，後也。胡口切 逡 古文後从辵。

𪎊 未練治纑也。从麻后聲。空各切

冓 交積材也。象對交之形。古候切

構　蓋也。从木冓聲。杜林以爲椽桷字。古后切

遘　遇也。从辵冓聲。古倏切

覯　遇見也。从見冓聲。古后切

媾　重婚也。从女冓聲。《易》曰：「匪寇，婚媾。」古候切

講　和解也。从言冓聲。古項切

斠　平斗斛也。从斗冓聲。古岳切

購　以財有所求也。从貝冓聲。古倏切

韝　射臂決也。从韋冓聲。古矦切

篝　笿也。可熏衣。从竹冓聲。宋楚謂竹篝牆以居也。古侯切

溝　水瀆。廣四尺、深四尺。从水冓聲。古矦切

具　共置也。从廾，从貝省。古以貝爲貨。其遇切

椇　舉食者。从木具聲。俱燭切

俱　偕也。从人具聲。舉朱切

⿱具糸　約也。从糸具聲。居玉切

輂　直轅車轒也。从車具聲。居玉切

泉出通川爲谷。从水半見，出於口。古祿切

盛也。从宀谷聲。從小徐本[二]。余封切　古文容从公。

水盛也。从水容聲。余隴切，又音容

冶器法也。从金容聲。余封切[三]

器也。从瓦容聲。與封切

動搈也。从手容聲。余隴切

不安也。从人容聲。一曰華。余隴切

魚也。从魚容聲。余封切

衣物饒也。从衣谷聲。《易》曰：「有孚，裕無咎。」羊孺切

貪欲也。从欠谷聲。余蜀切

螽醜螸，垂腴也。从虫欲聲。余足切

習也。从人谷聲。似足切

洒身也。从水谷聲。余蜀切

可以句鼎耳及鑪炭。从金谷聲。一曰銅屑。讀若浴。余足切

鴝鵒也。从鳥谷聲。古者鴝鵒不踰泲。余蜀切　鵒或从隹从臾。

 獨浴，獸也。从犬谷聲。余蜀切

 促也。从口在尺下，復局之。一曰博，所以行棊。象形。渠綠切

 戟持也。从手局聲。居玉切

 竦手也。从𠂇从又。居竦切  楊雄説：「廾从兩手。」

 瀆菐也。从丵从廾，廾亦聲。蒲沃切

 給事者。从人从菐，菐亦聲。蒲沃切  古文从臣。

 裳削幅謂之纀。从糸僕聲。博木切

 水。出東郡濮陽，南入鉅野。从水僕聲。博木切

 棗也。从木僕聲。博木切

 挨也。从手菐聲。蒲角切

 車伏兔也。从車菐聲。《周禮》曰：「加軫與轐焉。」博木切

 塊也。从土菐聲。匹角切 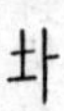 墣或从卜。

 木素也。从木菐聲。匹角切

 素屬。从素収聲。居玉切

 獸角也。象形，角與刀、魚相似。古岳切

榱也。椽方曰桷。从木角聲。《春秋傳》曰：「刻桓宮之桷。」古岳切

磬石也。从石角聲。胡角切　确或从㱿。

十斗也。从斗角聲。胡谷切

踦區，藏匿也。从品在匸中。品，眾也。豈俱切

歛也。从𠂤區聲。豈俱切

户樞也。从木區聲。昌朱切

弓弩耑，弦所居也。从弓區聲。恪侯切

體也。从身區聲。豈俱切

僂也。从人區聲。於武切

母也。从女區聲。衣遇切

私宴歓也。从酉區聲。依倨切

齊歌也。从言區聲。烏侯切

吐也。从欠區聲。烏后切

捶毄物也。从殳區聲。烏后切

馬馳也。从馬區聲。豈俱切　古文驅从攴。

繑也。一曰摳衣升堂。从手區聲。口矦切

久漬也。从水區聲。烏候切

小盆也。从瓦區聲。烏矦切

編枲衣。从衣區聲。一曰頭褔。一曰次裹衣。於武切，又於矦切

艸也。从艸區聲。去鳩切

魚名。狀似蝦，無足，長寸，大如叉股，出遼東。从魚區聲。豈俱切

水鴞也。从鳥區聲。烏侯切

貙獌，似貍者。从豸區聲。敕俱切

人所以言食也。象形。苦后切

金飾器口。从金从口，口亦聲。苦厚切

扣也。如求婦，先訂叕之。从言从口，口亦聲。苦后切

牽馬也。从手口聲。丘后切

京兆藍田鄉。从邑口聲。苦后切

暴也。从攴从完。苦候切

水。起北地靈丘，東入河。从水寇聲。滱水即漚夷水，并州川也。苦候切

象器曲受物之形。或説曲，蠶薄也。丘玉切 古文曲。

幬帳之象。从冂；㞢，其飾也。苦江切

从上擊下也。一曰素也。从殳青聲。苦角切。青，苦江切。

張弩也。从弓㱿聲。古候切

歐皃。从口殸聲。《春秋傳》曰：「君將殸之。」許角切

謹也。从心㱿聲。苦角切

續也。百穀之總名。从禾㱿聲。古禄切

日出之赤。从赤，穀省聲。火沃切

乳也。从子殸聲。一曰穀瞀也。古候切

鳥子生哺者。从鳥㱿聲。口豆切

未燒瓦器也。从缶㱿聲。讀若筩莩。又苦候切

盛觵卮也。一曰射具。从角殸聲。讀若斛。胡谷切

輻所湊也。从車㱿聲。古禄切

二玉相合爲一瑴。从玉从殸。徐鍇曰：「殸聲。」古岳切 珏 或从二玉。許書先「珏」後「瑴」，云「珏或从殸」。今互易先後，以「珏」爲或字。「爲一瑴」之「瑴」，許書作「珏」，今改。「珏」下增「或从二玉」四字。

 細縛也。从糸㱿聲。胡谷切

 楮也。从木㱿聲。古禄切

 餅籟也。从麥㱿聲，讀若庫。空谷切

 犬屬。㬅已上黄，㬅已下黑，食母猴。从犬㱿聲。讀若構。或曰㱿似牂羊，出蜀北囂山中，犬首而馬尾。火屋切

 小豚也。从豕㱿聲。步角切

 母猴屬。頭似鬼。从甶从禸。牛具切

廟諱[四] 大頭也。从頁禺聲。《詩》曰：「其大有□。」魚容切

 桐人也。从人禺聲。五口切

 耒廣五寸爲伐，二伐爲耦。从耒禺聲。五口切

 寄也。从宀禺聲。牛具切  寓或从广。

 逢也。从辵禺聲。牛具切

 陬也。从𨸏禺聲。噳俱切

 肩前也。从骨禺聲。午口切

 齒不正也。从齒禺聲。五婁切

戇也。从心从禺。禺，猴屬，獸之愚者。麌俱切

懽也。琅邪朱虛有㥥亭。从心禺聲。噳俱切

魚口上見。从口禺聲。魚容切

堣夷，在冀州陽谷。立春日，日值之而出。从土禺聲。《尚書》曰：「宅堣夷。」噳俱切

封嵎之山，在吳楚之閒，汪芒之國。从山禺聲。噳俱切

水。出趙國襄國之西山，東北入寖。从水禺聲。噳俱切

芙蕖根。从艸、水，禺聲。五厚切

魚名。皮有文，出樂浪東暆。神爵四年初，捕收，輸考工。周成王時，揚州獻鰅。从魚禺聲。魚容切

确也。从㹜从言。二犬，所以守也。魚欲切

鸑鷟，鳳屬，神鳥也。从鳥獄聲。《春秋國語》曰：「周之興也，鸑鷟鳴於岐山。」江中有鸑鷟，似鳧而大，赤目。五角切

哀聲也。从吅，獄省聲。苦屋切

東，岱；南，霍；西，華；北，恆；中，泰室。王者之所以巡狩所至。从山，象高形。五角切

篆文，獄聲。許書先「嶽」後「岳」，今易之。「岳」下「古文」二字不録。「嶽」下增「篆文」二字。

面前岳岳也。从頁岳聲。五角切

石之美。有五德：潤澤以温，仁之方也；䚡理自外，可以知中，義之方也；其聲舒揚，尃以遠聞，智之方也；不橈而折，勇之方也；鋭廉而不技，絜之方也。象三玉之連。丨，其貫也。魚欲切古文玉。

頭頊頊謹皃。从頁玉聲。許玉切

骫曲也。从曲玉聲。丘玉切

蠶薄也。从艸曲聲。丘玉切

人及鳥生子曰乳，獸曰産。从孚从乙。乙者，玄鳥也。《明堂月令》：「玄鳥至之日，祠于高禖，以請子。」故乳从乙。請子必以乙至之日者，乙，春分來，秋分去，開生之候鳥，帝少昊司分之官也。而主切

水也。从水乳聲。乃后切

恥也。从寸在辰下。失耕時，於封畺上戮之也。辰者，農之時也。故房星爲辰，田候也。而蜀切

繁采色也。从糸辱聲。而蜀切

溼暑也。从水辱聲。而蜀切

蓐 陳艸復生也。从艸辱聲。一曰蔟也。而蜀切 籒文蓐从茻。

槈 薅器也。从木辱聲。奴豆切 鎒或从金。

鄏 河南縣直城門官陌地也。从邑辱聲。《春秋傳》曰：「成王定鼎于郟鄏。」而蜀切

婁 空也。从毋、中、女，空之意也。一曰婁，務也。洛侯切 古文。

寠 無禮居也。从宀婁聲。其榘切

廔 屋麗廔也。从广婁聲。一曰穜也。洛侯切

樓 重屋也。从木婁聲。洛侯切

遱 連遱也。从辵婁聲。洛侯切

謱 謰謱也。从言婁聲。陟侯切

數 計也。从攴婁聲。所矩切

藪 大澤也。从艸數聲。九州之藪：楊州具區、荆州雲夢、豫州甫田、青州孟諸、沇州大野、雝州弦圃、幽州奚養、冀州楊紆、并州昭餘祁是也。蘇后切

籔 炊簞也。从竹數聲。蘇后切

縷 綫也。从糸婁聲。力主切

漊 雨漊漊也。从水婁聲。一曰汝南謂飲酒習之不醉爲漊。力主切

 曳；聚也。从手婁聲。洛侯切

 竹籠也。从竹婁聲。洛侯切

 剛鐵，可以刻鏤。从金婁聲。《夏書》曰：「梁州貢鏤。」一曰鏤，釜也。盧候切

 衽也。从衣婁聲。力主切

 履也。从履省，婁聲。一曰鞮也。九遇切

 尫也。从人婁聲。周公韤僂，或言背僂。力主切

 頸腫也。从疒婁聲。力豆切

 㙕土也。从土婁聲。洛矦切

 髑髏也。从骨婁聲。洛矦切

 楚俗以二月祭飲食也。从肉婁聲。一曰祈穀食新曰離膢。力俱切

 南陽穰鄉。从邑婁聲。力朱切

 艸也。可以亨魚。从艸婁聲。力朱切

 螻蛄也。从虫婁聲。一曰螜，天螻。洛矦切

 魚名。一名鯉，一名鰜。从魚婁聲。洛侯切

 側逃也。从匚丙聲。臣鉉等曰：「丙非聲。」一曰箕屬。盧候切

陋 阸陜也。从𨸏𠚕聲。盧候切

屚 屋穿水下也。从雨在尸下。尸者，屋也。盧后切

漏 以銅受水，刻節，晝夜百刻。从水屚聲。盧后切

鹿 獸也。象頭角四足之形。鳥鹿足相似，从匕。盧谷切

麓 守山林吏也。从林鹿聲。一曰林屬於山爲麓。《春秋傳》曰：「沙麓崩。」盧谷切 𧗱 古文从录。

罜 罜麗也。从网鹿聲。盧谷切

簏 竹高篋也。从竹鹿聲。盧谷切 箓 簏或从录。

漉 浚也。从水鹿聲。盧谷切 渌 漉或从录。

彔 刻木彔彔也。象形。盧谷切

剝 裂也。从刀从彔。彔，刻割也。彔亦聲。北角切 𠁧 剥或从卜。

録 金色也。从金彔聲。力玉切

綠 帛青黄色也。从糸彔聲。力玉切

觀 笑視也。从見彔聲。力玉切

睩 目睞謹也。从目彔聲。讀若鹿。盧谷切

逯　行謹逯逯也。从辵录聲。盧谷切

趢　趯趢也。从走录聲。力玉切

娽　隨從也。从女彔聲。力玉切

禄　福也。从示彔聲。盧谷切

菉　王芻也。从艸录聲。《詩》曰：「菉竹猗猗。」力玉切

兜　兜鍪，首鎧也。从兜，从皃省。皃象人頭也。當侯切

篼　飲馬器也。从竹兜聲。當侯切

朱　赤心木。松柏屬。从木，一在其中。章俱切

絑　純赤也。《虞書》「丹朱」如此。从糸朱聲。章俱切

株　木根也。从木朱聲。陟輸切

䇬　棒雙也。从竹朱聲。陟輸切

銖　權十分黍之重也。从金朱聲。市朱切

珠　蚌之陰精。从玉朱聲。《春秋國語》曰：「珠以禦火災」是也。章俱切

姝　好也。从女朱聲。昌朱切

袾　好佳也。从衣朱聲。《詩》曰：「静女其袾。」昌朱切

討也。从言朱聲。陟輸切

死也。从歺朱聲。漢令曰：「蠻夷長有罪，當殊之。」市朱切

鳥口也。从口朱聲。章俱切

水。出泰山蓋臨樂山，北入泗。从水朱聲。市朱切

江夏縣。从邑朱聲。陟輸切

茱萸，茮屬。从艸朱聲。市朱切

鼅鼄也。从黽朱聲。陟輸切　鼄或从虫。

守邊也。从人持戈。傷遇切

十升也。象形，有柄。當口切

勺也。从木斗聲。從小徐本[五]。之庾切

丶有所絶止，丶而識之也。知庾切

鐙中火主也。从𡈼，象形。从丶，丶亦聲。之庾切

宗廟宔祏。从宀主聲。之庾切

楹也。从木主聲。直主切

馬立也。从馬主聲。中句切

注 灌也。从水主聲。之戍切

妵 女字也。从女主聲。天口切

罜 罜麗，魚罟也。从网主聲。之庾切

鴸 鳥也。从鳥主聲。天口切

麈 麋屬。从鹿主聲。之庾切

𤞞 黄犬黑頭。从犬主聲。讀若注。之戍切

馵 馬後左足白也。从馬，二其足。讀若注。之戍切

豆 古食肉器也。从口，象形。徒候切 𣅜 古文豆。

梪 木豆謂之梪。从木、豆。段曰：「豆亦聲。」徒候切

侸 立也。从人豆聲。讀若樹。常句切

豎 豎立也。从臤豆聲。臣庾切 𧰨 籀文豎从殳。

壴 陳樂立而上見也。从屮从豆。豆亦聲。中句切。

尌 立也。从壴从寸，持之也。讀若駐。常句切。姚曰：「壴亦聲。」

樹 生植之總名。从木尌聲。常句切 尌 籀文。

澍 時雨，澍生萬物。从水尌聲。常句切

廚 庖屋也。从广尌聲。直株切

鼓 郭也。春分之音，萬物郭皮甲而出，故謂之鼓。从壴，支象其手擊之也。壴亦聲。《周禮》六鼓：靁鼓八面，靈鼓六面，路鼓四面，鼖鼓、臯鼓、晉鼓皆兩面。工户切 ⿰壴古 籒文鼓从古聲。

瞽 目但有眹也。从目鼓聲。公户切

鼔 擊鼓也。从攴从壴，壴亦聲。公户切

⿰忄壴 小怒也。从心壴聲[六]。充世切

頭 首也。从頁豆聲。度矦切

脰 項也。从肉豆聲。徒候切

逗 止也。从辵豆聲。田候切

⿰豆殳 繇擊也。从殳豆聲。古文祋如此。度矦切

裋 豎使布長襦。从衣豆聲。常句切

⿰革豆 車鞁具也。从革豆聲。田候切

郖 弘農縣庾地。从邑豆聲。當侯切

⿰魚豆 魚名。从魚豆聲。天口切

短 有所長短，以矢爲正。从矢豆聲。都管切

酒器也。象器形。大口切。 或从金。許書先「⿰金𧯠」後「𧯠」，云「𧯠或省金」。今先後互易，以「⿰金𧯠」爲或字。「𧯠」下「或省金」三字不録。

斫也。从斤𧯠聲。從小徐本[七]。竹角切 斲或从畫从丮。

遇也。从門斲聲。都豆切

衣至地也。从衣斲聲。竹角切

目蔽垢也。从見𧯠聲。讀若兜。當侯切

兩士相對，兵杖在後，象門之形。都豆切

日之出入，與夜爲界。从畫省，从日。陟救切 籀文晝。

豕絆足行豖豖。从豕繫二足。丑六切

擊也。从木豖聲。竹角切

擊也。从攴豖聲。竹角切

椎毄物也。从殳豖聲。冬毒切

治玉也。从玉豖聲。竹角切

鳥食也。从口豖聲。竹角切

流下滴也。从水豕聲。上谷有涿縣。竹角切奇字涿从日、乙。

高墳也。从勹豕聲。知隴切

中寒腫覈。从疒豕聲。陟玉切

追也。从辵，从豚省。段曰「豕省聲」，未確。直六切

葵中蠶也。从虫，上目象蜀頭形，中象其身蜎蜎。《詩》曰：「蜎蜎者蜀。」市玉切

行皃。从走蜀聲。讀若燭。之欲切

蹢躅也。从足蜀聲。直録切

連也。从尾蜀聲。之欲切

謹也。从女屬聲。讀若人不孫爲孎。之欲切

斫也。从斤屬聲。陟玉切

斫也，齊謂之鎡錤。一曰斤柄，性自曲者。从木屬聲。陟玉切

相易物，俱等爲斣。从斗蜀聲。易六切

犬相得而鬭也。从犬蜀聲。羊爲羣，犬爲獨也。一曰北嚻山有獨狢獸，如虎，白身，豕鬣，尾如馬。徒谷切

盛氣怒也。从欠蜀聲。尺玉切

觸　抵也。从角蜀聲。尺玉切
斀　去陰之刑也。从攴蜀聲。《周書》曰：「刖劓斀黥。」竹角切
噣　喙也。从口蜀聲。陟救切
髑　髑髏，頂也。从骨蜀聲。徒谷切
燭　庭燎，火燭也。从火蜀聲。之欲切
鐲　鉦也。从金蜀聲。軍法：司馬執鐲。直角切
襡　短衣也。从衣蜀聲。讀若蜀。市玉切
韣　弓衣也。从韋蜀聲。之欲切
濁　水。出齊郡厲嬀山，東北入鉅定。从水蜀聲。直角切
俞　空中木爲舟也。从亼从舟从巜。巜，水也。羊朱切
匬　甌，器也。从匚俞聲。度矦切
窬　穿木户也。从穴俞聲。一曰空中也。羊朱切
[illegible]　正耑裂也。从巾俞聲。山樞切
牏　築牆短版也。从片俞聲。讀若俞。一曰若紐。度矦切
逾　逑進也。从辵俞聲。《周書》曰：「無敢昬逾。」羊朱切

踰　越也。从足俞聲。羊朱切

瘉　病瘳也。从疒俞聲。以主切

渝　變汙也。从水俞聲。一曰渝水，在遼西臨俞，東出塞。羊朱切

愉　薄也。从心俞聲。《論語》曰：「私覿，愉愉如也。」羊朱切

媮　巧黠也。从女俞聲。託矦切

揄　引也。从手俞聲。羊朱切

諭　告也。从言俞聲。羊戍切

覦　欲也。从見俞聲。羊朱切

輸　委輸也。从車俞聲。式朱切

褕　翟，羽飾衣。从衣俞聲。一曰直裾謂之襜褕。羊朱切

緰　緰貲，布也。从糸俞聲。度矦切

瑜　瑾瑜，美玉也。从玉俞聲。羊朱切

䤤　醟䤤也。从酉俞聲。田候切

鄃　清河縣。从邑俞聲。式朱切

隃　北陵西隃，鴈門是也。从𨸏俞聲。傷遇切

䵑屬。从麻俞聲。度侯切

榆，白枌。从木俞聲。羊朱切

虒蝓也。从虫俞聲。羊朱切

猰貐，似貙，虎爪，食人，迅走。从豸俞聲。以主切

夏羊牡曰羭。从羊俞聲。羊朱切

鳥之短羽飛𠘧𠘧也。象形。讀若殊。市朱切

舒鳧，鶩也。从鳥𠘧聲。房無切

以杸殊人也。《禮》：「殳以積竹，八觚，長丈二尺，建於兵車，車旅賁以先驅。」从又𠘧聲。市朱切

軍中士所持殳也。从木从殳。《司馬法》曰：「執羽从杸。」殳亦聲。市朱切。

擿也。从手从殳。度侯切

讘吺，多言也。从口，投省聲。當侯切

髀也。从肉殳聲。公户切

好也。从女殳聲。《詩》曰：「静女其㚀。」昌朱切

夏羊牡曰羖。从羊殳聲。公户切

老人行才相逮。从老省、易省，行象。讀若樹。常句切

無髮也。从人，上象禾粟之形，取其聲。「取其聲」之義未詳。段曰：「『粟』當爲『秀』，取秀之聲以爲聲。」亦未確。王育説：蒼頡出見禿人伏禾中，因以制字。未知其審。他谷切

刈艸也。象包束艸之形。叉愚切

以芻莝養牛也。从牛芻，芻亦聲。《春秋國語》曰：「犓豢幾何。」測愚切

齒搚也。一曰齰也。一曰馬口中糜也。从齒芻聲。側鳩切

廏御也。从馬芻聲。側鳩切

走也。从走芻聲。七逾切

熬也。从䰜芻聲。尺沼切

雞子也。从隹芻聲。士于切　籀文雛从鳥。

婦人妊身也。从女芻聲。《周書》曰：「至于㛀婦。」側鳩切

絺之細也。《詩》曰：「蒙彼縐絺。」一曰蹴也。从糸芻聲。側救切

魯縣，古邾國，帝顓頊之後所封。从邑芻聲。側鳩切

捕取也。从又从耳。《周禮》：「獲者取左耳。」《司馬法》曰：「載獻聝。」聝者，耳也。七庚切

取婦也。从女从取，取亦聲。七句切

犯而取也。从冃取聲。從小徐本[八]。祖外切

四圭也。一曰兩指撮也。从手最聲。倉括切[九]

疾也。从走取聲。七句切

夜戒守，有所擊。从手取聲。《春秋傳》曰：「賓將掫。」子侯切

會也。从㐺取聲。邑落云聚。才句切

土積也。从土，聚省聲。從小徐本[十]。才句切

馬疾步也。从馬聚聲。鉏又切

聚也。从丵取聲。徂紅切

艸叢生皃。从艸叢聲。大篆从茻五十三文之一。徂紅切

聚謀也。从言取聲。子于切

積也。从冂从取，取亦聲。才句切

阪隅也。从𨸏取聲。子侯切

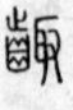齵也。从齒取聲。側鳩切

木薪也。从木取聲。側鳩切

麻蒸也。从艸取聲。一曰蓐也。大篆从茻五十三文之一。側鳩切

麻藍也。从麻取聲。側鳩切

郰 魯下邑。孔子之鄉。从邑取聲。側鳩切

鯫 白魚也。从魚取聲。士垢切

走 趨也。从夭止。夭止者，屈也。子苟切

奏 奏進也。从夲从𠬞从屮。屮，上進之義。則候切 古文。亦古文。

湊 水上人所會也。从水奏聲。倉奏切

 卪也。闕。則候切

族 矢鋒也。束之族族也。从㫃从矢。昨木切

鏃 利也。从金族聲。作木切

蔟 行蠶蓐。从艸族聲。千木切

嗾 使犬聲。从口族聲。《春秋傳》曰：「公嗾夫獒。」穌奏切

鷟 鸑鷟也。从鳥族聲。士角切

足 人之足也。在下。从止、口。即玉切

促 迫也。从人足聲。七玉切

捉 搤也。从手足聲。一曰握也。側角切

浞 濡也。从水足聲。士角切

須　面毛也。从頁从彡。相俞切

䇓　待也。从立須聲。相俞切　⿰立芻　或从芻聲。

⿰糸須　紲前兩足也。从糸須聲。《漢令》：「蠻夷卒有頿。」相主切

嬃　女字也。《楚詞》曰：「女嬃之嬋媛。」賈侍中說：「楚人謂姊爲嬃。」从女須聲。相俞切

盨　檳盨，負戴器也。从皿須聲。相庾切

粟　嘉穀實也。从鹵从米。孔子曰：「粟之爲言續也。」相玉切　⿱鹵米　籀文粟。

束　縛也。从口、木。書玉切

敕　誡也。臿地曰敕。从攴束聲。恥力切

竦　敬也。从立从束。束，自申束也。疑束亦聲，取雙聲也。息拱切。

娕　謹也。从女束聲。讀若謹敕數數。測角切

速　疾也。从辵束聲。桑谷切　遬　籀文从敕。　⿺辶⿰敕言　古文从敕从言。

𩱾　鼎實。惟葦及蒲。陳畱謂健爲𩱾。从䰜速聲。桑谷切　餗　𩱾或从食束聲。

藗　牡茅也。从艸遬聲。遬，籀文速。桑谷切

⿸鹿速　鹿迹也。从鹿速聲。桑谷切

誎　餔旋促也。从言束聲。桑谷切

短椽也。从木束聲。丑録切

瀨也。从水束聲。河東有涑水。速矦切

吮也。从欠束聲。所角切

盪口也。从水敕聲。所右切

利也。从金敕聲。所右切

樸樕，木。从木敕聲。桑谷切

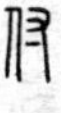

與也。从寸持物對人。方遇切

益也。从土付聲。符遇切

附婁，小土山也。从𨸏付聲。《春秋傳》曰：「附婁無松柏。」符又切

結也。从髟付聲。方遇切

後死者合食於先祖。从示付聲。符遇切

副馬也。从馬付聲。一曰近也。一曰疾也。符遇切

編木以渡也。从水付聲。芳無切

信也。漢制以竹，長六寸，分而相合。从竹付聲。防無切

闌足也。从木付聲。甫無切

府 文書藏也。从广付聲。方矩切

腐 爛也。从肉府聲。扶雨切

拊 揗也。从手付聲。芳武切

㾈 俛病也。从疒付聲。方榘切

鮒 魚名。从魚付聲。符遇切

怤 思也。从心付聲。甫無切

紨 布也。一曰粗紬。从糸付聲。防無切

卜 灼剥龜也，象炙龜之形。一曰象龜兆之從横也。博木切 [illegible] 古文卜。

攴 小擊也。从又卜聲。普木切

⿰足卜 趣越皃。从足卜聲。芳遇切

仆 頓也。从人卜聲。芳遇切

赴 趨也。从走，仆省聲。芳遇切

朴 木皮也。从木卜聲。匹角切

[illegible] 行夂夂也。从夂，闕。讀若僕。皮卜切[十二]

木 冒也。冒地而生。東方之行。从中，下象其根。莫卜切

沐　濯髮也。从水木聲。莫卜切

霂　霡霂也。从雨沐聲。莫卜切

【校記】

[一] 大徐本作「从艸从㼌」。

[二] 大徐本作「从宀、谷」。

[三] 大徐「金封切」，小徐「與封反」。大徐當爲「余封切」之訛。陳澧書已改。

[四] 此指「顒」字，爲嘉慶諱。下文引《詩》中的方框同。

[五] 大徐本作「从木从斗」。

[六] 此係從小徐本。大徐本作「从心喜聲」。

[七] 大徐本作「从金、豈」。

[八] 大徐本作「从冃从取」。

[九] 「最、撮」二字條又收入卷十五下。參見卷十五下校記[二十四]。

[十] 大徐本作「从土、从聚省」。

[十一] 此切語同段注。大徐本注「又卜切」，訛。小徐本注「父卜反」。

卷五[一]

孝鳥也。象形。孔子曰：「烏，盱呼也。」取其助氣，故以爲烏呼。哀都切　古文烏，象形。

心有所惡，若吐也。从欠烏聲。一曰口相就。哀都切

小障也。一曰庳城也。从𨸏烏聲。安古切

走輕也。从走烏聲。讀若鄔。安古切

石之似玉者。从玉烏聲。安古切

太原縣。从邑烏聲。安古切

象古文烏省。

遮攤也。从門於聲。烏割切

鬱也。从艸於聲。一曰𣨙也。央居切

澱滓，濁泥。从水於聲。依據切

積血也。从疒於聲。依倨切

醜也。象人局背之形。賈侍中説以爲次弟也。衣駕切

過也。从心亞聲。烏各切

蛈也。从虫亞聲。烏各切

相毀也。从言亞聲。一曰畏亞。宛古切

笑也。从口亞聲。《易》曰：「笑言啞啞。」於革切

白涂也。从土亞聲。烏各切

錏鍜，頸鎧也。从金亞聲。烏牙切

闕。衣駕切

於也。象气之舒亏。从丂从一。一者，其气平之也。羽俱切

管，三十六簧也。从竹亏聲。羽俱切

艸木華也。从𠂹亏聲。況于切

榮也。从艸从𠌶。姚曰：「𠌶亦聲。」户瓜切

讙也。从言華聲。呼瓜切

山，在弘農華陰。从山，華省聲。胡化切

奢也。从大亏聲。苦瓜切

誇　譀也。从言夸聲。苦瓜切

侉　憊詞。从人夸聲。苦瓜切

瓠　匏也。从瓜夸聲。胡誤切

刳　判也。从刀夸聲。苦孤切

胯　股也。从肉夸聲。苦故切

絝　脛衣也。从糸夸聲。苦故切

跨　渡也。从足夸聲。苦化切

洿　濁水不流也。一曰窊下也。从水夸聲。哀都切

忓　憂也。从心于聲。讀若吁。況于切

雩　夏祭，樂于赤帝，以祈甘雨也。从雨于聲。羽俱切　䨒　或从羽。雩，羽舞也。

謣　妄言也。从言雩聲。羽俱切　譁　謣或从荂。

鄠　右扶風縣名。从邑雩聲。胡古切

樗　木也。以其皮裹松脂。从木雩聲。讀若華。乎化切　檴　或从蒦。

吁　驚語也。从口从亏，亏亦聲。口部重出「吁」字，解云：「驚也。」今不録。況于切

盱　張目也。从目于聲。一曰朝鮮謂盧童子曰盱。況于切

芌　大葉實根。駭人，故謂之芌也。从艸亏聲。王遇切

訏　詭譌也。从言于聲。一曰訏，𧩲。齊、楚謂信曰訏。況于切

迂　避也。从辵于聲。憶俱切

紆　詘也。从糸于聲。一曰縈也。億俱切

弙　滿弓有所鄉也。从弓于聲。哀都切

扜　指麾也。从手亏聲。億俱切

靬　輨内環靼也。从革于聲。羽俱切

尪　股尪也。从尣于聲。乙于切

宇　屋邊也。从宀于聲。《易》曰：「上棟下宇。」王榘切　寓　籒文宇从禹。

盂　飯器也。从皿亏聲。羽俱切

汙　薉也。一曰小池爲汙。一曰涂也。从水于聲。烏故切

㚥　㚥鹵，貪也。从女污聲。胡古切

衧　諸衧也。从衣于聲。羽俱切

杅　所以涂也。秦謂之杇，關東謂之槾。从木亏聲。哀都切

玗　石之似玉者。从玉于聲。羽俱切

邘 周武王子所封。在河内野王是也。从邑于聲。又讀若區。況于切

釫 兩刃臿也，从金从于。姚曰：「亏聲。」互瓜切 或从木；丫，象形。宋魏曰芣也。許書「釫」爲「芣」或字，今易之。

荂 雩或从艸从夸。夸亦聲。

踞也。从足荂聲。苦化切

舁 共舉也。从臼从廾。凡舁之屬皆从舁。讀若余。以諸切

轝 車輿也。从車舁聲。以諸切

擧 對舉也。从手與聲。以諸切

予 推予也。象相予之形。余吕切

抒 挹也。从手予聲。神與切

紓 緩也。从糸予聲。傷魚切

舒 伸也。从舍从予，予亦聲。一曰舒，緩也。傷魚切

豫 象之大者。賈侍中說：不害於物。从象予聲。羊茹切 古文。

序 東西牆也。从广予聲。徐吕切

野 郊外也。从里予聲。羊者切 壄 古文野，从里省，从林。

婦官也。从人予聲。以諸切

機之持緯者。从木予聲。直呂切

履屬。从履省，予聲。徐呂切

艸也。从艸予聲。可以爲繩。直呂切

栩也。从木予聲。讀若杼。直呂切

賜予也。一勺爲与。此与與同。余呂切

黨與也。从舁从与。与亦聲。余呂切　古文與。

對舉也。从手與聲。居許切

稱也。从言與聲。羊茹切

安行也。从走與聲。余呂切

安气也。从欠與聲。以諸切

趣步惥惥也。从心與聲。余呂切

女字也。从女與聲。讀若余。以諸切

璵璠也。从玉與聲。以諸切

毒石也。出漢中。从石與聲。羊茹切

錯革畫鳥其上，所以進士衆。旟旟，衆也。从㫃與聲。《周禮》曰：「州里建旟。」以諸切

水也。从水旟聲。以諸切

魚名。从魚與聲。徐吕切

卑居也。从鳥與聲。羊茹切

似鹿而大也。从鹿與聲。羊茹切

水从雲下也。一象天，冂象雲，水霝其閒也。王矩切　古文。

禾屬而黏者也。以大暑而種，故謂之黍。从禾，雨省聲。孔子曰：「黍可爲酒，禾入水也。」舒吕切

鳥長毛也。象形。凡羽之屬皆从羽。王矩切

柔也。从木羽聲。其皁，一曰樣。況羽切

水音也。从雨羽聲。王矩切

大言也。从言羽聲。況羽切

南陽舞陰亭。从邑羽聲。王榘切

蟲也。从厹，象形。王榘切　古文禹。

齒蠹也。从牙禹聲。區禹切　𤘍或从齒。

䟽行皃。从足禹聲。《詩》曰：「獨行踽踽。」區主切

張耳有所聞也。从耳禹聲。王矩切

雨皃。方語也。从雨禹聲。讀若禹。王矩切

妘姓之國。从邑禹聲。《春秋傳》曰：「鄅人籍稻。」讀若規榘之榘。王榘切

石之似玉者。从玉禹聲。王矩切

艸也。从艸禹聲。王矩切

木也。从木禹聲。王矩切

虎文也。象形。荒烏切

獲也。从毌从力，虍聲。郎古切

廡也。从广虜聲。讀若鹵。郎古切

煎膠器也。从金虜聲。郎古切

魚名。出樂浪潘國。从魚虜聲。郎古切

大丘也。崐崘丘謂之崐崘虛。古者九夫爲井，四井爲邑，四邑爲丘。丘謂之虛。从丘虍聲。丘如切，又朽居切

吹也。从口虛聲。朽居切

欷也。从欠虛聲。一曰出气也。朽居切

秏鬼也。从鬼虛聲。朽居切

止也。得几而止。从几从夂，虍聲。昌與切或如此。許書「處」爲「処」或字，今易之。

謀思也。从思虍聲。良據切

助也。从力从非，慮聲。良倨切

錯銅鐵也。从金慮聲。良據切

𤮊也。从甾虍聲。讀若盧同。洛乎切籀文𧇣。篆文𧇣。

飯器也。从皿𧇣聲。洛乎切籀文盧。

挐持也。从手盧聲。洛乎切

皮也。从肉盧聲。力居切籀文臚。

頊顱，首骨也。从頁盧聲。洛乎切

鬣也。从髟盧聲。洛乎切

寄也。秋冬去，春夏居。从广盧聲。力居切

柱上柎也。从木盧聲。伊尹曰：「果之美者，箕山之東，青鳧之所，有櫨橘焉。夏孰也。」一曰宅櫨木，出弘農山也。落胡切

艫 舳艫也。一曰船頭。从舟盧聲。洛乎切

鑪 方鑪也。从金盧聲。洛故切

籚 積竹矛戟矜也。从竹盧聲。《春秋國語》曰：「朱儒扶籚。」洛乎切

纑 布縷也。从糸盧聲。洛乎切

壚 剛土也。从土盧聲。洛乎切

黸 齊謂黑爲黸。从黑盧聲。洛乎切

蘆 蘆菔也。一曰薺根。从艸盧聲。落乎切

鸕 鸕鷀也。从鳥盧聲。洛乎切

驢 似馬，長耳。从馬盧聲。力居切

鬳 鬲屬。从鬲虍聲。牛建切

獻 宗廟犬名羹獻。犬肥者以獻之。从犬鬳聲。許建切

⿰氵獻 議辠也。从水、獻。姚曰：「獻亦聲。」與法同意。魚列切

㰅 伐木餘也。从木獻聲。《商書》曰：「若顛木之有甹㰅。」五葛切 櫱 㰅或从木辥聲。

𣎵 古文㰅从木，無頭。 枿 亦古文㰅。

⿰車㰅 載高皃。从車，㰅省聲。從小徐作獻聲。五葛切

缺齒也。从齒獻聲。五鎋切

桓圭。公所執。从玉獻聲。胡官切

甑也。一曰穿也。从瓦鬳聲。讀若言。魚蹇切

古陶器也。从豆虍聲。許羈切

三軍之偏也。一曰兵也。从戈䖒聲。香義切

鳥也。从隹虍聲。荒烏切

气損也。从亏雐聲。去爲切　虧或从兮。

山獸之君。从虍，虎足，象人足。象形。呼古切　古文虎。　亦古文虎。

發兵瑞玉，爲虎文。从玉从虎，虎亦聲。《春秋傳》曰：「賜子家雙琥。」呼古切

鬼皃。从鬼虎聲。虎烏切

語之餘也。从兮，象聲上越揚之形也。户吳切

外息也。从口乎聲。荒烏切

孝虖也。从虍乎聲。荒烏切

評謼也。从言虖聲。荒故切

唬也。从口虖聲。荒烏切

溫吹也。从欠虖聲。虎烏切

㙤也。从土虖聲。呼訝切 㙤或从𨸏。

裂也。从缶虖聲。缶燒善裂也。呼迓切

地名。从邑虖聲。呼古切

木也。从木虖聲。丑居切

召也。从言乎聲。荒烏切

木。出橐山。从木乎聲。他乎切

昆吾圜器也。象形。从大，象其蓋也。户吴切

護也。半門曰户。象形。矦古切 古文户从木。

九雇。農桑候鳥，扈民不婬者也。从隹户聲。春雇，鳻盾；夏雇，竊玄；秋雇，竊藍；冬雇，竊黄；棘雇，竊丹；行雇，唶唶；宵雇，嘖嘖；桑雇，竊脂；老雇，鷃也。侯古切

雇或从雩。 籒文雇从鳥。

還視也。从頁雇聲。古慕切

夏后同姓所封，戰於甘者。在鄠，有扈谷、甘亭。从邑户聲。胡古切 古文扈从山、马。

履也。一曰青絲頭履也。讀若阡陌之陌。从糸户聲。亡百切

所　伐木聲也。从斤戶聲。《詩》曰：「伐木所所。」疏舉切

齭　齒傷酢也。从齒所聲。讀若楚。創舉切

妒　婦妒夫也。从女戶聲。當故切

夏　中國之人也。从夊从頁从臼。臼，兩手；夊，兩足也。胡雅切　夏　古文夏。

下　底也。指事。胡雅切　丅　古文。許書先「丅」後「下」，今易之。「下」下「篆文下」三字今不録。「丅」下增「古文」二字。

芐　地黃也。从艸下聲。《禮記》「鈃毛：牛、藿；羊、苄；豕、薇」是。侯古切

互　可以收繩也。象形，中象人手所推握也。胡誤切　笠　或从竹。許書「互」爲「笠」或字，今易之。「互」下「笠或省」三字不録。

⿱罒互　罟也。从网互聲。胡誤切

枑　行馬也。从木互聲。《周禮》曰：「設梐枑再重。」胡誤切

蒦　規蒦，商也。从又持萑。一曰視遽皃。一曰蒦，度也。乙虢切　彠　蒦或从尋。尋亦度也。《楚詞》曰：「求矩彠之所同。」

矆　大視也。从目蒦聲。許縛切

護　救視也。从言蒦聲。胡故切

擊擭也。一曰布擭也，一曰握也。从手蒦聲。一號切

獵所獲也。从犬蒦聲。胡伯切

刈穀也。从禾蒦聲。胡郭切

收絲者也。从竹蒦聲。王縛切　篗或从角从閒。

佩刀絲也。从革蒦聲。乙白切

雨流霤下。从水蒦聲。胡郭切

善丹也。从丹蒦聲。《周書》曰：「惟其斁丹雘。」讀若隺。烏郭切

鑴也。从金蒦聲。胡郭切

尺蠖，屈申蟲。从虫蒦聲。烏郭切

魚名。从魚蒦聲。胡化切

飛聲也。雨而雙飛者，其聲靃然。呼郭切

罩魚者也。从竹靃聲。竹角切　籱或省。

尗之少也。从艸靃聲。虛郭切

溝也。从奴从谷。讀若郝。呼各切　叡或从土。

火赤皃。从二赤。呼格切

車　輿輪之總名。夏后時奚仲所造。象形。尺遮切　𨏥　籀文車。

庫　兵車藏也。从車在广下。段曰：「車亦聲。」苦故切

瓜　㼌也。象形。古華切

㚉　㚉，大也。从大瓜聲。烏瓜切

柧　棱也。从木瓜聲。又，柧棱，殿堂上最高之處也。古胡切

觚　鄉飲酒之爵也。一曰觴受三升者謂之觚。从角瓜聲。古乎切

窊　污衺，下也。从穴瓜聲。烏瓜切

呱　小兒嗁聲。从口瓜聲。《詩》曰：「后稷呱矣。」古乎切

孤　無父也。从子瓜聲。古乎切

箛　吹鞭也。从竹孤聲。古乎切

罛　魚罟也。从网瓜聲。《詩》曰：「施罛濊濊。」古胡切

弧　木弓也。从弓瓜聲。一曰往體寡，來體多曰弧。户吴切

泒　水。起鴈門葰人戍夫山，東北入海。从水瓜聲。古胡切

苽　雕苽。一名蔣。从艸瓜聲。古胡切

狐　祥獸也。鬼所乘之。有三德：其色中和，小前大後，死則丘首。从犬瓜聲。户吴切

菰　艸多皃。从艸狐聲。江夏平春有菰亭。大篆从茻。古狐切

夃　秦以市買多得爲夃。从乃从夂，益至也。从乃。《詩》曰：「我夃酌彼金罍。」古乎切

寡　少也。从宀从頒。頒，分賦也，故爲少。古瓦切

𠑹　廱蔽也。从人，象左右皆蔽形。讀若瞽。公户切

斝　玉爵也。夏曰琖，殷曰斝，周曰爵。从吅从斗，冂象形。與爵同意。或説斝受六斗。古雅切

蠱　腹中蟲也。《春秋傳》曰：「皿蟲爲蠱」，晦淫之所生也。臬桀死之鬼亦爲蠱。从蟲从皿。皿，物之用也。公户切〔二〕

襾　覆也。从冂，上下覆之。讀若晋。呼訝切

賈　賈市也。从貝襾聲。一曰坐賣售也。公户切

檟　楸也。从木賈聲。《春秋傳》曰：「樹六檟於蒲圃。」古雅切

古　故也。从十、口。識前言者也。公户切　古文古。

故　使爲之也。从攴古聲。古慕切

詁　訓故言也。从言古聲。《詩》曰詁訓。公户切

姑　夫母也。从女古聲。古胡切

枯　槀也。从木古聲。《夏書》曰：「唯箘輅枯。」木名也。苦孤切

枯也。从歺古聲。苦孤切

久病也。从疒古聲。古慕切

一宿酒也。一曰買酒也。从酉古聲。古乎切

韭鬱也。从艸酤聲。苦步切

河東鹽池。袤五十一里，廣七里，周百十六里。从鹽省，古聲。公户切

辠也。从辛古聲。古乎切　古文辜从死。

保任也。从女辜聲。古胡切

四塞也。从囗古聲。古慕切

鑄塞也。从金固聲。古慕切

嫪也。从女固聲。胡誤切

渴也。从水固聲。讀若狐貈之貈。下各切　涸亦从水、鹵、舟。

竹枚也。从竹固聲。古賀切

棝斗，可射鼠。从木固聲。古慕切

艸也。从艸固聲。古慕切

黏也。从黍古聲。户吴切　黏或从米。

祜 上諱。臣鉉等曰：「此漢安帝名也。福也。當从示古聲。」侯古切

怙 恃也。从心古聲。矦古切

胡 牛顄垂也。从肉古聲。户孤切

⿰鼠胡 斬𪕮鼠。黑身，白腰若帶；手有長白毛，似握版之狀；類蝯蜼之屬。从鼠胡聲。户吳切

湖 大陂也。从水胡聲。揚州浸，有五湖。浸，川澤所仰以灌漑也。户吳切

餬 寄食也。从食胡聲。户吳切

瑚 珊瑚也。从玉胡聲。户吳切

⿱⿰缶古皿 器也。从皿从缶，古聲。公户切

罟 网也。从网古聲。公户切

⿱⿲弜古弜鬲 鍵也。从䰜古聲。户吳切

岵 山有草木也。从山古聲。《詩》曰：「陟彼岵兮。」矦古切

⿸厂古 美石也。从厂古聲。矦古切

沽 水。出漁陽塞外，東入海。从水古聲。古胡切

苦 大苦苓也。从艸古聲。康杜切

楛 木也。从木苦聲。《詩》曰：「榛楛濟濟。」侯古切

螻蛄也。从虫古聲。古乎切

進取也。从𠬪古聲。古覽切　籀文𠭖。　古文𠭖。

望也。从門敢聲。苦濫切

⿰黑敢者忘而息也。从黑敢聲。於檻切

誕也。从言敢聲。下闞切　俗譀从忘。

崟也。一曰地名。从厂敢聲。魚音切

教命急也。从吅厰聲。語杴切　古文。

昂頭也。从人嚴聲。一曰好皃。魚儉切

呻也。从口嚴聲。五銜切

惟射所蔽者也。从竹嚴聲。語杴切

岸也。从山嚴聲。五緘切

石山也。从石嚴聲。五銜切

小犬吠。从犬敢聲。南陽新亭有⿰犭敢鄉。荒檻切

借也。闕。古雅切　古文叚。　譚長説叚如此。

非真也。从人叚聲。古疋切　一曰至也。《虞書》曰：「假于上下。」古頟切

徦　至也。从彳叚聲。古雅切

嘏　大遠也。从古叚聲。古雅切

暇　閑也。从日叚聲。胡嫁切

⿰足叚　足所履也。从足叚聲。乎加切

⿰韋叚　履也。从韋叚聲。乎加切[三]

鍜　錏鍜也。从金叚聲。乎加切

瑕　玉小赤也。从玉叚聲。乎加切

騢　馬赤白雜毛。从馬叚聲。謂色似鰕魚也。乎加切

瘕　女病也。从疒叚聲。乎加切

葭　葦之未秀者。从艸叚聲。古牙切

椵　木。可作牀几。从木叚聲。讀若賈。古雅切

蝦　蝦蟆也。从虫叚聲。乎加切

鰕　魵也。从魚叚聲。乎加切

麚　牡鹿。从鹿叚聲。以夏至解角。古牙切

豭　牡豕也。从豕叚聲。古牙切

居也。从宀，豭省聲。古牙切 古文家。

女適人也。从女家聲。古訝切

禾之秀實爲稼，莖節爲禾。从禾家聲。一曰稼，家事也。一曰在野曰稼。古訝切

南郡蠻夷賨布。从巾家聲。古訝切

度也，民所度居也。从回，象城亭之重，兩亭相對也。或但从囗。古博切

葬有木臺也。从木臺聲。古博切

齊之郭氏虛。善善不能進，惡惡不能退，是以亡國也。从邑臺聲。古博切

去毛皮也。《論語》曰：「虎豹之鞹。」从革郭聲。苦郭切

雨止雲罷皃。从雨郭聲。苦郭切

水。在魯。从水郭聲。苦郭切

山，在鴈門。从山臺聲。古博切

有枝兵也。从戈、倝。《周禮》：「戟，長丈六尺。」讀若棘。紀逆切

持也。象手有所丮據也。凡丮之屬皆从丮。讀若戟。几劇切

異辭也。从口、夂。夂者，有行而止之，不相聽也。古洛切

道也。从足各聲。从小徐本[四]。洛故切

露 潤澤也。从雨路聲。洛故切

璐 玉也。从玉路聲。洛故切

潞 冀州浸也。上黨有潞縣。从水路聲。洛故切

簬 箘簬也。从竹路聲。《夏書》曰：「惟箘簬楛。」洛故切 簵 古文簬从輅。

鷺 白鷺也。从鳥路聲。洛故切

略 經略土地也。从田各聲。烏約切

詻 論訟也。《傳》曰：「詻詻孔子容。」从言各聲。五陌切

挌 枝挌也。从丯各聲。古百切

格 木長皃。从木各聲。古百切

輅 車軨前橫木也。从車各聲。洛故切

笿 栝答也。从竹各聲。盧各切

頟 顙也。从頁各聲。五陌切

胳 亦下也。从肉各聲。古洛切

骼 禽獸之骨曰骼。从骨各聲。古覈切

觡 骨角之名也。从角各聲。古百切

䩻 生革可以爲縷束也。从革各聲。盧各切

絡 絮也。一曰麻未漚也。从糸各聲。盧各切

垎 水乾也。一曰堅也。从土各聲。胡格切

閣 所以止扉也。从門各聲。古洛切

客 寄也。从宀各聲。苦格切

愙 敬也。从心客聲。《春秋傳》曰：「以陳備三愙。」苦各切

賂 遺也。从貝各聲。洛故切

䀩 眄也。从目各聲。盧各切

䨣 雨零也。从雨各聲。盧各切

鉻 鬄也。从金各聲。盧各切

挌 擊也。从手各聲。古覈切

貉 北方豸種。从豸各聲。孔子曰：「貉之爲言惡也。」莫白切

洛 水。出左馮翊歸德北夷界中，東南入渭。从水各聲。盧各切

落 凡艸曰零，木曰落。从艸洛聲。盧各切

茖 艸也。从艸各聲。古額切

雒 鵋鶀也。从隹各聲。盧各切

鴼 烏鸔也。从鳥各聲。盧各切

鮥 叔鮪也。从魚各聲。盧各切

⿰鼠各 鼠，出胡地，皮可作裘。从鼠各聲。下各切

駱 馬白色黑鬣尾也。从馬各聲。盧各切

居 蹲也。从尸古者，居从古。九魚切 踞 俗居从足。

踞 蹲也。从足居聲。居御切

倨 不遜也。从人居聲。居御切

据 戟挶也。从手居聲。九魚切

裾 衣袍也。从衣居聲。讀與居同。九魚切

鋸 槍唐也。从金居聲。居御切

琚 瓊琚。从玉居聲。《詩》曰：「報之以瓊琚。」九魚切

腒 北方謂鳥腊曰腒。从肉居聲。《傳》曰：「堯如腊，舜如腒。」九魚切

涺 水也。从水居聲。九魚切

椐 樻也。从木居聲。九魚切

處也。从尸得几而止。《孝經》曰：「仲尼凥。」凥，謂閒居如此。九魚切

規巨也。从工，象手持之。其呂切　古文巨。

止也。从止巨聲。一曰搶也。一曰超歫。其呂切

雞距也。从足巨聲。其呂切

齗腫也。从齒巨聲。區主切

大剛也。从金巨聲。其呂切

束葦燒。从艸巨聲。其呂切

木也。从木巨聲。其呂切

蝨蠩也。从䖵巨聲。强魚切

巨或从木、矢。矢者，其中正也。

水所居。从水，榘省聲。彊魚切

鶌鶏也。从鳥渠聲。强魚切

黑黍也。一稃二米，以釀也。从鬯矩聲。當云「榘省聲。」其呂切　䜌或从禾。

鬭相丮不解也。从豕、虍。豕、虍之鬭，不解也。讀若蘮蒘草之蘮。司馬相如説：豦，封豕之屬。一曰虎兩足舉。强魚切

杖持也。从手豦聲。居御切

鐘鼓之柎也。从金豦聲。其吕切 飾爲猛獸，或从虍，異象其下足。許書「鐻」爲「虡」或字，今易之。篆文虡省。

務也。从力豦聲。其據切

會歙酒也。从酉豦聲。其虐切 醵或从巨。

大笑也。从口豦聲。其虐切

且往也。从且豦聲。昨誤切

傳也。一曰窘也。从辵豦聲。其倨切

籧篨，粗竹席也。从竹遽聲。彊魚切

蘧麥也。从艸遽聲。彊魚切

飲牛筐也。从竹豦聲。方曰筐，圜曰簴。居許切

菜也。似蘇者。从艸豦聲。彊魚切

左右視也。从二目。讀若拘。又若良士瞿瞿。九遇切

舉目驚界然也。从夰从䀠，䀠亦聲。九遇切

目衺也。从䀠从大。䀠亦聲。大，人也。舉朱切

[illegible]　相誤也。从言狊聲。篆體當作[illegible]，界聲，轉寫少一畫。或當作[illegible]，狊聲，筆跡小異。古罵切

斞　挹也。从斗臾聲。舉朱切

瞿　鷹隼之視也。从隹从䀠，䀠亦聲。讀若章句之句。九遇切，又音衢

[illegible]　走顧皃。从走瞿聲。讀若劬。其俱切

矍　隹欲逸走也。从又持之，瞿瞿也。瞿聲。讀若《詩》云「穬彼淮夷」之「穬」。一曰視遽皃。九縛切

躩　足躩如也。从足矍聲。丘縛切

[illegible]　大步也。从走矍聲。丘縛切

攫　扟也。从手矍聲。居縛切

彏　弓急張也。从弓矍聲。許縛切

钁　大鉏也。从金矍聲。居縛切

貜　㺇貜也。从豸矍聲。王縛切

玃　母猴也。从犬矍聲。《爾雅》云：「玃父善顧。」攫持人也。俱縛切

懼　恐也。从心瞿聲。其遇切　愳　古文。

[illegible]　爪持也。从手瞿聲。居玉切

躣 行皃。从足瞿聲。其俱切

忂 行皃。从彳瞿聲。其俱切

衢 四達謂之衢。从行瞿聲。其俱切

臞 少肉也。从肉瞿聲。其俱切

灈 水。出汝南吴房，入瀙。从水瞿聲。其俱切

鱹 魚名。从魚瞿聲。九遇切

茉，臿也。从木；入，象形；眲聲。舉朱切

際見之白也。从白，上下小見。起戟切

隙 壁際孔也。从𨸏从𡭴，𡭴亦聲。綺戟切

虩 《易》：「履虎尾，虩虩。」恐懼。一曰蠅虎也。从虎𡭴聲。許隙切

㣥 細文也。从彡，𡭴省聲。莫卜切

穆 禾也。从禾㣥聲。莫卜切

蝨蟟也。一曰蜉游。朝生莫死者。从虫𡭴聲。離灼切

凵 凵盧，飯器，以柳爲之。象形。去魚切 凵或从竹去聲。

去 人相違也。从大凵聲。丘據切

胠　亦下也。从肉去聲。去劫切

袪　衣袂也。从衣去聲。一曰袪，裦也。裦者，裦也。袪，尺二寸。《春秋傳》曰：「披斬其袪。」去魚切

⿰木去　极也。从木去聲。去魚切

㹤　多畏也。从犬去聲。去劫切　怯　杜林説，㹤从心。

阹　依山谷爲牛馬圈也。从𨸏去聲。去魚切

麮　麥甘鬻也。从麥去聲。丘據切

魼　魚也。从魚去聲。去魚切

⿸虍去　䖑屬。从虎去聲。呼濫切。臣鉉等曰：「去非聲。」段注云：厺、盇二字古通，去聲即盇聲[五]也。

𧮫　口上阿也。从口，上象其理。其虐切　⿰口卻　𧮫或如此。臄　或从肉从豦。

⿰谷丮　相踦之也。从丮谷聲。其虐切

卻　節欲也。从卩谷聲。去約切

⿰亻卻　徼御受屈也。从人卻聲。其虐切

⿰忄卻　勞也。从心卻聲。其虐切

腳　脛也。从肉卻聲。居勺切

⿰虫却 渠⿰虫却。一曰天社。从虫却聲。其虐切

綌 粗葛也。从糸谷聲。綺戟切 㡄 綌或从巾。

郤 晉大夫叔虎邑也。从邑谷聲。綺戟切

㮴 角械也。从木郤聲。一曰木下白也。其逆切

魚 水蟲也。象形。魚尾與燕尾相似。語居切

穌 把取禾若也。从禾魚聲。素孤切

蘇 桂荏也。从艸穌聲。素孤切

䲜 二魚也。語居切

𤅩 捕魚也。从䲜从水。姚氏曰：「䲜亦聲。」語居切 漁 篆文𤅩从魚。

牙 牡齒也。象上下相錯之形。五加切 𤘗 古文牙。

芽 萌芽也。从艸牙聲。五加切

訝 相迎也。从言牙聲。《周禮》曰：「諸侯有卿訝發。」吾駕切 迓 訝或从辵。

枒 木也。从木牙聲。一曰車輞會也。五加切

庌 廡也。从广牙聲。《周禮》曰：「夏庌馬。」五下切

衺 褱也。从衣牙聲。似嗟切

鏌釾也。从金牙聲。以遮切

琅邪郡。从邑牙聲。以遮切

茚茀也。从艸邪聲。以遮切

楚烏也。一名鸒，一名卑居。秦謂之雅。从隹牙聲。五下切，又烏加切

姓也。亦郡也。一曰吳，大言也。从矢、口。五乎切　古文如此。

大也。从人吳聲。《詩》曰：「碩人俁俁。」魚禹切

謬也。从言吳聲。五故切

樂也。从女吳聲。噳俱切

騶虞也。白虎黑文，尾長於身。仁獸，食自死之肉。从虍吳聲。《詩》曰：「于嗟乎，騶虞。」五俱切

麌鹿羣口相聚皃。从口虞聲。《詩》曰：「麀鹿噳噳。」魚矩切

囹圄，所以拘罪人。从㚔从口。一曰圉，垂也。一曰圉人，掌馬者。魚舉切

啎也。五月，陰氣午逆陽。冒地而出。此予矢同意。疑古切

聽也。从言午聲。虚呂切

舍車解馬也。从卩、止，午聲。從小徐本[六]。讀若汝南人寫書之寫。司夜切

使馬也。从彳从卸。卸亦聲。牛據切　古文御从又从馬。

祀也。从示御聲。魚舉切

禁苑也。从竹御聲。《春秋傳》曰：「澤之目篽。」魚舉切　篽或从又魚聲。

鉏鋙也。从金御聲。魚舉切　鋙或从吾。

水厓也。从水午聲。呼古切

舂杵也。从木午聲。昌與切

五行也。从二，陰陽在天地閒交午也。疑古切　古文五省。

相參伍也。从人五聲。從小徐本[七]。疑古切

我，自稱也。从口五聲。五乎切

明也。从日吾聲。《詩》曰：「晤辟有摽。」五故切

覺也。从心吾聲。五故切　古文悟。

寐覺而有信曰寤。从㝱省，吾聲。一曰晝見而夜㝱也。五故切　籀文寤。

寤也。从宀吾聲。五故切

論也。从言吾聲。魚舉切

行皃。从行吾聲。魚舉切，又音牙

齒不相值也。从齒吾聲。魚舉切

逆也。从午吾聲。五故切

禁也。一曰樂器，椌楬也，形如木虎。从攴吾聲。魚舉切

守之也。从囗吾聲。魚舉切

東海縣。故紀侯之邑也。从邑吾聲。五乎切

水。出琅邪靈門壺山，東北入濰。从水吾聲。五乎切

艸也。从艸吾聲。《楚詞》有菩蕭艸。吾乎切

梧桐木。从木吾聲。一名櫬。五胡切

獸名。从㲋吾聲。讀若寫。司夜切

不順也。从干下屮，屰之也。魚戟切

迎也。从辵屰聲。關東曰逆，關西曰迎。宜戟切

綏維也。从糸逆聲。宜戟切

月一日始蘇也。从月屰聲。所角切

郤屋也。从广屰聲。昌石切

距也。从走，㡿省聲。《漢令》曰：「趚張百人。」車者切

逆流而上曰㴑洄。㴑，向也。水欲下違之而上也。从水㡿聲。桑故切　㴑或从朔。

告也。从言，厈省聲。《論語》曰：「訴子路於季孫。」桑故切　訴或从言、朔。　訴或从朔、心。

判也。从木㡿聲。《易》曰：「重門擊㯩。」他各切

裂也。《詩》曰：「不㙕不疈。」从土㡿聲。丑格切

譁訟也。从吅屰聲。五各切

相遇驚也。从辵从咢，咢亦聲。五各切

刀劒刃也。从刀咢聲。五各切　籒文㓵从㓞从各。

江夏縣。从邑咢聲。五各切

齊謂舂曰䑩。从臼屰聲。讀若膊。匹各切

似蜥易，長一丈，水潛，吞人即浮，出日南。从虫屰聲。吾各切

鷙鳥也。从鳥屰聲。與專切

奴、婢皆古之辠人也。《周禮》曰：「其奴，男子入于辠隸，女子入于舂藁。」从女从又。乃都切

古文奴从人。

牽引也。从手奴聲。女加切

弓有臂者。《周禮》四弩：夾弩、庾弩、唐弩、大弩。从弓奴聲。奴古切

石，可以爲矢鏃。从石奴聲。《夏書》曰：「梁州貢砮丹。」《春秋國語》曰：「肅慎氏貢楛矢石砮。」乃都切

鳥籠也。从竹奴聲。乃故切

金幣所藏也。从巾奴聲。乃都切

絜緼也。一曰敝絮。从糸奴聲。《易》曰：「需有衣絮。」女余切

弊衣。从衣奴聲。女加切

亂也。从心奴聲。《詩》曰：「以謹惛怓。」女交切

恚也。从心奴聲。乃故切

讙聲也。从口奴聲。《詩》曰：「載號載呶。」女交切

牟母也。从隹奴聲。人諸切 雃或从鳥。

婦人也。象形。王育説。尼呂切

楚人謂寐曰㝹。从㝱省，女聲。依倨切

水。出弘農盧氏還歸山，東入淮。从水女聲。人渚切[八]

从隨也。从女从口。人諸切

仁也。从心如聲。商署切

持也。从手如聲。女加切

漸溼也。从水挐聲。人庶切

巾帤也。从巾如聲。一曰幣巾。女余切

敝緜也。从糸如聲。息據切

飤馬也。从艸如聲。人庶切

地名。从邑如聲。人諸切

擇菜也。从艸、右。右，手也。一曰杜若，香艸。而灼切

亡也。从匸若聲。讀如羊騶箠。女力切

日近也。从日匿聲。《春秋傳》曰：「私降暱燕。」尼質切　暱或从尼。

不順也。从女若聲。《春秋傳》曰：「叔孫婼。」丑略切

譍也。从言若聲。奴各切

楚謂竹皮曰箬。从竹若聲。而勺切

螫也。从虫，若省聲。呼各切

日初出東方湯谷，所登榑桑，叒木也。象形。而灼切　籀文。

鹵　西方鹹地也。从西省，象鹽形。安定有鹵縣。東方謂之庐，西方謂之鹵。郎古切

呂　膂骨也。象形。昔太嶽爲禹心呂之臣，故封呂矦。力舉切　膂　篆文呂从肉从旅。

梠　楣也。从木呂聲。力舉切

閭　里門也。从門呂聲。《周禮》：「五家爲比，五比爲閭。」閭，侶也，二十五家相羣侶也。力居切

筥　箱也。从竹呂聲。居許切

莒　齊謂芌爲莒。从艸呂聲。居許切

炛　軍之五百人爲炛。古文以爲魯衛之魯。力舉切　旅　篆文。从㫃从从。从，俱也。許書先「旅」後「炛」，今易之。「炛」下「古文旅」三字不録。「旅」下增「篆文」二字。解説「爲炛」之「炛」，許書作「旅」，今易之。

者　別事詞也。从白𣥂聲。𣥂，古文旅字。段曰：「炛」、「𣥂」不類，轉寫之過也。之也切

諸　辯也。从言者聲。章魚切

儲　偫也。从人諸聲。直魚切

藷　藷蔗也。从艸諸聲。章魚切

署　部署，有所网屬。从网者聲。常恕切

緒　絲耑也。从糸者聲。徐吕切

睹　見也。从目者聲。當古切　覩　古文从見。

暏 旦明也。从日者聲。當古切

奢 張也。从大者聲。式車切 奓 籒文。

䜾 諸拏，羞窮也。从言奢聲。陟加切

箸 飯攲也。从竹者聲。陟慮切，又遲倨切

櫡 斫謂之櫡。从木箸聲。張略切

䃴 斫也。从石箸聲。張略切

書 箸也。从聿者聲。商魚切

褚 卒也。从衣者聲。一曰製衣。丑呂切

翥 飛舉也。从羽者聲。章庶切

都 有先君之舊宗廟曰都。从邑者聲。《周禮》：「距國五百里爲都。」當孤切

堵 垣也。五版爲一堵。从土者聲。當古切 𩫖 籒文从𩫏。

闍 闉闍也。从門者聲。當孤切

陼 如渚者陼丘。水中高者也。从𨸏者聲。當古切

鬻 孚也。从䰜者聲。章與切 煮 鬻或从火。 𩱰 鬻或从水在其中。

暑 熱也。从日者聲。舒吕切

 病也。从疒者聲。《詩》曰：「我馬瘏矣。」同都切

 刳也。从尸者聲。同都切

 峙躇，不前也。从足屠聲。直魚切

 左馮翊鄜陽亭。从邑屠聲。同都切

 赤土也。从赤者聲。之也切

 水。在常山中丘逢山，東入湡。从水者聲。《爾雅》曰：「小洲曰渚。」章與切

 穀也。从木者聲。丑吕切  楮或从宁。

 觰拏，獸也。从角者聲。一曰下大者也。陟加切

 豕而三毛叢居者。从豕者聲。陟魚切

 莖藸也。从艸豬聲。直魚切

 畫計難也。从囗从啚。啚，難意也。同都切

 地之吐生物者也。二象地之下、地之中，物出形也。它魯切

吐 寫也。从口土聲。他魯切

 地主也。从示土聲。从小徐本[九]。《春秋傳》曰：「共工之子句龍爲社神。」《周禮》：「二十五家爲社，各樹其土所宜之木。」常者切  古文社。

𧺆 步行也。从辵土聲。同都切

杜 甘棠也。从木土聲。徒古切

牡 畜父也。从牛土聲。莫厚切

兔 獸名。象踞，後其尾形。兔頭與龟頭同。凡兔之屬皆从兔。湯故切

鼠 穴蟲之總名也。象形。書吕切

舍 市居曰舍。从亼、中，象屋也。口象築也。始夜切

捨 釋也。从手舍聲。書冶切

余 語之舒也。从八，舍省聲。以諸切 [illegible] 二余也。讀與余同。

俆 緩也。从人余聲。似魚切

悆 忘也。嘾也。从心余聲。《周書》曰：「有疾不悆。」悆，喜也。羊茹切

捈 臥引也。从手余聲。同都切

徐 安行也。从彳余聲。似魚切

敘 次弟也。从攴余聲。徐吕切

除 殿陛也。从𨸏余聲。直魚切

蒢 黃蒢，職也。从艸除聲。直魚切

篨 籧篨也。从竹除聲。直魚切

餘 饒也。从食余聲。以諸切

賒 貰買也。从貝余聲。式車切

畬 三歲治田也。《易》曰：「不菑，畬田。」从田余聲。以諸切

酴 酒母也。从酉余聲。讀若廬。同都切

斜 杼也。从斗余聲。讀若荼。似嗟切

筡 折竹笢也。从竹余聲。讀若絮。同都切

嵞 會稽山。一曰九江當嵞也。民以辛、壬、癸、甲之日嫁娶。从屾余聲。《虞書》曰：「予娶嵞山。」同都切

涂 水。出益州牧靡南山，西北入澠。从水余聲。同都切

𨛳 邾下邑地。从邑余聲。魯東有𨛳城。讀若塗。同都切

稌 稻也。从禾余聲。《周禮》曰：「牛宜稌。」徒古切

荼 苦荼也。从艸余聲。同都切

駼 騊駼也。从馬余聲。同都切

𤛓 黃牛虎文。从牛余聲。讀若塗。同都切

水。出北嚻山，入邙澤。从水舍聲。始夜切

地名。从邑舍聲。式車切

二余也。讀與余同。

弓弩發於身而中於遠也。从矢从身。食夜切　篆文䠶从寸。寸，法度也，亦手也。

辤去也。从言䠶聲。辤夜切

如小麋，臍有香。从鹿䠶聲。神夜切

屋下眾也。从广、炗。炗，古文光字。商署切

籍也。《禮》：天子、諸侯席，有黼繡純飾。从巾，庶省聲。祥易切　古文席从石省。

廣多也。从艸席聲。祥易切

遏也。从辵庶聲。止車切

遮也。从口庶聲。之夜切

法制也。从又，庶省聲。徒故切

判也。从刀度聲。徒洛切

閉也。从攴度聲。讀若杜。徒古切　⿰度攵或从刀。

濟也。从水度聲。徒故切

楚人謂跳躍曰蹠。从足庶聲。之石切

木。出發鳩山。从木庶聲。之夜切

蟲也。从虫庶聲。之夜切

辨積物也。象形。直呂切

積也。从貝宁聲。直呂切

幡也。所以載盛米。从宁从甾。甾，缶也。陟呂切

器也。从皿宁聲。直呂切

器也。从虘、⿱宀皿，⿱宀皿亦聲。闕。直呂切

長眙也。一曰張目也。从目宁聲。陟呂切

檾屬。細者爲絟，粗者爲紵。从糸宁聲。直呂切　紵或从緒省。

五月生羔也。从羊宁聲。讀若煑。直呂切

人之臂亦也。从大，象兩亦之形。羊益切

步處也。从辵亦聲。資昔切　或从足、責。　籀文迹从朿。

舍也。天下休舍也。从夕，亦省聲。羊謝切

以手持人臂投地也。从手夜聲。一曰臂下也。羊益切

盡也。从水夜聲。羊益切

大也。从大亦聲。《詩》曰：「奕奕梁山。」羊益切

圍棊也。从廾亦聲。《論語》曰：「不有博弈者乎？」羊益切

赤狄，本犬種。狄之爲言淫辟也。从犬，亦省聲。徒歷切

遠也。从辵狄聲。他歷切　古文逖。

艸葉也。从垂穗，上貫一，下有根。象形。陟格切

噴也。叱怒也。从口乇聲。陟駕切

哆口魚也。从魚乇聲。他各切

顱也。从頁乇聲。徒谷切

寄也。从言乇聲。他各切

奠爵酒也。从冂託聲。《周書》曰：「王三宿三祭三託。」當故切

所託也。古文宅从广乇聲。場伯切　亦古文宅。　篆文从宀。許書先「宅」、次「宒」、次「厇」，今易之。「厇」下增「从广」二字，「宅」下增「篆文」二字。

寄也。从人厇聲。厇，古文宅。他各切

二秭爲秅。从禾乇聲。《周禮》曰：二百四十斤爲秉，四秉曰筥，十筥曰稯，十稯曰秅。四百

秉爲一秅。宅加切

⿸广秅　開張屋也。从广秅聲。濟陰有⿸广秅縣。宅加切

奼　少女也。从女乇聲。坼下切

亳　京兆杜陵亭也。从高省，乇聲。旁各切

睪　目視也。从橫目，从㚔。令吏將目捕罪人也。羊益切

擇　柬選也。从手睪聲。丈伯切

蘀　艸木凡皮葉落陊地爲蘀。从艸擇聲。《詩》曰：「十月隕蘀。」它各切

繹　抽絲也。从糸睪聲。羊益切

⿱睪廾　引給也。从廾睪聲。羊益切

圛　回行也。从囗睪聲。《尚書》：「曰圛。」圛，升雲半有半無。讀若驛。羊益切

驛　置騎也。从馬睪聲。羊益切

譯　傳譯四夷之言者。从言睪聲。羊昔切

釋　解也。从采；采，取其分別物也。从睪聲。賞職切

斁　解也。从攴睪聲。《詩》云：「服之無斁。」斁，猒也。一曰終也。羊益切

殬　敗也。从歺睪聲。《商書》曰：「彝倫攸殬。」當故切

釋 漬米也。从米睪聲。施隻切

澤 光潤也。从水睪聲。丈伯切

襗 絝也。从衣睪聲。徒各切

鐸 大鈴也。軍法：五人爲伍，五伍爲兩，兩司馬執鐸。从金睪聲。徒洛切

嶧 葛嶧山，在東海下邳。从山睪聲。《夏書》曰：「嶧陽孤桐。」羊益切

石 山石也。在厂之下；口，象形。凡石之屬皆从石。常隻切

祏 宗廟主也。《周禮》有郊、宗、石室。一曰大夫以石爲主。从示从石，石亦聲。常隻切

碩 頭大也。从頁石聲。常隻切

跖 足下也。从足石聲。之石切

拓 拾也。陳、宋語。从手石聲。之石切 摭 拓或从庶。

斫 擊也。从斤石聲。之若切

磔 辜也。从桀石聲。陟格切

袥 衣衸。从衣石聲。他各切

橐 囊也。从㯻省，石聲。他各切

㯩 夜行所擊者。从木橐聲。《易》曰：「重門擊㯩。」他各切

蠹　木中蟲。从䖵橐聲。當故切　𧑴　蠹或从木，象蟲在木中形，譚長說。

柘　百二十斤也。稻一柘爲粟二十升，禾黍一柘爲粟十六升大半升。从禾石聲。常隻切

柘　桑也。从木石聲。之夜切

鼫　五技鼠也。能飛，不能過屋；能緣，不能窮木；能游，不能渡谷；能穴，不能掩身；能走，不能先人。从鼠石聲。常隻切

隻　鳥一枚也。从又持隹。持一隹曰隻，二隹曰雙。之石切

炙　炮肉也。从肉在火上。之石切　𤓯　籀文。

䃈　碎。石䃈聲。从石炙聲。所責切

初　始也。从刀从衣。裁衣之始也。楚居切

赤　南方色也。从大从火。昌石切

捇　裂也。从手赤聲。呼麥切

赦　置也。从攴赤聲。始夜切　䞖　赦或从亦。

螫　蟲行毒也。从虫赦聲。施隻切

郝　右扶風鄠、盩厔鄉。从邑赤聲。呼各切

尺　十寸也。人手卻十分動脈爲寸口。十寸爲尺。尺，所以指尺規榘事也。从尸从乙。乙，所識

也。周制，寸、尺、咫、尋、常、仞諸度量，皆以人之體爲法。凡尺之屬皆从尺。昌石切

彳 小步也。象人脛三屬相連也。丑亦切

辵 乍行乍止也。从彳从止。讀若《春秋公羊傳》曰「辵階而走」。丑略切

麤 行超遠也。从三鹿。倉胡切

䕓 艸履也。从艸麤聲。倉胡切

且 薦也。从几，足有二横，一其下地也。子余切，又千也切

俎 禮俎也。从半肉在且上。姚曰：「且亦聲。」側吕切

苴 履中艸。从艸且聲。子余切

祖 始廟也。从示且聲。則古切

蒩 菜也。从艸祖聲。則古切

粗 疏也。从米且聲。徂古切

伹 拙也。从人且聲。似魚切

𨑩 往也。从辵且聲。𨑩，齊語。全徒切 徂 𨑩或从彳。籀文从虘。

殂 往死也。从歺且聲。《虞書》曰：「勛乃殂。」昨胡切 古文殂从歺从作。

趄 趑趄也。从走且聲。七余切

阻　險也。从𨸏且聲。側呂切

宜　人相依宜也。从广且聲。子余切

助　左也。从力且聲。牀倨切

耡　商人七十而耡。耡，耤稅也。从耒助聲。《周禮》曰：「以興耡利萌。」牀倨切

怚　驕也。从心且聲。子去切

柤　木閑。从木且聲。側加切

罝　兔网也。从网且聲。子邪切　⿱罒組　罝或从糸。　⿱罒虘　籀文从虘。

咀　含味也。从口且聲。慈呂切

䏣　蠅乳肉中也。从肉且聲。七余切

疽　癰也。从疒且聲。七余切

坥　益州部謂螾場曰坥。从土且聲。七余切

岨　石戴土也。从山且聲。《詩》曰：「陟彼岨矣。」七余切

租　田賦也。从禾且聲。則吾切

蒩　茅藉也。从艸租聲。《禮》曰：「封諸侯以土，蒩以白茅。」子余切

抯　挹也。从手且聲。讀若樝棃之樝。側加切

詛 訓也。从言且聲。莊助切

袓 事好也。从衣且聲。才與切

姐 蜀謂母曰姐，淮南謂之社。从女且聲。兹也切

組 綬屬。其小者以爲冕纓。从糸且聲。則古切

珇 琮玉之瑑。从玉且聲。則古切

鉏 立薅所用也。从金且聲。士魚切

䢸 右扶風鄠鄉。从邑且聲。子余切

沮 水。出漢中房陵，東入江。从水且聲。子余切

菹 酢菜也。从艸沮聲。側魚切 䔽 或从皿。䕸 或从缶。

𧖴 醢也。从血菹聲。側余切 𧗁 蕰或从缶。

鴡 王鴡也。从鳥且聲。七余切

虘 虎不柔不信也。从虍且聲。讀若鄌縣。昨何切

齇 齬齒也。从齒虘聲。側加切

覰 拘覰，未致密也。从見虘聲。七句切

𪠽 又卑也。从又虘聲。側加切

嬌也。从女虘聲。將預切

合五采鮮色。从黹虘聲。《詩》曰：「衣裳𪓐𪓐。」創舉切

謯娽也。从言虘聲。側加切

沛國縣。从邑虘聲。昨何切

水。出北地直路西，東入洛。从水虘聲。側加切

果似梨而酢。从木虘聲。側加切

豕屬。从豕且聲。疾余切

牡馬也。从馬且聲。一曰馬蹲駔也。子朗切

玃屬。从犬且聲。一曰狙，犬也，暫齧人者。一曰犬不齧人也。親去切[十]

止也，一曰亡也。从亡从一。鉏駕切

起也。从人乍聲。從小徐本[十一]。則洛切

迮迮，起也。从辵，作省聲。阻革切

慙語也。从言作聲。鉏駕切

筊也。从竹作聲。在各切

迫也。在瓦之下、棼上。从竹乍聲。阻厄切

曡日也。从日乍聲。在各切

欺也。从言乍聲。側駕切

慙也。从心，乍聲[十二]。在各切

醶也。从酉乍聲。倉故切

禾搖皃。从禾乍聲。讀若昨。在各切

主階也。从𠂤乍聲。昨誤切

祭福肉也。从肉乍聲。昨誤切

楚人相謁食麥曰飵。从食乍聲。在各切

木也。从木乍聲。在各切

昔

乾肉也。从殘肉，日以晞之。與俎同意。思積切

蠅胆也。《周禮》：「蜡氏掌除骴。」从虫昔聲。鉏駕切

齧也。从齒昔聲。側革切 齰或从乍。

迹當作这遣也。从辵昔聲。倉各切

客酌主人也。从酉昔聲。在各切

長脛行也。从足昔聲。一曰踧踖。資昔切

趞趞也。一曰行皃。从走昔聲。七雀切

所以攤水也。从水昔聲。《漢律》曰：「及其門首洒浩。」所責切

置也。从手昔聲。倉故切

假也。从人昔聲。資昔切

帝耤千畝也。古者使民如借，故謂之耤。从耒昔聲。秦昔切

簿書也。从竹耤聲。秦昔切

刺也。从手，籍省聲。《周禮》曰：「簎魚鼈。」士革切

祭藉也。一曰艸不編，狼藉。从艸耤聲。慈夜切，又秦昔切

蜀地也。从邑耤聲。秦昔切

金涂也。从金昔聲。倉各切

厲石也。从厂㫺聲。《詩》曰：「他山之石，可以爲厝。」倉各切，又七互切

斬也。从斤昔聲。側略切

矛屬。从矛昔聲。讀若笮。士革切

大聲也。从言昔聲。讀若笮。壯革切　諎或从口。

驚皃。从立昔聲。七雀切

痛也。从心昔聲。思積切

白虎也。从虎，昔省聲。「昔省聲」三字疑誤。讀若鼏。莫狄切

足也。上象腓腸，下从止。《弟子職》曰：「問疋何止。」古文以爲《詩·大疋》字。亦以爲足字。或曰胥字。一曰疋，記也。所菹切

蟹醢也。从肉疋聲。相居切

知也。从心胥聲。私呂切

知也。从言胥聲。私呂切

夫也。从士胥聲。《詩》曰：「女也不爽，士貳其行。」士者，夫也。讀與細同。穌計切

壻或从女。

糧也。从米胥聲。私呂切

祭具也。从示胥聲。私呂切

莤酒也。一曰浚也。一曰露皃。从水胥聲。《詩》曰：「有酒湑我。」又曰：「零露湑兮。」私呂切

取水沮也。从手胥聲。武威有揟次縣。相居切

木也。从木胥聲。讀若芟刈之芟。私閭切

蜙蝑也。从虫胥聲。相居切

魚也。从魚胥聲。相居切

通也。从爻从疋，疋亦聲。所菹切

通也。从㐬从疋，疋亦聲。所葅切

理髮也。从木，疏省聲。所菹切

門户疏窗也。从疋，疋亦聲。囱象𤕟形。讀若疏。所菹切

齎財卜問爲貶。从貝疋聲。讀若所。疏舉切

叢木。一名荆也。从林疋聲。創舉切

白緻繒也。从糸、𠂹，取其澤也。桑故切

艸有莖葉，可作繩索。从𣎵、糸。杜林説：𣎵亦朱木字。蘇各切

入家搜也。从宀索聲。所責切

雛也。象形。七雀切　篆文舄从隹、昔。

犬舄舄不附人也。从犬舄聲。南楚謂相驚曰舄。讀若愬。式略切

置物也。从宀舄聲。悉也切

莫也。从月半見。祥易切

穸 窀穸也。从穴夕聲。詞亦切

巴 蟲也。或曰食象蛇。象形。凡巴之屬皆从巴。伯加切

把 握也。从手巴聲。搏下切

豝 牝豕也。从豕巴聲。一曰一歲，能相把拏也。《詩》曰：「一發五豝。」伯加切

靶 轡革也。从革巴聲。必駕切

杷 收麥器。从木巴聲。蒲巴切

𢁒 搶擊也。从巴、帚，闕。段曰：「巴聲。」搏下切

鈀 兵車也。一曰鐵也。《司馬法》：「晨夜内鈀車。」从金巴聲。伯加切

皅 艸華之白也。从白巴聲。普巴切

葩 華也。从艸皅聲。普巴切

夫 丈夫也。从大，一以象簪也。周制以八寸爲尺，十尺爲丈。人長八尺，故曰丈夫。甫無切

扶 左也。从手夫聲。防無切 𢻭 古文扶。

枎 枎疏，四布也。从木夫聲。防無切

衭 襲衭也。从衣夫聲。甫無切

鈇 莝斫刀也。从金夫聲。甫無切

郙　琅邪縣。一名純德。从邑夫聲。甫無切

麩　小麥屑皮也。从麥夫聲。甫無切　麱　麩或从甫。

蚨　青蚨，水蟲，可還錢。从虫夫聲。房無切

鮇　鯕魚。出東萊。从魚夫聲。甫無切

父　矩也。家長率教者。从又舉杖。扶雨切

甫　男子美稱也。从用、父，父亦聲。方矩切

俌　輔也。从人甫聲。讀若撫。芳武切

誧　大也。一曰人相助也。从言甫聲。讀若逋。博孤切

輔　人頰車也。从車甫聲。扶雨切

䩉　頰也。从面甫聲。符遇切

補　完衣也。从衣甫聲。博古切

黼　白與黑相次文。从黹甫聲。方榘切

浦　瀕也。从水甫聲。滂古切

蒲　水艸也。可以作席。从艸浦聲。薄胡切

尃　布也。从寸甫聲。芳無切

敷 𢻫也。从攴尃聲。《周書》曰：「用敷遺後人。」芳無切

溥 大也。从水尃聲。滂古切

薄 林薄也。一曰蠶薄。从艸溥聲。旁各切

欂 壁柱。从木，薄省聲。弼戟切

鑮 大鐘，淯于之屬，所以應鐘磬也。堵以二，金樂則鼓鑮應之。从金薄聲。匹各切

博 大通也。从十从尃。尃，布也，亦聲。補各切

簙 局戲也。六箸十二棊也。从竹博聲。古者烏胄作簙。補各切

䶈 噍堅也。从齒，博省聲。補莫切

傅 相也。从人尃聲。方遇切

𦾱 華葉布。从艸傅聲。讀若傅。方遇切

髆 肩甲也。从骨尃聲。補各切

膊 薄脯，膊之屋上。从肉尃聲。匹各切

㗘 噍皃。从口尃聲。補各切

搏 索持也。一曰至也。从手尃聲。補各切

縛 束也。从糸尃聲。符钁切

車下索也。从革尃聲。補各切

軳裹也。从韋尃聲。匹各切

鎛鱗也。鐘上横木上金華也。一曰田器。从金尃聲。《詩》曰：「庤乃錢鎛。」補各切

榑桑，神木，日所出也。从木尃聲。防無切

王德布，大歙酒也。从酉甫聲。薄乎切

箸門鋪首也。从金甫聲。普胡切

穜菜曰圃。从囗甫聲。博古切

石閒見。从厂甫聲。讀若敷。芳無切

手行也。从勹甫聲。簿乎切

亾也。从辵甫聲。博孤切　籒文逋从捕。

取也。从手甫聲。薄故切

惶也。从心甫聲。普故切　或从布聲。

病也。从疒甫聲。《詩》曰：「我僕痡矣。」普胡切

豕息也。从豕甫聲。芳無切

哺咀也。从口甫聲。薄故切

餔　日加申時食也。从食甫聲。博狐切　籀文餔从皿浦聲。

脯　乾肉也。从肉甫聲。方武切

莆　萐莆也。从艸甫聲。方矩切

鬴　鍑屬。从鬲甫聲。扶雨切　釜　鬴或从金父聲。

簠　黍稷圜器也。从竹从皿，甫聲。方矩切　古文簠从匚从夫。

郙　汝南上蔡亭。从邑甫聲。方矩切

斧　斫也。从斤父聲。方矩切

布　枲織也。从巾父聲。博故切

抪　捫持也。从手布聲。普胡切[十三]

步　行也。从止少相背。薄故切

踄　蹈也。从足步聲。旁各切。又音步

荹　亂艸。从艸步聲。薄故切

百　十十也。从一、白。數，十百爲一貫。相章也。博陌切　古文百从自。

佰　相什伯也。从人、百[十四]。博陌切

拍　拊也。从手百聲。普百切

洦 淺水也。从水百聲。匹白切

䨣 雨濡革也。从雨从革。小徐本作「革聲」，非是。讀若膊。匹各切

霸 月始生，霸然也。承大月，二日；承小月，三日。从月䨣聲。《周書》曰：「哉生霸。」普伯切

霸 古文霸。

白 西方色也。陰用事，物色白。从入合二。二，陰數。㫄陌切 白 古文白。

碧 石之青美者。从玉石，白聲。兵尺切

帛 繒也。从巾白聲。㫄陌切

魄 陰神也。从鬼白聲。普百切

怕 無爲也。从心白聲。匹白切，又葩亞切

迫 近也。从辵白聲。博陌切

敀 迮也。从攴白聲。《周書》曰：「常敀常任。」博陌切

伯 長也。从人白聲。博陌切

柏 鞠也。从木白聲。博陌切

鮊 海魚名。从魚白聲。旁陌切

狛 如狼，善驅羊。从犬白聲。讀若蘖。甯嚴讀之若淺泊。匹各切

止之也。从女，有奸之者。武扶切

豐也。从林、㚣。或説規模字。从大、卌，數之積也；林者，木之多也。卌與庶同意。《商書》曰：「庶草繁無。」文甫切

薉也。从艸無聲。武扶切

覆也。从巾無聲。荒烏切

堂下周屋。从广無聲。文甫切　籀文从舞。

愛也。韓鄭曰憮。一曰不動。从心無聲。文甫切

安也。从手無聲。一曰循也。芳武切　古文从辵、亡。

樂也。用足相背，从舛；無聲。文撫切　古文舞从羽亡聲。

牖中网也。从网舞聲。文甫切

媚也。从女無聲。文甫切

瞴婁，微視也。从目無聲。莫浮切

亡也。从亡無聲。武扶切　奇字无，通於元者。王育説：天屈西北爲无。

無骨腊也。楊雄説，鳥腊也。从肉無聲。《周禮》有「膴判」。讀若謨。荒烏切

三采玉也。从玉無聲。武扶切

 炎帝太嶽之胤，甫矦所封，在潁川。从邑無聲。讀若許。虛呂切

 弘農陝東陬也。从𠂤無聲。武扶切

 水。出南陽舞陽，東入潁。从水無聲。文甫切

 怒也。武也。象馬頭、髦尾、四足之形。莫下切  古文。 籀文馬。與影同，有髦。

 詈也。从网馬聲。莫駕切

 師行所止，恐有慢其神，下而祀之曰禡。从示馬聲。《周禮》曰：「禡於所征之地。」莫駕切

 目病。一曰惡氣箸身也。一曰蝕創。从疒馬聲。莫駕切

 存鄢，犍爲縣。从邑馬聲。莫駕切

 祝也。女能事無形，以舞降神者也。象人兩褎舞形。與工同意。古者巫咸初作巫。武扶切

 古文巫。

 加也。从言巫聲。武扶切

 楚莊王曰：「夫武，定功戢兵。故止戈爲武。」文甫切

 斂也。从貝武聲。方遇切

 丘名。从𠂤武聲。方遇切

 衆艸也。从四中。讀與冈同。模朗切

南昌謂犬善逐菟艸中爲莽。从犬从茻，茻亦聲。謀朗切

日且冥也。从日在茻中，茻亦聲。從小徐本[十五]。莫故切，又慕各切

宋也。从夕莫聲。莫白切

啾嘆也。从口莫聲。莫各切

死宋募也。从歺莫聲。莫各切

丘也。从土莫聲。莫故切

北方流沙也。一曰清也。从水莫聲。慕各切

帷在上曰幕，覆食案亦曰幕。从巾莫聲。慕各切

帶結飾也。从髟莫聲。莫駕切

肉閒胲膜也。从肉莫聲。慕各切

法也。从木莫聲。讀若嫫母之嫫。莫胡切

規也。从手莫聲。莫胡切

議謀也。从言莫聲。《虞書》曰：「咎繇謨。」莫胡切　古文謨从口。

習也。从心莫聲。莫故切

廣求也。从力莫聲。莫故切

勉也。从心莫聲。莫故切

上馬也。从馬莫聲。莫白切

病也。从疒莫聲。慕各切

嫫母，都醜也。从女莫聲。莫胡切

鏌釾也。从金莫聲。慕各切

涿郡縣。从邑莫聲。慕各切

蝦蟆也。从虫莫聲。莫遐切

似熊而黄黑色，出蜀中。从豸莫聲。莫白切

藏也。从死在茻中；一其中，所以薦之。《易》曰：「古之葬者，厚衣之以薪。」茻亦聲。「茻亦聲」三字從小徐本。則浪切

【校記】

〔一〕廣州本卷五分上、下。卷五上包括「烏、於」兩部及自「叒」字條至「葬」字條（後一部分在臺灣本置於卷五的後部），其餘部分爲卷五下。

〔二〕臺灣本「蠱」字條後原有「各、路、露、璐、潞、簬」六字條，與下文重複。上海本亦有此六字，注云：「倫案：

《表》無，疑傳寫重出。」廣州本此處無此六字。今依廣州本。

［三］臺灣本「䩮」字條之後原有「碬」字的篆文，其下説解僅抄得「厲」一字。上海本亦有此字。廣州本無之。按：卷十四已將此字改爲「碫」，收入段聲下，故今將此處「碬」字條删去。參看卷十四校記［十七］。

［四］大徐本作「从足从各」。

［五］「聲」字據段注原文補。

［六］大徐本作「从卩、止、午」。

［七］大徐本作「从人从五」。

［八］臺灣本脱「女、𡡉、汝」三字條（缺一頁），今據廣州本補。上海本有此三字。

［九］大徐本作「从示、土」。

［十］臺灣本脱自「咀」至「狙」三十二字條（缺四頁），今據廣州本補。上海本亦無此三十二字。

［十一］大徐本作「从人从乍」。

［十二］此係從小徐本。大徐本作「从人，作省聲」。

［十三］「𢫬」字條之後原有「普」字條，三本均同。臺灣本於其左側有注文：「已入並聲，查過抽出。」廣州本無此注。按：卷十並聲下已有此字。今删去此處「普」字條。

［十四］小徐本作「從人百聲」。

［十五］大徐本無「䎙亦聲」三字。

卷六[一]

起也。从舁从同，同力也。虚陵切

説也。从女興聲。許應切

地名，从邑興聲。大徐本無此篆，從小徐本。香應切[二]

常也。从心从舟，在二之間上下。心以疑當作「似」[三]舟施，恒也。胡登切　古文恒。从月。《詩》曰：「如月之恒。」

竟也。从木恒聲。古鄧切　古文𣓌。

大索也。一曰急也。从糸恒聲。古恒切

引急也。从手恒聲。古恒切

鯍也。《周禮》謂之鮔。从魚恒聲。古恒切

羣車聲也。从三車。呼宏切

以近窮遠。象形。古者揮作弓。《周禮》六弓：王弓、弧弓，以射甲革甚質；夾弓、庾弓，以射

干矦鳥獸；唐弓、大弓，以授學射者。居戎切

穹 窮也。从穴弓聲。去弓切

厷 臂上也。从又，从古文。古薨切 肱 厷或从肉。

紘 冠卷也。从糸厷聲。户萌切 紭 紘或从弘。

閎 巷門也。从門厷聲。户萌切

宏 屋深響也。从宀厷聲。户萌切

谹 谷中響也。从谷厷聲。户萌切

雄 鳥父也。从隹厷聲。羽弓切

厶 古文厷，象形。

廟諱[四] 弓聲也。从弓厶聲。厶，古文肱字。胡肱切

宖 屋響也。从宀弘聲。户萌切

泓 下深皃。从水弘聲。烏宏切

鞃 車軾也。从革弘聲。《詩》曰：「鞹鞃淺幭。」讀若穹。丘弘切[五]

强 蚚也。从虫弘聲。徐鍇曰：「弘與强聲不相近。秦刻石文从口，疑从籒文省。」[六]巨良切 彊 籒文强从蚰从彊。

物類也。从糸强聲。居兩切

迫也。从力强聲。巨良切 古文从彊。

負兒衣。从衣强聲。居兩切

水堅也。从仌从水。魚陵切 俗冰从疑。

曳詞之難也。象气之出難。凡乃之屬皆从乃。奴亥切 古文乃。 籀文乃。

因也。从人乃聲。如乘切

因也。从手乃聲。如乘切

驚聲也。从乃省，西聲。姚曰：「當言乃亦聲。」籀文鹵不省。此上疑有重文作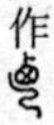。[七] 或曰鹵，往也。讀若仍。臣鉉等曰：「西非聲。」如乘切 古文鹵。

鼎之絶大者。从鼎乃聲。《魯詩》說：鼐，小鼎。奴代切

褢子也。从子乃聲。各本作「从几」，今從段本改。《一切經音義》亦云「孕」字从子乃聲。以證切

厚也。从言乃聲。如乘切

艸也。从艸乃聲。如乘切

木也。从木乃聲。讀若仍。如乘切

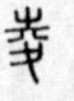越也。从夂从兂。兂，高也。一曰夌約也。力膺切

𨑫 去也。从去夌聲。讀若陵。力膺切

陵 大𠂤也。从𠂤夌聲。力膺切

棱 柧也。从木夌聲。魯登切

掕 止馬也。从手夌聲。里甑切

䬋 馬食穀多，气流四下也。从食夌聲。里甑切

[illegible] 東齊謂布帛之細曰綾。从糸夌聲。力膺切

淩 水。在臨淮。从水夌聲。力膺切

蔆 芰也。从艸淩聲。楚謂之芰，秦謂之薢茩。力膺切 [illegible] 司馬相如説：蔆从遴。

登 上車也。从癶、豆。象登車形。都滕切 𤼷 籀文登从収。

隥 仰也。从𠂤登聲。都鄧切

憕 平也。从心登聲。直陵切

證 告也。从言登聲。諸應切

鐙 錠也。从金登聲。都滕切

簦 笠蓋也。从竹登聲。都滕切

璒 石之似玉者。从玉登聲。都騰切

 曼姓之國。今屬南陽。从邑登聲。徒亙切

 橘屬。从木登聲。丈庚切

 禮器也。从廾持肉在豆上。讀若鐙同。都滕切

 十龠也。段改作「十合。」从斗，亦象形。識蒸切。《易》曰：「聚而上者謂之升。」字形象其器，字義則爲聚而上也。故「升」與「登」通。《儀禮》「冠六升」注：「升」字當爲登。」今之《禮》皆爲「升」。[八]

 上舉也。从手升聲。《易》曰：「抍馬，壯，吉。」蒸上聲  抍或从登。

 《說文》無此篆，偏旁有之，今補。《玉篇》云火種。按：从収从火，會意。《玉篇》主倦切。今以此字不見經典，故據編韻。[九]

 我也。闕。段曰：「舟縫也。」《考工記》：「視其朕欲其直也。」从舟灷聲。直禁切

 移書也。从言朕聲。徒登切

 傳也。从馬朕聲。一曰騰，犗馬也。徒登切

 黑虎也。从虎騰聲。徒登切

 物相增加也。从貝朕聲。一曰送也，副也。以證切

 水超涌也。从水朕聲。徒登切

 仌出也。从仌朕聲。《詩》曰：「納于滕陰。」力膺切  滕或从夌。

勝　任也。从力朕聲。識蒸切

榺　機持經者。从木朕聲。詩證切

縢　緘也。从糸朕聲。徒登切

幐　囊也。从巾朕聲。徒登切

塍　稻中畦也。从土朕聲。食陵切

黱　畫眉也。从黑朕聲。徒耐切

螣　神蛇也。从虫朕聲。徒登切

㑞　送也。从人灷聲。吕不韋曰：「有侁氏以伊尹㑞女。」古文以爲訓字。以證切[十]

栚　槌之横者也。關西謂之㯑。从木灷聲。直衽切

𦦶　羽獵韋絝。从𦥑灷聲。而隴切　　或从衣从朕。《虞書》曰：「鳥獸褻毛。」

徵　召也。从微省，壬爲徵。「从微」上段增「从壬」二字，「爲徵」上段增「微」字。行於微而文段依《韻會》改爲「聞」達者，即徵之。陟陵切　　古文徵。

懲　忞也。从心徵聲。直陵切

澂　清也。从水，徵省聲。直陵切

爯　并舉也。从爪，冓省。處陵切

銓也。从禾爯聲。春分而禾生。日夏至，晷景可度。禾有秒，秋分而秒定。律數：十二秒而當一分，十分而寸。其以爲重：十二粟爲一分，十二分爲一銖。故諸程品皆从禾。處陵切

揚也。从人爯聲。處陵切。《爾雅》：「偁，衆也。」[十二]

覆也。从入、桀。桀，黠也。軍法曰乘。食陵切　古文乘从几。

犗馬也。从馬乘聲。食陵切

翊也。从廾从卪从山。山高，奉承之義。署陵切

火气上行也。从火丞聲。煑仍切

折麻中榦也。从艸烝聲。煑仍切　蒸或省火。

蠡也。从豆，蒸省聲。居隱切

軺車後登也。从車丞聲。讀若《易》「抍馬」之抍。署陵切

騃也。从肉丞聲。讀若丞。署陵切

奉也。受也。从手从卪从廾。署陵切

營營青蠅。蟲之大腹者。从黽从虫。余陵切

索也。从糸，蠅省聲。食陵切

凍也。象水凝之形。筆陵切

馬行疾也。从馬冫聲。房戎切

姬姓之國。从邑馮聲。房成切

依几也。从几从任。《周書》：「凭玉几。」讀若馮。皮冰切

神鳥也。天老曰：「鳳之象也，鴻前麐後，蛇頸魚尾，鸛顙鴛思，龍文虎背，燕頷雞喙，五色備舉。出於東方君子之國，翺翔四海之外，過崐崘，飲砥柱，濯羽弱水，莫宿風穴。見則天下大安寧。」古文鳳，象形。鳳飛，羣鳥從以萬數，故以爲朋黨字。馮貢切　亦古文鳳。　篆文，从鳥凡聲。許書先「鳳」次「䳝」，今易之。「鳳」下增「篆文」二字。

輔也。从人朋聲。讀若陪位。步崩切

弓彊皃。从弓朋聲。父耕切

所以覆矢也。从手朋聲。《詩》曰：「抑釋掤忌。」筆陵切

兵車也。从車朋聲。薄庚切

棧也。从木朋聲。薄衡切

山壞也。从山朋聲。北滕切　古文从𨸏。

束也。从糸崩聲。《墨子》曰：「禹葬會稽，桐棺三寸，葛以繃之。」補盲切

右扶風鄠鄉。从邑崩聲。沛城父有𨞬鄉。讀若陪。薄回切

喪葬下土也。从土朋聲。《春秋傳》曰：「朝而堋。」《禮》謂之封，《周官》謂之窆。《虞書》曰：「堋淫于家。」方鄧切

無舟渡河也。从水朋聲。皮冰切

目不明也。从苜从旬。旬，目數搖也。木空切

不明也。从夕，瞢省聲。莫忠切，又亡貢切

不明也。从心夢聲。武亘切

寐而有覺也。从宀从疒，夢聲。《周禮》：「以日月星辰占六寢之吉凶：一曰正寢，二曰咢寢，三曰思寢，四曰悟寢，五曰喜寢，六曰懼寢。」莫鳳切

屋棟也。从瓦，夢省聲。莫耕切

灌渝。从艸夢聲。讀若萌。莫中切

公矦殙也。从死，瞢省聲。呼肱切

惽也。从人薨聲。呼肱切

【校記】

［一］臺灣本卷六有很多陳澧親筆批改的内容，幾乎於每部頁眉都書一「定」字，又每每於頁眉用數字爲各字重排順序。今悉依陳澧手書所訂，各部次序與標目不盡相同。

［二］「郥」字條後原有「兢」字條，而陳澧手批云：「此字當入彡聲内。」按：卷十五上彡聲下亦有此字條。今删此處「兢」字條。廣州、上海本此位置均無「兢」。

［三］廣州本無此小注。

［四］此指「弘」字，係乾隆諱。正文中此字一般缺末筆。

［五］原無「鞃」字條。陳澧於「泓」「强」兩字條之間頁眉上手書：「脱鞃字。」今據大徐本補入。

［六］此小注爲陳澧親筆。廣州本無，上海本有。

［七］「卤」字條頁眉有陳澧手書「查段注」三字。廣州本於「此上疑有重文作」之後，有「段注云疑有誤誤作籀」數字，當有脱字。今按：段注原文爲：「以上五字疑有誤。當作『卤，籀文』。」

［八］臺灣本無此小注，今依廣州本。

［九］「按」字以下爲臺灣本所無，今依廣州本。

［十］「倂」字條頁眉有陳澧手書：「□聲系有逬字倂省聲。」（首字不辨）按：「逬」（送）字條見於卷九。

［十一］同［八］。

卷七

聲也。生於心，有節於外，謂之音。宮商角徵羽，聲；絲竹金石匏土革木，音也。从言含一。於今切

宋齊謂兒泣不止曰喑。从口音聲。於今切

不能言也。从疒音聲。於今切

鳥也。从隹，瘖省聲。或从人，人亦聲。段氏依《韻會》改，「从人」二字在「瘖省聲」上，删「或」字及「人亦聲」三字。當從之[二]。於凌切　籒文雁从鳥。

胷也。从肉雁聲。於陵切

當也。从心雁聲。於陵切

以言對也。从言雁聲。於證切

竇中犬聲。从犬从音，音亦聲。乙咸切

覆也。从网音聲。烏感切

深黑也。从黑音聲。乙減切

幽溼也。从水音聲。去急切

日無光也。从日音聲。烏紺切

地室也。从穴音聲。於禁切

閉門也。从門音聲。烏紺切

水大至也。从水闇聲。乙感切

志也。察言而知意也。从心音聲。「音」、「意」雙聲。大徐本「察言」上衍「从心」二字，又無「聲」字。此從小徐。於記切

飽食息也。从口意聲。於介切

水。出汝南上蔡黑閭澗，入汝。从水意聲。於力切

杶也。从木意聲。段氏删此字，云即「⿰木音」字，或當然也。於力切

悉也。从言音聲。烏含切

神食氣也。从欠音聲。許今切

飽也。从甘从肰。於鹽切　猒或从𠮛。

笮也。从厂猒聲。一曰合也。於輒切，又一琰切

壓　壞也。一曰塞補。从土厭聲。烏狎切

黶　中黑也。从黑厭聲。於琰切

擪　一指按也。从手厭聲。於協切

懕　安也。从心厭聲。《詩》曰：「懕懕夜飲。」於鹽切

嬮　好也。从女厭聲。於鹽切

檿　山桑也。从木厭聲。《詩》曰：「其檿其柘。」於琰切

㸒　近求也。从爪、壬。壬，徼幸也。余箴切

淫　侵淫隨理也。从水㸒聲。一曰久雨爲淫。余箴切

婬　私逸也。从女㸒聲。余箴切

邑　國也。从囗；先王之制，尊卑有大小，从卪。於汲切

挹　抒也。从手邑聲。於汲切

悒　不安也。从心邑聲。於汲切

浥　溼也。从水邑聲。於及切

裛　書囊也。从衣邑聲。於業切

咸　皆也。悉也。从口从戌。戌，悉也。胡監切

諴 和也。从言咸聲。《周書》曰：「不能諴于小民。」胡毚切

感 動人心也。从心咸聲。古禫切

揻 摇也。从手咸聲。胡感切

減 損也。从水咸聲。古斬切

顑 飯不飽，面黄起行也。从頁咸聲。讀若戇。下感、下坎二切

鹹 銜也。北方味也。从鹵咸聲。胡毚切

覃 長味也。从㫗，鹹省聲。《詩》曰：「實覃實吁。」徒含切 覃 古文覃。 覃 篆文覃省。

醰 酒味苦也。从酉覃聲。徒紺切

䊤 糜和也。从米覃聲。讀若鄲。徒感切

嘾 含深也。从口覃聲。徒感切

瞫 深視也。一曰下視也。又竊見也。从目覃聲。式荏切

撢 探也。从手覃聲。他紺切

禫 除服祭也。从示覃聲。徒感切

燂 火熱也。从火覃聲。火甘切，又徐鹽切

嫸 下志貪頑也。从女覃聲。讀若深。乃忝切

橝　屋梠前也。从木覃聲。一曰蠶槌。徒含切

簟　竹席也。从竹𩰫聲。徒念切

鐔　劒鼻也。从金覃聲。徐林切

䢻　國也。齊桓公之所滅。从邑覃聲。徒含切

潭　水。出武陵鐔成玉山，東入鬱林。从水覃聲。徒含切

蕈　桑葽。从艸覃聲。慈衽切

蟫　白魚也。从虫覃聲。余箴切

鱏　魚名。从魚覃聲。傳曰：「伯牙鼓琴，鱏魚出聽。」余箴切

驔　驪馬黃脊。从馬覃聲。讀若簟。徒玷切

[illegible]　齧也。从齒咸聲。工咸切

[illegible]　目陷也。从目咸聲。苦夾切

緘　束篋也。从糸咸聲。古咸切

[illegible]　監持意。口閉也。从欠緘聲。古咸切[二]

椷　篋也。从木咸聲。古咸切

鍼　所以縫也。从金咸聲。職深切

綴衣箴也。从竹咸聲。職深切

雖晳而黑也。从黑箴聲。古人名黬字晳。古咸切

⿰鳥箴鴜也。从鳥箴聲。職深切

馬藍也。从艸咸聲。職深切

山羊而大者，細角。从鹿咸聲。胡毚切

合口也。从亼从口。候閤切

合也。从人合聲。古沓切

合會也。从攴从合，合亦聲。古沓切

大合祭先祖親疏遠近也。从示合聲。從小徐本[三]。《周禮》曰：「三歲一祫。」侯夾切

諧也。从言合聲。候閤切

帀也。从勹从合，合亦聲。矦閤切

蓋也。从廾合聲。大徐本無「聲」字。小徐本誤作「從合廾聲」，今正[四]。一儉切　古文弇。

自關以東謂取曰揜。一曰覆也。从手弇聲。衣檢切

女有心媕媕也。从女弇聲。衣檢切

雲雨皃。从水弇聲。衣檢切

黭　果實黭黯黑也。从黑弇聲。烏感切

鞥　䪞鞥。从革弇聲。讀若曆。一曰龍頭繞者。烏合切

欱　歠也。从欠合聲。呼合切

洽　霑也。从水合聲。侯夾切

給　相足也。从糸合聲。居立切

拾　掇也。从手合聲。是執切

湁　湁湒，鬻也。从水拾聲。丑入切

翕　起也。从羽合聲。許及切

歙　縮鼻也。从欠翕聲。丹陽有歙縣。許及切

潝　水疾聲。从水翕聲。許及切

⿰翕阝　地名。从邑翕聲。希立切

龕　龍皃。从龍合聲。口含切

鼛　鼓聲也。从鼓合聲。徒合切　鞈　古文鼛从革。

迨　遝也。从辵合聲。侯閤切

跲　躓也。从足合聲。居怯切

頜 顄也。从頁合聲。胡感切

姶 女字也。从女合聲。《春秋傳》曰：「嬖人婤姶。」一曰無聲。烏合切

閤 門旁户也。从門合聲。古沓切

㭘 劒柙也。从木合聲。胡甲切

袷 衣無絮。从衣合聲。古洽切

鞈 防汗也。从革合聲。古洽切

帢 士無市有帢。制如榼，缺四角。爵弁服，其色韎。賤不得與裳同。司農曰：「裳纁色。」从市合聲。古洽切 韐 帢或从韋。

郃 左馮翊郃陽縣。从邑合聲。《詩》曰：「在郃之陽。」候閤切

荅 小尗也。从艸合聲。都合切

㯚 㯚𣝣。果似李。从木荅聲。讀若嚃。土合切

𨂝 趿也。从足荅聲。他合切

蛤 蜃屬。有三，皆生於海。千歲化爲蛤，秦謂之牡厲。又云百歲燕所化。魁蛤，一名復累，老服翼所化。从虫合聲。古沓切

鴿 鳩屬。从鳥合聲。古沓切

并也。从又持秝。兼持二禾，秉持一禾。古甜切

并絲繒也。从糸兼聲。古甛切

口有所銜也。从口兼聲。户監切

疑也。从心兼聲。户兼切

不平於心也。一曰疑也。从女兼聲。户兼切

不正也。从尣兼聲。古咸切

仄也。从广兼聲。力兼切

堂簾也。从竹廉聲。力鹽切

蒹也。从艸廉聲。力鹽切

崖也。从𨸏兼聲。讀若儼。魚檢切

齒差也。从齒兼聲。五銜切

厲石也。一曰赤色。从石兼聲。讀若鎌。力鹽切

火煣車網絕也。从火兼聲。《周禮》曰：「煣牙，外不嫌。」力鹽切

鍥也。从金兼聲。力鹽切

嘰也。从食兼聲。讀若風溓溓。一曰廉潔也。力鹽切

歉食不滿。从欠兼聲。苦簟切

敬也。从言兼聲。苦兼切

薄水也。一曰中絶小水。从水兼聲。力鹽切

鬋也。一曰長皃。从髟兼聲。讀若慊。力鹽切

頭頰長也。从頁兼聲。五咸切

久雨也。从雨兼聲。力鹽切

犬吠不止也。从犬兼聲。讀若檻。一曰兩犬争也。胡黯切

户也。从木兼聲。苦減切

帷也。从巾兼聲。力鹽切

雚之未秀者。从艸兼聲。古恬切

稻不黏者。从禾兼聲。讀若風廉之廉。力兼切

海蟲也。長寸而白，可食。从虫兼聲。讀若嗛。力鹽切

魚名。从魚兼聲。古甜切

齡也。从鼠兼聲。丘檢切

古文及。秦刻石「及」如此。亦古文及。亦古文及。

是時也。从亼从𠃌。段曰「及亦聲」。徐書有「𠃌，古文及」四字，今不録。居音切

常思也。从心今聲。奴店切

吚也。从口念聲。《詩》曰：「民之方唸吚。」都見切

深諫也。从言念聲。《春秋傳》曰：「辛伯諗周桓公。」式荏切

塞也。从攴念聲。《周書》曰：「敜乃穽。」奴叶切

濁也。从水念聲。乃忝切

穀孰也。从禾念聲。《春秋傳》曰：「鮮不五稔。」而甚切

欲物也。从貝今聲。他含切

聲也。从口貪聲。《詩》曰：「有嗿其饁。」他感切

嗛也。从口今聲。胡男切

送死口中玉也。从玉从含，含亦聲。胡紺切

面黃也。从頁含聲。胡感切

含笑也。从欠今聲。丘嚴切

婆妗也。一曰善笑皃。从女今聲。火占切

雲覆日也。从雲今聲。於今切亦古文霒。篆文。許書先「霒」次「侌」，「侌」下云：「古

文或省。」今删、易如此。「霒」下增「篆文」二字。

闇也。水之南、山之北也。从𨸏侌聲。於今切

艸陰地。从艸陰聲。於禁切

呻也。从口今聲。魚音切　吟或从音。　或从言。

牛舌病也。从牛今聲。巨禁切

酒味苦也，从酉今聲。大徐本脱此篆，從小徐本。《廣韻》於念切。

歠也。从欠酓聲。於錦切　古文㱃从今、水。　古文㱃从今、食。

含怒也。一曰難知也。从女酓聲。《詩》曰：「碩大且㜝。」五感切

覆蓋也。从皿酓聲。烏合切

下徹聲。从音酓聲。恩甘切

雗屬。从隹酓聲。恩含切　籀文⿰酓隹从鳥。

殺也。从戈今聲。《商書》曰：「西伯既𢦟黎。」口含切

治橐榦也。从瓦今聲。「治」段改作「冶」。胡男切

木枝條棽儷皃。从林今聲。丑林切

山小而高。从山今聲。鉏箴切

涔 漬也。一曰涔陽渚，在郢中。从水岑聲。鉏箴切

梣 青皮木。从木岑聲。子林切 梫 或从寑省。寑，籀文寢。

黔 黎也。从黑今聲。秦謂民爲黔首，謂黑色也。周謂之黎民。《易》曰：「爲黔喙。」巨淹切

金 五色金也。黄爲之長。久薶不生衣，百鍊不輕，从革不違。西方之行。生於土，从土；左右注，象金在土中形；今聲。居音切 金 古文金。

黅 黄黑也。从黑金聲。古咸切

菳 黄菳也。从艸金聲。具今切

錦 襄邑織文。从帛金聲。居飲切

⿱珡金 禁也。神農所作，洞越，練朱五弦，周加二弦。从爽省。爽，古文瑟。从金。段曰金聲。巨今切

珡 篆文象形。許書先「珡」後「⿱珡金」，今易之。「⿱珡金」下「古文珡」三字不録。「珡」下增「篆文」二字。

鈙 持也。从攴金聲。讀若琴。巨今切

捦 急持衣衿也。从手金聲。巨今切 ⿰扌禁 捦或从禁。

衿 交衽也。从衣金聲。居音切

欽 欠皃。从欠金聲。去音切

廞 陳輿服於庭也。从广欽聲。讀若歆。許今切

低頭也。从頁金聲。《春秋傳》曰：「迎于門，顉之而已。」五感切

低頭疾行也。从走金聲。牛錦切

馬勒口中。从金从行。段曰：「金亦聲。」銜，行馬者也。户監切

口急也。从口金聲。巨錦切，又牛音切

山之岑崟也。从山金聲。魚音切

石地也。从厂金聲。讀若紟。巨今切

水入船中也。一曰泥也。从水金聲。古暗切 淦或从今。

玪塾，石之次玉者。从玉今聲。古函切

大被。从衣今聲。去音切

衣系也。从糸今聲。居音切 籀文从金。

鈐鏞，大犂也。一曰類相。从金今聲。巨淹切

矛柄也。从矛今聲。居陵切，又巨巾切

鞮也。从革今聲。巨今切

艸也。从艸今聲。《詩》曰：「食野之芩。」巨今切

鮺也。一曰大魚爲鮺，小魚爲魿。从魚今聲。徂慘切

禽　走獸總名。从厹，象形，今聲。禽、离、兕頭相似。巨今切

雂　鳥也。从隹今聲。《春秋傳》有公子苦雂。巨淹切

⿰鼠今　鼠屬。从鼠今聲。讀若含。胡男切

耹　《國語》曰：「回祿信於耹遂。」闕。當从耳今聲。《後漢書·楊賜傳》引《國語》作「黔遂」。「黔」亦今聲。巨今切

及　逮也。从又从人。巨立切

馺　馬行相及也。从馬从及。讀若《爾雅》「小山馺，大山峘」。蘇荅切

彶　急行也。从彳及聲。居立切

急　褊也。从心及聲。居立切

趿　進足有所擷取也。从足及聲。《爾雅》曰：「趿謂之擷。」穌合切

汲　引水於井也。从水从及，及亦聲。居立切

級　絲次弟也。从糸及聲。居立切

扱　收也。从手及聲。楚洽切

吸　内息也。从口及聲。許及切

⿸疒及　病劣也。从疒及聲。呼合切

人名。从人及聲。居立切

小兒履也。从革及聲。讀若沓。穌合切

驢上負也。从木及聲。或讀若急。其輒切

蒲席䈱也。从巾及聲。讀若蛤。古沓切

鋌也。从金及聲。穌合切

堇艸也。从艸及聲。讀若急。居立切[五]

眾立也。从三人。讀若欽崟。魚音切

霖雨也。南陽謂霖䨺。从雨㐺聲。銀箴切

衆微杪也。从日中視絲。古文以爲「顯」字。或曰衆口皃。讀若「唫唫」。或以爲繭。繭者，絮中往往有小繭也。五合切

頭明飾也。从頁㬎聲。呼典切

著掖鞥也。从革顯聲。呼典切

幽溼也。从水；一，所以覆也，覆而有土，故溼也。㬎省聲。失入切

阪下溼也。从𨸏㬎聲。似入切

下入也。从土㬎聲。敕立切

水。出東郡東武陽，入海。从水㬎聲。桑欽云：出平原高唐。他合切

丈夫也。从田从力。言男用力於田也。那含切

下取物縮藏之。从口从又。讀若聶。女洽切

所以驚人也。从大从羊。一曰大聲也。一曰讀若瓠。一曰俗語以盜不止爲㚔，㚔讀若籋。尼輒切

捕罪人也。从丮从㚔，㚔亦聲。之入切

握持也。从手執聲。從小徐本[六]。脂利切

日狎習相慢也。从日執聲。私列切

蟄足也。从足執聲。徒叶切

絆馬也。从系執聲。陟立切　或从馬，口其足。《春秋傳》曰：「韓厥執馽前。」許書「縶」爲「馬」或字，今易之。

下也。《春秋傳》曰：「墊隘。」从土執聲。都念切

馬重皃。从馬執聲。陟利切

屋傾下也。从宀執聲。都念切

至也。从女執聲。《周書》曰：「大命不摰。」讀若摯同。一曰《虞書》雉摰。脂利切

擊殺鳥也。从鳥執聲。脂利切

悑也。从心執聲。之入切

讋讘也。从言執聲。之涉切

藏也。从虫執聲。直立切

寒也。从雨執聲。或曰早霜。讀若《春秋傳》「墊阸」。都念切

艸木不生也。一曰茅芽。从艸執聲。姊入切

禮巾也。从巾執聲。從小徐本[七]。輸芮切

重衣也。从衣執聲。巴郡有褺虹縣。徒叶切

羊名。从羊執聲。汝南平輿有䭇亭。讀若晉。即刃切

多言也。从品相連。《春秋傳》曰：「次于喦北。」讀與聶同。尼輒切

機下足所履者。从止从又，入聲。尼輒切

內也。象从上俱下也。人汁切

位北方也。陰極陽生，故《易》曰：「龍戰于野。」戰者，接也。象人裹妊之形。承亥壬以子，生之敘也。與巫同意。壬承辛，象人脛。脛，任體也。凡壬之屬皆从壬。如林切

孕也。从女从壬，壬亦聲。如甚切

任 符也。从人壬聲。如林切

賃 庸也。从貝任聲。尼禁切

恁 下齎也。从心任聲。如甚切

栠 弱皃。从木任聲。如甚切

荏 桂荏，蘇。从艸任聲。如甚切

[illegible] 闕。而琰切

飪 大孰也。从食壬聲。如甚切 𦞅 古文飪。恁 亦古文飪。

衽 衣裣也。从衣壬聲。如甚切

紝 機縷也。从糸壬聲。如甚切 絍 紝或从任。

𢆉 撖也。从干。入一爲干，入二爲𢆉。讀若能。言稍甚也。如審切

南 艸木至南方，有枝任也。从宋羊聲。那含切 𡴫 古文。

湳 西河美稷保東北水。从水南聲。乃感切

冄 毛冄冄也。象形。而琰切

䫇 頰須也。从須从冄，冄亦聲。汝鹽切

耼 耳曼也。从耳冄聲。他甘切 [illegible] 耼或从甘。

弱長皃。从女冄聲。而琰切

龜甲邊也。从龜冄聲。天子巨䶃，尺有二寸，諸侯尺，大夫八寸，士六寸。没閻切

皮剥也。从疒冄聲。赤占切

并持也。从手冄聲。他含切

䛁䛁，多語也。从言冄聲。樂浪有䛁邯縣。汝閻切

西夷國。从邑冄聲。安定有朝那縣。諾何切

梅也。从木冄聲。汝閻切

大蛇。可食。从虫冄聲。人占切

廿 二十并也。古文省。人汁切

林 平土有叢木曰林。从二木。力尋切

積柴水中以聚魚也。从网林聲。所今切

雨三日已往。从雨林聲。力尋切

以水渼也。从水林聲。一曰淋淋，山下水皃。力尋切

疝病。从疒林聲。力尋切

貪也。从女林聲。杜林說：卜者黨相詐驗爲婪。讀若潭。盧含切

惏　河内之北謂貪曰惏。从心林聲。盧含切

禁　吉凶之忌也。从示林聲。居蔭切

噤　口閉也。从口禁聲。巨禁切

綝　止也。从糸林聲。讀若郴。丑林切

琳　美玉也。从玉林聲。力尋切

郴　桂陽縣。从邑林聲。丑林切

菻　蒿屬。从艸林聲。力稔切

㐭　穀所振入。宗廟粢盛，倉黄㐭而取之，故謂之㐭。从入，回象屋形，中有户牖。力甚切

稟　賜穀也。从㐭从禾。㐭亦聲。筆錦切。

㷠　侵火也。从炎㐭聲。讀若桑葚之葚。力荏切

顲　面顑顲兒。从頁㷠聲。盧感切

䣉　地名。从邑㷠聲。讀若淫。力荏切

廩　㐭或从广从禾。

凜　寒也。从仌廩聲。力稔切

立　住也。从大立一之上。凡立之屬皆从立。力入切

折木也。从木立聲。盧合切

摧也。从手立聲。盧合切

石聲也。从厂立聲。盧荅切

無聲出涕曰泣。从水立聲。去急切

飛皃。从羽立聲。與職切

翔風也。从風立聲。穌合切

明日也。从日立聲。余六切

熠也。从火昱聲。余六切

音聲喅喅然。从口昱聲。余六切

糂也。从米立聲。力入切 古文粒。

簦無柄也。从竹立聲。力入切

天狗也。从鳥立聲。力入切

列中庭之左右謂之位。从人、立。于備切

視兆問也。从卜从口。職廉切

窺也。从見占聲。《春秋傳》曰：「公使覘之，信。」救豔切

𦈡　缺也。从缶占聲。都念切

㓠　缺也。从刀占聲。《詩》曰：「白圭之㓠。」丁念切

笘　折竹箠也。从竹占聲。潁川人名小兒所書寫爲笘。失廉切

阽　壁危也。从𨸏占聲。余廉切

痁　有熱瘧。从疒占聲。《春秋傳》曰：「齊侯疥，遂痁。」失廉切

姑　小弱也。一曰女輕薄善走也。一曰多技藝也。从女占聲。或讀若占。齒懾切

聑　小垂耳也。从耳占聲。丁兼切

帖　帛書署也。从巾占聲。他叶切

黏　相箸也。从黍占聲。女廉切

點　小黑也。从黑占聲。多忝切

𦒷　老人面如點也。从老省，占聲。讀若耿介之耿。丁念切

黇　白黃色也。从黃占聲。他兼切

拈　㧙也。从手占聲。奴兼切

鉆　鐵銸也。从金占聲。一曰膏車鐵鉆。敕淹切

鲇　相謁食麥也。从食占聲。奴兼切

火行也。从炎占聲。舒贍切

木也。从木煔聲。所銜切

蓋也。从艸占聲。失廉切

鞌飾。从革占聲。他叶切

屏也。从土占聲。都念切

水。出壺關，東入淇。一曰沾，益也。从水占聲。他兼切

雨䨙也。从雨沾聲。張廉切

妗也。从女沾聲。丑廉切

蔽絮簀也。从竹沾聲。讀若錢。昨鹽切

木也。从木占聲。息廉切

蛅斯，墨也。从虫占聲。職廉切

鰋也。从魚占聲。奴兼切

淫淫，行皃。从人出冂。余箴切

視近而志遠。从目冘聲。《易》曰：「虎視眈眈。」丁含切

下擊上也。从殳冘聲。知朕切

深擊也。从手冘聲。讀若告言不正曰抌。竹甚切

誠也。从心冘聲。《詩》曰：「天命匪忱。」氏任切

燕、代、東齊謂信訦。从言冘聲。是吟切

樂酒也。从酉冘聲。丁含切

毒鳥也。从鳥冘聲。一名運日。直禁切

陵上滈水也。从水冘聲。一曰濁黕也。直深切，又尸甚切

久陰也。从雨沈聲。直深切

肉汁滓也。从肉冘聲。他感切

血醢也。从血肬聲。《禮記》有監醢，以牛乾脯、粱、𥻨、鹽、酒也。他感切

滓垢也。从黑冘聲。都感切

耳大垂也。从耳冘聲。《詩》曰：「士之耽兮。」丁含切

冕冠塞耳者。从糸冘聲。都感切

臥所薦首者。从木冘聲。章衽切

項枕也。从頁冘聲。章衽切

臿屬。从金冘聲。直深切

艸也。从艸冘聲。直深切

美也。从甘从舌。舌，知甘者。徒兼切

安也。从心，甛省聲。徒兼切

舌皃。从谷省。象形。他念切　古文丙。讀若三年導服之導。一曰竹上皮。讀若沾。一曰讀若誓。弼字从此。

以艸補缺。从艸丙聲。讀若陸。或以爲綴。一曰約空也。直例切

輔也。重也。从弜丙聲。徐鍇曰：「丙非聲。」房密切　弼或如此。　並古文弼。

尤安樂也。从甘，从匹，耦也。常枕切　古文甚。

樂也。从女甚聲。丁含切

刺也。从戈甚聲。竹甚、口含二切

没也。从水甚聲。一曰湛水，豫章浸。宅減切　古文。

内視也。从見甚聲。丁含切

誠諦也。从言甚聲。《詩》曰：「天難諶斯。」是吟切

斟斟，盛也。从十从甚[八]。汝南名蠶盛曰斟。子入切

食不滿也。从欠甚聲。讀若坎。苦感切

堪　地突也。从土甚聲。口含切

斟　勺也。从斗甚聲。職深切

煁　烓也。从火甚聲。氏任切

糂　以米和羹也。一曰粒也。从米甚聲。桑感切　糝　古文糂从參。　䊉　籀文糂从朁。

□　孰麴也。从酉甚聲。余箴切

黮　桑葚之黑也。从黑甚聲。他感切

葚　桑實也。从艸甚聲。常衽切

龖　飛龍也。从二龍。讀若沓。徒合切

襲　左衽袍。从衣，龖省聲。似入切　□　籀文襲不省。

讋　失气言。一曰不止也。从言，龖省聲。傅毅讀若慴。之涉切　□　籀文讋不省。

罙　深也。一曰竈突。从穴从火，从求省。式鍼切

探　遠取之也。从手罙聲。他含切

深　水。出桂陽南平，西入營道。从水罙聲。式針切

□　蒲蒻之類也。从艸深聲。式箴切

審　悉也。知審諦也。許書作「宷諦」，今改。从宀从番。式荏切　宷　古文从釆。許書先「宷」後「審」，今

易之。「寀」下增「古文」二字。

瀋　汁也。从水審聲。《春秋傳》曰：「猶拾瀋。」昌枕切

十　數之具也。一爲東西，丨爲南北，則四方中央備矣。是執切

什　相什保也。从人、十。姚曰：「十亦聲。」是執切

汁　液也。从水十聲。之入切

雥　羣鳥也。从三隹。徂合切

焦　火所傷也。从火雥省聲。即消切　𤓽　或省。許書「焦」爲「𤓽」或字，今易之。

燋　所以然持火也。从火焦聲。《周禮》曰：「以明火爇燋也。」即消切

鐎　鐎斗也。从金焦聲。即消切

樵　散也。从木焦聲。昨焦切

𩈣　面焦枯小也。从面焦聲。從小徐[九]。即消切

顦　顦顇也。从頁焦聲。昨焦切

潐　盡也。从水焦聲。子肖切

𦌜　釃酒也。一曰浚也。从网从水，焦聲。讀若《夏書》「天用勦絶」。子小切

醮　冠娶禮。祭。从酉焦聲。子肖切　𥛺　醮或从示。

⿰米焦　早取穀也。从米焦聲。一曰小。側角切

⿰韋⿰米焦　收束也。从韋⿰米焦聲。讀若酋。即由切　⿰韋要　⿰韋⿰米焦或从要。　⿰韋揫　⿰韋⿰米焦或从秋、手。

⿰⿰米焦欠　盡酒也。从欠⿰米焦聲。子肖切

譙　嬈譊也。从言焦聲。讀若嚼。才肖切　誚　古文譙从肖。《周書》曰：「亦未敢誚公。」

噍　齧也。从口焦聲。才肖切　嚼　噍或从爵。又才爵切

蕉　生枲也。从艸焦聲。即消切

鷦　鷦鷯，桃蟲也。从鳥焦聲。即消切

㗊　眾口也。从四口。凡㗊之屬皆从㗊。讀若戢。阻立切又讀若呶。

闖　馬出門皃。从馬在門中。讀若郴。丑禁切

森　木多皃。从林从木。讀若曾參之參。所今切

閃　闚頭門中也。从人在門中。失冉切

夾　盜竊褱物也。从亦，有所持。俗謂蔽人俾夾是也。弘農陝字从此。失冄切

陝　弘農陝也。古虢國，王季之子所封也。从𨸏夾聲。失冉切

⿰女陝　不媚，前卻陝陝也。从女陝聲。失冉切

歰　不滑也。从四止。色立切

行皃。从彳歰聲。一曰此與馺同。穌合切[十]

絶也。一曰田器。从从持戈。古文讀若咸。讀若《詩》云「攕攕女手」。子廉切

微雨也。从雨𢦔聲。又讀若芟。子廉切

山韭也。从韭𢦔聲。息廉切

微盡也。从歺韱聲。《春秋傳》曰：「齊人殲于遂。」子廉切

細也。从糸韱聲。息廉切

鋭細也。从女韱聲。息廉切

好手皃。《詩》曰：「攕攕女手。」从手韱聲。所咸切

驗也。一曰鋭也，貫也。从竹韱聲。七廉切

驗也。从言韱聲。楚蔭切

酢也。从酉韱聲。初減切

漬也。从水韱聲。《爾雅》曰：「泉一見一否爲瀸。」子廉切

拭也。从巾韱聲。精廉切

鐵器也。一曰鐫也。从金韱聲。子廉切

楔也。从木韱聲。子廉切

首笄也。从人，匕象簪形。側岑切 俗先从竹从朁。

朁朁，鋭意也。从二先。姚曰：「先亦聲。」子林切

曾也。从曰兟聲。《詩》曰：「朁不畏明。」七感切

涉水也。一曰藏也。一曰漢水爲潛。从水朁聲。昨鹽切

愬也。从言朁聲。莊蔭切

痛也。从心朁聲。七感切

嗛也。从口朁聲。子荅切

假也。从人朁聲。子念切

石之似玉者。从玉朁聲。側岑切

魚名。从魚朁聲。鉏箴切

大釜也。一曰鼎大上小下若甑曰鬵。从鬲兟聲。讀若岑。才林切 籒文鬵。

水。出巴郡宕渠，西南入江。从水鬵聲。昨鹽切

任絲也。从䖵朁聲。昨含切

可以綴著物者。从金朁聲。則參切

歃酒也。从酉朁聲。子朕切

侵 漸進也。从人、又持帚，若埽之進。又，手也。七林切

駸 馬行疾也。从馬，侵省聲。《詩》曰：「載驟駸駸。」子林切

祲 精气感祥。从示，侵省聲。《春秋傳》曰：「見赤黑之祲。」子林切

𡪢 臥也。从宀𠬶聲。七荏切 寑 篆文不省。許書先「寑」後「𡪢」，「𡪢」下云「籀文寑省」。今先後互易，「寑」下增「篆文不省」四字[十二]。

𥧈 病臥也。从㝲省，𡪢省聲。七荏切

浸 水。出魏郡武安，東北入呼沱水。从水𡪢聲。許書有「𡪢，籀文寑字」五字，今不録。子鴆切

蓡 人蓡，藥艸，出上黨。从艸浸聲。當作㴆省聲。山林切

葠 覆也。从艸，侵省聲。七朕切

埐 地也，从土，侵省聲。從小徐本。大徐本作「𠬶聲」。《說文》無「𠬶」字。子林切

綅 絳綫也。从糸，侵省聲。《詩》曰：「貝冑朱綅。」子林切

梫 桂也。从木，侵省聲。七荏切

彤 丹飾也。从丹从彡。彡，其畫也。徒冬切

㐭 眾庶也。从三口。丕飲切

臨 監臨也。从臥品聲。力尋切

谷也。从水臨聲。讀若林。一曰寒也。力尋切

山巖也。从山品聲。從小徐本[十二]。讀若吟。五咸切

磛嵒也。从石品聲。從小徐本[十三]。《周書》曰：「畏于民碞。」讀與巖同。五銜切

傾覆也。从寸，臼覆之。寸，人手也。从巢省。杜林説以爲貶損之貶。方斂切

《春秋傳》曰：「反正爲乏。」房法切

反覆也。从襾乏聲。方勇切

屆尼也。从尸乏聲。直立切

損也。从貝从乏。方斂切

婦人皃。从女乏聲。房法切

以石刺病也。从石乏聲。方彭切，又方驗切

下平缶也。从缶乏聲。讀若𦐇。土盍切

葬下棺也。从穴乏聲。《周禮》曰：「及窆執斧。」方驗切

浮也。从水乏聲。孚梵切

艸浮水中皃。从艸乏聲。匹凡切

鴔鵖也。从鳥乏聲。平立切

凡　最括也。从二，二，偶也。从乃，乃，古文及。浮芝切

風　八風也。東方曰明庶風，東南曰清明風，南方曰景風，西南曰涼風，西方曰閶闔風，西北曰不周風，北方曰廣莫風，東北曰融風。風動蟲生。故蟲八日而化。从虫凡聲。凡風之屬皆从風。方戎切　凬　古文風。

䒠　艸得風皃。从艸、風，風亦聲。大徐本無「風亦聲」三字，從小徐本。讀若婪。盧含切

諷　誦也。从言風聲。芳奉切

颿　馬疾步也。从馬風聲。符嚴切

楓　木也。厚葉弱枝，善搖。一名欇。从木風聲。方戎切

汎　浮皃。从水凡聲。孚梵切

芃　艸盛也。从艸凡聲。《詩》曰：「芃芃黍苗。」房戎切

軓　車軾前也。从車凡聲。《周禮》曰：「立當前軓。」音範

卅　三十并也。古文省。蘇沓切

三　天地人之道也。从三數。穌甘切　弎　古文三从弋。

心　人心，土藏，在身之中。象形。博士説以爲火藏。凡心之屬皆从心。息林切

沁　水。出上黨羊頭山，東南入河。从水心聲。七鴆切

數飛也。从羽白聲。從小徐本[十四]。似入切[十五]

盛光也。从火習聲。《詩》曰：「熠熠宵行。」羊入切

馬豪骭也。从馬習聲。似入切

懼也。从心習聲。讀若疊。之涉切

言謵讋也。从言習聲。秦入切

敗也。从手習聲。之涉切

木也。从木習聲。似入切

鰌也。从魚習聲。似入切

羣鳥在木上也。从雥省，从木。秦入切　或不省。許書「集」爲「雧」或字，今易之。

噍也。从口集聲。讀若集。子入切

合也。从糸从集。讀若捷。姚曰：「集亦聲。」姊入切

五彩相會。从衣集聲。徂合切

鏶也。从金集聲。奏入切

三合也。从入、一，象三合之形。讀若集。秦入切[十六]

聶語也。从口从耳。《詩》曰：「咠咠幡幡。」七入切

詞之咠矣。从十咠聲。秦入切

鼓無聲也。从鼓咠聲。他叶切

藏兵也。从戈咠聲。《詩》曰：「載戢干戈。」阻立切

和也。从水戢聲。阻立切

車和輯也。从車咠聲。秦入切

攘也。从手咠聲。一曰手箸胷曰揖。伊入切

績也。从糸咠聲。七入切

茨也。从艸咠聲。七入切

雨下也。从水咠聲。一曰沸涌皃。姊入切

舟櫂也。从木咠聲。子葉切

皆也。从亼从吅从从。《虞書》曰：「僉曰伯夷。」七廉切

收也。从攴僉聲。良冉切

鏡籢也。从竹斂聲。力鹽切

拱也。从手僉聲。良冉切

問也。从言僉聲。《周書》曰：「勿以譣人。」息廉切

書署也。从木僉聲。居奄切

人所帶兵也。从刃僉聲。居欠切　籀文劒从刀。

約也。从人僉聲。巨險切

敏疾也。一曰莊敬皃。从女僉聲。息廉切

厱諸，治玉石也。从厂僉聲。讀若藍。魯甘切

䶢皃。从頁僉聲。魚檢切

憸詖也。憸利於上，佞人也。从心僉聲。息廉切

阻難也。从𠂤僉聲。虛檢切

酢漿也。从酉僉聲。魚窆切

鹵也。从鹽省，僉聲。魚欠切

小雨也。从雨僉聲。子廉切

白蘞也。从艸僉聲。良冉切　蘞或从斂。

馬名。从馬僉聲。魚窆切

長喙犬。一曰黑犬黃頭。从犬僉聲。虛檢切

【校記】

［一］廣州本作「今從之」。

［二］臺灣本脱自「糟」至「欸」二十字條（缺兩頁），今據廣州本補。上海本亦缺此二十字。

［三］大徐本作「从示、合」。

［四］廣州本作「今正之如此」。

［五］上海本在及部與㐺部之間有「釿」字，注云：「倫案：原無此部，依標目補。又案：十二卷斤部有『釿』字。」臺灣、廣州本均無。

［六］大徐本作「从手从執」。

［七］大徐本作「从巾从執」。

［八］小徐本作「從十甚聲」。

［九］大徐本作「从面、焦」。

［十］臺灣本脱「翌、翟」二字條（缺一頁），今據廣州本補。上海本亦缺此二字。

［十一］「四字」原誤作「二字」，今正。

［十二］大徐本作「从山、品」。

［十三］大徐本作「从石、品」。

［十四］大徐本作「从羽从白」。

［十五］「習」字條之前原有「囟、替」兩條，三本均同。陳澧於臺灣本頁眉手批：「此二字改入自聲下。」又於「習」字條頁眉批曰：「習非囟聲，當建首。」今移「囟、替」兩條於卷十五下。參看卷十五下校記［二十六］。

［十六］臺灣本脱「鰼」至「亼」七字條（缺一頁），今據廣州本補。上海本有集部五字及「亼」字（無「鰼」字），兩處均注云：「倫案：原無此部，依標目補。」

卷八

奄 覆也。大有餘也。又，欠也。从大从申。申，展也。依檢切

掩 斂也。小上曰掩。从手奄聲。衣檢切

㛪 誣挐也。从女奄聲。依劒切

罨 罕也。从网奄聲。於業切

鞥 車具也。从革奄聲。烏合切

裺 褗謂之裺。从衣奄聲。依檢切

晻 不明也。从日奄聲。烏感切

黤 青黑也。从黑奄聲。於檻切

腌 漬肉也。从肉奄聲。於業切

閹 豎也。宮中奄閽閉門者。从門奄聲。英廉切

俺 大也。从人奄聲。於業切

郇　周公所誅郇國。在魯。从邑奄聲。依檢切

淹　水。出越巂徼外，東入若水。从水奄聲。英廉切

炎　火光上也。从重火。于廉切

欻　有所吹起。从欠炎聲。讀若忽。許物切

廟諱[二]　璧上起美色也。从玉炎聲。以冉切

緂　白鮮衣皃。从糸炎聲。謂衣采色鮮也。充三切

覢　暫見也。从見炎聲。《春秋公羊傳》曰：「覢然公子陽生。」失冉切

睒　暫視皃。从目炎聲。讀若白蓋謂之「苫」相似。失冉切

剡　鋭利也。从刀炎聲。以冉切

䓹　萑之初生。一曰薍。一曰騅。从艸剡聲。土敢切　菼　䓹或从炎。

箌　搔馬也。从竹剡聲。丑廉切

緂　帛騅色也。从糸剡聲。《詩》曰：「毳衣如緂。」土敢切

錟　長矛也。从金炎聲。讀若老耼。徒甘切

惔　憂也。从心炎聲。《詩》曰：「憂心如惔。」徒甘切

談　語也。从言炎聲。徒甘切

啖 噍啖也。从口炎聲。一曰噉。徒敢切

倓 安也。从人炎聲。讀若談。徒甘切 ⿰亻剡 倓或从剡。

燮 和也。从言从又，炎聲。「聲」字從小徐本。籀文燮从羊。「燮」字當是重文，二徐本並誤到入解説中。羊，音飪。讀若溼。穌叶切

⿰玉燮 石之次玉者。从玉燮聲。穌叶切

淡 薄味也。从水炎聲。徒敢切

郯 東海縣。帝少昊之後所封。从邑炎聲。徒甘切

棪 遫其也。从木炎聲。讀若三年導服之導。以冉切

熊 獸似豕。山居，冬蟄。从能，炎省聲。羽弓切

焱 火華也。从三火。以冄切

曅 光也。从日从𠌶。篆體「日」在「𠌶」上，從小徐本[二]。筠輒切

廟諱[三] 盛也。从火曅聲。《詩》曰：「爗爗震電。」筠輒切

皣 艸木白華也。从華从白。筠輒切

𢎘 嘾也。艸木之華未發圅然。象形。乎感切

圅 舌也。象形。舌體𢎘𢎘。从𢎘，𢎘亦聲。胡男切 肣 俗圅从肉、今。

頤也。从頁圅聲。胡男切

菡蕳也。从艸圅聲。胡感切

水澤多也。从水圅聲。《詩》曰：「僭始既涵。」胡男切

久雨也。从雨圅聲。胡男切

寒也。从仌圅聲。胡男切

濫也。从水巳聲。孚梵切

法也。从竹，竹，簡書也；氾聲。古法有竹刑。防乏切

範軷也。从車，笵省聲。讀與犯同。音犯

艸也。从艸氾聲。房乏切

侵也。从犬巳聲。防險切

艸木马盛也。从二马。胡先切

木垂華實。从木、马，马亦聲。當作「从木弓聲」，轉寫誤分爲二马，遂加「亦」字耳。段注謂篆體當作「東」。胡感切

小阱也。从人在臼上。户猎切

坎中小坎也。从穴从臽，臽亦聲。《易》曰：「入于坎窞。」一曰㫄入也。徒感切

陷 高下也。一曰陊也。从𨸏从臽，臽亦聲。户猪切

閻 里中門也。从門臽聲。余廉切 壛 閻或从土。

爓 火門也。从火閻聲。余廉切

⿰氵閻 海岱之閒謂相汙曰⿰氵閻。从水閻聲。余廉切

讇 諛也。从言閻聲。丑琰切 諂 讇或省。

䕾 菡䕾。芙蓉華未發爲菡䕾，已發爲芙蓉。从艸閻聲。徒感切

淊 泥水淊也。一曰繅絲湯。从水臽聲。胡感切

衉 羊凝血也。从血臽聲。苦紺切 ⿰贛血 衉或从贛。

監 臨下也。从臥，衉省聲。古銜切 ⿰臥言 古文監从言。

䁦 視也。从目監聲。古銜切

覽 觀也。从見、監，監亦聲。盧敢切

鑑 大盆也。一曰監諸可以取明水於月。从金監聲。革懺切

⿰酉監 泛齊行酒也。从酉監聲。盧瞰切

鹽 鹹也。从鹵監聲。古者宿沙初作煮海鹽。余廉切

 氾也。从水監聲。一曰濡上及下也。《詩》曰：「觱沸濫泉。」一曰清也。盧瞰切[四]

 過差也。从女監聲。《論語》曰：「小人窮斯爁矣。」盧瞰切

 撮持也。从手監聲。盧敢切

 髮長也。从髟監聲。讀若《春秋》「黑肱以濫來奔」。魯甘切

 大篝也。从竹監聲。魯甘切  古文籃如此。

 櫳也。从木監聲。一曰圈。胡黯切

 楚謂無緣衣也。从巾監聲。魯甘切

 裯謂之襤褸。襤，無緣也。从衣監聲。魯甘切

 瓜菹也。从艸監聲。魯甘切[五]

 染青艸也。从艸監聲。魯甘切

 食也。从口臽聲。讀與含同。徒濫切

 食肉不猒也。从肉臽聲。讀若陷。户猎切

 欲得也。从欠臽聲。讀若貪。他含切

 火行微燄燄也。从炎臽聲。以冉切

 憂困也。从心臽聲。苦感切

毛蠹也。从虫臽聲。乎感切

魚名。从魚臽聲。尸賺切

覆也。从血、大。胡臘切

苫也。从艸盍聲。古太切

門扇也。一曰閉也。从門盍聲。胡臘切

石聲。从石盍聲。口太切，又苦盍切

跛病也。从疒盍聲。讀若脅，又讀若掩。烏盍切

多言也。从口盍聲。讀若甲。候榼切

餉田也。从食盍聲。《詩》曰：「饁彼南畝。」筠輒切

好而長也。从豐。豐，大也。盍聲。《春秋傳》曰：「美而豔。」以贍切

酒器也。从木盍聲。枯蹋切

地名。从邑盍聲。胡蠟切

同力也。从三力。《山海經》曰：「惟號之山，其風若劦。」胡頰切

眾之同和也。从劦从十。姚曰：「劦亦聲。」胡頰切　古文協从曰、十。　或从口。

同心之和。从劦从心。姚曰：「劦亦聲。」胡頰切

勰　同思之和。从劦从思。姚曰：「劦亦聲。」胡頰切

脅　兩膀也。从肉劦聲。虚業切

[illegible]　翕氣也。从欠脅聲。虚業切

拹　摺也。从手劦聲。一曰拉也。虚業切

珕　蜃屬。从玉劦聲。《禮》：「佩刀，士珕琫而珧珌。」郎計切

荔　艸也。似蒲而小，根可作㕁。从艸劦聲。大篆从茻五十三文之一。郎計切

甘　美也。从口含一。一，道也。古三切

苷　甘艸也。从艸从甘聲。從小徐本[六]。古三切

𤮺　和也。从甘从麻。麻，調也。甘亦聲。讀若函。古三切

酣　酒樂也。从酉从甘，甘亦聲。胡甘切

泔　周謂潘曰泔。从水甘聲。古三切

拑　脅持也。从手甘聲。巨淹切

箝　籋也。从竹拑聲。巨淹切

鉗　以鐵有所劫束也。从金甘聲。巨淹切

黚　淺黃黑也。从黑甘聲。讀若染繒中束緅黚。巨淹切

帛深青揚赤色。从糸甘聲。古暗切

趙邯鄲縣。从邑甘聲。胡安切

張口也。象形。口犯切

張口气悟也。象气从人上出之形。去劒切

陷也。从土欠聲。苦感切

雞頭也。从艸欠聲。巨險切

人欲去，以力脅止曰劫。或曰以力止去曰劫。居怯切

閉也。从户，劫省聲。口盍切

組帶鐵也。从金，劫省聲。讀若劫。居怯切

東方之孟，陽气萌動，从木戴孚甲之象。一曰人頭宐爲甲，甲象人頭。古狎切　古文甲，始於十，見於千，成於木之象。

匵也。从匚甲聲。胡甲切

檻也。以藏虎兕。从木甲聲。烏匣切　古文柙。

開閉門也。从門甲聲。烏甲切

入脈刺穴謂之窜。从穴甲聲。烏狎切

呷　吸呷也。从口甲聲。呼甲切

狎　犬可習也。从犬甲聲。胡甲切

夾　持也。从大俠二人。古狎切

挾　俾持也。从手夾聲。胡頰切

鋏　可以持冶器鑄鎔者。从金夾聲。讀若漁人莢魚之莢。一曰若挾持。古叶切

梜　檢柙也。从木夾聲。古洽切

匧　藏也。从匚夾聲。苦叶切　篋　匧或从竹。

悏　快心。从心匧聲。苦叶切

莢　艸實。从艸夾聲。古叶切

頰　面旁也。从頁夾聲。古叶切　頰　籀文頰。

䀹　目旁毛也。从目夾聲。子葉切

陜　隘也。从𨸏夾聲。矦夾切

㢵　廦也。从厂夾聲。胡甲切

俠　俜也。从人夾聲。胡頰切

翜　捷也。飛之疾也。从羽夾聲。讀若瀒。一曰俠也。山洽切

得志㛍㛍。一曰㛍，息也。一曰少气也。从女夾聲。呼帖切

赤黄也。一曰輕易人䵾姁也。从黄夾聲。許兼切

妄語也。从口夾聲。讀若莢。古叶切

病息也。从疒夾聲。苦叶切

静也。从心㾜聲。於計切

幽薶也。从土㾜聲。於罽切

思皃。从心夾聲。苦叶切

鞮鞅沙也。从革从夾，夾亦聲。古洽切

紝綊也。从糸夾聲。胡頰切

潁川縣。从邑夾聲。工洽切

蛺蜨也。从虫夾聲。兼叶切

因厂爲屋，大徐本作「因广」，今從小徐本改。象對刺高屋之形。讀若儼然之儼。魚儉切。

大版也。所以飾縣鍾鼓。捷業如鋸齒，以白畫之。象其鉏鋙相承也。从丵从巾。巾象版。《詩》曰：「巨業維樅。」魚怯切 古文業。

魏郡縣。从邑業聲。魚怯切

手之疌巧也。从又持巾。尼輒切

附耳私小語也。从三耳。尼輒切

多言也。从言聶聲。河東有狐讘縣。之涉切

引持也。从手聶聲。書涉切

蹈也。从足聶聲。尼輒切

失气也。从心聶聲。一曰服也。之涉切

心服也。从人聶聲。齒涉切

木葉榣白也。从木聶聲。之涉切

耳垂也。从耳下垂。象形。《春秋傳》曰「秦公子輒」者，其耳下垂，故以爲名。陟葉切

領耑也。从巾耴聲。陟葉切

車兩輢也。从車耴聲。陟葉切

馬步疾也。从馬耴聲。尼輒切

使也。从攴，耴省聲。而涉切

拈也。从手耴聲。丁愜切

鉆也。从金耴聲。陟葉切

染　以繒染爲色。从水杂聲。徐鍇曰：「《説文》無『杂』字。裴光遠云：『从木，木者所以染，梔、茜之屬也；从九，九者染之數也。』未知其審。」段注云：「裴説近是。此當云从水、木，从九。」而琰切

䨩　濡也。从雨染聲。而琰切

媣　諟也。从女染聲。而琰切

巤　毛巤也。象髮在囟上及毛髮巤巤之形。此與籀文「子」字同。良涉切

鬣　髮鬣鬣也。从髟巤聲。良涉切　⿰毛巤　鬣或从毛。⿰豕巤　或从豕。

儠　長壯儠巤也。从人巤聲。《春秋傳》曰：「長儠者相之。」良涉切

擸　理持也。从手巤聲。良涉切

邋　搚也。从辵巤聲。良涉切

獵　放獵逐禽也。从犬巤聲。良涉切

臘　冬至後三戌，臘祭百神。从肉巤聲。盧盍切

詹　多言也。从言从八从厃。職廉切

澹　水搖也。从水詹聲。徒濫切

黵　大污也。从黑詹聲。當敢切

瞻　臨視也。从目詹聲。職廉切

梍也。从木詹聲。余廉切

閻謂之樀。樀，廟門也。从門詹聲。余廉切

衣蔽前。从衣詹聲。處占切

何也。从人詹聲。都甘切

安也。从心詹聲。徒敢切

垂耳也。从耳詹聲。南方聸耳之國。都甘切

連肝之府。从肉詹聲。都敢切

語多沓沓也。从水从曰。遼東有沓縣。徒合切

謎誻也。从言沓聲。徒合切

歠也。从舌沓聲。他合切

涫溢也。今河朔方言謂沸溢爲涾。从水沓聲。徒合切

舂已，復擣之曰碏。从石沓聲。徒合切

以金有所冒也。从金沓聲。他荅切

縫指揩也。一曰韜也。从手沓聲。讀若眔。徒合切

俛伏也。从女沓聲。一曰伏意。他合切

譶 疾言也。从三言。讀若沓。徒合切

霅 霅霅，震電皃。一曰眾言也。从雨，譶省聲。丈甲切[七]

𦐇 飛盛皃。从羽从冃。土盍切

蹋 踐也。从足𦐇聲。徒盍切

闒 樓上户也。从門𦐇聲。徒盍切

䜚 嗑也。从言闒聲。徒盍切

鰨 虛鰨也。从魚𦐇聲。土盍切

狧 犬食也。从犬从舌。讀若比目魚鰈之鰈。他合切

曡 楊雄説，以爲古理官決罪，三日得其宜乃行之。从晶从宜。亡新以爲疊从三日太盛，改爲三田。徒叶切

聑 安也。从二耳。丁帖切

臿 舂去麥皮也。从臼，干所以臿之。楚洽切

㞕 从後相臿也。从尸臿聲。從小徐本[八]。楚洽切

插 刺肉也。从手从臿。《韻會》引作「臿聲」。楚洽切

鍤 郭衣鍼也。从金臿聲。楚洽切

歃　歠也。从欠臿聲。《春秋傳》曰：「歃而忘。」山洽切

㛼　疾言失次也。从女臿聲。讀若懾。丑聶切

芟　刈艸也。从艸从殳。所銜切

𣶒　徒行厲水也。从沝从步。時攝切　涉　籀文从水。許書先「𣶒」後「涉」，以在沝部，今易之。「籀文」二字今增，知「𣶒」爲籀者，以「流」字例之。

毚　狡兔也，兔之駿者。从㲋、兔。士咸切

讒　譖也。从言毚聲。士咸切

嚵　小啐也。从口毚聲。一曰喙也。士咸切

鑱　鋭也。从金毚聲。士銜切

劖　斷也。从刀毚聲。一曰剽也，釗也。鉏銜切

儳　儳互，不齊也。从人毚聲。士咸切

纔　帛雀頭色。一曰微黑色，如紺。纔，淺也。讀若讒。从糸毚聲。七咸切

酁　宋地也。从邑毚聲。讀若讒。士咸切

斬　截也。从車从斤。斬法車裂也。側減切

鏨　小鑿也。从金从斬，斬亦聲。藏濫切

阬也。一曰大也。从土斬聲。七豔切

礹石也。从石斬聲。鉅銜切

牘樸也。从木斬聲。自琰切

進也。从走斬聲。藏監切

艸相蔪苞也。从艸斬聲。《書》曰：「艸木蔪苞。」慈冉切　蔪或从槧。

不久也。从日斬聲。藏濫切

暫也。从手斬聲。昨甘切

媿也。从心斬聲。昨甘切

水。出丹陽黟南蠻中，東入海。从水斬聲。慈冉切

闕。慈冉切

螹離也。从虫，漸省聲[九]。慈染切

周也。从反之而帀也。凡帀之屬皆从帀。周盛說。子荅切

有辠女子，給事之得接於君者。从䇂从女。《春秋》云：「女爲人妾。」妾，不娉也。七接切

交也。从手妾聲。子葉切

續木也。从木妾聲。子葉切

棺羽飾也。天子八，諸侯六，大夫四，士二。下垂。从羽妾聲。山洽切

水也。从水妾聲。七接切

萎餘也。从艸妾聲。子葉切

魚名。出樂浪潘國。从魚妾聲。七接切

疾利口也。从心从冊。《詩》曰：「相時思民。」息廉切

大熟也。从又持炎、辛。辛者，物熟味也。姚曰：「燮省聲」，非是。蘇俠切

於湯中爚肉。从炎，从熱省。小徐作「熱省聲」。疑當作「炎亦聲」。徐鹽切　或从炙。

𡿺蓋也。象皮包覆𡿺，下有兩臂，而夊在下。讀若范。亡范切

刑也。平之如水，从水。廌，所以觸。不直者去之，从去。方乏切　今文省。　古文。

【校記】

[一] 此處字頭位置臺灣本留空白，廣州本寫「廟諱」二字，今從廣州本。此指「琰」字，爲嘉慶諱。

[二] 大徐本篆體爲左「日」右「雩」。

[三] 此指「燁」（煒）字，爲康熙諱。説解所引《詩》句中此字缺末筆。

[四] 臺灣本脱自「洺」至「濫」九字條（惟「濫」字的説解猶存「泉」字以下半行；缺一頁）。今據廣州本補。上海

本有注：「倫案：自『淊』至『醓』八字原缺。」所列八字（與廣州本次序稍異）中不含「濫」，而「濫」字列於注文之後。

［五］上海本將第一個「藍」字寫作「濫」，並注：「倫案：原作『藍』，依《廣韻》引改。」

［六］大徐本作「从艸甘聲」。

［七］臺灣本脱「譶、霅」二字條（缺一頁），今據廣州本補。上海本此位置僅「譶」一字，並注：「倫案：原無此部，依標目補。」

［八］大徐本作「从尸从臿」。

［九］段注作「从虫斬聲」。

卷九

 四方有水，自邕城池者。从川从邑。於容切 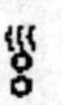 籀文邕。

 雝𪆟也。从隹邕聲。於容切

 天子饗飲辟廱。从广雝聲。於容切

 汲缾也。从缶雝聲。烏貢切

 抱也。从手雝聲。於隴切

 孰食也。从食雝聲。於容切

 腫也。从疒雝聲。於容切

 河灉水。在宋。从水雝聲。於容切

 可施行也。从卜从中。衛宏說。余訟切  古文用。

 用也。从用从庚。庚，更事也。用亦聲。《易》曰：「先庚三日。」余封切

 均直也。从人庸聲。余封切

城垣也。从土庸聲。余封切 古文墉

大鐘謂之鏞。从金庸聲。余封切

南夷國。从邑庸聲。余封切

魚名。从魚庸聲。蜀容切

鳥也。从鳥庸聲。余封切

猛獸也。从豸庸聲。余封切

艸木華甬甬然也。从马用聲。余隴切

气也。从力甬聲。余隴切 勇或从戈、用。 古文勇从心。

滕也。从水甬聲。一曰涌水，在楚國。余隴切

跳也。从足甬聲。余隴切

喪辟踊。从走甬聲。余隴切

痛也。从人甬聲。他紅切，又余隴切

病也。从疒甬聲。他貢切

達也。从辵甬聲。他紅切

諷也。从言甬聲。似用切

筩　斷竹也。从竹甬聲。徒紅切

桶　木方，受六升。从木甬聲。他奉切

蛹　繭蟲也。从虫甬聲。余隴切

𩫖　用也。从亯从自。自知臭香所食也。讀若庸。余封切

凶　惡也。象地穿交陷其中也。許容切

兇　擾恐也。从人在凶下。姚曰：「凶亦聲」。《春秋傳》曰：「曹人兇懼。」許拱切

㚇　斂足也。鵲鵙醜，其飛也㚇。从夊兇聲。子紅切

艐　船著不行也。从舟㚇聲。讀若莘。子紅切

堫　穜也。一曰内其中也。从土㚇聲。子紅切

葼　青齊沇冀謂木細枝曰葼。从艸㚇聲。子紅切

稯　布之八十縷爲稯。从禾㚇聲。子紅切　𥢶　籀文稯省。

鬷　釜屬。从鬲㚇聲。子紅切

嵏　九嵏山，在馮翊谷口。从山㚇聲。子紅切

椶　栟櫚也。可作萆。从木㚇聲。子紅切

匈　聲也。从勹凶聲。許容切　胷　匈或从肉。

説也。从言匈聲。許容切　或省。　訩或从兇。

涌也。从水匈聲。許拱切

通也。从乙从子。乙，請子之候鳥也。乙至而得子，嘉美之也。古人名嘉字子孔。康董切

服也。从夂、牛，相承不敢竝也。下江切

下也。从𨸏夅聲。古巷切

豐大也。从生降聲。力中切

鼓聲也。从鼓隆聲。徒冬切

罷病也。从疒隆聲。力中切　籀文癃省。

水不遵道。一曰下也。从水夅聲。户工切，又下江切

繇也；舞也。樂有章。从章从夅从夂。段改「夅聲」。《詩》曰：「竷竷舞我。」苦感切

酒味淫也。从酉，竷省聲。讀若《春秋傳》曰「美而豔」。古禫切

賜也。从貝，竷省聲。古送切　籀文贛。

愚也。从心贛聲。陟絳切

小桮也。从匚贛聲。古送切　⿷匚贛或从木。

艸也。从艸贛聲。一曰薏苢。古送切，又古禫切

大赤也。从糸夅聲。古巷切

栙雙也。从木夅聲。讀若鴻。下江切

栝䇨也。从竹夅聲。或曰盛箸籠。古送切

鄰道也。从邑从䢃。闕。胡絳切

平分也。从八从厶。大徐本有「音司」二字，此後人附注誤入正文也。小徐本無。〔一〕八猶背也。韓非曰：「背厶爲公。」古紅切

志及眾也。从人公聲。職茸切

爭也。从言公聲。一曰謌訟。似用切　古文訟。

皃也。从頁公聲。余封切，又似用切　籀文。

天子享先王，卷龍繡於下，幅一龍，蟠阿上鄉。从衣公聲。古本切

舉角也。从角公聲。古雙切

頸毛也。从羽公聲。烏紅切

竹皃。从竹翁聲。烏紅切

雲气起也。从水翁聲。烏孔切

蟲在牛馬皮者。从虫翁聲。烏紅切

魚名。从魚翁聲。烏紅切

木也。从木公聲。祥容切　松或从容。

蜙蝑，以股鳴者。从虫松聲。息恭切　蜙或省。

罌也。从瓦公聲。烏貢切

巧飾也。象人有規榘也。與巫同意。古紅切　古文工从彡。

橫關對舉也。从手工聲。古雙切

牀前橫木也。从木工聲。古雙切

褱也。从丮工聲。居悚切　巩或加手。

攤也。从手巩聲。臣鉉等案：「部有⿱巩手，與巩同，此重出。」居竦切

以韋束也。《易》曰：「鞏用黃牛之革。」从革巩聲。居竦切

懼也。从心巩聲。丘隴切　古文。

斤釜穿也。从金巩聲。曲恭切

水邊石。从石巩聲。《春秋傳》曰：「闕碧之甲。」居竦切

蛩蛩，獸也。一曰秦謂蟬蛻曰蛩。从虫巩聲。渠容切

頭後也。从頁工聲。胡講切

澒　丹沙所化，爲水銀也。从水項聲。呼孔切

攻　擊也。从攴工聲。古洪切

功　以勞定國也。从力从工，工亦聲。古紅切

貢　獻功也。从貝工聲。古送切

江　水。出蜀湔氐徼外崏山，入海。从水工聲。古雙切

鴻　鴻鵠也。从鳥江聲。户工切

仜　大腹也。从人工聲。讀若紅。户工切

琟　鳥肥大琟琟也。从隹工聲。户工切　鳿　琟或从鳥。

訌　讀也。从言工聲。《詩》曰：「蟊賊内訌。」户工切

粠　陳臭米也。从米工聲。户工切

空　竅也。从穴工聲。苦紅切

控　引也。从手空聲。《詩》曰：「控于大邦。」匈奴名引弓「控弦」。苦貢切

涳　直流也。从水空聲。苦江切，又哭工切

椌　柷樂也。从木空聲。苦江切

釭　車轂中鐵也。从金工聲。古雙切

瓨 似罌，長頸。受十升。讀若洪。从瓦工聲。古雙切

缸 瓨也。从缶工聲。下江切

紅 帛赤白色。从糸工聲。户公切

虹 螮蝀也。狀似蟲。从虫工聲。《明堂月令》曰：「虹始見。」户工切 蚺 籀文虹从申。申，電也。

玒 玉也。从玉工聲。户工切

邛 邛地。在濟陰縣。从邑工聲。渠容切

桏 欙椐木也。从木邛聲。渠容切

躳 身也。从身从呂。居戎切 躬 躳或从弓。

宮 室也。从宀，躳省聲。居戎切

𣪍 擊空聲也。从殳宮聲。徒冬切，又火宮切

营 营藭，香艸也。从艸宮聲。去弓切 芎 司馬相如說，营或从弓。

竆 極也。从穴躳聲。渠弓切

䢼 夏后時諸侯夷羿國也。从邑，竆省聲。渠弓切

藭 营藭也。从艸竆聲。渠弓切

同也。从廿、廾。渠用切　古文共。

里中道。从𨛜从共。皆在邑中所共也。姚曰：「共亦聲」。胡絳切　篆文从𨛜省。

兩手同械也。从手从共，共亦聲。《周禮》：「上辠，梏拲而桎。」居竦切　拲或从木。

斂手也。从手共聲。居竦切

肅也。从心共聲。俱容切

戰慄也。从心共聲。户工切，又工恐切

設也。从人共聲。一曰供給。俱容切

鬭也。从鬥共聲。《孟子》曰：「鄒與魯鬨。」下降切

大車駕馬也。从車共聲。居玉切

尞也。从火共聲。《詩》曰：「卬烘于煁。」呼東切

洚水也。从水共聲。户工切

所以枝鬲者。从爨省，鬲省。渠容切

兵也。从戈从甲。如融切

帝高辛之妃，偰母號也。从女戎聲。《詩》曰：「有娀方將。」息弓切

㪽也。从宀，人在屋下，無田事。《周書》曰：「宫中之宂食。」而隴切

 反推車，令有所付也。从車从付。讀若胥。而隴切。段氏作「讀若茸」。段又云：「大約以付爲聲。」或入此部、或入付聲，再酌。[二]

 玩也。从廾持玉。盧貢切

 木也。从木弄聲。益州有梇棟縣。盧貢切

 動也。从木。官溥説，从日在木中。得紅切

 極也。从木東聲。多貢切

 厚也。从壬東聲。柱用切

 增益也。从糸重聲。直容切

 遲也。从心重聲。直隴切

 先穜後孰也。从禾重聲。直容切

 作也。从力重聲。徒總切  古文動从辵。

 追也。从足重聲。一曰往來皃。之隴切

 相跡也。从彳重聲。之隴切

 跟也。从止重聲。之隴切

 男有辠曰奴，奴曰童，女曰妾。从辛，重省聲。徒紅切  籀文童，中與竊中同从廿。

廿，以爲古文疾字。

僮　未冠也。从人童聲。徒紅切

憧　意不定也。从心童聲。尺容切

龍　鱗蟲之長。能幽能明，能細能巨，能短能長；春分而登天，秋分而潛淵。从肉，飛之形，童省聲。力鍾切

瓏　禱旱玉。龍文。从玉从龍，龍亦聲。力鍾切

聾　無聞也。从耳龍聲。虛紅切

龏　慤也。从廾龍聲。紀庸切

龔　給也。从共龍聲。俱容切

龓　兼有也。从有龍聲。讀若聾。盧紅切

寵　尊居也。从宀龍聲。丑壟切

龐　高屋也。从广龍聲。薄江切

壟　丘壠也。从土龍聲。力踵切

隴　天水大阪也。从𨸏龍聲。力鍾切

豅　大長谷也。从谷龍聲。讀若聾。盧紅切

檻也。从木龍聲。盧紅切

喉也。从口龍聲。盧紅切

房室之疏也。从木龍聲。盧紅切

絝踦也。从衣龍聲。丈冢切　襱或从賣。

舉土器也。一曰笭也。从竹龍聲。盧紅切

礱也。从石龍聲。天子之桷，椓而礱之。盧紅切

雨瀧瀧皃。从水龍聲。力公切

天龠也。从艸龍聲。盧紅切

丁螘也。从虫龍聲。盧紅切

埶也。从禾童聲。之用切

樂鐘也。秋分之音，物穜成。从金童聲。古者垂作鐘。職茸切　鐘或从甬。

卂擣也。从手童聲。宅江切

脛气足腫。从疒童聲。《詩》曰：「既微且瘇。」時重切　籀文从尣。

禽獸所踐處也。《詩》曰：「町疃鹿場。」从田童聲。土短切

陷敶車也。从車童聲。尺容切

通道也。从行童聲。《春秋傳》曰：「及衝，以戈擊之。」昌容切

罬也。从网童聲。尺容切

帳極也。从木童聲。宅江切

水。出廣漢梓潼北界，南入墊江。从水童聲。徒紅切

鼎董也。从艸童聲。杜林曰藕根。多動切

癰也。从肉重聲。之隴切

乳汁也。从水重聲。多貢切

酒器也。从金重聲。職容切

仌也。从仌東聲。多貢切

螮蝀也。从虫東聲。多貢切

水。出發鳩山，入於河。从水東聲。德紅切

合會也。从冃从口。徒紅切

共也。一曰譀也。从言同聲。《周書》曰：「在夏后之詷。」徒紅切

大皃。从人同聲。《詩》曰：「神罔時侗。」他紅切

迵，迭也。从辵同聲。徒弄切

衕 通街也。从行同聲。徒弄切
筩 通簫也。从竹同聲。徒弄切
洞 疾流也。从水同聲。徒弄切
駧 馳馬洞去也。从馬同聲。徒弄切
挏 攤引也。漢有挏馬官，作馬酒。从手同聲。徒總切
姛 直項皃。从女同聲。他孔切
眮 吳楚謂瞋目、顧視曰眮。从目同聲。徒弄切
恫 痛也。一曰呻吟也。从心同聲。他紅切
銅 赤金也。从金同聲。徒紅切
桐 榮也。从木同聲。徒紅切
鮦 魚名。从魚同聲。一曰鱶也。讀若絝襱。直隴切
𠔃 絿絲也。古文終。終 篆文。从糸冬聲。許書先「終」後「夂」，今易之。「終」下增「篆文」二字。
冬 四時盡也。从仌从夂。段曰：「夂亦聲」。「冬、汷、螽、𪓐」四字解説皆云：「夂，古文終字。」今不録。都宗切 𣅽 古文冬从日。
苳 艸也。从艸冬聲。都宗切

 豹文鼠也。从鼠冬聲。職戎切  籒文省。

 水也。从水夂聲。職戎切

 蝗也。从䖵夂聲。職戎切  螽或从虫眾聲。

 龜名。从龜夂聲。夂，古文終字。徒冬切

 内也。从口。丨，上下通。陟弓切  古文中。 籒文中。

 中也。从人从中，中亦聲。直衆切

 裏褻衣。从衣中聲。《春秋傳》曰：「皆衷其衵服。」陟弓切

 器虚也。从皿中聲。《老子》曰：「道盅而用之。」直弓切

 敬也。从心中聲。陟弓切

 憂也。从心中聲。《詩》曰：「憂心忡忡。」敕中切

 涌摇也。从水中聲[三]。讀若動。直弓切

 艸也。从艸中聲。陟宫切

 有足謂之蟲，無足謂之豸。从三虫。直弓切

 動病也。从疒，蟲省聲。徒冬切

 炊气上出也。从鬲，蟲省聲。以戎切  籒文融不省。

赤色也。从赤，蟲省聲。徒冬切

相屬。从金，蟲省聲。讀若同。徒冬切

多也。从㐺、目，衆意。之仲切

小水入大水曰潨。从水从眾[四]。《詩》曰：「鳧鷖在潨。」徂紅切

小雨也。从雨眾聲。《明堂月令》曰：「𩅧雨。」職戎切

擣粟也。从廾持杵臨臼上。午，杵省也。古者雝父初作舂。書容切

愚也。从心舂聲。丑江切

視不明也。一曰直視。从見舂聲。丑龙切

隹二枚也。从雔，又持之。所江切

懼也。从心，雙省聲。《春秋傳》曰：「駟氏愯。」息拱切

在牆曰牖，在屋曰囪。象形。楚江切　或从穴。

多遽悤悤也。从心、囪，囪亦聲。倉紅切

聚束也。从糸悤聲。作孔切

幝也。从巾悤聲。一曰帙。職茸切　幒或从松。

然麻蒸也。从火悤聲。作孔切

屋階中會也。从广悤聲。倉紅切

通孔也。从穴悤聲。楚江切

察也。从耳悤聲。倉紅切

艸茸茸皃。从艸，聰省聲。而容切

亂髮也。从髟，茸省聲。而容切

鞌毳飾也。从革茸聲。而隴切

推擣也。从手茸聲。而隴切

酒也。从酉茸聲。而容切

鎗鏓也。一曰大鑿，平木者。从金悤聲。倉紅切

菜也。从艸悤聲。倉紅切

帛青色。从糸蔥聲。倉紅切

馬青白雜毛也。从馬悤聲。倉紅切

石之似玉者。从玉悤聲。讀若蔥。倉紅切

耕也。从晨囟聲。顧處士炎武曰：「囟聲」。段注同。奴冬切　籀文農从林。　古文農。

亦古文農。

濃 露多也。从水農聲。《詩》曰：「零露濃濃。」女容切

醲 厚酒也。从酉農聲。女容切

襛 衣厚皃。从衣農聲。《詩》曰：「何彼襛矣。」汝容切

獳 犬惡毛也。从犬農聲。奴刀切

𧖣 腫血也。从血，農省聲。奴冬切 膿 俗𧖣从肉農聲。

癑 痛也。从疒農聲。奴動切

囪 古文囱。許書「囪」在「囱」字下，但云「古文」。今析出，增「囱」字。倉紅切

曾 詞之舒也。从八从曰，囱聲。昨棱切

增 益也。从土曾聲。作滕切

譄 加也。从言，从曾聲。作滕切

贈 玩好相送也。从貝曾聲。昨鄧切

憎 惡也。从心曾聲。作滕切

層 重屋也。从尸曾聲。昨棱切

竲 北地高樓無屋者。从立曾聲。七耕切

罾 魚网也。从网曾聲。作騰切

矰　隿䠶矢也。从矢曾聲。作滕切

𤎖　置魚筩中炙也。从火曾聲。作滕切

甑　甗也。从瓦曾聲。子孕切　𩰫　籀文甑从鬲。

䰝　鬵屬。从鬲曾聲。子孕切

繒　帛也。从糸曾聲。疾陵切　縡　籀文繒从宰省。楊雄以爲《漢律》祠宗廟丹書告。

潧　水。出鄭國。从水曾聲。《詩》曰：「潧與洧，方涣涣兮。」側詵切

鄫　姒姓國，在東海。从邑曾聲。疾陵切

宗　尊祖廟也。从宀从示。作冬切

崈　嵬高也。从山宗聲。鉏弓切

琮　瑞玉。大八寸，似車釭。从玉宗聲。藏宗切

綜　機縷也。从糸宗聲。子宋切

悰　樂也。从心宗聲。藏宗切

淙　水聲也。从水宗聲。藏宗切

賨　南蠻賦也。从貝宗聲。徂紅切

从　相聽也。从二人。疾容切

隨行也。从辵、从，从亦聲。慈用切

車跡也。从車，從省聲。即容切

緩也。一曰舍也。从糸從聲。足用切

驚也。从心從聲。讀若悚。息拱切

病也。从疒從聲。即容切

生而聾曰聳。从耳，從省聲。息拱切

矛也。从金從聲。七恭切。臣鉉等曰：「今音楚江切。」 鏦或从彖。

絨屬。从糸，从從省聲。足容切

松葉柏身。从木從聲。七恭切

螉蠑也。从虫從聲。子紅切

生六月豚。从豕從聲。一曰一歲豵，尚叢聚也。子紅切[五]

居也。从宀从木。讀若送。蘇統切

遣也。从辵，倂省。姚曰：「倂省聲」。蘇弄切 籒文不省。[六]

艸盛丰丰也。从生，上下達也。敷容切

牾也。从夊丰聲。讀若縫。敷容切

遇也。从辵，夆聲。各本作「峯省聲」。《説文》無「峯」字，從段本改。符容切

兵耑也。从金逢聲。敷容切

以鍼紩衣也。从糸逢聲。符容切

飛蟲螫人者。从䖵逢聲。敷容切　古文省。

燧，候表也。邊有警則舉火。从火逢聲。敷容切

蒿也。从艸逢聲。薄紅切　籀文蓬省。

使也。从彳夆聲。讀若螽。敷容切

奉也。从手夆聲。敷容切

承也。从手从廾，丰聲。扶隴切

佩刀上飾。天子以玉，諸侯以金。从玉奉聲。邊孔切

艸盛。从艸奉聲。補蠓切

大笑也。从口奉聲。讀若《詩》曰「瓜瓞菶菶」。方蠓切

國也。从邑丰聲。博江切

石之次玉者。以爲系璧。从玉丰聲。讀若《詩》曰「瓜瓞菶菶」。一曰若盒蚌。補蠓切

蜃屬。从虫丰聲。步項切

爵諸矦之土也。从之从土从寸，守其制度也。公侯，百里；伯，七十里；子男，五十里。府容切 古文封省。 籀文从半。

枲履也。从糸封聲。博蠓切

須從也。从艸封聲。府容切

豆之豐滿者也。从豆，象形。一曰《鄉飲酒》有豐侯者。敷戎切 古文豐。

煑麥也。从麥豐聲。讀若馮。敷戎切

大屋也。从宀豐聲。《易》曰：「豐其屋。」敷戎切

周文王所都。在京兆杜陵西南。从邑豐聲。敷戎切

犬之多毛者。从犬从彡。《詩》曰：「無使尨也吠。」莫江切

白黑雜毛牛。从牛尨聲。莫江切

馬面顙皆白也。从馬尨聲。莫江切

哤異之言。从口尨聲。一曰雜語。讀若尨。莫江切

石大也。从厂尨聲。莫江切

涂也。从水从土，尨聲。讀若隴。土部重出，云「泷聲」。力歱切，又亡江切

水也。从水尨聲。莫江切[七]

覆也。从冃、豕。莫紅切

蓋衣也。从巾冡聲。莫紅切

鞠生衣也。从酉冡聲。莫紅切

王女也。从艸冡聲。莫紅切

童矇也。一曰不明也。从目蒙聲。莫中切

微雨也。从水蒙聲。莫紅切

盛器滿皃。从食蒙聲。《詩》曰：「有饛簋飧。」莫紅切

蠛蠓也。从虫蒙聲。莫孔切

水鳥也。从鳥蒙聲。莫紅切

驢子也。从馬冡聲。莫紅切

【校記】

［一］此注爲臺灣本所無，今依廣州本。

［二］上海本亦有此注，廣州本無。其中所引段注，臺灣本作「讀茹茸」，上海本作「讀如茸」，今據段注原文改。

上海本又注：「倫案：付部已收。」但卷四付部並無此字（即上海本亦然）。

［三］此係從小徐本。大徐本作「从水、中」。

［四］小徐本作「從水眾聲」。

［五］「豵」字條之後原有「竦」字條，三本均同。臺灣本有注云：「此字已入束聲内，此當删。」上海本亦有此注；廣州本無。按：卷四束聲内有「竦」字條。今删此處「竦」字條。

［六］關於「送」字的處理，參看卷六校記［十］。

［七］廣州本無「浝」字條。上海本有。

卷十

央 中央也。从大在冂之内。大，人也。央、旁同意。一曰久也。於良切

盎 盆也。从皿央聲。烏浪切 [illegible] 盎或从瓦。

醠 濁酒也。从酉盎聲。烏浪切

泱 滃也。从水央聲。於良切

坱 塵埃也。从土央聲。於亮切

秧 禾若秧穰也。从禾央聲。於良切

英 艸榮而不實者。一曰黃英。从艸央聲。於京切

瑛 玉光也。从玉英聲。於京切

詇 早知也。从言央聲。於亮切

殃 咎也。从歺央聲。於良切

怏 不服；懟也。从心央聲。於亮切

姎 女人自偁，我也。从女央聲。烏浪切

抰 以車鞅擊也。从手央聲。於兩切

鞅 頸靼也。从革央聲。於兩切

紻 纓卷也。从糸央聲。於兩切

柍 梅也。从木央聲。一曰江南橦材，其實謂之柍。於京切

鴦 鴛鴦也。从鳥央聲。於良切

羊 祥也。从𦍌，象頭角足尾之形。孔子曰：「牛羊之字以形舉也。」與章切

祥 福也。从示羊聲。一云善。似羊切

詳 審議也。从言羊聲。似羊切

翔 回飛也。从羽羊聲。似羊切

羕 水長也。从永羊聲。《詩》曰：「江之羕矣。」余亮切

漾 水。出隴西相道，東至武都爲漢。从水羕聲。余亮切　瀁 古文从養。

樣 栩實。从木羕聲。徐兩切

鬺 煑也。从鬲羊聲。式羊切

養 供養也。从食羊聲。余兩切　𢼊 古文養。

庠　禮官養老。夏曰校，殷曰庠，周曰序。从广羊聲。似陽切

恙　憂也。从心羊聲。余亮切

痒　瘍也。从疒羊聲。似陽切

蛘　搔蛘也。从虫羊聲。余兩切

羌　西戎牧羊人也。从人从羊，羊亦聲。南方蠻閩从虫，北方狄从犬，東方貉从豸，西方羌从羊：此六種也。西南僰人、僬僥，从人，蓋在坤地，頗有順理之性。唯東夷从大。大，人也。夷俗仁，仁者壽，有君子不死之國。孔子曰：「道不行，欲之九夷，乘桴浮於海。」有以也。去羊切  古文羌如此。

唴　秦晉謂兒泣不止曰唴。从口羌聲。丘尚切

洋　水。出齊臨朐高山，東北入鉅定。从水羊聲。似羊切

姜　神農居姜水，以爲姓。从女羊聲。居良切

王　天下所歸往也。董仲舒曰：「古之造文者，三畫而連其中謂之王。三者，天、地、人也，而參通之者王也。」孔子曰：「一貫三爲王。」雨方切  古文王

迋　往也。从辵王聲。《春秋傳》曰：「子無我迋。」于放切

𦐱　樂舞。以羽翿自翳其首，以祀星辰也。从羽王聲。讀若皇。胡光切

長也。从儿从口。凡兄之屬皆从兄。許榮切

寒水也。从水兄聲。許訪切

狂之皃。从心，況省聲。許往切

長也。象水巠理之長。《詩》曰：「江之永矣。」于憬切

潛行水中也。从水永聲。爲命切

歌也。从言永聲。爲命切　詠或从口。

穀之馨香也。象嘉穀在裹中之形。匕，所以扱之。或説皀，一粒也。又讀若香。皮及切

國離邑，民所封鄉也。嗇夫別治。封圻之内六鄉，六鄉治之。从𨛜皀聲。許良切

鄉人飲酒也。从食从鄉，鄉亦聲。許兩切

聲也。从音鄉聲。許兩切

門響也。从門鄉聲。許亮切

知聲蟲也。从虫鄉聲。許兩切　司馬相如：蠁从向。

不久也。从日鄉聲。《春秋傳》曰：「曏役之三月。」許兩切

稱輕重也。从重省，曏省聲。呂張切　古文量。

穀也。从米量聲。呂張切

卿　章也。六卿：天官冢宰、地官司徒、春官宗伯、夏官司馬、秋官司寇、冬官司空。从卯皀聲。去京切

⿰火皀　望火皃。从火皀聲。讀若馰顙之馰。都歷切

鵖　鴔鵖也。从鳥皀聲。彼及切

香　芳也。从黍从甘。《春秋傳》曰：「黍稷馨香。」許良切

亯　獻也。从高省。下从到⿱亠口〔二〕，與㬎同意。許兩切，又普庚切，又許庚切。亯　曰象進孰物形。《孝經》曰：「祭則鬼亯之。」許書亯部之字皆从「亯」，不从「亯」，故部首先「亯」後「亯」。今易之，從先篆後籀文之通例。「亯」下有「篆文亯」三字，今不録。「亯」下增「籀文」二字。知「亯」爲籀文者，據《一切經音義》。

向　北出牖也。从宀从口。《詩》曰：「塞向墐户。」許諒切

尚　曾也。庶幾也。从八向聲。時亮切

當　田相值也。从田尚聲。都郎切

鐺　鋃鐺也。从金當聲。都郎切

蟷　蟷蠰，不過也。从虫當聲。都郎切

𣥺　歫也。从止尚聲。丑庚切

掌　手中也。从手尚聲。諸兩切

敞 平治高土，可以遠望也。从攴尚聲。昌兩切

堂 殿也。从土尚聲。徒郎切 坣 古文堂。𩫖 籀文堂从高省。

闛 闛闛，盛皃。从門堂聲。徒郎切

樘 衺柱也。从木堂聲。丑庚切

鼞 鼓聲也。从鼓堂聲。《詩》曰：「擊鼓其鼞。」土郎切

鏜 鏜鼓之聲。从金堂聲。《詩》曰：「擊鼓其鏜。」土郎切

鄌 地名。从邑臺聲。臺，古堂字。徒郎切

瓽 大盆也。从瓦尚聲。丁浪切

常 下帬也。从巾尚聲。市羊切 裳 常或从衣。

黨 不鮮也。从黑尚聲。多朗切

矘 目無精直視也。从目黨聲。他朗切

攩 朋羣也。从手黨聲。多朗切

嘗 口味之也。从旨尚聲。市羊切

鱨 揚也。从魚嘗聲。市羊切

賞 賜有功也。从貝尚聲。書兩切

償　還也。从人賞聲。食章切

⿰尚⻏　地名。从邑尚聲。多朗切

棠　牡曰棠，牝曰杜。从木尚聲。徒郎切

餉　饟也。从食向聲。式亮切

珦　玉也。从玉向聲。許亮切

皇　大也。从自。自，始也。始皇者，三皇，大君也。自，讀若鼻，今俗以始生子爲鼻子。胡光切

煌　煌煇也。从火皇聲。胡光切

鍠　鐘聲也。从金皇聲。《詩》曰：「鐘鼓鍠鍠。」乎光切

瑝　玉聲也。从玉皇聲。乎光切

喤　小兒聲。从口皇聲。《詩》曰：「其泣喤喤。」乎光切

惶　恐也。从心皇聲。胡光切

隍　城池也。有水曰池，無水曰隍。从𨸏皇聲。《易》曰：「城復于隍。」乎光切

湟　水。出金城臨羌塞外，東入河。从水皇聲。乎光切

篁　竹田也。从竹皇聲。户光切

䅣　𥞩䅣也。从禾皇聲。户光切

蝗 螽也。从虫皇聲。乎光切

㞷 艸木妄生也。从之在土上。讀若皇。户光切

枉 衺曲也。从木㞷聲。迂往切

狂 狾犬也。从犬㞷聲。巨王切 ⿰忄㞷 古文从心。

⿱狂心 誤也。从心狂聲。居況切

誑 欺也。从言狂聲。居況切

俇 遠行也。从人狂聲。居況切

往 之也。从彳㞷聲。于兩切 ⿺辵㞷 古文从辵。

暀 光美也。从日往聲。于放切

⿰㞷攴 放也。从攴㞷聲。迂往切

汪 深廣也。从水㞷聲。一曰汪，池也。烏光切

匡 飲器，筥也。从匚㞷聲。去王切 筐 匡或从竹。

軭 車戾也。从車匡聲。巨王切

恇 怯也。从心、匡，匡亦聲。去王切

⿰匡阝 河東聞喜鄉。从邑匡聲。去王切

水。出桂陽縣盧聚，山洭浦關爲桂水。从水匡聲。去王切

紡車也。一曰一輪車。从車㞷聲。讀若狂。巨王切

華榮也。从舜㞷聲[二]。讀若皇。《爾雅》曰：「𩐑，華也。」户光切　𩐑或从艸、皇。

𡯁，曲脛也。从大，象偏曲之形。从㞷。姚曰：「㞷聲」。烏光切　篆文。許書先「尢」後「尪」，今易之。「尪」下「古文」二字，今不録。

人之步趨也。从彳从亍。户庚切

脛耑也。从肉行聲。户更切

佩上玉也。所以節行止也。从玉行聲。户庚切

溝水行也。从水从行[三]。户庚切

牛觸，横大木其角。从角从大，行聲。《詩》曰：「設其楅衡。」户庚切　古文衡如此。

界也。从畕；三，其界畫也。居良切　畺或从彊、土。

弓有力也。从弓畺聲。巨良切

禦溼之菜也。从艸彊聲。居良切

牛長脊也。从牛畺聲。居良切

馬紲也。从糸畺聲。居良切

僵 僨也。从人畺聲。居良切

橿 枋也。从木畺聲。一曰鉏柄名。居良切

鱷 海大魚也。从魚畺聲。《春秋傳》曰：「取其鱷鯢。」渠京切 鯨 鱷或从京。

麠 大鹿也。牛尾一角。从鹿畺聲。舉卿切 麖 或从京。

畕 比田也。从二田。居良切

弜 彊也。从二弓。其兩切

京 人所爲絶高丘也。从高省，丨象高形。舉卿切

勍 彊也。《春秋傳》曰：「勍敵之人。」从力京聲。渠京切

倞 彊也。从人京聲。渠竟切

景 光也。从日京聲。居影切

憬 覺寤也。从心景聲。《詩》曰：「憬彼淮夷。」俱永切

諒 信也。从言京聲。力讓切

㾗 事有不善言㾗也。《爾雅》：「㾗，薄也。」从歺京聲。力讓切

涼 薄也。从水京聲。呂張切

䬆 北風謂之䬆。从風，涼省聲。呂張切

輬　臥車也。从車京聲。呂張切

䣼　雜味也。从酉京聲。力讓切

⿰牛京　牻⿰牛京也。从牛京聲。《春秋傳》曰：「牻⿰牛京。」呂張切

黥　墨刑在面也。从黑京聲。渠京切　剠　黥或从刀。或體當從《易·家人》釋文作「剠」。

椋　即來也。从木京聲。呂張切

庚　位西方，象秋時萬物庚庚有實也。庚承己，象人齎。古行切

糠　穀皮也。从米庚聲。苦岡切　穅　或从禾。許書「康」爲「穅」或字。今易之。「康」下「穅或省」三字不録。

⿰康欠　飢虛也。从欠康聲。苦岡切

漮　水虛也。从水康聲。苦岡切

㝩　屋康㝗也。从宀康聲。苦岡切

唐　大言也。从口庚聲。徒郎切　啺　古文唐从口、昜。

鎕　鎕銻，火齊。从金唐聲。徒郎切

羹　五味盉羹也。从羔从美。古行切　鬻　古文从鬲从羔。《詩》曰：「亦有和鬻。」小徐本作「羹」。

鬻　鬻或省。　鬻　或从美，鬻省。許書先「鬻」次四「羹」，以在鬲部也，今易之。「鬻」下增「古文」二字。

「羹」下「小篆」二字不録。

竟 樂曲盡爲竟。从音从人。居慶切

滰 浚乾漬米也。从水竟聲。《孟子》曰：「夫子去齊，滰淅而行。」其兩切

鏡 景也。从金竟聲。居慶切

摬 中擊也。从手竟聲。一敬切

誩 競言也。从二言。讀若競。渠慶切

競 彊語也。一曰逐也。从誩，从二人。姚曰：「誩亦聲。」渠慶切

𦣞 乖也。从二臣相違。讀若誑。居況切

臩 驚走也。一曰往來也。从夰、𦣞。《周書》曰：「伯臩。」古文𦣞，古文囧字。臣鉉等曰：「𦣞亦聲。」段注云：「『古文𦣞古文囧字』七字當作『古文以爲囧字』六字。」具往切

光 明也。从火在人上，光明意也。古皇切 炗 古文。

晄 明也。从日光聲。胡廣切

洸 水涌光也。从水从光，光亦聲。《詩》曰：「有洸有潰。」古黄切

桄 充也。从木光聲。古曠切

駫 馬盛肥也。从馬光聲。《詩》曰：「四牡駫駫。」古熒切

侊 小皃。从人光聲。《春秋國語》曰：「侊飯不及一食。」古横切

炗 古文光。炗字今增。

黃 地之色也。从田从炗，炗亦聲。此下有「炗，古文光」四字，今不録。乎光切 □ 古文黄。

廣 殿之大屋也。从广黄聲。古晃切

懬 闊也。一曰廣也，大也。一曰寬也。从心从廣，廣亦聲。苦謗切

壙 塹穴也。一曰大也。从土廣聲。苦謗切

曠 明也。从日廣聲。苦謗切

獷 犬獷獷不可附也。从犬廣聲。漁陽有獷平縣。古猛切

櫎 所以几器。从木廣聲。一曰帷屏風之屬。胡廣切

穬 芒粟也。从禾廣聲。百猛切

纊 絮也。从糸廣聲。《春秋傳》曰：「皆如挾纊。」苦謗切 絖 纊或从光。

橫 闌木也。从木黄聲。户盲切

□ 小津也。从水横聲。一曰以船渡也。户孟切

簧 笙中簧也。从竹黄聲。古者女媧作簧。户光切

潢 積水池。从水黄聲。乎光切

璜 半璧也。从玉黄聲。户光切

磺 銅鐵樸石也。从石黄聲。讀若穬。古猛切。各本此下有「卝」篆，解云：「古文磺。《周禮》有卝人。」段據《五經文字》《九經字樣》移「卝」篆於「卵」下，爲古文「卵」字。今從之。

彉 弩滿也。从弓黄聲。讀若郭。苦郭切

觵 兕牛角可以飲者也。从角黄聲。其狀觵觵，故謂之觵。古横切 觥 俗觵从光。

蟥 蟠蟥也。从虫黄聲。乎光切

慶 行賀人也。从心从夂。吉禮以鹿皮爲贄，故从鹿省。丘竟切

亢 人頸也。从大省，象頸脈形。古郎切 頏 亢或从頁。

伉 人名。从人亢聲。《論語》有陳伉。苦浪切

忼 慨也。从心亢聲。一曰《易》「忼龍有悔」。苦浪切，又口朗切

𡕒 直項莽𡕒皃。从亢从夋。夋，倨也。亢亦聲。岡朗切，又胡朗切

抗 扞也。从手亢聲。苦浪切 杭 抗或从木。

斻 方舟也。从方亢聲。《禮》：「天子造舟，諸侯維舟，大夫方舟，士特舟。」胡郎切

笐 竹列也。从竹亢聲。古郎切

迒 獸迹也。从辵亢聲。胡郎切 䟘 迒或从足从更。

㽘　境也。一曰陌也。趙魏謂陌爲㽘。从田亢聲。古郎切

阬　門也。从𨸏亢聲。客庚切

沆　莽沆，大水也。从水亢聲。一曰大澤皃。胡朗切

炕　乾也。从火亢聲。苦浪切

邟　潁川縣。从邑亢聲。苦浪切

秔　稻屬。从禾亢聲。古行切　稉　秔或从更聲。

魧　大貝也。一曰魚膏。从魚亢聲。讀若岡。古郎切

犺　健犬也。从犬亢聲。苦浪切

𠨍　事之制也。从卪、ㄗ。闕。去京切

卬　望；欲有所庶及也。从匕从卪。《詩》曰：「高山卬止。」伍岡切

迎　逢也。从辵卬聲。語京切

仰　舉也。从人从卬。姚曰：「卬亦聲。」魚兩切

䭰　䭰䭰，馬怒皃。从馬卬聲。吾浪切

枊　馬柱。从木卬聲。一曰堅也。吾浪切

䩕　䩕角，鞮屬。从革卬聲。五岡切

昌蒲也。从艸卬聲。益州云。五剛切

再也。从冂，闕。《易》曰：「参天网地。」良獎切

二十四銖爲一兩。从一；网，平分，亦聲。良獎切

履兩枚也。一曰絞也。从糸从兩，兩亦聲。力讓切

脼肉也。从肉兩聲。良獎切

蛧蜽也。从虫兩聲。良獎切

二入也。兩从此。闕。良獎切[四]

開也。从日、一、勿。一曰飛揚。一曰長也。一曰彊者衆皃。與章切

高明也。从𨸏昜聲。與章切

馬頭飾也。从金陽聲。《詩》曰：「鉤膺鏤鍚。」一曰鍱，車輪鐵。與章切

日出也。从日昜聲。《虞書》曰：「暘谷。」與章切

熱水也。从水昜聲。土郎切

滌器也。从皿湯聲。徒朗切

金之美者。與玉同色。从玉湯聲。《禮》：「佩刀，諸侯璗琫而璆珌。」徒朗切

大竹也。从竹湯聲。《夏書》曰：「瑶琨筱簜。」簜可爲幹，筱可爲矢。徒朗切

煬 炙燥也。从火昜聲。余亮切

䵮 赤黑也。从黑昜聲。讀若煬。餘亮切

揚 飛舉也。从手昜聲。與章切 敭 古文。

颺 風所飛揚也。从風昜聲。與章切

愓 放也。从心昜聲。一曰平也。徒朗切

踼 跌踼也。从足昜聲。一曰搶也。徒郎切

𥏫 傷也。从矢昜聲。式陽切

傷 創也。从人，𥏫省聲。少羊切

殤 不成人也。人年十九至十六死，爲長殤；十五至十二死，爲中殤；十一至八歲死，爲下殤。从歺，傷省聲。式陽切

慯 憂也。从心殤省聲。式亮切

觴 觶實曰觴，虛曰觶。从角，𥏫省聲。式陽切 籀文觴从爵省。

瘍 頭創也。从疒昜聲。與章切

畼 不生也。从田昜聲。丑亮切

⿱艹畼 艸茂也。从艸畼聲。丑亮切

場 祭神道也。一曰田不耕。一曰治穀田也。从土昜聲。直良切

禓 道上祭。从示昜聲。與章切

腸 大小腸也。从肉昜聲。直良切

簜 大竹筩也。从竹昜聲。徒朗切

瑒 圭。尺二寸，有瓚，以祠宗廟者也。从玉昜聲。丑亮切

餳 飴和饊者也。从食昜聲。各本篆作「餳」，解云「易聲」。今從段本改正。徐盈切

崵 崵山，在遼西。从山昜聲。一曰嵎鐵崵谷也。與章切

碭 文石也。从石昜聲。徒浪切

宕 過也。一曰洞屋。从宀，碭省聲。汝南項有宕鄉。徒浪切

募 艸。枝枝相值，葉葉相當。从艸昜聲。楮羊切

蕩 水。出河内蕩陰，東入黄澤。从水募聲。徒朗切

楊 木也。从木昜聲。與章切

章 樂竟爲一章。从音从十。十，數之終也。諸良切

彰 文彰也。从彡从章，章亦聲。諸良切

璋 剡上爲圭，半圭爲璋。从玉章聲。《禮》：「六幣：圭以馬，璋以皮，璧以帛，琮以錦，琥以繡，

璜以黼。」諸良切

隔也。从𨸏章聲。之亮切

擁也。从土章聲。之亮切

从外知内也。从㕯，章省聲。式陽切　古文商。　亦古文商。　籀文商。

行賈也。从貝，商省聲。式陽切

紀邑也。从邑章聲。諸良切

濁漳，出上黨長子鹿谷山，東入清漳。清漳，出沾山大要谷，北入河。南漳，出南郡臨沮。从水章聲。諸良切

艸也。从艸章聲。諸良切

麋屬。从鹿章聲。諸良切

高也，指事也。時掌切　丄此古文上。許書丄部之字皆从「丄」，不从「上」，故部首先「丄」後「上」。今易之，從[五]先篆文後古文之通例。「上」字下有「篆文丄」三字，今不録。

十尺也。从又持十。直兩切

持也。从木丈聲。直兩切

美言也。从日从曰。一曰日光也。《詩》曰：「東方昌矣。」尺良切　籀文昌。

唱 導也。从口昌聲。尺亮切

倡 樂也。从人昌聲。尺亮切

閶 天門也。从門昌聲。楚人名門曰閶闔。尺量切

刅 傷也。从刃从一。楚良切 創 或从刀倉聲。

刱 造法刱業也。从井刅聲。讀若創。初亮切

梁 水橋也。从木从水，刅聲。呂張切 𣚖 古文。

粱 米名也。从米，梁省聲。呂張切

鬯 以秬釀鬱艸，芬芳攸服，以降神也。从凵，凵，器也；中象米；匕，所以扱之。《易》曰：「不喪匕鬯。」丑諒切

爽 明也。从㸚从大。疏兩切 㬀 篆文爽。

㼽 瑳垢瓦石。从瓦爽聲。初兩切

鷞 鷫鷞也。从鳥爽聲。所莊切

倉 穀藏也。倉黄取而藏之，故謂之倉。从食省，口象倉形。凡倉之屬皆从倉。七岡切 仺 奇字倉。

蹌 動也。从足倉聲。七羊切

歫也。从木倉聲。一曰槍，欀也。七羊切

傷也。从心倉聲。初亮切

寒也。从水倉聲。七岡切

寒也。从仌倉聲。初亮切

鐘聲也。从金倉聲。楚庚切

玉聲也。从玉倉聲。《詩》曰：「鞗革有瑲。」七羊切

艸色也。从艸倉聲。七岡切

古器也。从匚倉聲。七岡切

麋鴰也。从鳥倉聲。七岡切　鶬或从隹。

今本《説文》無此篆，據戴侗《六書故》稱唐本《説文》補。唐元度《九經字樣》「鼎」字注云：「篆文析之兩向，左爲爿，音牆，右爲片。」徐鍇引李陽冰亦云：「木字右旁爲片，左爲爿，音牆。」

方銎斧也。从斤爿聲。《詩》曰：「又缺我斨。」七羊切

搶也。他國臣來弒君曰戕。从戈爿聲。士良切

山陵也。从山戕聲。慈良切

善也。从臣戕聲。則郎切　籀文。

𢪇 扶也。从手爿聲。七良切

牀 安身之坐者。从木爿聲。仕莊切

妝 飾也。从女，牀省聲。側羊切

牆 垣蔽也。从嗇爿聲。才良切 𤗼 籒文从二禾。𤖨 籒文亦从二來。

蘠 蘠靡，虋冬也。从艸牆聲。賤羊切

壯 大也。从士爿聲。側亮切

奘 駔大也。从大从壯，壯亦聲。徂朗切

奬 妄彊犬也。从犬从壯，壯亦聲。徂朗切

裝 裹也。从衣壯聲。側羊切

莊 上諱。臣鉉等曰：「此漢明帝名也。」段注曰：「艸大也。从艸壯聲。」側羊切 𦽰 古文莊。

牂 牡羊也。从羊爿聲。則郎切

𧤗 角長皃。从角爿聲。士角切

狀 犬形也。从犬爿聲。盈亮切

牄 鳥獸來食聲也。从倉爿聲。《虞書》曰：「鳥獸牄牄。」七羊切

醬 醢也。从肉从酉，酒以和醬也；爿聲。即亮切 𤕩 古文。𨡼 籒文。

將　帥也。从寸，醬省聲。即諒切

獎　嗾犬厲之也。从犬，將省聲。即兩切

蹡　行皃。从足將聲。《詩》曰：「管磬蹡蹡。」七羊切

䉃　剖竹未去節謂之䉃。从竹將聲。即兩切

𤁋　酢𤁋也。从水，將省聲。即良切　古文，𤁋省。

蔣　苽蔣也。从艸將聲。子良切，又即兩切

桑　蠶所食葉木。从叒、木。息郎切

顙　頟也。从頁桑聲。蘇朗切

相　省視也。从目从木。《易》曰：「地可觀者，莫可觀於木。」《詩》曰：「相鼠有皮。」息良切

想　冀思也。从心相聲。息兩切

箱　大車牝服也。从竹相聲。息良切

霜　喪也，成物者。从雨相聲。所莊切

湘　水。出零陵陽海山，北入江。从水相聲。息良切

𤕦　亂也。从爻、工交吅。一曰窒𤕦。讀若禳。女庚切　籀文𤕦。

襄　《漢令》：解衣耕謂之襄。从衣𤕦聲。息良切　古文襄。

援臂也。从糸襄聲。汝羊切

推也。从手襄聲。汝羊切

馬之低仰也。从馬襄聲。息良切

相責讓。从言襄聲。人漾切

磔禳祀，除癘殃也。古者燧人禜子所造。从示襄聲。汝羊切

黍䅘已治者。从禾襄聲。汝羊切

曏也。从日襄聲。奴朗切

周人謂餉曰饟。从食襄聲。人漾切

橐也。从橐省，襄省聲。段改云「毀聲」。奴當切

袌也。从竹襄聲。如兩切

作型中腸也。从金襄聲。汝羊切

醞也。作酒曰釀。从酉襄聲。女亮切

菜也。从艸釀聲。女亮切

柔土也。从土襄聲。如兩切

煩擾也。一曰肥大也。从女襄聲。女良切

 益州鄙言人盛，諱其肥，謂之䑋。从肉襄聲。如兩切

 今南陽穰縣是。从邑襄聲。汝羊切

 蘘荷也。一名蒚葙。从艸襄聲。汝羊切

 蟷蠰也。从虫襄聲。汝羊切

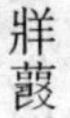 牂[illegible]，可以作縻綆。从艸[illegible]聲。女庚切

 長鼻牙，南越大獸，三年一乳，象耳牙四足之形。徐兩切

 象也。从人从象，象亦聲。讀若養。徐兩切

 飾也。从衣象聲。徐兩切

 繇緩也。从力象聲。余兩切

 放也。从心象聲。徒朗切

 水潒瀁也。从水象聲。讀若蕩。徒朗切

 晝食也。从食象聲。書兩切  𩜥或从傷省聲

 木工也。从匚从斤。斤，所以作器也。疾亮切

 行皃。从走匠聲。讀若匠。疾亮切

 併船也。象兩舟省、緫頭形。府良切  方或从水。

方鐘也。从金方聲。府良切

溥也。从二，闕；方聲。步光切 古文㫄。 亦古文㫄。 籀文。

沛也。从水㫄聲。普郎切

量溢也。从斗㫄聲。普郎切

馬盛也。从馬㫄聲。《詩》曰：「四牡騯騯。」薄庚切

近也。从人㫄聲。步光切

附行也。从彳㫄聲。蒲浪切

所以輔弓弩。从木㫄聲。補盲切

脅也。从肉㫄聲。步光切 膀或从骨。

掩也。从手㫄聲。北孟切

毁也。从言㫄聲。補浪切

謌聲。嗙喻也。从口㫄聲。司馬相如説，淮南宋蔡舞嗙喻也。補盲切

汝南鮦陽亭。从邑㫄聲。步光切

穫程，穀名。从禾㫄聲。蒲庚切

室在㫄也。从户方聲。符方切

防　隄也。从𨸏方聲。符方切　埅　防或从土。

仿　相似也。从人方聲。妃罔切　㑂　籀文仿从丙。

訪　汎謀曰訪。从言方聲。敷亮切

妨　害也。从女方聲。敷方切

紡　網絲也。从糸方聲。妃兩切

放　逐也。从攴方聲。甫妄切

瓬　周家搏埴之工也。从瓦方聲。讀若抵破之抵。分兩切

舫　船師也。《明堂月令》曰：「舫人」。習水者。从舟方聲。甫妄切

肪　肥也。从肉方聲。甫良切

邡　什邡，廣漢縣。从邑方聲。府良切

芳　香艸也。从艸方聲。敷方切

枋　木。可作車。从木方聲。府良切

魴　赤尾魚。从魚方聲。符方切　鰟　魴或从旁。

𨾊　鳥也。从隹方聲。讀若方。府良切

鴋　澤虞也。从鳥方聲。分兩切

趽 曲脛馬也。从足方聲。讀與彭同。薄庚切

匚 受物之器。象形。讀若方。府良切 匚 籀文匚。

兵 械也。从廾持斤，并力之皃。補明切 兵 古文兵，从人、廾、干。兵 籀文。

丙 位南方，萬物成，炳然。陰气初起，陽气將虧。从一、入、冂。一者，陽也。丙承乙，象人肩。兵永切

炳 明也。从火丙聲。兵永切

怲 憂也。从心丙聲。《詩》曰：「憂心怲怲。」兵永切

寎 臥驚病也。从㝱省，丙聲。皮命切

病 疾加也。从疒丙聲。皮命切

更 改也。从攴丙聲。古孟切，又古行切

哽 語爲舌所介也。从口更聲。讀若井級綆。古杏切

骾 食骨留咽中也。从骨叓聲。古杏切

鯁 魚骨也。从魚更聲。古杏切

埂 秦謂阬爲埂。从土更聲。讀若井汲綆。古杏切

綆 汲井綆也。从糸更聲。古杏切

琅邪莒邑。从邑更聲。《春秋傳》曰：「取郠。」古杏切

山枌榆。有朿，莢可爲蕪夷者。从木更聲。古杏切

宋下邑。从邑丙聲。兵永切

蚌也。从魚丙聲。兵永切

禾束也。从又持禾。兵永切

柯也。从木从秉。秉亦聲。陂病切　或从丙聲。許書「棅」爲「柄」或字，今易之。

併也。从二立。蒲迥切

日無色也。从日竝聲。從小徐本[六]。滂古切

鬃也。从髟竝聲。蒲浪切

自命也。从口从夕。夕者，冥也。冥不相見，故以口自名。武并切

逃也。从入从乚。武方切

亾也。从哭从亾，會意。亾亦聲。息郎切

不識也。从心从亡，亡亦聲。武方切

杜榮也。从艸忘聲。武方切

亂也。从女亡聲。巫放切

盲 目無牟子。从目亡聲。武庚切

朚 翌也。从明亡聲。呼光切

甿 田民也。从田亡聲。武庚切

氓 民也。从民亡聲。讀若盲。武庚切

[illegible] 撫也。从攴亾聲。讀與撫同。芳武切

良 善也。从畗省，亡聲。吕張切 古文良。 亦古文良。 亦古文良。

㝗 康也。从宀良聲。音良，又力康切

閬 門高也。从門良聲。巴郡有閬中縣。來宕切

桹 高木也。从木良聲。魯當切

朖 明也。从月良聲。盧黨切

[illegible] 目病也。从目良聲。力讓切

硠 石聲。从石良聲。魯當切

鋃 鋃鐺，瑣也。从金良聲。魯當切

[illegible] 柯擊也。从斤良聲。來可切

[illegible] 矛屬。从矛良聲。魯當切

琅玕，似珠者。从玉良聲。魯當切

籃也。从竹良聲。盧黨切

魯亭也。从邑良聲。魯當切

禾粟之采，生而不成者，謂之蕫蓈。从艸郎聲。魯當切　蓈或从禾。

滄浪水也。南入江。从水良聲。來宕切

艸也。从艸良聲。魯當切

堂蜋也。从虫良聲。一名蚚父。魯當切

似犬，銳頭，白頰，高前，廣後。从犬良聲。魯當切

水廣也。从川亡聲。《易》曰：「包巟用馮河。」呼光切

蕪也。从艸巟聲。一曰艸淹地也。呼光切

虛無食也。从禾荒聲。呼光切

絲曼延也。从糸巟聲。呼光切

設色之工，治絲練者。从巾㠩聲。一曰㡛隔。讀若荒。呼光切

夢言也。从言巟聲。呼光切

馬奔也。从馬巟聲。呼光切

鯍 鮰鯍也。从魚巟聲。武登切

長 久遠也。从兀从匕。兀者，高遠意也。久則變化。亾聲。𠤎者，倒亾也。凡長之屬皆从長。直良切 長 古文長。長 亦古文長。

悵 望恨也。从心長聲。丑亮切

倀 狂也。从人長聲。一曰什也。楮羊切

張 施弓弦也。从弓長聲。陟良切

帳 張也。从巾長聲。知諒切

韔 弓衣也。从韋長聲。《詩》曰：「交韔二弓。」丑亮切

棖 杖也。从木長聲。一曰法也。直良切

萇 萇楚，跳弋。一名羊桃。从艸長聲。直良切

芒 艸耑。从艸亾聲。武方切

肓 心上鬲下也。从肉亡聲。《春秋傳》曰：「病在肓之下。」呼光切

衁 血也。从血亡聲。《春秋傳》曰：「士刲羊，亦無衁也。」呼光切

杗 棟也。从木亡聲。《爾雅》曰：「杗廇謂之梁。」武方切

邙 河南洛陽北亡山上邑。从邑亡聲。莫郎切

齧人飛蟲。从䖵亡聲。武庚切

窻牖麗廔闓明。象形。讀若獷。賈侍中説，讀與明同。俱永切

照也。从月从囧。徐鍇曰：「當言囧亦聲。」按當作「从月囧聲」。鍇本作「从囧月聲」，誤到耳。武兵切

古文朙从日。

艸芽也。从艸明聲。武庚切

貝母也。从艸，明省聲。武庚切

《周禮》曰：「國有疑則盟。」諸侯再相與會，十二歲一盟。北面詔天之司慎司命。盟，殺牲歃血，朱盤玉敦，以立牛耳。从囧从血。囧亦聲。小徐本作「从囧血聲」，《繫傳》云：「『聲』字傳寫妄加之。」按：「聲」字上脱「囧亦」二字耳，「聲」字非妄加。武兵切 篆文从朙。古文从明。

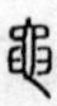鼃黽也。从它，象形。黽頭與它頭同。莫杏切 籀文黽。

冥也。从冥黽聲。讀若黽蛙之黽。武庚切

江夏縣。从邑黽聲。莫杏切

飯食之用器也。象形。與豆同意。讀若猛。武永切

北方謂地空，因以爲土穴，爲盗户。从穴皿聲。讀若猛。武永切

長也。从子皿聲。莫更切 古文孟。

健犬也。从犬孟聲。莫杏切

庖犧所結繩以漁。从冂，下象网交文。文紡切　网或从亡。　网或从糸。　古文网。　籀文网。

山骨也。从山网聲。古郎切

維紘繩也。从糸岡聲。古郎切　古文綱。

彊斷也。从刀岡聲。古郎切　古文剛如此。

特牛也。从牛岡聲。古郎切

蛧蜽，山川之精物也。淮南王説：蛧蜽，狀如三歲小兒，赤黑色，赤目，長耳，美髮。从虫网聲。《國語》曰：「木石之怪夔蛧蜽。」文兩切

月滿與日相朢，以朝君也。从月从臣从壬。壬，朝廷也。無放切　古文朢省。

出亡在外，望其還也。从亡，朢省聲。巫放切

責望也。从言望聲。[七]巫放切

【校記】

[一] 臺灣本訛爲「古」，今據廣州本改。

〔二〕此係從小徐本。大徐本篆从「生」，説解亦言「生聲」。
〔三〕大徐本作「從水行聲」。
〔四〕「㚇」重見於卷十四。參看卷十四校記〔二十五〕。
〔五〕「從」廣州本作「此」。
〔六〕大徐本作「从日从並」。又，參看卷五校記〔十三〕。
〔七〕「望聲」，段玉裁改爲「朢聲」。

卷十一

賏　頸飾也。从二貝。烏莖切

嬰　頸飾也。从女、賏。賏，其連也。於盈切

纓　冠係也。从糸嬰聲。於盈切

癭　頸瘤也。从疒嬰聲。於郢切

廮　安止也。从广嬰聲。鉅鹿有廮陶縣。於郢切

嚶　鳥鳴也。从口嬰聲。烏莖切

⿰嬰阝　地名。从邑嬰聲。於郢切

鸚　鸚䳇，發能言鳥也。从鳥嬰聲。烏莖切

譻　聲也。从言賏聲。烏莖切

罌　缶也。从缶賏聲。烏莖切

盈　滿器也。从皿、夃。以成切

　緩也。从糸盈聲。讀與聽同。他丁切 　縕或从呈。

　柱也。从木盈聲。《春秋傳》曰：「丹桓宫楹。」以成切

　有餘賈利也。从貝𣎆聲。疑非聲。以成切

　笭也。从竹贏聲。以成切

　少昊氏之姓也。从女，羸省聲。以成切〔一〕

　屋下鐙燭之光。从焱、冂。户扃切

　玉色。从玉，熒省聲。一曰石之次玉者。《逸論語》曰：「如玉之瑩。」烏定切

　深池也。从井，瑩省聲。烏迥切

　市居也。从宫，熒省聲。余傾切

　設緜蕝爲營，以禳風雨、雪霜、水旱、癘疫於日月星辰山川也。从示，營省聲。從小徐本〔二〕。一曰禜衞，使灾不生。《禮記》曰：「雩，禜。祭水旱。」爲命切

　回疾也。从卂，營省聲。渠營切

　收韏也。从糸，熒省聲。於營切

　車輮規也。一曰一輪車。从車，熒省聲。讀若煢。張營切

　酌也。从酉，熒省聲。爲命切

小聲也。从言，熒省聲。《詩》曰：「謍謍青蠅。」余傾切

小心態也。从女，熒省聲。烏莖切

絶小水也。从水，熒省聲。户扃切

小瓜也。从瓜，熒省聲。户扃切

墓也。从土，熒省聲。余傾切

鬼衣。从衣，熒省聲。讀若《詩》曰「葛藟縈之」。一曰若「静女其袾」之袾。於營切

備火，長頸缾也。从缶，熒省聲。烏莖切

器也。从金，熒省聲。讀若銑。烏定切

枲屬。从𣏟，熒省聲[三]。《詩》曰：「衣錦檾衣。」去穎切

桐木也。从木，熒省聲。一曰屋梠之兩頭起者爲榮。永兵切

崝嶸也。从山榮聲。户萌切

艸旋皃也。从艸榮聲。《詩》曰：「葛纍藀之。」於營切

惑也。从目，榮省聲。户扃切

鳥也。从鳥，榮省聲。《詩》曰：「有鶯其羽。」烏莖切

吉而免凶也。从屰从夭。夭，死之事。故死謂之不㚔。胡耿切

婞 很也。从女幸聲。《楚詞》曰：「鮌婞直。」胡頂切

緈 直也。从糸幸聲。讀若陘。胡頂切

冂 邑外謂之郊，郊外謂之野，野外謂之林，林外謂之冂。象遠界也。古熒切

鼏 以木橫貫鼎耳而舉之。从鼎冂聲。《周禮》：「廟門容大鼏七箇。」即《易》「玉鉉大吉」也。二徐本篆皆作「鼏」，解作「冖聲」。大徐本莫狄切，小徐本民的切。錢少詹事大昕云：「鼏，冂聲。鼏从冖，別是一字。」段注同。今從之。當音古熒切

冋 古文冂从口，象國邑。古熒切 坰 冋或从土。

扃 外閉之關也。从户冋聲。古熒切

絅 急引也。从糸冋聲。古熒切

駉 牧馬苑也。从馬冋聲。《詩》曰：「在駉之野。」古熒切

𩫏 小堂也。从高省，冋聲。去穎切 廎 高或从广頃聲。

迥 遠也。从辵冋聲。户穎切

泂 滄也。从水冋聲。户褧切

炯 光也。从火冋聲。古迥切

詗 知處告言之。从言冋聲。朽正切

敬 肅也。从攴、苟。居慶切

憼 敬也。从心从敬，敬亦聲。居影切

儆 戒也。从人敬聲。《春秋傳》曰：「儆宫。」居影切

警 戒也。从言从敬，敬亦聲。居影切

驚 馬駭也。从馬敬聲。舉卿切

檠 榜也。从木敬聲。巨京切

璥 玉也。从玉敬聲。居領切

頃 頭不正也。从匕从頁。去營切

傾 仄也。从人从頃，頃亦聲。去營切

[illegible] 仄也。从𠂤从頃，頃亦聲。去營切

穎 禾末也。从禾頃聲。《詩》曰：「禾穎穟穟。」余頃切

熲 火光也。从火頃聲。古迥切

潁 水。出潁川陽城乾山，東入淮。从水頃聲。豫州浸。余頃切

肎 骨間肉肎肎箸也。从肉，从冎省。一曰骨無肉也。苦等切 　古文肎。

殸 樂石也。籀文磬，象縣虡之形；殳，擊之也。古者毋句氏作殸。許書作「磬」，今改。苦定切

 篆文从石。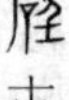 古文从巠。許書先「磬」、次「殸」、次「硜」，今易之。「殸」下云「籀文省」，今刪「省」字。增「磬」字，「磬」下增「篆文」二字。

 車堅也。从車殸聲。口莖切

 器中空也。从缶殸聲。此下有「殸，古文磬字。」五字，今不録。《詩》云：「缾之罄矣。」苦定切

 音也。从耳殸聲。此下四字，解説並云：「殸，籀文磬。」今並不録。書盈切

 欬也。从言殸聲。去挺切

 香之遠聞者。从香殸聲。呼形切

 側出泉也。从水殸聲。去挺切

御名[四] 安也。从宀，心在皿上。人之飲食器，所以安人。奴丁切

 願詞也。从丂寍聲。奴丁切

 所願也。从用，寧省聲。乃定切

 滎濘也。从水寧聲。乃定切

 艸亂也。从艸寍聲。杜林説：艸葶蓋皃。女庚切

 蟲也。从䖵寍聲。奴丁切

 雨零也。从雨，㗊象霝形。《詩》曰：「霝雨其濛。」郎丁切

⿰霝頁 面瘦淺⿰霝頁⿰霝頁也。从頁霝聲。郎丁切

櫺 楯閒子也。从木霝聲。郎丁切

靈 靈巫。以玉事神。从玉霝聲。郎丁切 靈 靈或从巫。

⿰缶霝 瓦器也。从缶霝聲。郎丁切

孁 女字也。从女霝聲。郎丁切

酃 長沙縣。从邑霝聲。郎丁切

蘦 大苦也。从艸霝聲。郎丁切

⿰虫霝 螟⿰虫霝，桑蟲也。从虫霝聲。郎丁切

龗 龍也。从龍霝聲。郎丁切

麢 大羊而細角。从鹿霝聲。郎丁切

丁 夏時萬物皆丁實。象形。丁承丙，象人心。當經切

釘 鍊鉼黃金。从金丁聲。當經切

朾 橦也。从木丁聲。宅耕切

靪 補履下也。从革丁聲。當經切

成 就也。从戊丁聲。氏征切 𢦩 古文成从午。

誠 信也。从言成聲。氏征切

盛 黍稷在器中以祀者也。从皿成聲。氏征切

城 以盛民也。从土从成，成亦聲。氏征切 𩫨 籀文城从𩫖。

宬 屋所容受也。从宀成聲。氏征切

郕 魯孟氏邑。从邑成聲。氏征切

汀 平也。从水丁聲。他丁切 泙 汀或从平。

訂 平議也。从言丁聲。他頂切

亭 民所安定也。亭有樓，从高省，丁聲。特丁切

町 田踐處曰町。从田丁聲。他頂切

頂 顛也。从頁丁聲。都挺切 𩕁 或从𩑋作。 𪔂 籀文从鼎。

𨸝 丘名。从𨸏丁聲。讀若丁。當經切

艼 艼熒，朐也。从艸丁聲。天經切

鼎 三足兩耳，和五味之寶器也。昔禹收九牧之金，鑄鼎荆山之下，入山林川澤，螭魅蝄蜽，莫能逢之，以協承天休。《易》卦：巽木於下者爲鼎，象析木以炊也。籀文以鼎爲貞字。都挺切

貞 卜問也。从卜，貝以爲贄。一曰鼎省聲，京房所說。陟盈切

禎 祥也。从示貞聲。陟盈切

楨 剛木也。从木貞聲。上郡有楨林縣。陟盈切

𨸐 丘名。从𠂤貞聲。陟盈切

湞 水。出南海龍川，西入溱。从水貞聲。陟盈切

𡈼 善也。从人、士。士，事也。一曰象物出地挺生也。他鼎切

呈 平也。从口𡈼聲。直貞切

程 品也。十髮爲程，十程爲分，十分爲寸。从禾呈聲。直貞切

聖 通也。从耳呈聲。式正切

檉 河柳也。从木聖聲。敕貞切

逞 通也。从辵呈聲。楚謂疾行爲逞。《春秋傳》曰：「何所不逞欲。」丑郢切

徎 徑行也。从彳呈聲。丑郢切

戜 利也。一曰剔也。从戈呈聲。徒結切

𡚻 大也。从大戜聲。讀若《詩》「戜戜大猷」。直質切

𧽯 走也。从走戜聲。讀若《詩》「威儀秩秩」。直質切

驖　馬赤黑色。从馬戴聲。《詩》曰：「四驖孔阜。」他結切

鐵　黑金也。从金戴聲。天結切　䥫　鐵或省。　銕　古文鐵从夷。

裎　袒也。从衣呈聲。丑郢切

酲　病酒也。一曰醉而覺也。从酉呈聲。直貞切

桯　牀前几。从木呈聲。他丁切

郢　故楚都在南郡，江陵北十里。从邑呈聲。以整切　𨛬　郢或省。

聽　聆也。从耳、㥁，壬聲。他定切

廷　朝中也。从廴壬聲。特丁切

庭　宮中也。从广廷聲。特丁切

挺　拔也。从手廷聲。徒鼎切

霆　雷餘聲也鈴鈴。所以挺出萬物。从雨廷聲。特丁切

侹　長皃。一曰箸地。一曰代也。从人廷聲。他鼎切

梃　一枚也。从木廷聲。徒頂切

莛　莖也。从艸廷聲。特丁切

狹頭頲也。从頁廷聲。他挺切

大圭。長三尺，抒上，終葵首。从玉廷聲。他鼎切

系綬也。从糸廷聲。他丁切

維絲筦也。从竹廷聲。特丁切

女出病也。从女廷聲。徒鼎切

銅鐵樸也。从金廷聲。徒鼎切

蝘蜓也。从虫廷聲。一曰螾蜓。徒典切

水脈也。从川在一下。一，地也。壬省聲。一曰水冥巠也。古靈切　古文巠不省。

織也。从糸巠聲。九丁切

枝柱也。从艸巠聲。户耕切

長好也。从女巠聲。五莖切

頭莖也。从頁巠聲。居郢切

胻也。从肉巠聲。胡定切

牛厀下骨也。从牛巠聲。《春秋傳》曰：「宋司馬牼字牛。」口莖切

步道也。从彳巠聲。居正切

谷也。从山巠聲。户經切

山絶坎也。从𨸏巠聲。户經切

空也。从穴巠聲。《詩》曰：「瓶之窒矣。」去徑切

輕車也。从車巠聲。去盈切

金聲也。从金輕聲。讀若《春秋傳》曰「𨋮而乘它車」。苦定切

彊也。从力巠聲。吉正切

彊急也。从疒巠聲。其頸切

恨也。从心巠聲。胡頂切

刑也。从刀巠聲。古零切

赤色也。从赤巠聲。《詩》曰：「魴魚䞓尾。」敕貞切　䞓或从貞。　或从丁。

䞓，棠棗之汁，或从水。　浾或从正。

温器也。圜直上。从金巠聲。户經切

桱桯也，東方謂之蕩。从木巠聲。古零切

水。出安定涇陽开頭山，東南入渭。雝州之川也。从水巠聲。古靈切

丁蛵，負勞也。从虫巠聲。户經切

魚名。从魚巠聲。仇成切

羊名。从羊巠聲。口莖切

是也。从止，一以止。之盛切 古文正从二。二，古上字。古文正从一足。足者亦止也。

正也。从攴从正，正亦聲。之盛切

齊也。从攴从束从正，正亦聲。之郢切

安也。从宀正聲。各本作「从正」。段本依《韻會》訂，今從之。徒徑切

鐙也。从金定聲。丁定切

正視也。从穴中正見也，正亦聲。救貞切

諫也。从言正聲。之盛切

正行也。从辵正聲。諸盈切 延或从彳。

行也。从廴正聲。諸盈切

[篆]乘輿馬飾也。从糸正聲。諸盈切

[篆]鐃也。似鈴，柄中，上下通。从金正聲。諸盈切

[篆]置祭也。从酋。酋，酒也。下其丌也。《禮》有奠祭者。堂練切

[篆]倂也。从尸奠聲。堂練切

[篆]京兆縣。周厲王子友所封。从邑奠聲。宗周之滅，鄭徙潧洧之上，今新鄭是也。直正切

[篆]精光也。从三日。子盈切

[篆]引也。从爰、厂。側莖切

[篆]止也。从言爭聲。側迸切

[篆]治也。从土爭聲。疾郢切

[篆]審也。从青爭聲。疾郢切

[篆]無垢薉也。从水靜聲。疾正切

[篆]好皃。从頁爭聲。《詩》所謂「頩首」。疾正切

[篆]亭安也。从立爭聲。疾郢切

[篆]玉聲也。从玉爭聲。楚耕切

錚 金聲也。从金爭聲。側莖切

⿰糸爭 紆未縈繩。一曰急弦之聲。从糸爭聲。讀若旌。側莖切

箏 鼓弦竹身樂也。从竹爭聲。側莖切

⿱艸爭 䓫薴皃。从艸爭聲。側莖切

淨 魯北城門池也。从水爭聲。士耕切，又才性切

井 八家一井。象構韓形；·，罋之象也。古者伯益初作井。子郢切

阱 陷也。从𨸏从井，井亦聲。疾正切 穽 阱或从穴。 汬 古文阱从水。

⿰𣦼井 坑也。从𣦼从井，井亦聲。疾正切

耕 犂也。从耒井聲。一曰古者井田。古莖切

㓝 罰辠也。从井从刀。《易》曰：「井，法也。」井亦聲。户經切

型 鑄器之法也。从土刑聲。户經切

鉶 器也。从金刑聲。户經切

妌 静也。从女井聲。疾正切

邢 鄭地邢亭。从邑井聲。户經切

青　東方色也。木生火，从生、丹。丹青之信言象然。倉經切　𡴑　古文青。

綪　赤繒也。从茜染，故謂之綪。从糸青聲。倉絢切

菁　韭華也。从艸青聲。子盈切

清　腂也。瀓水之皃。从水青聲。七情切

𢒈　清飾也。从彡青聲。段注云：「丹部『彤，丹飾也』。疑此當云『青飾也』。」疾郢切

凊　寒也。从仌青聲。七正切

情　人之陰氣有欲者。从心青聲。疾盈切

請　謁也。从言青聲。七井切

精　擇也。从米青聲。子盈切

靚　召也。从見青聲。疾正切

𤄊　冷寒也。从水靚聲。七定切

倩　人字。从人青聲。東齊壻謂之倩。倉見切

靖　立竫也。从立青聲。一曰細皃。疾郢切

婧　竦立也。从女青聲。一曰有才也。讀若韭菁。七正切

崝　嶸也。从山青聲。七耕切

猜　恨賊也。从犬青聲。倉才切

蜻　蜻蛚也。从虫青聲。子盈切

鯖　鮫鯖也。从魚青聲。子盈切

生　進也。象屮木生出土上。所庚切

姓　人所生也。古之神聖母，感天而生子，故稱天子。从女从生，生亦聲。《春秋傳》曰：「天子因生以賜姓。」息正切

甥　謂我舅者，吾謂之甥也。从男生聲。所更切

性　人之陽气性善者也。从心生聲。息正切

笙　十三簧。象鳳之身也。笙，正月之音。物生，故謂之笙。大者謂之巢，小者謂之和。从竹生聲。古者隨作笙。所庚切

星　萬物之精，上爲列星。从晶省，生聲。一曰象形。从口，古口復注中，故與日同。桑經切

𠻞古文星。曐或不省。許書先「曐」、次「𠻞」、次「星」，今易之，以「曐」爲或字。解説「不省」二字增。

腥　星見食豕，令肉中生小息肉也。从肉从星，星亦聲。穌佞切

狌 猩猩，犬吠聲。从犬星聲。桑經切

姓 雨而夜除星見也。从夕生聲。疾盈切

眚 目病生翳也。从目生聲。所景切

旌 游車載旌，析羽注旄首，所以精進士卒。从㫃生聲。子盈切

牲 牛完全。从牛生聲。所庚切

胜 犬膏臭也。从肉生聲。一曰不孰也。桑經切

鮏 魚臭也。从魚生聲。桑經切

觲 用角低仰便也。从羊、牛、角。《詩》曰：「觲觲角弓。」息營切

垟 赤剛土也。从土，觲省聲。息營切

省 視也。从眉省，从中。所景切 𡭴古文从少从囧。

渻 少減也。一曰水門。又，水出丘前謂之渻丘。从水省聲。息并切

媘 減也。从女省聲。所景切

梢 木參交以枝炊篗者也。从木省聲。讀若驪駕。所綆切

蛸 蟲也。从虫省聲。息正切

甹 亟詞也。从丂从由。或曰甹，俠也。三輔謂輕財者爲甹。普丁切

使也。从人甹聲。普丁切

使也。从彳⿰言甹聲。許書無「⿰言甹」字。段曰：「當作从彳从言，甹聲。」普丁切

訪也。从耳甹聲。匹正切

問也。从女甹聲。匹正切

直馳也。从馬甹聲。丑郢切

定息也。从血，甹省聲。讀若亭。特丁切

聲也。从只甹聲。讀若聲。呼形切

棗也，似柹。从木甹聲。以整切

語平舒也。从亏从八。八，分也。爰禮說。符兵切　古文平如此。

平也。从木从平，平亦聲。蒲兵切

地平也。从土从平，平亦聲。皮命切

撣也。从手平聲。普耕切

谷也。从水平聲。符兵切

蓱也。無根，浮水而生者。从艸平聲。符兵切

苹也。水艸也。从水、苹，苹亦聲。薄經切

鼭令鼠。从鼠平聲。薄經切

牛駁如星。从牛平聲。普耕切

覆也。从一下垂也。莫狄切

幽也。从日从六，冖聲。日數十，十六日而月始虧幽也。莫經切

蟲食穀葉者。吏冥冥犯法即生螟。从虫从冥，冥亦聲。莫經切

幔也。从巾冥聲。《周禮》有「幎人」。莫狄切

翕目也。从目、冥，冥亦聲。武延切

小見也。从見冥聲。《爾雅》曰：「覭髳，弗離。」莫經切

小雨溟溟也。从水冥聲。莫經切

嬰嫇也。从女冥聲。一曰嫇嫇，小人皃。莫經切

晉邑也。从邑冥聲。《春秋傳》曰：「伐鄍三門。」莫經切

長沙汨羅淵，屈原所沈之水。从水，冥省聲。莫狄切

析蓂，大薺也。从艸冥聲。莫歷切

二徐本「鼏」並譌作「鼏」，而別無「鼏」字。錢少詹事云：「學者疑其重出而删其一，非元本如是。」段氏亦別補「鼏」字，今從之。段氏補解云：「鼎覆也。从鼎、冖，冖亦聲。」莫狄切

蠭甘飴也。一曰螟子。从䖵鼏聲。彌必切𧖅或从宓。

飯剛柔不調相著。从皀冂聲。讀若適。施隻切

鳥聲也。从鳥从口。武兵切

【校記】

[一]「贏、籯、嬴」三字條原在卷十七「嬴……」等字條後，有陳澧手批：「此當移入十一部。」故今移于此。參看標目校記[二十二]及卷十七校記[四]。上海本此處有「嬴」一字。又，「嬴」大徐本「嬴省聲」，小徐本「嬴省聲」，此從小徐。

[二] 大徐本作「从示，榮省聲」。

[三] 此係從小徐本。大徐本作「从𣏟、熒省」。

[四] 此指「寍」字，是避道光諱。以下各篆文所从「寍」字均缺右下部一豎筆。

卷十二

因 就也。从口、大。於真切

捆 就也。从手因聲。於真切

姻 壻家也。女之所因，故曰姻。从女从因，因亦聲。於真切 𡟰 籀文姻从㴊。

恩 惠也。从心因聲。烏痕切

咽 嗌也。从口因聲。烏痕切

㰵 嚘也。从欠因聲。乙冀切

茵 車重席。从艸因聲。於真切 鞇 司馬相如説，茵从革。

洇 水也。从水因聲。於真切

駰 馬陰白雜毛黑。从馬因聲。《詩》曰：「有駰有騢。」於真切[一]

㴊 回水也。象形。左右，岸也。中象水皃。烏玄切 淵 或从水。許書先「淵」後「㴊」，「㴊」下云：「㴊或省水。」今易之，以「淵」爲或字。 囦 古文从口、水。

行皃。从辵𡵂聲。烏玄切

鳥羣也。从雥𡵂聲。烏玄切

鼓聲也。从鼓𡵂聲。《詩》曰：「鼗鼓鼝鼝。」烏玄切

髕也。正月陽气動，去黄泉，欲上出，陰尚彊。象宀不達，髕寅於下也。弋真切　古文寅。

敬惕也。从夕寅聲。《易》曰：「夕惕若夤。」翼真切　籀文夤。

水脈行地中濥濥也。从水夤聲。弋刃切

開闔目數搖也。从目寅聲。舒問切

長流也。一曰水名。从水寅聲。以淺切

長槍也。从戈寅聲。《春秋傳》有擣戭。弋刃、以淺二切

兔苽也。从艸寅聲。翼真切

側行者。从虫寅聲。余忍切　螾或从引。

上下通也。引而上行讀若囟，引而下行讀若退。古本切

開弓也。从弓丨聲。從小徐本[三]。余忍切

引軸也。从革引聲。余忍切　籀文靷。

牛系也。从糸引聲。讀若矤。直引切

況也，詞也。从矢，引省聲。从矢，取詞之所之如矢也。式忍切

笑不壞顏曰弞。从欠，引省聲。式忍切

瘢也。从肉引聲。一曰遽也。羊晉切

鍚也。从金引聲。羊晉切

長行也。从彳引之。余忍切

廟諱[三]　子孫相承續也。从肉，从八，象其長也；从幺，象重累也。羊晉切　古文胤。

少也。从勹、二。羊倫切

少少歙也。从酉勻聲。余刃切

獨行也。从走勻聲。讀若煢。渠營切

行示也。从彳勻聲。《司馬法》：「斬以徇。」詞閏切

平徧也。从土从勻，勻亦聲。居勻切

茇也。茅根也。从艸均聲。于敏切

三十斤也。从金勻聲。居勻切　古文鈞从旬

憂也。从心鈞聲。常倫切

目搖也。从目，勻省聲。黄絢切　旬或从旬。

駚言聲。从言，勻省聲。漢中西城有訇鄉。又讀若玄。虎横切　籀文不省。

象春艸木寃曲而出，陰气尚彊，其出乙乙也。與丨同意。乙承甲，象人頸。於筆切

隘也。从戶乙聲。於革切

塞也。从𨸏戹聲。於革切

轅前也。从車戹聲。於革切

飢也。从食戹聲。讀若楚人言恚人。於革切

喔也。从口戹聲。烏格切

詞也。从口乙聲。亦象口气出也。王代切

詮詞也。从欠从曰，曰亦聲。《詩》曰：「欥求厥寍。」余律切

治水也。从水曰聲。于筆切

水流也。从川曰聲。于筆切

昧前也。从頁㬎聲。讀若昧。莫佩切

胷骨也。从肉乙聲。於力切　肊或从意。

縱也。从手乙聲。式質切

佚民也。从人失聲。一曰佚，忽也。夷質切

詄　忘也。从言失聲。徒結切

胅　骨差也。从肉失聲。讀與跌同。徒結切

迭　更迭也。从辵失聲。一曰达。徒結切

眣　目不正也。从目失聲。丑栗切

跌　踢也。从足失聲。一曰越也。徒結切

秩　積也。从禾失聲。《詩》曰：「稽之秩秩。」直質切

⿰馬失　馬有疾足。从馬失聲。大結切

泆　水所蕩泆也。从水失聲。夷質切

抶　笞擊也。从手失聲。勑栗切

⿰氐失　觸也。从氐失聲。徒結切

紩　縫也。从糸失聲。直質切

軼　車相出也。从車失聲。夷質切

帙　書衣也。从巾失聲。直質切　袠　帙或从衣。

⿰長失　蛇惡毒長也。从長失聲。徒結切

⿰鬼失　厲鬼也。从鬼失聲。丑利切

瓞 㼓也。从瓜失聲。《詩》曰：「緜緜瓜瓞。」徒結切 **𤬪** 瓞或从弗。

鴃 鋪豉也。从鳥失聲。徒結切

苵 蕛苵也。从艸失聲。徒結切

玄〔四〕 幽遠也。黑而有赤色者爲玄。象幽而入覆之也。胡涓切 古文玄。

眩 目無常主也。从目玄聲。黃絢切

炫 爓燿也。从火玄聲。胡畎切

泫 湝流也。从水玄聲。上黨有泫氏縣。胡畎切

牽 引前也。从牛，象引牛之縻也；玄聲。苦堅切

鉉 舉鼎也。《易》謂之「鉉」，《禮》謂之「鼏」。从金玄聲。胡犬切

衒 行且賣也。从行从玄。姚曰：「玄聲。」黃絢切 **𧗳** 或从言。許書「衒」爲「𧗳」或字，今易之。

弦 弓弦也。从弓，象絲軫之形。胡田切

㤂 急也。从心从弦，弦亦聲。河南密縣有㤂亭。胡田切

𧼛 急走也。从走弦聲。胡田切

伭 很也。从人，弦省聲。胡田切

有守也。从女弦聲。胡田切

布。出東萊。从巾弦聲。胡田切

艸也。从艸弦聲。胡田切

牛百葉也。从肉，弦省聲。胡田切

祭所薦牲血也。从皿，一象血形。呼決切

憂也。收也。从心血聲。辛聿切

静也。从人血聲。《詩》曰：「閟宫有侐。」況逼切

十里爲成，成閑廣八尺、深八尺謂之洫。从水血聲。《論語》曰：「盡力于溝洫。」況逼切

艸也。从艸血聲。呼決切

佩巾也。从冂，丨象糸也。居銀切

平也。象二干對構，上平也。古賢切

屋櫨也。从木幵聲。古兮切

獸足企也。从足幵聲。五甸切

槎識也。从木、从幵，讀若刊。苦寒切　古文許書先「栞」後「栞」，今易之。「古文」二字今增。从㚘。闕。《夏書》曰：「隨山栞木」。

⿰束幵 小束也。从束幵聲。讀若繭。古典切

笄 簪也。从竹幵聲。古兮切

⿰龍幵 龍耆脊上龘龘。从龍幵聲。古賢切

鈃 似鍾而頸長。从金幵聲。戶經切

訮 諍語訮訮也。从言幵聲。呼堅切

硏 䃺也。从石幵聲。五堅切

揅 摩也。从手，研聲。大徐本無此字，從小徐本。五堅切

姸 技也。一曰不省録事。一曰難侵也。一曰惠也。一曰安也。从女幵聲。讀若研。五堅切

⿰目幵 蔽人視也。从目幵聲。讀若攜手。一曰直視也。又苦兮切 ⿱幵目 ⿰目幵目或在下。

開 張也。从門幵聲。從小徐本[五]。苦哀切 幵、開雙聲[六]。 ⿵門幵 古文。

羿 羽之羿風。亦古諸侯也。一曰射師。从羽幵聲。五計切

⿱幵弓 帝嚳躲官，夏少康滅之。从弓幵聲。《論語》曰：「⿱幵弓善躲。」五計切

刑 剄也。从刀幵聲。戶經切

荆 楚木也。从艸刑聲。舉卿切 ⿱艸⿰井刅 古文荆。

并　相从也。从从幵聲。一曰从持二爲并。府盈切

骿　并脅也。从骨并聲。晋文公骿脅。部田切

併　並也。从人并聲。卑正切

駢　駕二馬也。从馬并聲。部田切

軿　輜車也。从車并聲。薄丁切

餅　麪餈也。从食并聲。必郢切

庰　蔽也。从广并聲。必郢切

屏　屏蔽也。从尸并聲。必郢切

偋　僻寠也。从人屏聲。防正切

姘　除也。《漢律》：「齊人予妻婢姦曰姘。」从女并聲。普耕切

⿰甾并　⿰巾及也。从甾并聲。杜林以爲竹筥，楊雄以爲蒲器。讀若軿。薄經切

缾　𦉥也。从缶并聲。薄經切　瓶　缾或从瓦。

絣　氏人殊縷布也。从糸并聲。北萌切

艵　縹色也。从色并聲。普丁切

郱　地名。从邑并聲。薄經切

荓 馬帚也。从艸并聲。薄經切[七]

栟 栟櫚也。从木并聲。府盈切

蛢 螭蟥，以翼鳴者。从虫并聲。薄經切

萍 苹也。从艸洴聲。《説文》無「洴」字。段氏改爲「从艸、水，并聲」，同「薻、蒲、藻」之例，或當然也。

《莊子》曰：「世爲洴澼絖」，郭象注：「漂絮於水中也。」薄經切

豣 三歲豕，肩相及者。从豕幵聲。《詩》曰：「並驅从兩豣兮。」古賢切

猏 獟犬也。从犬幵聲。一曰逐虎犬也。五甸切

郱 周公子所封，地近河内懷。从邑幵聲。户經切

汧 水。出扶風汧縣西北，入渭。从水幵聲。苦堅切

鳽 鵁鶄也。从鳥幵聲。古賢切

雃 石鳥。一名雝鶏。一曰精列。从隹幵聲。《春秋傳》：「秦有士雃。」苦堅切

⿰黑幵 黑皴也。从黑幵聲。古典切

麉 鹿之絶有力者。从鹿幵聲。古賢切

吉 善也。从士口。居質切

欯　喜也。从欠吉聲。許吉切

佶　正也。从人吉聲。《詩》曰：「既佶且閑。」巨乙切

壹　專壹也。从壺吉聲。於悉切

撎　舉手下手也。从手壹聲。於計切

㙪　天陰塵也。《詩》曰：「㙪㙪其陰。」从土壹聲。於計切

曀　陰而風也。从日壹聲。《詩》曰：「終風且曀。」於計切

饐　飯傷溼也。从食壹聲。乙冀切

噎　飯窒也。从口壹聲。烏結切

豷　豕息也。从豕壹聲。《春秋傳》曰：「生敖及豷。」許利切

殪　死也。从歺壹聲。於計切　⿱死壹　古文殪从死。

鷧　鷀也。从鳥壹聲。乙冀切

劼　慎也。从力吉聲。《周書》曰：「汝劼毖殷獻臣。」巨乙切

⿰齒吉　齒堅聲。从齒吉聲。赫鎋切

詰　問也。从言吉聲。去吉切

手口共有所作也。从手吉聲。《詩》曰：「予手拮据。」古屑切

締也。从糸吉聲。古屑切

蛣蚍，蝎也。从虫吉聲。去吉切

執衽謂之袺。从衣吉聲。格八切

石堅也。从石吉聲。一曰突也。格八切

堅黑也。从黑吉聲。胡八切

直項也。从頁吉聲。胡結切

以衣衽扱物謂之襭。从衣頡聲。胡結切　襭或从手。

頭傾也。从夨吉聲。讀若孑。古屑切

趌趨，怒走也。从走吉聲。去吉切

黄帝之後百鯈姓，后稷妃家也。从女吉聲。巨乙切

桔梗，藥名。从木吉聲。一曰直木。古屑切

蚌也。从魚吉聲。《漢律》：會稽郡獻鮚䲜。巨乙切

宮中道。从囗，象宮垣、道、上之形。《詩》曰：「室家之壼。」苦本切

兩虎争聲。从虤从曰。讀若憖。語巾切

天地之性最貴者也。此籀文。象臂脛之形。如鄰切　仁人也。古文奇字人也。象形。孔子曰：「在人下。」故詰屈。「人」「儿」許書分二部，今併。

親也。从人从二。人亦聲。如鄰切　古文仁从千、心。　古文仁或从尸。

巧讇高材也。从女，仁聲。從小徐本。大徐本作「从女，信省」。乃定切

十百也。从十人聲。從小徐本〔八〕。此先切

穀孰也。从禾千聲。《春秋傳》曰：「大有秊。」奴顛切

左馮翊谷口鄉。从邑秊聲。讀若寧。奴顛切

水也。从水千聲。倉先切

望山谷谸谸青也。从谷千聲。倉絢切

實也。太陽之精不虧。从囗、一。象形。人質切

日日所常衣。从衣从日，日亦聲。人質切

黏也。从黍日聲。《春秋傳》曰：「不義不䵒。」尼質切　䵒或从刃。

黑土在水中也。从水从土，日聲。奴結切

驛傳也。从馬日聲。人質切

䫻 大風也。从風日聲。于筆切

臸 到也。从二至。人質切

𨔝 近也。从辵臸聲。人質切

晉 進也。日出萬物進。从日臸聲。從小徐本[九]。《易》曰：「明出地上，晉。」即刃切

戩 滅也。从戈晉聲。《詩》曰：「實始戩商。」即淺切

縉 帛赤色也。《春秋傳》「縉雲氏」，《禮》有「縉緣」。从糸晉聲。即刃切

鄑 宋魯閒地。从邑晉聲。即移切

榗 木也。从木晉聲。《書》曰：「竹箭如榗。」子善切

令 發號也。从亼卪。力正切

命 使也。从口从令。段曰：「令亦聲。」眉病切

鈴 令丁也。从金从令，令亦聲。郎丁切

玲 玉聲。从玉令聲。郎丁切

聆 聽也。从耳令聲。郎丁切

領 項也。从頁令聲。良郢切

瓴　瓮似瓶也。从瓦令聲。郎丁切

軨　車轖閒横木。从車令聲。郎丁切　䡼　軨或从霝，司馬相如説。

笭　車笭也。从竹令聲。一曰笭，籯也。郎丁切

魿　蟲連行紆行者。从魚令聲。郎丁切

零　餘雨也。从雨令聲。郎丁切

冷　寒也。从仌令聲。魯打切

伶　弄也。从人令聲。益州有建伶縣。郎丁切

囹　獄也。从囗令聲。郎丁切

泠　水。出丹陽宛陵，西北入江。从水令聲。郎丁切

苓　卷耳也。从艸令聲。郎丁切

柃　木也。从木令聲。郎丁切

蛉　蜻蛉也。从虫令聲。一名桑根。郎丁切

粦　兵死及牛馬之血爲粦。粦，鬼火也。从炎、舛。良刃切

瞵　目精也。从目粦聲。力珍切

⿰頁粦　⿰頁彡⿰頁粦也。「⿰頁彡」下云：「顏色⿰頁彡⿰頁粦，慎事也。」从頁粦聲。一曰頭少髮。良忍切

遴 行難也。从辵粦聲。《易》曰：「以往遴。」良刃切 僯 或从人。

蹸 轢也。从足粦聲。良忍切

疄 轢田也。从田粦聲。良刃切

獜 健也。从犬粦聲。《詩》曰：「盧獜獜。」力珍切

粼 水生厓石閒粼粼也。从巜粦聲。力珍切

鱗 魚甲也。从魚粦聲。力珍切

鄰 五家爲鄰。从邑粦聲。力珍切

憐 哀也。从心粦聲。落賢切

麟 大牝鹿也。从鹿粦聲。力珍切

㮚 木也。从木，其實下垂，故从卤。力質切 古文㮚从西从二卤。徐巡説：木至西方戰㮚。

凓 寒也。从仌栗聲。力質切

瑮 玉英華羅列秩秩。从玉㮚聲。《逸論語》曰：「玉粲之瑟兮，其瑮猛也。」力質切

溧 水。出丹陽溧陽縣。从水栗聲。力質切

眞 僊人變形而登天也。从七从目从乚；八，所乘載也。側鄰切 古文眞。此下有「音隱」二字，後人所記也，今不録。

以真受福也。从示眞聲。側鄰切

謹也。从心眞聲。時刃切  古文。

穜概也。从禾眞聲。《周禮》曰：「稹理而堅。」之忍切

塞也。从穴眞聲。待季切

塞也。从土眞聲。陟鄰切，今待季切

以玉充耳也。从玉眞聲。《詩》曰：「玉之瑱兮。」他甸切  瑱或从耳。

起也。从肉眞聲。昌眞切

車輴鈏也。从車眞聲。讀若《論語》「鏗尔，舍瑟而作」。又讀若掔。苦閑切

盛皃。从門眞聲。待季切

盛气也。从口眞聲。《詩》曰：「振旅嗔嗔。」待年切

張目也。从目眞聲。昌眞切  祕書瞋从戌。

恚也。从言眞聲。賈侍中說：謓，笑。一曰讀若振。昌眞切

走頓也。从走眞聲。讀若顛。都年切

跋也。从足眞聲。都年切

病也。从疒眞聲。一曰腹張。都季切

顛　頂也。从頁眞聲。都季切

槇　木頂也。从木眞聲。一曰仆木也。都季切

䨘　雨聲。从雨眞聲。讀若資。即夷切

滇　益州池名。从水眞聲。都年切

天　顛也。至高無上，从一、大。他前切

吞　咽也。从口天聲。土根切

忝　辱也。从心天聲。他點切

申　神也。七月，陰气成，體自申束。从𦥑，自持也。吏臣餔時聽事，申旦政也。失人切　古文申。

神　天神，引出萬物者也。从示申聲。從小徐本〔十〕。食鄰切

䰠　神也。从鬼申聲。食鄰切

電　陰陽激燿也。从雨申聲。從小徐本〔十二〕。堂練切　古文電。

伸　屈伸。从人申聲。失人切

敒　理也。从攴伸聲。直刃切

身　躳也。象人之身。从人，申省聲。《韻會》所據小徐本如此，今從之。大徐本及今所傳小徐本作「厂

聲」。失人切

神也。从人身聲。失人切

夾脊肉也。从肉申聲。失人切

吟也。从口申聲。失人切

大帶也。从糸申聲。失人切

宛丘，舜後嬀滿之所封。从𨸏从木，申聲。直珍切 古文陳。

列也。从攴陳聲。直刃切[十二]

籀文申。

引也。从又昌聲。此下有「昌古文申」四字，今不録。失人切

地也。《易》之卦也。从土从申。土位在申。苦昆切

鹿行揚土也。从𪋻从土。直珍切 籀文。

陳也。樹穀曰田。象四囗。十，阡陌之制也。待季切

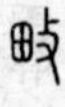平田也。从攴、田。姚曰：「田亦聲。」《周書》曰：「畋尒田。」待年切

天子五百里地。从田，包省。姚曰：「田亦聲。」堂練切

中也。从人田聲。《春秋傳》曰：「乘中佃。」一轅車。堂練切

 五帝之書也。从冊在丌上，尊閣之也。莊都説，典，大册也。多殄切  古文典，从竹。

 主也。从攴典聲。多殄切

 設膳腆腆多也。从肉典聲。他典切  古文腆。

 青徐謂慙曰㥏。从心典聲。他典切

 朝鮮謂釜曰錪。从金典聲。他典切

 玉也。从玉典聲。多殄切

 鳥飛从高下至地也。从一，一猶地也。象形。「不」上去，而「至」下來也。脂利切  古文至。

 送詣也。从夊从至。姚曰：「至亦聲。」陟利切

 刺也。从手致聲。一曰刺之財至也。陟利切

 艸大也。从艸致聲。陟利切

 礙止也。从广至聲。陟栗切

 忿戾也。从至，至而復遜。遜，遁也。《周書》曰：「有夏氏之民叨𡱝。」𡱝讀若摯。丑利切

 實也。从宀至聲。從小徐本[十三]。至，所止也。式質切

 塞也。从穴至聲。陟栗切

螲封也。《詩》曰：「鸛鳴于垤。」从土至聲。徒結切

齒堅也。从齒至聲。陟栗切

足械也。从木至聲。之日切

喪首戴也。从糸至聲。徒結切

穫禾聲也。从手至聲。《詩》曰：「穫之挃挃。」陟栗切

穫禾短鎌也。从金至聲。陟栗切

大笑也。从口至聲。《詩》曰：「咥其笑矣。」許既切，又直結切

年八十曰耋。从老省，至聲。從小徐本[十四]。徒結切

兄之女也。从女至聲。徒結切

北地郁郅縣。从邑至聲。之日切

荎藸，艸也。从艸至聲。直尼切

蟣也。从虫至聲。之日切

鳥胃也。从肉至聲。一曰胵，五藏總名也。處脂切

礙不行也。从叀，引而止之也。叀者，如叀馬之鼻。从「从」下段增「冂」，當從之。此與牽同意。陟

利切

悟解气也。从口疐聲。《詩》曰：「願言則嚏。」都計切

二斤也。从二斤。語斤切

以物相贅。从貝从所。闕。《韻會》作「所聲」，無「闕」字，當從之。之日切

野人言之。从口質聲。之日切

跲也。从足質聲。《詩》曰：「載躓其尾。」陟利切

失也。从辵、兔。兔謾訑善逃也。夷質切

富也。从宀从貫。貫，貨貝也。神質切

牽也。事君也。象屈服之形。植鄰切

堅也。从又臣聲。苦閑切

剛也。从臤从土。姚曰：「臤亦聲。」古賢切

餘堅者。从石，堅省。[十五] 口莖切

擣頭也。从手堅聲。讀若「鏗尔舍瑟而作」。口莖切

剛也。从金臤聲。古甸切

固也。从手臤聲。讀若《詩》「赤舄掔掔」。苦閑切

緊　纏絲急也。从臤，从絲省。姚曰：「臤亦聲。」糾忍切

𧼩　行皃。从走臤聲。讀若菣。弃忍切

𤚬　牛很不從引也。从牛从臤，臤亦聲。一曰大皃。讀若賢。喫善切

䁂　大目也。从目臤聲。矦簡切

賢　多才也。从貝臤聲。胡田切

㜮　美也。从女臤聲。苦閑切

腎　水藏也。从肉臤聲。時忍切

菣　香蒿也。从艸臤聲。去刃切　[illegible]　菣或从堅。

挋　給也。从手臣聲。一曰約也。章刃切

頣　舉目視人皃。从頁臣聲。式忍切

[illegible]　訐也。从言臣聲。讀若指。職雉切

嚚　語聲也。从㗊臣聲。語巾切　[illegible]　古文嚚。

[illegible]　地名。从邑臣聲。植鄰切

茞　艸也。从艸臣聲。稹鄰切

[illegible]　登也。从門、二。二，古文下字。讀若軍敶之敶。直刃切

火皃。从火，㒼省聲。讀若粦。良刃切

齧也。从蟲㒼聲。武巾切

今閵。似雊鴒而黄。从隹，㒼省聲。良刃切　籀文不省。

登也。从辵，閵省聲。即刃切

石之似玉者。从玉進聲。讀若津。將鄰切

莞屬。从艸閵聲。良刃切

熱病也。从疒从火。丑刃切

二山也。所臻切[十六]

盛皃。从焱在木上。讀若《詩》「莘莘征夫」。一曰役也。所臻切

眾生並立之皃。从二生。《詩》曰：「甡甡其鹿。」所臻切

聿飾也。从聿从彡。俗語以書好爲𦘒。讀若津。將鄰切

目進極也。从辵𦘒聲。子僊切

水渡也。从水𦘒聲。將鄰切　古文津。从舟从淮。

艸皃。从艸津聲。大篆从茻[十七]五十三文之一。子僊切

气液也。从血𦘒聲。將鄰切

 火餘也。从火聿聲。一曰薪也。臣鉉等曰:「聿非聲,疑从𦘒省。」是也。徐刃切

 器中空也。从皿𤇾聲。慈刃切

 石之似玉者。从玉盡聲。徐刃切

 艸也。从艸盡聲。徐刃切

 會禮也。从貝𤇾聲。徐刃切

 瑞信也。守國者用玉卩,守都鄙者用角卩,使山邦者用虎卩,士邦者用人卩,澤邦者用龍卩,門關者用符卩,貨賄用璽卩,道路用旌卩。象相合之形。子結切

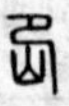 陬隅,高山之節。从山从卩。姚曰:「卩亦聲。」子結切

 卽食也。从皀卩聲。子力切

 竹約也。从竹卽聲。子結切

 梳比之總名也。从木節聲。阻瑟切

 捽也。从手卽聲。魏郡有㨚裴侯國。子力切

 憂也。从血卩聲。一曰鮮少也。辛聿切

 伯益之後所封國。地宜禾。从禾,舂省。一曰秦,禾名。匠鄰切  籒文秦从秝。

 艸盛皃。从艸秦聲。側詵切

至也。从至秦聲。側詵切

大車簀也。从車秦聲。讀若臻。側詵切

水。出桂陽臨武，入匯。从水秦聲。側詵切

木也。从木秦聲。一曰菆也。側詵切

不行而進謂之歬。从止在舟上。昨先切

齊斷也。从刀歬聲。子善切

搣也。从手前聲。即淺切

矢也。从竹前聲。子賤切

幡幟也。从巾前聲。則前切

熬也。从火前聲。子仙切

甘氏《星經》曰：「太白上公，妻曰女媊。女媊居南斗，食厲，天下祭之，曰明星。」从女前聲。昨先切

水。出蜀郡緜虒玉壘山，東南入江。从水前聲。一曰手瀚之。子仙切

王彗也。从艸湔聲。昨先切

女鬢垂皃。从髟前聲[十八]。作踐切

翦　羽生也。一曰矢羽。从羽前聲[十九]。即淺切

葥　山苺也。从艸歬聲。子賤切

桼　木汁。可以髤物。象形。桼如水滴而下。親吉切

⿰桼刂　傷也。从刀桼聲。親結切

厀　脛頭卩也。从卩桼聲。息七切

⿰木厀　木，可爲杖。从木厀聲。親吉切

⿰桼阝　齊地也。从邑桼聲。親吉切

漆　水。出右扶風杜陵岐山，東入渭。一曰入洛。从水桼聲。親吉切

⿰桼鳥　鳥也。从鳥桼聲。親吉切

七　陽之正也。从一，微陰从中衺出也。親吉切

齔　毀齒也。男八月生齒，八歲而齔。女七月生齒，七歲而齔。从齒七聲。從小徐本[二十]。初堇切

切　刌也。从刀七聲。千結切

叱　訶也。从口七聲。昌栗切

辛　秋時萬物成而孰；金剛，味辛，辛痛即泣出。从一从辛。辛，辠也。辛承庚，象人股。息鄰切

⿸疒辛　寒病也。从疒辛聲。所臻切

屖遲也。从尸辛聲。先稽切

幼禾也。从禾屖聲。直利切

少偁也。从子，从稺省，稺亦聲。兩「稺」字各本俱作「稚」。許書無「稚」篆，即「稺」字也。解說字不必悉合篆書，但今欲使與「稺」相屬，改之。居悸切

心動也。从心季聲。其季切

气不定也。从疒季聲。其季切

語諄謘也。从言屖聲。直离切

唐厗，石也。从厂，屖省聲。杜兮切

果，實如小栗。从木辛聲。《春秋傳》曰：「女摯不過亲栗。」側詵切

取木也。从斤新聲[二十二]。息鄰切

蕘也。从艸新聲。息鄰切

至也。从見亲聲。七人切

至也。从宀親聲。初僅切

棺也。从木親聲。《春秋傳》曰：「士輿櫬。」初僅切

水。出南陽舞陽中陽山，入潁。从水親聲。七吝切

誠也。从人从言。會意。息晉切　古文从言省。　古文信。

詳盡也。从心从釆。息七切　古文悉。

聲也。从人悉聲。讀若屑。私列切

粲也。从米悉聲。私列切

疾飛也。从飛而羽不見。息晉切

疾也。从辵卂聲。息進切

灑也。从水卂聲。息晉切

从上挹也。从手卂聲。讀若莘。所臻切

問也。从言卂聲。思晉切　古文訊从鹵。

齧人蟲。从䖵卂聲。所櫛切

頭會，匘蓋也。象形。息進切　或从肉、宰。　古文囟字。

升高也。从舁囟聲。七然切　䙴或从卩。　古文䙴。

登也。从辵䙴聲。七然切　古文遷从手、西。

長生僊去。从人从䙴，䙴亦聲。相然切

地名。从邑䙴聲。七然切

微也。从糸囟聲。穌計切

小皃。从人囟聲。《詩》曰：「⿰亻囟⿰亻囟彼有屋。」斯氏切

容也。从心囟聲。息茲切

思之意。从言思聲。從小徐本[二十二]。胥里切

十五升布也。一曰兩麻一絲布也。从糸思聲。息茲切　古文緦从糸省

角中骨也。从角思聲。穌來切

彊力也。从人思聲。《詩》曰：「其人美且偲。」倉才切

水。出汝南新郪，入潁。从水囟聲。穌計切

徧也。十日爲旬。从勹、日。詳遵切　古文。

過水中也。从水旬聲。相倫切

疾也。从人旬聲。辭閏切

驚辭也。从兮旬聲。思允切　⿱旬兮或从心。

大木。可爲鉏柄。从木⿱旬兮聲。詳遵切

鈞適也。男女併也。从女旬聲。居勻切

《詩》云：「素以爲絢兮。」从糸旬聲。許掾切

恂　信心也。从心旬聲。相倫切

㡒　領耑也。从巾旬聲。相倫切

筍　竹胎也。从竹旬聲。思允切

橁　杶也。从木筍聲。相倫切

郇　周武王子所封國，在晉地。从邑旬聲。讀若泓。相倫切

珣　醫無閭珣玗琪，《周書》所謂夷玉也。从玉旬聲。一曰器，讀若宣。相倫切

扁　署也。从户、冊。户冊者，署門户之文也。方沔切

篇　書也。一曰關西謂榜曰篇。从竹扁聲。芳連切

編　次簡也。从糸扁聲。布玄切

楄　楄部，方木也。从木扁聲。《春秋傳》曰：「楄部薦榦。」部田切

牑　牀版也。从片扁聲。讀若邊。方田切

徧　帀也。从彳扁聲。比薦切

揙　撫也。从手扁聲。婢沔切

偏　頗也。从人扁聲。芳連切

㾫　半枯也。从疒扁聲。匹連切

蹁 足不正也。从足扁聲。一曰拖後足馬。讀若苹。或曰徧。部田切

諞 便巧言也。从言扁聲。《周書》曰：「截截善諞言。」《論語》曰：「友諞佞。」部田切

媥 輕皃。从女扁聲。芳連切

翩 疾飛也。从羽扁聲。芳連切

頨 頭妍也。从頁，翩省聲。讀若翩。王矩切

褊 衣小也。从衣扁聲。方沔切

甂 似小瓿。大口而卑。用食。从瓦扁聲。芳連切

萹 萹茿也。从艸扁聲。方沔切

蝙 蝙蝠也。从虫扁聲。布玄切

猵 獺屬。从犬扁聲。布兹切 獱 或从賓。

便 安也。人有不便，更之。从人、更。房連切

鞭 驅也。从革㪅聲。卑連切 [illegible] 古文鞭。

緶 交枲也。一曰緁衣也。从糸便聲。房連切

箯 竹輿也。从竹便聲。旁連切

鯾 魚名。从魚便聲。房連切 鯿 鯾又从扁。

水厓。人所賓附，頻蹙不前而止。从頁从涉。符真切

四也。从言頻聲。符真切

木也。从木顰聲。符真切

別也。象分別相背之形。博拔切

馬八歲也。从馬八聲。從小徐本[二十三]。博拔切

分也。从重八。八，別也，亦聲。《孝經説》曰：「故上下有別。」兵列切

西極之水也。从水八聲。《爾雅》曰：「西至汃國，謂四極。」府巾切

賦事也。从業从八。八，分之也。八亦聲。讀若頒。一曰讀若非。布還切

振佾也。从肉八聲。許訖切

動作切切也。从尸佾聲。私列切

齒差也。从齒屑聲。讀若切。千結切

限也。从木屑聲。先結切

響，布也。从十佾聲。從小徐本[二十四]。羲乙切

土室也。从宀八聲。胡決切

水从孔穴疾出也。从水从穴，穴亦聲。呼穴切

[seal] 鷸飛皃。从鳥穴聲。《詩》曰：「鴥彼晨風。」余律切

[seal] 餅麴也。从麥穴聲。户八切

[seal] 縷一枚也。从糸穴聲。乎決切

[seal] 鼠屬。善旋。从豸穴聲。余救切

[seal] 艸木盛宋宋然。象形，八聲。讀若輩。普活切

[seal] 繼旐之旗也，沛然而垂。从㫃宋聲。蒲蓋切

[seal] 行皃。从辵市聲。蒲撥切

[seal] 金藏也。从肉市聲。芳吠切

[seal] 削木札樸也。从木市聲。陳楚謂櫝爲柿。芳吠切

[seal] 過弗取也。从犬市聲。讀若孛。蒲没切

[seal] 恨怒也。从心市聲。《詩》曰：「視我怖怖。」蒲昧切

[seal] 撻也。从手市聲。普活切

[seal] 酒色也。从酉市聲。普活切

[seal] 沛郡。从邑市聲。博蓋切

[seal] 水。出遼東番汗塞外，西南入海。从水市聲。普蓋切

魚名。出樂浪潘國。从魚市聲。博蓋切

二歲牛。从牛市聲。博蓋切

四丈也。从八、匚。八揲一匹。八亦聲。普吉切

分極也。从八、弋，八亦聲。小徐本作「从八弋聲」。大徐本作「从八弋，弋亦聲」。按「弋」與「八」聲不相近。段氏改爲「八亦聲」，今從之。卑吉切

宰之也。从卪必聲。兵媚切

安也。从宀必聲。美畢切

山如堂者。从山宓聲。美畢切

芙蕖本。从艸密聲。美必切

威儀也。从人必聲。《詩》曰：「威儀佖佖。」毗必切

慎也。从比必聲。《周書》曰：「無毖于卹。」兵媚切

庖犧所作弦樂也。从珡必聲。所櫛切　古文瑟。

玉英華相帶如瑟弦。从玉瑟聲。《詩》曰：「瑟彼玉瓚。」所櫛切

閉門也。从門必聲。《春秋傳》曰：「閟門而與之言。」兵媚切

蔽不相見也。从見必聲。莫結切

馨香也。从艸必聲。毗必切

神也。从示必聲。兵媚切

食之香也。从食必聲。《詩》曰：「有飶其香。」毗必切

肥肉也。从肉必聲。蒲結切

馬飽也。从馬必聲。《詩》云：「有駜有駜。」毗必切

直視也。从目必聲。讀若《詩》「云泌彼泉水」。兵媚切

虎皃。从虍必聲。房六切

俠流也。从水必聲。兵媚切

車束也。从革必聲。毗必切

佩刀下飾。天子以玉。从玉必聲。卑吉切

欑也。从木必聲。兵媚切

械器也。从皿必聲。彌畢切

歙酒俱盡也。从西監聲。迷必切

静語也。从言监聲。一曰無聲也。彌必切

晉邑也。从邑必聲。《春秋傳》曰：「晉楚戰于邲。」毗必切

魚名。从魚必聲。毗必切

分枲莖皮也。从屮，八象枲之皮莖也。讀若髕。匹刃切

不見也。象壅蔽之形。彌兖切

冥合也。从宀丏聲。讀若《周書》「若藥不眄眩」。莫甸切

所敬也。从貝㝢聲。必鄰切 古文。

導也。从人賓聲。必刃切 儐或从手。

死在棺，將遷葬柩，賓遇之。从歺从賓，賓亦聲。夏后殯於阼階，殷人殯於兩楹之間，周人殯於賓階。必刃切

服也。从女賓聲。符眞切

暫見也。从見賓聲。必刃切

恨張目也。从目賓聲。《詩》曰：「國步斯矉。」符眞切

鬭也。从門，賓省聲。讀若賓。匹賓切

厀耑也。从骨賓聲。毗忍切

頰髮也。从髟賓聲。必刃切

鬼皃。从鬼賓聲。符眞切

薲　大萍也。从艸賓聲。符眞切

眄　目偏合也。一曰衺視也。秦語。从目丏聲。莫甸切

沔　水。出武都沮縣東狼谷，東南入江。或曰入夏水。从水丏聲。彌兖切

麪　麥末也。从麥丏聲。彌箭切

蝒　蚂蟱，蟬屬。讀若周天子赧。从虫丏聲。武延切

臱　宀宀不見也。闕。武延切

⿱宀臱　臱臱，不見也。一曰臱臱，不見省人。从宀臱聲。武延切

矈　目旁薄緻宀宀也。从目臱聲。武延切

⿰髟臱　髮皃。从髟臱聲。讀若宀。莫賢切

邊　行垂崖也。从辵臱聲。布賢切

櫋　屋櫋聯也。从木，邊省聲。武延切

籩　竹豆也。从竹邊聲。布玄切　⿷匚臱　籀文籩。

⿺走臱　走意。从走臱聲。布賢切

⿱竹臱　筡也。从竹臱聲。武移切

宀　交覆深屋也。象形。武延切

民 衆萌也。从古文之象。彌鄰切 民 古文民。

敃 彊也。从攴民聲。眉殞切

愍 痛也。从心敃聲。眉殞切

怋 怓也。从心民聲。呼昆切

蟁 齧人飛蟲。从䖵民聲。無分切 蟁 蟁或从昏，以昏時出也。蚊 俗蟁从虫从文。

罠 釣也。从网民聲。武巾切

珉 石之美者。从玉民聲。武巾切

笢 竹膚也。从竹民聲。武盡切

芇 相當也。闕。讀若宀。母官切

乚 玄鳥也。齊魯謂之乚。取其鳴自呼。象形。烏轄切 鳦 乚或从鳥。

軋 輾也。从車乚聲。烏轄切

穵 空大也。从穴乚聲。烏黠切

札 牒也。从木乚聲。側八切〔二十五〕

【校記】

［一］廣州本脱自「因」至「駰」九字條。臺灣、上海本不脱。

［二］大徐本作「从弓、丨」。

［三］此指「胤」字，爲雍正諱。

［四］原篆體「玄」右下部缺，係避康熙諱。以下从玄之篆文均同。楷體則缺末筆。

［五］大徐本作「从門从幵」。

［六］臺灣本無「幵開雙聲」四字，此依廣州本。

［七］臺灣本脱自「刑」至「幷」十八字條（缺兩頁），今據廣州本補。上海本亦脱此十八字。

［八］大徐本作「从十从八」。

［九］大徐本作「从日从臸」。

［十］大徐本作「从示、申」。

［十一］大徐本作「从雨从申」。

［十二］「紳」字在卷十四柬聲下，但陳澧又疑其當「从申从柬，申亦聲」，則當入於此。參看卷十四校記［十］。

［十三］大徐本作「从宀从至」。

［十四］大徐本作「从老省，从至」。

［十五］小徐本作「從石，堅省聲」。

［十六］「岫」字條在本卷和卷十四重見。參看卷十四校記［二十］。

［十七］「𦳊」原訛爲「艸」，臺灣、廣州本均同。今正。

［十八］大徐本篆文實際上从「芇」（小徐本从「前」）。

［十九］篆文實際上从「芇」，大小徐本均同。

［二十］大徐本作「从齒从七」。此字原又收入卷十七，但今依陳澧注删去。參看卷十七校記［十一］。

［二十一］大徐本誤。小徐本作「從斤亲聲」。

［二十二］大徐本作「从言从思」。

［二十三］大徐本作「从馬从八」。

［二十四］大徐本作「从人从肙」。

［二十五］「乙、軋、乭、札」四字條重見於卷十五上。參見卷十五上校記［一］。

卷十三

歸也。从反身。於機切

作樂之盛稱殷。从月从殳。姚曰：「月亦聲。」《易》曰：「殷薦之上帝。」於身切

痛也。从心殷聲。於巾切

所依據也。从受、工。讀與隱同。於謹切

謹也。从心𤔌聲。於靳切

蔽也。从𠂤㥯聲。於謹切

栝也。从木，隱省聲。於謹切

棼也。从木㥯聲。於靳切

秦人謂相謁而食麥曰𩜻饐。从食㥯聲。烏困切

水。出潁川陽城少室山，東入潁。从水㥯聲。於謹切

匿也，象迟曲隱蔽形。讀若隱。於謹切

尹 治也。从又、丿，握事者也。余準切 尹 古文尹。

君 尊也。从尹。發號，故从口。段曰：「尹亦聲。」舉云切 君 古文象君坐形。

羣 輩也。从羊君聲。渠云切

𢿌 朋侵也。从攴从羣，羣亦聲。渠云切

宭 羣居也。从宀君聲。渠云切

郡 周制：天子地方千里，分爲百縣，縣有四郡。故《春秋傳》曰「上大夫受郡」是也。至秦初置三十六郡，以監其縣。从邑君聲。渠連切

頵 頭頵頵大也。从頁君聲。於倫切

涒 食已而復吐之。从水君聲。《爾雅》曰：「太歲在申曰涒灘。」他昆切

窘 迫也。从穴君聲。渠隕切

輑 軺車前橫木也。从車君聲。讀若帬，又讀若褌。牛尹切

帬 下裳也。从巾君聲。渠云切 裙 帬或从衣

莙 井藻也。从艸君聲。讀若威。渠殞切

䪰 面目不正皃。从頁尹聲。余準切

芛 艸之葟榮也。从艸尹聲。羊捶切

印　執政所持信也。从爪从卩。於刃切

昷　仁也。从皿，以食囚也。官溥説。烏渾切

媪　女老偁也。从女昷聲。讀若奥。烏皓切

輼　臥車也。从車昷聲。烏魂切

嗢　咽也。从口昷聲。烏没切

慍　怒也。从心昷聲。於問切

煴　鬱煙也。从火昷聲。於云切

醖　釀也。从酉昷聲。於問切

殟　胎敗也。从歺昷聲。烏没切

搵　没也。从手昷聲。烏困切

緼　紼也。从糸昷聲。於云切

温　水。出犍爲涪，南入黔水。从水昷聲。烏魂切

薀　積也。从艸温聲。《春秋傳》曰：「薀利生孽。」於粉切

壼　壹壼也。从凶从壺。不得泄，凶也。《易》曰：「天地壹壼。」於云切

雲　山川气也。从雨，云象雲回轉形。王分切

澐 江水大波謂之澐。从水雲聲。王分切

云 古文雲。「雲」字今增。省雨。 亦古文雲。

魂 陽气也。从鬼云聲。户昆切

囩 回也。从囗云聲。羽巾切

沄 轉流也。从水云聲。讀若混。王分切

䞫 物數紛䞫亂也。从員云聲。讀若《春秋傳》曰「宋皇鄖」。羽文切

抎 有所失也。《春秋傳》曰：「抎子，辱矣。」从手云聲。于敏切

奆 大也。从大云聲。魚吻切

妘 祝融之後姓也。从女云聲。王分切 籀文妘从員。

芸 艸也。似目宿。从艸云聲。《淮南子》説：「芸艸可以死復生。」王分切

熏 火煙上出也。从屮从黑。屮黑，熏黑也。許云切

薰 香艸也。从艸熏聲。許云切

醺 醉也。从酉熏聲。《詩》曰：「公尸來燕醺醺。」許云切

壎 樂器也。以土爲之，六孔。从土熏聲。況袁切

纁 淺絳也。从糸熏聲。許云切

勳 能成王功也。从力熏聲。許云切 勛 古文勳从員。

卉 艸之總名也。从艸、屮。許偉切

賁 飾也。从貝卉聲。彼義切

幩 馬纏鑣扇汗也。从巾賁聲。《詩》曰：「朱幩鑣鑣。」符分切

歕 吹氣也。从欠賁聲。普魂切

噴 吒也。从口賁聲。一曰鼓鼻。普魂切

憤 懣也。从心賁聲。房吻切

濆 水厓也。从水賁聲。《詩》曰：「敦彼淮濆。」符分切

墳 墓也。从土賁聲。符分切

轒 淮陽名車穹隆轒。从車賁聲。符分切

鼖 大鼓謂之鼖。鼖八尺而兩面，以鼓軍事。从鼓，賁省聲。符分切 𩊾 鼖或从革，賁不省。

僨 僵也。从人賁聲。匹問切

奔 走也。从夭，賁省聲。與走同意，俱从夭。博昆切

膹 膗也。从肉賁聲。房吻切

鐼 鐵屬。从金賁聲。讀若熏。火運切

蕡　雜香艸。从艸賁聲。浮分切

豶　羠豕也。从豕賁聲。符分切

𠦪　疾也。从夲卉聲。許書有「拜从此」三字，今以「𢷎」屬「𠦪」，此三字不録。呼骨切

𢷎　首至地也。从手𠦪聲。從小徐本[一]。博怪切　揚雄說：拜从兩手下。　古文拜。

餴　滫飯也。从食𠦪聲。府文切　饙　餴或从賁。　餴或从奔。

昏　日冥也。从日氐省。氐者，下也。一曰民聲。呼昆切

閽　常以昏閉門隸也。从門从昏，昏亦聲。呼昆切

殙　瞀也。从歺昬聲。呼昆切

惛　不憭也。从心昬聲。呼昆切

捪　撫也。从手昏聲。一曰摹也。武巾切

繫頭殟也。从頁昏聲。莫奔切

錉　業也。賈人占錉。从金昏聲。武巾切

敯　冒也。从攴昬聲。《周書》曰：「敯不畏死。」眉殞切

山，在蜀湔氐西徼外。从山敃聲。武巾切

緍　釣魚繁也。从糸昏聲。吳人解衣相被，謂之緍。武巾切

鳥也。从鳥昏聲。武巾切

婦家也。此「此」字今增。籀文婚。呼昆切。篆文。二字今增。禮娶婦以昏時。婦人陰也，故曰婚。从女从昏，昏亦聲。許書先「婚」後「㜇」，今易之。

車伏兔下革也。从車㥧聲。此下有「㥧，古昏字」四字，今不録。讀若閔。眉殞切

廁也。从囗，象豕在囗中也。會意。胡困切

亂也。一曰水濁皃。从水圂聲。胡困切

憂也。从心圂聲。一曰擾也。胡困切

橐也。从束圂聲。胡本切

梡木未析也。从木圂聲。胡昆切

手推之也。从手圂聲。户骨切

斫木也。象形。舉欣切

劑斷也。从斤、金。斤亦聲。段氏以爲金聲，非是。宜引切[二]

齒本也。从齒斤聲。語斤切

附也。从辵斤聲。渠遴切 古文近。

菜，類蒿。从艸近聲。《周禮》有「莚菹。」巨巾切

靳　當膺也。从革斤聲。居近切

赾　行難也。从走斤聲。讀若堇。丘堇切

祈　求福也。从示斤聲。渠稀切

忻　闓也。从心斤聲。《司馬法》曰：「善者，忻民之善，閉民之惡。」許斤切

昕　旦明，日將出也。从日斤聲。讀若希。許斤切

旂　旗有衆鈴，以令衆也。从㫃斤聲。渠希切

訢　喜也。从言斤聲。許斤切

听　笑皃。从口斤聲。宜引切

欣　笑喜也。从欠斤聲。許斤切

掀　舉出也。从手欣聲。《春秋傳》曰：「掀公出於淖。」虛言切

頎　頭佳也。从頁斤聲。讀又若鬢。大徐本無此字，從小徐本。巨希切

⿰犬斤　犬吠聲。从犬斤聲。語斤切

⿱艸⿰犭斤　艸多皃。从艸⿰犭斤聲。江夏平春有⿱艸⿰犭斤亭。語斤切

⿰虎斤　虎聲也。从虎斤聲。語斤切

沂　水。出東海費東，西入泗。从水斤聲。一曰沂水，出泰山，蓋青州浸。魚衣切

垽 澱也。从土沂聲。魚僅切

芹 楚葵也。从艸斤聲。巨巾切

蚚 强也。从虫斤聲。巨衣切

靳

蘄 艸也。从艸靳聲。江夏有蘄春亭。《説文》無「靳」字，今姑附斤聲。渠支切

筋 肉之力也。从力从肉从竹。竹，物之多筋者。居銀切

艮 很也。从匕、目。匕目，猶目相匕，不相下也。《易》曰：「艮其限。」匕目爲艮，七目爲真也。古恨切

很 不聽从也。一曰行難也。一曰盭也。从彳艮聲。胡懇切

限 阻也。一曰門榍。从𨸏艮聲。乎簡切

艱 土難治也。从堇艮聲。古閑切 𡎎 籀文艱从喜。

垠 地垠也。一曰岸也。从土艮聲。語斤切 圻 垠或从斤。

根 木株也。从木艮聲。古痕切

跟 足踵也。从足艮聲。古痕切 跟或从止。

䫀 頰後也。从頁艮聲。古恨切

眼　目也。从目艮聲。五限切

詪　眼戾也。从言艮聲。乎懇切

恨　怨也。从心艮聲。胡艮切

狠　吠鬭聲。从犬艮聲。五還切

齦　齧也。从齒艮聲。康很切

豤　齧也。从豕艮聲。康很切

痕　胝瘢也。从疒艮聲。户恩切

鞎　車革前曰鞎。从革艮聲。户恩切

銀　白金也。从金艮聲。語巾切

珢　石之似玉者。从玉艮聲。語巾切

軍　圜圍也。四千人爲軍。从車，从包省。軍，兵車也。舉云切

緷　緯也。从糸軍聲。王問切

韗　攻皮治鼓工也。从革軍聲。讀若運。王問切　韗　韗或从韋。

幝　幒也。从巾軍聲。古渾切　褌　幝或从衣。

楎　六叉犂。一曰犂上曲木，犂轅。从木軍聲。讀若渾天之渾。户昆切

軶軥也。从車軍聲。乎昆切

大目出也。从目軍聲。古鈍切

大口也。从口軍聲。牛殞切

無齒也。从齒軍聲。魚吻切

大飛也。从羽軍聲。一曰伊、雒而南，雉五采皆備曰翬。《詩》曰：「如翬斯飛。」許歸切

奮也。从手軍聲。許歸切

光也。从日軍聲。許歸切

光也。从火軍聲。況韋切

移徙也。从辵軍聲。王問切

野饋曰餫。从食軍聲。王問切

混流聲也。从水軍聲。一曰洿下皃。户昆切

重厚也。从心軍聲。於粉切

土也。洛陽有大𡋯里。从土軍聲。户昆切

人姓。从人軍聲。吾昆切

河内沁水鄉。从邑軍聲。魯有鄆地。王問切

臭菜也。从艸軍聲。許云切

鶤雞也。从鳥軍聲。讀若運。古渾切

鼠。出丁零胡，皮可作裘。从鼠軍聲。乎昆切

周人謂兄曰罤。从弟从眔。古魂切

艸也。从艸罤聲。古渾切

魚也。从魚眔聲。李陽冰曰：「當从罤省。」是也。按：當云「罤省聲」。古頑切

昆干，不可知也。从欠鰥聲。古渾切

同也。从日从比。古渾切

同也。从手昆聲。古本切

轂齊等皃。从車昆聲。《周禮》曰：「望其轂，欲其輥。」古本切

織帶也。从糸昆聲。古本切

豐流也。从水昆聲。胡本切

煌也。从火昆聲。孤本切

石之美者。从玉昆聲。《虞書》曰：「揚州貢瑤琨。」古渾切　琨或从貫。

蟲之總名也。从二虫。讀若昆。古魂切[三]

黏土也。从土，从黄省。巨斤切　皆古文堇。

涂也。从土堇聲。渠吝切

拭也。从手堇聲。居焮切

乾也。耕暴田曰暵。从日堇聲。《易》曰：「燥萬物者莫暵于離。」呼旰切

道中死人，人所覆也。从歺堇聲。《詩》曰：「行有死人，尚或殣之。」渠吝切

少劣之居。从广堇聲。巨斤切

慎也。从言堇聲。居隱切

材能也。从人堇聲。渠吝切

勞也。从力堇聲。巨巾切

諸侯秋朝曰覲，勞王事。从見堇聲。渠吝切

病也。从疒堇聲。巨斤切

蔬不孰爲饉。从食堇聲。渠吝切

會稽縣。从邑堇聲。語斤切

瑾瑜，美玉也。从玉堇聲。居隱切

艸也。根如薺，葉如細柳，蒸食之甘。从艸堇聲。居隱切

螾也。从虫堇聲。弃忍切

鳥也。从鳥堇聲。那干切　鷬或从隹。　古文鷬。　古文鷬。　古文鷬。

吟也。从欠，鷬省聲。池案切[四]　籒文歎不省。

吞歎也。从口，歎省聲。一曰太息也。他案切

水濡而乾也。从水鷬聲。《詩》曰：「𤅩其乾矣。」呼旰切，又他干切　俗𤅩从隹。

艸也。从艸鷬聲。呼旰切

敬也。从心難聲。女版切

安㬮，温也。从日難聲。奴案切

行人節也。从人難聲。諾何切

見鬼驚詞。从鬼，難省聲。讀若《詩》「受福不儺」。諾何切

漾也。東爲滄浪水。从水，難省聲。呼旰切　古文。

乾皃。从火，漢省聲。《詩》曰：「我孔熯矣。」人善切

艸也。从艸難聲。如延切

故廬也。从木在囗中。苦悶切　古文困。

門橛也。从木困聲。苦本切

愊也。从心困聲。苦本切

廩之圜者。从禾在囗中。圜謂之囷，方謂之京。去倫切

絭束也。从禾困聲。苦本切

箘簬也。从竹囷聲。一曰博棊也。渠隕切

地蕈也。从艸囷聲。渠殞切

瘃足也。从足困聲。苦本切

無髮也。一曰耳門也。从頁困聲。苦昆切

走意。从走困聲。丘忿切

麞也。从鹿，囷省聲。居筠切 籀文不省。

拾也。从手麇聲。居運切

兩犬相齧也。从二犬。語斤切

訟也。从二女。女還切

刀堅也。象刀有刃之形。而振切

能也。从心刃聲。而軫切

荵冬艸。从艸忍聲。而軫切

訒 頓也。从言刃聲。《論語》曰：「其言也訒。」而振切

牣 牣，滿也。从牛刃聲。《詩》曰：「於牣魚躍。」而震切

軔 礙車也。从車刃聲。而振切

杒 桎杒也。从木刃聲。而震切

⿰巾刃 枕巾也。从巾刃聲。而振切

紉 繟繩也。从糸刃聲。女鄰切

仞 伸臂一尋八尺。从人刃聲。而震切

汈 水也。从水刃聲。乃見切

閏 餘分之月，五歲再閏，告朔之禮，天子居宗廟，閏月居門中。从王在門中。《周禮》曰：「閏月，王居門中終月也。」如順切

潤 水曰潤下。从水閏聲。如順切

瞤 目動也。从目閏聲。如勻切

侖 思也。从亼从冊。力屯切 侖 籀文侖。

惀 欲知之皃。从心侖聲。盧昆切

論 議也。从言侖聲。盧昆切

擇也。从手侖聲。盧昆切

輩也。从人侖聲。一曰道也。田屯切

糾絲綬也。从糸侖聲。古還切

有輻曰輪，無輻曰輇。从車侖聲。力屯切

目大也。从目侖聲[五]。《春秋傳》有鄭伯睔。古本切

小波爲淪。从水侖聲。《詩》曰：「河水清且淪漪。」一曰没也。力迍切

山自陷也。从自侖聲。盧昆切

毋杶也。从木侖聲。讀若《易》卦屯。陟倫切

蛇屬，黑色，潛于神淵，能興風雨。从虫侖聲。讀若戾艸。力屯切　蜦或从戾。

撮也。从𠬪从己。力輟切

難也。象艸木之初生。屯然而難。从屮貫一。一，地也。尾曲。《易》曰：「屯，剛柔始交而難生。」陟倫切

推也。从艸从日，艸春時生也；屯聲。昌純切

蟲動也。从䖵春聲。尺尹切　古文蠢从𢦏。《周書》曰：「我有𢦏于西。」

富也。从人春聲。尺允切

 亂也。从心春聲。《春秋傳》曰：「王室日惷惷焉。」一曰厚也。尺允切

 鬊髮也。从髟春聲。舒閏切

 大也。从大屯聲。讀若鶉。常倫切

 錭也。从金屯聲。徒困切

 下首也。从頁屯聲。都困切

 面頯也。从肉屯聲。章倫切

 樓牆也。从广屯聲。徒損切

 葬之厚夕。从穴屯聲。《春秋傳》曰：「窀穸從先君於地下。」陟倫切

 篅也。从竹屯聲。徒損切

 兵車也。从車屯聲。徒魂切

 絲也。从糸屯聲。《論語》曰：「今也純，儉。」常倫切

 黃濁黑。从黑屯聲。他衮切

 地名。从邑屯聲。此尊切

 木也。从木屯聲。《夏書》曰：「杶榦栝柏。」敕倫切  或从熏。 古文杶。

 孰也。从亯从羊。讀若純。一曰鬻也。常倫切  篆文𦎫。

孰　食飪也。从丮𦎧聲。《易》曰：「孰飪。」殊六切

諄　告曉之孰也。从言𦎧聲。讀若庉。章倫切

敦　怒也。詆也。一曰誰何也。从攴𦎧聲。都昆切，又丁回切

憝　怨也。从心敦聲。《周書》曰：「凡民罔不憝。」徒對切

鐓　下垂也。一曰千斤椎。从金敦聲。都回切

鷻　雕也。从鳥敦聲。《詩》曰：「匪鷻匪鳶。」度官切

啍　口氣也。从口𦎧聲。《詩》曰：「大車啍啍。」他昆切

惇　厚也。从心𦎧聲。都昆切

睶　謹鈍目也。从目𦎧聲。之閏切

竨　磊竨，重聚也。从立𦎧聲。丁罪切

埻　射臬也。从土𦎧聲。讀若準。之允切

錞　矛戟柲下銅，鐏也。从金𦎧聲。《詩》曰：「厹矛沃錞。」徒對切

醇　不澆酒也。从酉𦎧聲。常倫切

淳　渌也。从水𦎧聲。常倫切

焞　明也。从火𦎧聲。《春秋傳》曰：「焞燿天地。」他昆切

畫弓也。从弓𦎧聲。都昆切

雒屬。从隹𦎧聲。常倫切

黄牛黑脣也。从牛𦎧聲。《詩》曰：「九十其犉。」如均切

小豕也。从彖省，象形。从又持肉，以給祠祀。徒魂切　篆文从肉、豕。

逃也。从辵豚聲。從小徐本[六]。徒困切

髀也。从尸下丌居几。徒魂切　屍或从肉、隼。　屍或从骨殿聲。

擊聲也。从殳屍聲。堂練切

楊也。从竹殿聲。徒魂切

滓滋也。从水殿聲。堂練切

黰謂之垽。垽，滓也。从黑，殿省聲。堂練切

瞂也。所以扞身蔽目。象形。食問切

闌楯也。从木盾聲。食允切

載米䉒也。从巾盾聲。讀若《易·屯卦》之屯。陟倫切

行順也。从彳盾聲。詳遵切

遷也。一曰逃也。从辵盾聲。徒困切

揗 摩也。从手盾聲。食尹切

腯 牛羊曰肥，豕曰腯。从肉盾聲。他骨切

川 貫穿通流水也。《虞書》曰：「濬く巜，距川。」言深く巜之水會爲川也。昌緣切

順 理也。从頁川聲。從小徐本[七]。食閏切

馴 馬順也。从馬川聲。詳遵切

訓 説教也。从言川聲。許運切

巡 延行皃。从辵川聲。詳遵切

紃 圜采也。从糸川聲。詳遵切

輴 車約輴也。从車川聲。《周禮》曰：「孤乘夏輴。」一曰下棺車曰輴。敕倫切

舛 對卧也。从夊牛相背。昌兖切　蹖 楊雄説，舛从足、春。

舜 艸也。楚謂之葍，秦謂之藑。蔓地連華。象形。从舛，舛亦聲。舒閏切　𦧿 古文舜。

蕣 木堇，朝華暮落者。从艸舜聲。《詩》曰：「顔如蕣華。」舒閏切

彡 毛飾畫文也。象形。所銜切

㐱 稠髮也。从彡从人。彡亦聲。小徐本作「从彡人聲」，有脱字也。《詩》曰：「㐱髮如雲。」之忍切

鬒 㐱或从髟眞聲。

商星也。从晶㐱聲。亦眞、侵之通。所今切　曑或省。

駕三馬也。从馬參聲。倉含切

三歲牛。从牛參聲。穌含切

差也。从竹曑聲。所今切

旌旗之斿也。从糸參聲。所銜切

木長皃。从木參聲。《詩》曰：「槮差荇菜。」所今切

好皃。从人參聲。倉含切

犬容頭進也。从犬參聲。一曰賊疾也。山檻切

下漉也。从水參聲。所禁切

淺青黑也。从黑參聲。七感切

毒也。从心參聲。七感切

相怒使也。从言參聲。倉南切

婪也。从女參聲。七感切

井田閒陌也。从田㐱聲。之忍切

車後横木也。从車㐱聲。之忍切

視也。从言㐱聲。直刃切，又之忍切

目有所恨而止也。从目㐱聲。之忍切

顏色㐱鱗，愼事也。从頁㐱聲。之忍切

趠也。从走㐱聲。讀若塵。丑刃切

馬載重難也。从馬㐱聲。張人切

轉也。从糸㐱聲。之忍切

水不利也。从水㐱聲。《五行傳》曰：「若其沴作。」郎計切

脣瘍也。从肉㐱聲。之忍切 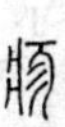籀文胗从疒。

盡也。从歺㐱聲。徒典切 古文殄如此。

貪也。从食，殄省聲。《春秋傳》曰：「謂之饕飻。」他結切

玄服。从衣㐱聲。之忍切 袗或从辰。

寶也。从玉㐱聲。陟鄰切

繹理也。从工从口从又从寸。工、口，亂也。又、寸，分理之。彡聲。此與𤔔同意。度，人之兩臂爲尋，八尺也。徐林切

㫄深也。从水尋聲。徐林切

襑　衣博大。从衣尋聲。他感切

鄩　周邑也。从邑尋聲。徐林切

蕁　芜藩也。从艸尋聲。徒含切　蕁　蕁或从爻。

肜　船行也。从舟彡聲。丑林切

覾　私出頭視也。从見肜聲。讀若郴。丑林切

㐱　新生羽而飛也。从几从彡。彡亦聲。之忍切

彭　鼓聲也。从壴彡聲。薄庚切

鬃　門内祭，先祖所以徬徨。从示彭聲。《詩》曰：「祝祭于鬃。」補盲切　祊　鬃或从方。

彤　丹飾也。从丹、彡。彡，其畫。彡亦聲。從小徐本[八]。徒冬切

兟　進也。从二先。贊从此。闕。所臻切　疑「贊」从兟聲，再考。[九]

𢍜　酒器也。从酋，廾以奉之。《周禮》六尊：犧尊、象尊、著尊、壺尊、太尊、山尊，以待祭祀賓客之禮。祖昆切　尊　尊或从寸。

遵　循也。从辵尊聲。將倫切

僔　聚也。从人尊聲。《詩》曰：「僔沓背憎。」慈損切

噂　聚語也。从口尊聲。《詩》曰：「噂沓背憎。」子損切

叢艸也。从艸尊聲。慈損切

踞也。从足尊聲。徂尊切

舞也。从土尊聲。《詩》曰：「墫墫舞我。」慈損切

薉貉中，女子無絝，以帛爲脛空，用絮補核，名曰繜衣，狀如襜褕。从糸尊聲。子昆切

柲下銅也。从金尊聲。徂寸切

減也。从刀尊聲。兹損切

赤目魚。从魚尊聲。慈損切

獸之所食艸。从廌从艸。古者神人以廌遺黃帝，帝曰：「何食何處？」曰：「食薦，夏處水澤，冬處松柏。」作甸切

水至也。从水薦聲。讀若尊。又在甸切

瓦器也。从缶薦聲。作甸切

十分也。人手卻一寸，動衇，謂之寸口。从又从一。倉困切

切也。从刀寸聲。倉本切

子之子曰孫。从子从系。系，續也。思魂切

順也。从心孫聲。《唐書》曰：「五品不愻。」蘇困切

遜　遁也。从辵孫聲。蘇困切

飧　餔也。从夕、食。思魂切

先　前進也。从兒从之。穌前切

侁　行皃。从人先聲。所臻切

詵　致言也。从言从先，先亦聲。《詩》曰：「螽斯羽詵詵兮。」所臻切

駪　馬衆多皃。从馬先聲。所臻切

毨　仲秋，鳥獸毛盛，可選取以爲器用。从毛先聲。讀若選。穌典切

跣　足親地也。从足先聲。穌典切

洗　洒足也。从水先聲。穌典切

姺　殷諸侯，爲亂，疑姓也。从女先聲。《春秋傳》曰：「商有姺邳。」所臻切。

銑　金之澤者。一曰小鑿。一曰鐘兩角謂之銑。从金先聲。穌典切

西　鳥在巢上。象形。日在西方而鳥棲，故因以爲東西之西。先稽切　棲　西或从木、妻。　卤　古文西。　卥　籀文西

洒　滌也。从水西聲。古文爲灑埽字。先禮切

垔　塞也。《尚書》曰：「鯀垔洪水。」从土西聲。於真切　𡋯　古文垔。

煙 火气也。从火垔聲。烏前切 烟 或从因。古文。籀文从宀。

禋 潔祀也。一曰精意以享爲禋。从示垔聲。於真切 籀文从宀。

甄 匋也。从瓦垔聲。居延切

䕠 豕首也。从艸甄聲。側鄰切

闉 城内重門也。从門垔聲。《詩》曰：「出其闉闍。」於真切

[illegible] 臥也。从氏垔聲。於進切

[illegible] 羣羊相積也。一曰黑羊。从羊垔聲。烏閑切

湮 没也。从水垔聲。於真切

鄄 衛地。今濟陰鄄城。从邑垔聲。吉掾切

茜 茅蒐也。从艸西聲。倉見切

分 别也。从八从刀，刀以分别物也。甫文切

攽 分也。从攴分聲。《周書》曰：「乃惟孺子攽。」亦讀與彬同。布還切

貧 財分少也。从貝从分，分亦聲。符巾切 古文从宀、分。

盼 《詩》曰：「美目盼兮。」从目分聲。匹莧切

粉 傅面者也。从米分聲。方吻切

黺 袞衣山龍華蟲。黺，畫粉也。从黹，从粉省[十]。姚曰：「粉亦聲。」衞宏説。方吻切

𡴑 屮初生，其香分佈。从中从分，分亦聲。撫文切 芬 芬或从艸。

梤 香木也。从木岎聲。撫文切

氛 祥气也。从气分聲。符分切 雰 氛或从雨。

坋 塵也。从土分聲。一曰大防也。房吻切

忿 悁也。从心分聲。敷粉切

釁 血祭也。象祭竈也。从爨省，从酉。酉，所以祭也。从分，分亦聲。虛振切

虋 赤苗，嘉穀也。从艸釁聲。莫奔切

棼 複屋棟也。从林分聲。符分切

扮 握也。从手分聲。讀若粉。房吻切

紛 馬尾韜也。从糸分聲。撫文切

鳻 鳥聚皃。一曰飛皃。从鳥分聲。府文切

盆 盎也。从皿分聲。步奔切

頒 大頭也。从頁分聲。一曰鬢也。《詩》曰：「有頒其首。」布還切

羒 牂羊也。从羊分聲。符分切

帉 楚謂大巾曰帉。从巾分聲。撫文切

衯 長衣皃。从衣分聲。撫文切

邠 周太王國。在右扶風美陽。从邑分聲。補巾切美陽亭，即豳也。民俗以夜市，有豳山。从山从豩。闕。

汾 水。出太原晉陽山，西南入河。从水分聲。或曰出汾陽北山，冀州浸。浮分切

枌 楡也。从木分聲。扶分切

魵 魚名。出薉邪頭國。从魚分聲。符分切

鼢 地行鼠，伯勞所作也。一曰偃鼠。从鼠分聲。芳吻切 蚡 或从虫、分。

班 分瑞玉。从玨从刀。布還切

本 木下曰本。从木，一在其下。布忖切 本 古文。

笨 竹裏也。从竹本聲。布忖切

奮 翬也。从奞在田上。《詩》曰：「不能奮飛。」方問切

幩 以囊盛穀，大滿而裂也。从巾奮聲。方吻切

豩 二豕也。豳从此。闕。伯貧切，又呼關切

燹 火也。从火豩聲。穌典切

　䰚，連結䰚紛相牽也。从鬥燹聲。撫文切

　聞也。从二户。象形。莫奔切

　知聞也。从耳門聲。無分切　　古文从昏。

　訊也。从口門聲。亡運切

　低目視也。从旻門聲。弘農湖縣有閺鄉，汝南西平有閺亭。無分切

　撫持也。从手門聲。《詩》曰：「莫捫朕舌。」莫奔切

　和説而諍也。从言門聲。語巾切

　懣也。从心門聲。莫困切

　東南越。蛇穜。从虫門聲。武巾切

　錯畫也。象交文。無分切

御名[十一]　秋天也。从日文聲。《虞書》曰：「仁閔覆下，則稱旻天。」武巾切

　䫍也。从彡、文[十二]。姚曰：「文亦聲。」無分切

　馬赤鬣縞身，目若黄金，名曰媽。吉皇之乘，周文王時，犬戎獻之。从馬从文，文亦聲。《春秋傳》曰：「媽馬百駟。」畫馬也。西伯獻紂，以全其身。無分切

　亂也。从糸文聲。《商書》曰：「有條而不紊。」亡運切

玟 火齊，玫瑰也。一曰石之美者。从玉文聲。莫桮切

閔 弔者在門也。从門文聲。眉殞切 [illegible] 古文閔

潣 水流浼浼皃。从水閔聲。眉殞切

吝 恨惜也。从口文聲。《易》曰：「以往吝。」良刃切 [illegible] 古文吝从彣。

麐 牝麒也。从鹿吝聲。力珍切

忞 彊也。从心文聲。《周書》曰：「在受德忞。」讀若旻。武巾切

虔 虎行皃。从虍文聲。讀若矜。渠焉切

⿺走虔 蹇行越越也。从走虔聲。讀若愆。去虔切

⿰扌虔 相援也。从手虔聲。巨言切

⿰虔阝 河東聞喜聚。从邑虔聲。渠焉切

汶 水。出琅邪朱虛東泰山，東入濰。从水文聲。桑欽說：汶水出泰山萊蕪，西南入泲。亡運切

【校記】

[一] 大徐本作「从手、桒。桒音忽」。

［二］標目弟七有「釿」字，但正文卷七無之。參看標目校記［十九］。

［三］上海本於「蚰」字後有「丨、引」二字，注：「倫案：原無此部，依標目補。又案：丨部已見十二卷。」參看標目校記［二十九］。

［四］此大徐音。小徐「他旦反」。《廣韻》「他旦切」，無澄母音。「池」或係「他」之訛。

［五］臺灣本起初抄「从目侖」，再於行間添「聲」字；廣州本只作「从目侖」。按：「从目侖」係從大徐本，加「聲」字係從小徐本。

［六］大徐本作「从辵从豚」。

［七］大徐本作「从頁从巛」。

［八］大徐本作「从丹从彡。彡，其畫也」。

［九］「贊」在卷十四。

［十］小徐本作「從㡀，粉省聲」。段注作「从㡀分聲」。

［十一］此指「旻」字，係道光諱。

［十二］此係從小徐本。大徐本作「从彡从文」。

卷十四

焉鳥，黄色，出於江淮。象形。凡字，朋者羽蟲之屬，烏者日中之禽，舄者知太歲之所在，燕者請子之候，作巢避戊己。所貴者，故皆象形。「焉」亦是也。有乾切

菸也。从艸焉聲。於乾切

引爲賈也。从人焉聲。於建切

長皃。从女焉聲。於建切

南郡縣。孝惠三年改名宜城。从邑焉聲。於乾切

水。出西河中陽北沙，南入河。从水焉聲。乙乾切

玄鳥也。籋口，布翄，枝尾。象形。於甸切

星無雲也。从日燕聲。於甸切

女字也。从女燕聲。於甸切

地名。从邑燕聲。烏前切

馬白州也。从馬燕聲。於甸切

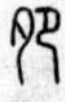轉臥也。从夕从卪。臥有卪也。於阮切

屈草自覆也。从宀夗聲。於阮切宛或从心。

大車後壓也。从車宛聲。於云切

順也。从女宛聲。《春秋傳》曰：「太子痤婉。」於阮切

圭有琬者。从玉宛聲。於阮切

田三十畮也。从田宛聲。於阮切

茈菀，出漢中房陵。从艸宛聲。於阮切

目無明也。从目夗聲。一丸切

恚也。从心夗聲。於願切古文。

慰也。从言夗聲。於願切

婉也。从女夗聲。於阮切

筋之本也。从筋，从夗省聲。渠建切笏或从肉、建。

所以養禽獸也。从艸夗聲。於阮切

豆飴也。从豆夗聲。一丸切

小盂也。从皿夗聲。烏管切

小盂也。从瓦夗聲。烏管切

幡也。从巾夗聲。於袁切

鴛鴦也。从鳥夗聲。於袁切

屈也。从兔从冂。兔在冂下，不得走，益屈折也。於袁切

宴婉也。从女冤聲。於願切

黑有文也。从黑冤聲。讀若飴盌字。於月切

量物之䩩。一曰抒井䩩。古以革。从革冤聲。於袁切

䩩或从宛。

棘蒬也。从艸冤聲。於元切

靜也。从女在宀下。烏寒切

宴也。从人安聲。烏寒切

天清也。从日安聲。烏諫切

安也。从女，妟省聲。從小徐本[一]。《詩》曰：「以妟父母。」烏諫切

安也。从宀妟聲。於甸切

匿也。从匚妟聲。於蹇切

 僵也。从人匽聲。於幰切

 拔也。从手匽聲。烏黠切

 褔領也。从衣匽聲。於幰切

 潁川縣。从邑匽聲。於建切

 在壁曰蝘蜓，在艸曰蜥易。从虫匽聲。於殄切  蝘或从䖵。

 鳥也。其雌皇。从鳥匽聲。一曰鳳皇也。於幰切

 鮀也。从魚晏聲。於幰切  鰋或从匽。

 目相戲也。从目晏聲。《詩》曰：「暥婉之求。」於殄切

 渜水也。从水安聲。烏旰切

 下也。从手安聲。烏旰切

 轢禾也。从禾安聲。烏旰切

 几屬。从木安聲。烏旰切

 馬鞁具也。从革安聲。從小徐本[二]。烏寒切

 鼻莖也。从頁安聲。烏割切  或从鼻、曷。

 艸也。从艸安聲。烏旰切

雇也。从鳥安聲。烏諫切

引也。从受从于。籀文以爲車轅字。羽元切

引也。从手爰聲。雨元切

美女也。人所援也。从女爰聲。從小徐本[三]。爰，引也。《詩》曰：「邦之媛兮。」玉眷切

善援，禺屬。从虫爰聲。雨元切

大孔璧。人君上除陛以相引。从玉爰聲。《爾雅》曰：「好倍肉謂之瑗，肉倍好謂之璧。」王眷切

大目也。从目爰聲。况晚切

大視也。从見爰聲。况晚切

面不正也。从頁爰聲。于反切

詐也。从言爰聲。况袁切

𩞁也。从素爰聲。胡玩切　緩或省。

温也。从火爰聲。况袁切

履法也。从木爰聲。讀若指撝。吁券切

鋝也。从金爰聲。《罰書》曰：「列百鍰。」户關切

水朝宗于海也。从水从行。以淺切

過也。从心衍聲。去虔切　或从寒省。　籀文。

車搖也。从車从行。一曰衍省聲。小徐本作「從車從衍省聲」。古絢切

旌旗之游，㫃蹇之皃。从中，曲而下，垂㫃相出入也。讀若偃。古人名㫃字子游。於幰切

古文㫃字。象形。及象旌旗之游。

旌旗杠皃。从丨从㫃，㫃亦聲。丑善切

日始出，光倝倝也。从旦㫃聲。古案切　闕。徐鍇引李陽冰説，疑爲「倝」籀文。段注云：《汗簡》朝作翰，翰作𠦝，可證。今從之。

晞也。从目从倝。姚曰：「倝聲。」苦寒切　或从手下目。許書「⿰倝目」爲「看」或字，今易之。「⿰倝目」下增「从目」二字〔四〕。

上出也。从乙。乙，物之達也。倝聲。渠焉切，又古寒切　籀文乾。

地名。从邑乾聲。古寒切

築牆耑木也。从木倝聲。古案切

艸也。从艸榦聲。古案切

井垣也。从韋，取其帀也；倝聲。胡安切

蠡柄也。从斗倝聲。楊雄、杜林説皆以爲軺車輪斡。烏括切

獸豪也。从毛倝聲。侯幹切

馬毛長也。从馬倝聲。矦旰切

天雞赤羽也。从羽倝聲。《逸周書》曰：「大翰，若翬雉，一名鷐風。周成王時蜀人獻之。」矦幹切

雉肥鶾音者也。从鳥倝聲。魯郊以丹雞祝曰：「以斯鶾音赤羽，去魯侯之咎。」矦幹切

赤色也。从赤倝聲。讀若浣。胡玩切

濯衣垢也。从水榦聲。胡玩切 澣或从完。

雗鷽也。从隹倝聲。侯榦切

捾目也。从目、叉。烏括切

短深目皃。从目叡聲。烏括切

手掔也。楊雄曰：「掔，握也。」从手叡聲。烏貫切

石之似玉者。从玉叡聲。烏貫切

深明也。通也。从𣦼从目，从谷省。以芮切 籀文叡从土。

走皃。从走叡聲。讀若紃。此篆今本誤作「」。解説「叡聲」，不誤。此從祁刻小[五]徐本。祥遵切

睿古文叡。

璿美玉也。从玉睿聲。《春秋傳》曰：「璿弁玉纓。」似沿切 璚古文璿。壡籀文璿。大徐本及汪刻小徐本籀文並脱从玉，此從祁刻小徐本。

厂山石之厓巖，人可居。象形。呼旱切 厈籀文从干。

屵岸高也。从山、厂，厂亦聲。五葛切

彥美士有文，人所言也。从彣厂聲。魚變切

顏眉目之閑也。从頁彥聲。五姦切 顏籀文。

諺傳言也。从言彥聲。魚變切

產生也。从生，彥省聲。所簡切

㹌畜牷也。从牛產聲。所簡切

鏟鏶也。一曰平鐵。从金產聲。初限切

滻水。出京兆藍田谷，入霸。从水產聲。所簡切

雁鳥也。从隹从人，厂聲。讀若鴈。五晏切

㷳火色也。从火雁聲。讀若鴈。五晏切

鴈鵝也。从鳥、人，厂聲。五晏切

夐 營求也。从旻，从人在穴上。《商書》曰：「高宗夢得說，使百工夐求，得之傅巖。」巖，穴也。朽正切

䞘 走意也。从走夐聲。讀若繘。居聿切

讂 流言也。从言夐聲。火縣切

觼 環之有舌者。从角夐聲。古穴切 鐍 觼或从金、矞。

奐 取奐也。一曰大也。从廾，夐省聲。從小徐本[六]。呼貫切

寏 周垣也。从宀奐聲。胡官切 院 寏或从𨸏。又爰眷切

渙 流散也。从水奐聲。呼貫切

換 易也。从手奐聲。胡玩切

瓊 赤玉也。从玉夐聲。渠營切 璚 瓊或从矞。 瓗 瓊或从巂。 琁 瓊或从旋省。

藑 茅，葍也。一名蕣。从艸夐聲。渠營切

吅 驚嘑也。从二口。讀若讙。況袁切

雚 小爵也。从萑吅聲。《詩》曰：「雚鳴于垤。」工奐切

讙 譁也。从言雚聲。呼官切

歡 喜樂也。从欠雚聲。呼官切

懽　喜歖也。从心雚聲。《爾雅》曰：「懽懽愮愮，憂無告也。」古玩切

勸　勉也。从力雚聲。去願切

觀　諦視也。从見雚聲。古玩切　古文觀从囧。

矔　目多精也。从目雚聲。益州謂瞋目曰矔。古玩切

𧾩　行𧾩趢也。一曰行曲脊皃。从走雚聲。巨員切

𢐀　弓曲也。从弓雚聲。九院切

䚕　揮角皃。从角雚聲。梁隄縣有䚕亭。又讀若縛。況袁切

爟　取火于日官名。舉火曰爟。《周禮》曰：「司爟，掌行火之政令。」从火雚聲。古玩切　烜　或从亘。

瓘　玉也。从玉雚聲。《春秋傳》曰：「瓘斝。」工玩切

酄　魯下邑。从邑雚聲。《春秋傳》曰：「齊人來歸酄。」呼官切

灌　水。出廬江雩婁，北入淮。从水雚聲。古玩切

權　黄華木。从木雚聲。一曰反常。巨員切

蠸　蟲也。一曰大螫也。讀若蜀都布名。从虫雚聲。巨員切

鸛　鸛專，畐蹂。如誰，短尾。射之，銜矢射人。从鳥雚聲。呼官切

貛　野豕也。从豕雚聲。呼官切

驩　馬名。从馬雚聲。呼官切

單　大也。从吅、甲，吅亦聲。闕。都寒切

奲　富奲奲皃。从奢單聲。丁可切

闡　開也。从門單聲。《易》曰：「闡幽。」昌善切

禪　祭天也。从示單聲。時戰切

墠　野土也。从土單聲。常衍切

殫　殛盡也。从歺單聲。都寒切

襌　衣不重。从衣單聲。都寒切

癉　勞病也。从疒單聲。丁幹切，又丁賀切

幝　車弊皃。从巾單聲。《詩》曰：「檀車幝幝。」昌善切

僤　疾也。从人單聲。《周禮》曰：「句兵欲無僤。」徒案切

嘽　喘息也。一曰喜也。从口單聲。《詩》曰：「嘽嘽駱馬。」他干切

憚　忌難也。从心單聲。一曰難也。徒案切

戰　鬬也。从戈單聲。之扇切

撣　提持也。从手單聲。讀若行遲驒驒。徒旱切

繟　帶緩也。从糸單聲。昌善切

燀　炊也。从火單聲。《春秋傳》曰：「燀之以薪。」充善切

觶　鄉飲酒角也。《禮》曰：「一人洗，舉觶。」觶受四升。从角單聲。之義切　䚀　觶或从辰。

觗　《禮經》觶。

簞　笥也。从竹單聲。《漢津令》：簞，小筐也。《傳》曰：「簞食壺漿。」都寒切

匰　宗廟盛主器也。《周禮》曰：「祭祀共匰主。」从匚單聲。都寒切

彈　行丸也。从弓單聲。徒案切　𢎚　彈或从弓持丸。

鄲　邯鄲縣。从邑單聲。都寒切

蕇　亭歷也。从艸單聲。多殄切

樿　木也。可以爲櫛。从木單聲。旨善切

蟬　以旁鳴者。从虫單聲。市連切

鼉　水蟲。似蜥易，長大。从黽單聲。徒何切

鱓　魚名。皮可爲鼓。从魚單聲。常演切

貚　貙屬也。从豸單聲。徒干切

驒騱，野馬也。从馬單聲。一曰青驪白鱗，文如鼉魚。代何切

人在山上。从人从山。呼堅切

大視也。从大、旻。讀若齤。況晚切

圜，傾側而轉者。从反仄。胡官切

骨耑骫奊也。从骨丸聲。於詭切

搔生創也。从肉丸聲。胡岸切

素也。从糸丸聲。胡官切

芄蘭，莞也。从艸丸聲。《詩》曰：「芄蘭之枝。」胡官切

鴟屬。从隹从𦫳，有毛角。所鳴，其民有旤。讀若和。胡官切

薍也。从艸萑聲。胡官切

求亘也。从二从囘。囘，古文回，象亘回形。上下，所求物也。須緣切

角匕也。从角亘聲。讀若歡。況袁切

牆也。从土亘聲。雨元切　籀文垣从𩫖。

天子宣室也。从宀亘聲。須緣切

寬嫺心腹皃。从心宣聲。《詩》曰：「赫兮愃兮。」況晚切

咺　朝鮮謂兒泣不止曰咺。从口，宣省聲。況晚切

桓　亭郵表也。从木亘聲。胡官切

䞨　䞨田，易居也。从走亘聲。羽元切

狟　犬行也。从犬亘聲。《周禮》曰：「尚狟狟。」胡官切

絙　緩也。从糸亘聲。胡官切

𡘋　奢𡘋也。从大亘聲。胡官切

洹　水。在齊魯閒。从水亘聲。羽元切

貆　貉之類。从豸亘聲。胡官切

縣　繫也。从系持県。胡涓切

矈　盧童子也。从目縣聲。胡畎切

寒　凍也。从人在宀下，以茻薦覆之，下有仌。胡安切

蹇　跛也。从足，寒省聲。九輦切

𧽫　走皃。从走，蹇省聲。九輦切

褰　絝也。从衣，寒省聲。《春秋傳》曰：「徵褰與襦。」去虔切

攐　摳衣也。从手褰聲。去虔切

馬腹縶也。从馬，寒省聲。去虔切

拔取也。南楚語。从手寒聲。《楚詞》曰：「朝搴批之木蘭。」九輦切

飛皃。从鳥，寒省聲。虛言切

馬一歲也。从馬；一，絆其足。讀若弦。一曰若環。戶關切

試力士錘也。从門从戈。或从戰省。讀若縣。胡畎切

屋牝瓦下。一曰維綱也。从广，閔省聲。讀若環。戶關切

仕也。从宀从臣。胡慣切

相詐惑也。从反予。《周書》曰：「無或譸張爲幻。」胡辦切

犯也。从反入，从一。古寒切

犯婬也。从女从干，干亦聲。古寒切

面相斥罪，相告訐也。从言干聲。居謁切

極也。从心干聲。古寒切

竹梃也。从竹干聲。古寒切

舉尾走也。从走干聲。巨言切

行喜皃。从行干聲。空旱切

進也。从辵干聲。讀若干。古寒切

剟也。从刀干聲。苦寒切

摩展衣。从衣干聲。古案切

齒見皃。从齒干聲。五版切

目多白也。一曰張目也。从目干聲。古旱切

不雨也。从日干聲。乎旰切

止也。从攴旱聲。《周書》曰：「𢼛我于艱。」矦旰切

盾也。从戈旱聲。矦旰切

勇也。从心旱聲。侯旰切

馬突也。从馬旱聲。矦旰切

禾莖也。从禾旱聲。《春秋傳》曰：「或投一秉稈。」古旱切 稈或从干。

小熱也。从火干聲。《詩》曰：「憂心𤆍𤆍。」直廉切

察視也。从見𤆍聲。讀若鎌。力鹽切

人液也。从水干聲。矦旰切

忮也。从手干聲。矦旰切

臂鎧也。从金干聲。矦旰切

門也。从門干聲。汝南平輿里門曰閈。矦旰切

水厓而高者。从屵干聲。五旰切

燒木餘也。从火，岸省聲。他案切

馬頭有發赤色者。从馬岸聲。五旰切

曲輈藩車。从車干聲。虚言切

网也。从网干聲。呼旱切

晚也。从日干聲。《春秋傳》曰：「日旰君勞。」古案切

在口，所以言也、别味也。从干从口，干亦聲。食列切。徐鍇曰：「凡物入口必干於舌。」

犬食也。从犬舌聲。從小徐本[七]。讀若比目魚鰈之鰈。他合切

銛屬。从金舌聲。讀若棪。桑欽讀若鐮。息廉切

火光也。从炎舌聲。徐鉉云：「甛省聲。」段玉裁改爲「丙聲」[八]。以冉切

炊竈木。从木舌聲。他念切

《論語》曰：「絬衣長，短右袂。」从糸舌聲。私列切

木藏也。从肉干聲。古寒切

骭　骹也。从骨干聲。古案切

皯　面黑气也。从皮干聲。古旱切

鼾　臥息也。从鼻干聲。讀若汗。矦幹切

玕　琅玕也。从玉干聲。《禹貢》：「雝州球琳琅玕。」古寒切　[illegible]　古文玕。

靬　靬，乾革也。武威有麗靬縣。从革干聲。苦旰切

邗　國也。今屬臨淮。从邑干聲。一曰邗。本屬吳。胡安切

豻　胡地野狗。从豸干聲。五旰切　犴　豻或从犬。《詩》曰：「宜犴宜獄。」

姦　私也。从三女。古顏切　[illegible]　古文姦从心旱聲。

䕼　艸，出吳林山。从艸姦聲。古顏切

閒　隙也。从門从月。古閑切　[illegible]　古文閒。

瞯　戴目也。从目閒聲。江淮之間謂眄曰瞯。户閒切

澗　山夾水也。从水閒聲。一曰澗水，出弘農新安，東南入洛。古莧切

簡　牒也。从竹閒聲。古限切

憪　憪，存也。从心，簡省聲。讀若簡。古限切

[illegible]　浙也。从水簡聲。古限切

癇　病也。从疒閒聲。户閒切

憪　愉也。从心閒聲。户閒切

嫺　雅也。从女閒聲。户閒切

僩　武皃。从人閒聲。《詩》曰：「瑟兮僩兮。」下簡切

橌　大木皃。从木閒聲。古限切

鬜　鬢秃也。从髟閒聲。苦閑切

鐧　車軸鐵也。从金閒聲。古莧切

鷳　鴟也。从鳥閒聲。户間切

𩦺　馬一目白曰𩦺，二目白曰魚。从馬閒聲。户閒切

閑　闌也。从門中有木。户閒切[九]

肩　髆也。从肉，象形。古賢切　肩　俗肩从户。

顅　頭鬢少髮也。从頁肩聲。《周禮》：「數目顅脰。」苦閒切

䚆　很視也。从覞肩聲。齊景公之勇臣有成䚆者。苦閑切

柬　分別簡之也。从束从八。八，分別也。古限切

湅　𤅢也。从水柬聲。郎甸切

辟漱鐵也。从攴从湅。段曰：「湅亦聲。」郎電切

湅繒也。从糸柬聲。郎甸切

治金也。从金柬聲。郎甸切

鑠治金也。从火柬聲。郎電切

証也。从言柬聲。古晏切

門遮也。从門柬聲。洛干切

怟讕也。从言闌聲。洛干切　讕或从閒。

所以盛弩矢，人所負也。从竹闌聲。洛干切

香艸也。从艸闌聲。落干切

大波爲瀾。从水闌聲。洛干切　瀾或从連。

孰也。从火蘭聲。郎旰切　或从閒。

潘也。从水蘭聲。洛干切

擊小鼓，引樂聲也。从申柬聲。疑當作「从申从柬，申亦聲。」《周頌》「應田縣鼓。」鄭箋云：「田當作朄。」申聲，乃與田相近，如陳从申聲，與田通是也。〔十〕羊晉切

木也。从木柬聲。郎電切

繭 蠶衣也。从糸从虫，黹省。古典切 絸 古文繭从糸、見。

襺 袍衣也。从衣繭聲。以絮曰襺，以緼曰袍。《春秋傳》曰：「盛夏重襺。」古典切

見 視也。从儿从目。古甸切

靦 面見也。从面、見，見亦聲。《詩》曰：「有靦面目。」他典切 䩄 或从旦。

晛 日見也。从日从見，見亦聲。《詩》曰：「見晛曰消。」胡甸切

睍 出目也。从目見聲。胡典切

哯 不歐而吐也。从口見聲。胡典切

俔 譬諭也。一曰間見。从人見聲。從小徐本[十二]。《詩》曰：「俔天之妹。」苦甸切

蜆 縊女也。从虫見聲。胡典切

䩂 繫牛脛也。从革見聲。己彳切

垷 涂也。从土見聲。胡典切

硯 石滑也。从石見聲。五甸切

莧 莧菜也。从艸見聲。侯澗切

建 立朝律也。从聿从廴。居萬切

健 伉也。从人建聲。渠建切

限門也。从木建聲。其獻切

所以戢弓矢。从革建聲。居言切

鉉也。一曰車轄。从金建聲。渠偃切

目圍也。从䀠、𠂆。讀若書卷之卷。古文以爲醜字。居倦切

大皃。从大䀠聲。或曰拳勇字。一曰讀若傿。乙獻切

好也。从女䁂聲。讀若蜀郡布名。委員切

顛頂也。从頁䁂聲。魚怨切

史事君也。从宀从𠂤。𠂤猶衆也。此與師同意。古丸切

小臣也。从人官聲。從小徐本〔十二〕。《詩》曰:「命彼倌人。」古患切

客舍也。从食官聲。《周禮》:五十里有市,市有館,館有積,以待朝聘之客。古玩切

搯捾也。从手官聲。一曰援也。烏括切

轂端沓也。从車官聲。古滿切

關也。所以掩尸。从木官聲。古丸切

車鞁具也。从革官聲。古滿切

如篪,六孔。十二月之音。物開地牙,故謂之管。从竹官聲。古滿切

古者玉琯以玉。

舜之時，西王母來獻其白琯。前零陵文學姓奚，於伶道舜祠下得笙玉琯。夫以玉作音，故神人以和，鳳皇來儀也。从玉官聲。

鬻也。从水官聲。酒泉有樂涫縣。古丸切

憂也。从心官聲。古玩切

逃也。从辵官聲。胡玩切　逭或从雚从兆。

體德好也。从女官聲。讀若楚郤宛。一完切

惡也；絳也。从糸官聲。一曰綃也。讀若雞卵。烏版切

茅也。从艸官聲。古顔切

澡手也。从臼、水臨皿。《春秋傳》曰：「奉匜沃盥。」古玩切

穿物持之也。从一横貫，象寶貨之形。讀若冠。古丸切

錢貝之貫。从毌、貝。姚曰：「毌亦聲」。古玩切

習也。从辵貫聲。工患切

習也。从手貫聲。《春秋傳》曰：「摜瀆鬼神。」古患切

辠也。从干、二。二，古文上字。讀若愆。張林説。去虔切

直言曰言，論難曰語。从口䇂聲。語軒切

唁　弔生也。从口言聲。《詩》曰：「歸唁衛侯。」魚變切

琂　石之似玉者。从玉言聲。語軒切

侃　剛直也。从㐰。㐰，古文信；从川，取其不舍晝夜。《論語》曰：「子路侃侃如也。」空旱切

過也。从辵侃聲。去虔切

鬻也。从鬻侃聲。諸延切　鬻或从食衍聲。　飦　或从干聲。　或从建聲。

𦣻　𦣻商，小塊也。从𠂤从臾。去衍切

遣　縱也。从辵𠳋聲。去衍切

譴　謫問也。从言遣聲。去戰切

犬　狗之有縣蹏者也。象形。孔子曰：「視犬之字如畫狗也。」苦泫切

畎　水小流也。从田犬聲。六畎爲一畝。姑泫切　𡿨　古文畎。《周禮》：「匠人爲溝洫，相廣五寸，二相爲耦；一耦之伐，廣尺深尺謂之𡿨。倍𡿨謂之遂；倍遂曰溝；倍溝曰洫；倍洫曰巜。」姑泫切　甽　古文畎許書作「𡿨」。从田从川。許書先「𡿨」、次「甽」、次「畎」，今易之。「畎」下「篆文𡿨」三字今不録。「𡿨」下增「古文畎」三字。

猚　鳥也。从隹犬聲。睢陽有猚水。五加切

原　水泉本也。从泉出厂下。愚袁切　厵　古文从灥。許書先「厵」後「原」，今易之。「原」下「篆文」二字今

不録。「厵」下增「古文」二字。

願　大頭也。从頁原聲。魚怨切

蒝　艸木形。从艸原聲。愚袁切

謜　徐語也。从言原聲。《孟子》曰：「故謜謜而來。」魚怨切

愿　謹也。从心原聲。魚怨切

傆　黠也。从人原聲。魚怨切

縓　帛赤黃色。一染謂之縓，再染謂之䞓，三染謂之纁。从糸原聲。七絹切

嫄　台國之女，周棄母字也。从女原聲。愚袁切

豲　豕屬也。二徐本皆云：「逸也。」段本依戴侗《六書故》所稱唐本改。《篇》《韻》皆云：「豲，豕屬。」今從之。段注云「逸」字乃以下文《逸周書》割一字爲之。从豕原聲。《逸周書》曰：「逸」字從段本增。「豲有爪而不敢以撅。」讀若桓。胡官切

虤　虎怒也。从二虎。五閑切

歺　列骨之殘也。从半冎。讀若櫱岸之櫱。五割切　古文歺。

𣦼　殘穿也。从又从歺，歺亦聲。從小徐本[十三]。讀若殘。昨干切

餐　吞也，从食𣦼聲。七安切　餐或从水。

粲　稻重一秳，爲粟二十斗，爲米十斗，曰毇；爲米六斗太半斗，曰粲。从米奴聲。倉案切

㛑　三女爲㛑。㛑，美也。从女，奴省聲。倉案切

兀　高而上平也。从一在人上。讀若敻。茂陵有兀桑里。五忽切

阢　石山戴土也。从𠂤从兀，兀亦聲。五忽切

髡　鬄髮也。从髟兀聲。苦昆切　髨　或从元。

元　始也。从一从兀。徐鍇曰：「俗本有『聲』字，人妄加之也。」段曰：「徐説非古音，『元、兀』相爲平入也。」愚袁切

冠　絭也。所以絭髮，弁冕之總名也。从冖从元，元亦聲。冠有法制，从寸。古丸切

頑　梱頭也。从頁元聲。五還切

軏　車轅耑持衡者。从車元聲。魚厥切

刓　剸也。从刀元聲。一曰齊也。五丸切

完　全也。从宀元聲。古文以爲寬字。胡官切

俒　完也。《逸周書》曰：「朕實不明，以俒伯父。」从人从完。姚曰：「完亦聲。」胡困切

院　堅也。从𠂤完聲。臣鉉等桉：「宀部已有此，重出。」[十四]王眷切

垸　以桼和灰而鬃也。从土完聲。一曰補垸。胡玩切

梡 棞，木薪也。从木完聲。胡本切

筦 筟也。从竹完聲。古滿切

脘 胃府也。从肉完聲。讀若患。舊云脯。古卵切

睆 大目也。从目从完。完聲也。户版切 睅 或从旱聲。許書「睆」爲「睅」或字，今易之。

⿱艸睆 夫蘺也。从艸睆聲。胡官切

莞 艸也。可以作席。从艸完聲。胡官切

鯇 魚名。从魚完聲。户版切

翫 習猒也。从習元聲。《春秋傳》曰：「翫歲而愒日。」五換切

玩 弄也。从玉元聲。五換切 貦 玩或从貝。

忨 貪也。从心元聲。《春秋傳》曰：「忨歲而潵日。」五換切

邧 鄭邑也。从邑元聲。虞遠切

阮 代郡五阮關也。从𨸏元聲。虞遠切

沅 水。出牂牁故且蘭，東北入江。从水元聲。愚袁切

芫 魚毒也。从艸元聲。愚袁切

黿 大鼈也。从黽元聲。愚袁切

蚖　榮蚖，蛇醫，以注鳴者。从虫元聲。愚袁切

抏　動也。从手兀聲。五忽切

虺　虺以注鳴。《詩》曰：「胡爲虺蜥。」从虫兀聲。許偉切

奻　訟也。从二女。女還切

𡰪　柔皮也。从申尸之後。尸或从又。臣鉉等曰：「注似闕脱，未詳。」人善切

輾　轢也。从車㞋聲。尼展切

赧　面慙赤也。从赤㞋聲。周失天下於赧王。女版切

㬮　温溼也。从日，赧省聲。讀與赧同。女版切

肰　犬肉也。从犬、肉。讀若然。如延切　𦝤　古文肰。　𤡮　亦古文肰。

然　燒也。从火肰聲。如延切　𧅫　或从艸、難。

撚　執也。从手然聲。一曰蹂也。乃殄切

繎　絲勞也。从糸然聲。如延切

㒄　意膬也。从人然聲。人善切

嘫　語聲也。从口然聲。如延切

𡟰　人姓也。从女然聲。奴見切

酸小棗。从木然聲。一曰染也。人善切

各本誤作，今從段本[十五]。柔韋也。从北，从皮省，从夐省。讀若耎。一曰若雋。而兗切

古文瓷。籀文瓷从夐省。

亂也。一曰治也。一曰不絶也。从言、絲。吕員切 古文䜌。

更也。从攴䜌聲。祕戀切

妄入宮掖也。从門䜌聲。讀若闌。洛干切

樊也。从𠬞䜌聲。吕員切

木。似欄。从木䜌聲。《禮》：天子樹松，諸侯柏，大夫欒，士楊。洛官切

臞也。从肉䜌聲。一曰切肉臠也。《詩》曰：「棘人臠臠兮。」力沇切

山小而鋭。从山䜌聲。洛官切

目矕矕也。从目䜌聲。武版切

持弓關矢也。从弓䜌聲。烏關切

杼滿也。从斗䜌聲。俱願切

漏流也。从水䜌聲。洛官切

係也。从手䜌聲。吕員切

鳧葵也。从艸攣聲。洛官切

慕也。从女䜌聲。力沇切

一乳兩子也。从子䜌聲。生患切

日旦昏時。从日䜌聲。讀若新城䜌中。洛官切

欠皃。从欠䜌聲。洛官切

南蠻。蛇種。从虫䜌聲。莫還切

亦神靈之精也。赤色，五采，雞形。鳴中五音，頌聲作則至。从鳥䜌聲。周成王時氏羌獻鸞鳥。洛官切

人君乘車，四馬鑣，八鑾鈴，象鸞鳥聲，和則敬也。从金，鸞省聲。從小徐本[十六]。洛官切

員連也。从辵从車。力延切

謰謱也。从言連聲。力延切

泣下也。从心連聲。《易》曰：「泣涕慩如。」力延切

瑚槤也。从木連聲。里典切

銅屬。从金連聲。力延切

芙蕖之實也。从艸連聲。洛賢切

鰱　魚名。从魚連聲。力延切

聯　連也。从耳，耳連於頰也；从絲，絲連不絕也。力延切

⿰齒聯　齒見皃。从齒聯聲。力延切

輦　輓車也。从車，从扶在車前引之。力展切

鄻　周邑也。从邑輦聲。力展切

丱　凡物無乳者卵生。象形。盧管切　卵　篆文。今本《說文》「丱」爲古文「磺」，而「卵」字無重文。段氏據《五經文字》《九經字樣》補「丱」字爲古文「卵」字，而「磺」下刪「丱」字。今從之，並以「丱」建首。「卵」下增「篆文」二字。

𢇍　織絹从糸貫杼也。从絲省，丱聲。古還切

關　以木橫持門戶也。从門𢇍聲。古還切

𤔔　治也。幺子相亂，𠬪治之也。讀若亂同。一曰理也。郎段切　𤔔　古文𤔔。

亂　治也。从乙。乙，治之也；从𤔔。𤔔亦聲。郎段切

薍　𦵯也。从艸亂聲。八月薍爲葦也。五患切

𡢃　順也。从女𤔔聲。《詩》曰：「婉兮𡢃兮。」力沇切　𡢃　籀文𡢃。

覶　好視也。从見𤔔聲。洛戈切

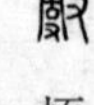煩也。从攴从𤔔，𤔔亦聲。郎段切

巴越之赤石也。象采丹井，一象丹形。都寒切 古文丹。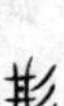亦古文丹

旗曲柄也。所以旃表士衆。从㫃丹聲。《周禮》曰：「通帛爲旃。」諸延切 旃或从亶。

物初生之題也。上象生形，下象其根也。多官切

衣正幅。从衣耑聲。多官切

直也。从立耑聲。多官切

禾垂皃。从禾耑聲。讀若端。丁果切

頭顓顓謹皃。从頁耑聲。職緣切

憂懼也。从心耑聲。《詩》曰：「惴惴其慄。」之瑞切

疾息也。从口耑聲。昌沇切

口气引也。从欠耑聲。讀若車輇。市緣切

疾瀨也。从水耑聲。他耑切

數也。一曰相讓也。从言耑聲。讀若專。尺絹切

往來數也。从辵耑聲。《易》曰：「目事遄往。」市緣切

木也。从木遄聲。市緣切

段 椎物也。从殳，耑省聲。徒玩切

鍛 小冶也。从金段聲。丁貫切

碫 厲石也。从石段聲。《春秋傳》曰：「鄭公孫碫字子石。」今本篆體作「碬」，解云：「叚聲。」今從段本改。錢氏大昕説亦同。舊乎加切，誤，當改丁貫切。[十七]

䩨 履後帖也。从韋段聲。徒玩切　緞 䩨或从糸。

毈 卵不孚也。从卵段聲。徒玩切

椯 箠也。从木耑聲。一曰椯度也。一曰剟也。兜果切

揣 量也。从手耑聲。度高曰揣。一曰捶之。初委切

篅 以判竹圜以盛穀也。从竹耑聲。市緣切

剬 斷齊也。从刀耑聲。旨兖切

瑞 以玉爲信也。从玉耑聲。今本無「聲」字。徐鍇曰：「或有『聲』字，誤也。」按：有「聲」字不誤，今補之。是僞切

⿰卮耑 小卮也。从卮耑聲。讀若捶擊之捶。旨沇切

腨 腓腸也。从肉耑聲。市沇切

⿰黃耑 黃黑色也。从黃耑聲。他耑切

獸也。从豸耑聲。讀若湍。他耑切

角𧣾，獸也。狀似豕，角善爲弓，出胡休多國。从角耑聲。多官切

明也。从日見一上。一，地也。得案切

渴鴠也。从鳥旦聲。得案切

上諱。臣鉉等曰：「漢章帝名也。《唐韻》曰：『火起也。从火旦聲。』」當割切

裼也。从人旦聲。徒旱切

衣縫解也。从衣旦聲。丈莧切

補縫也。从糸旦聲。丈莧切

安也。从土旦聲。他但切

多穀也。从㐭旦聲。多旱切

專也。从手亶聲。時戰切

視而止也。从目亶聲。旨善切

儃何也。从人亶聲。徒干切

趁也。从走亶聲。張連切

駗驙也。从馬亶聲。《易》曰：「乘馬驙如。」張連切

嬗　緩也。从女亶聲。一曰傳也。時戰切

蟺　死蟺也。从虫亶聲。常演切

顫　頭不正也。从頁亶聲。之繕切

膻　肉膻也。从肉亶聲。《詩》曰：「膻裼暴虎。」徒旱切

壇　祭場也。从土亶聲。徒干切

䥇　伐擊也。从金亶聲。旨善切

饘　糜也。从食亶聲。周謂之饘，宋謂之餬。諸延切

氈　撚毛也。从毛亶聲。諸延切

澶　澶淵水。在宋。从水亶聲。市連切

檀　木也。从木亶聲。徒乾切

鱣　鯉也。从魚亶聲。張連切　𩹴　籀文鱣。

鸇　鸇風也。从鳥亶聲。諸延切　鷏　籀文鸇从廛。

靼　柔革也。从革，从旦聲。旨熱切　𩌍　古文靼从亶。

笪　笞也。从竹旦聲。當割切

怛　憯也。从心旦聲。得案切，又當割切　𢘓　或从心在旦下。《詩》曰：「信誓𢘓𢘓。」

黃病也。从疒旦聲。丁幹切

白而有黑也。从黑旦聲。五原有莫黗縣。當割切

小觶也。从角旦聲。徒旱切

豕走也。从彑，从豕省。通貫切

衣純也。从糸彖聲。以絹切

緣也。从手彖聲。以絹切

引書也。从竹彖聲。持兖切

圭璧上起兆瑑也。从玉，篆省聲。《周禮》曰：「瑑圭璧。」直戀切

道邊庳垣也。从𠂤彖聲。徒玩切

榱也。从木彖聲。直專切

復陶也。劉歆說：蝝，蚍蜉子。董仲舒說：蝗子也。从虫彖聲。與專切

欺老也。从鳥彖聲。丑絹切

截也。从斤从㡭。㡭，古文絕。徒玩切　古文斷从皀。皀，古文叀字。《周書》曰：「詔詔猗無他技。」　亦古文。

截也。从𩠐从斷。段曰：「斷亦聲。」大丸、旨沇二切　或从刀專聲。

躖 踐處也。从足，斷省聲。徒管切

㠭 極巧視之也。从四工。知衍切

[illegible] 丹縠衣。从衣㠭聲。知扇切

展 轉也。从尸，襄省聲。知衍切

[illegible] 蟲也。从䖵，展省聲。知衍切

㢟 安步延延也。从廴从止。丑連切

䀡 相顧視而行也。从目从延，延亦聲。于線切

脠 生肉醬也。从肉延聲。丑連切[十八]

廛 一畝半，一家之居。从广、里、八、土。直連切

躔 踐也。从足廛聲。直連切

纏 繞也。从糸廛聲。直連切

孨 謹也。从三子。讀若翦。旨兖切

孱 迮也。一曰呻吟也。从孨在尸下。小徐本有「一曰孨聲」四字。按：當云「孨亦聲」[十九]。七連切

僝 具也。从人孨聲。讀若汝南潺水。《虞書》曰：「旁救僝功。」士戀切

羴 羊臭也。从三羊。式連切 羶 羴或从亶。

羼　羊相厠也。从羴在尸下。姚曰：「羴亦聲。」尸，屋也。一曰相出前也。初限切

鮮　魚名。出貉國。从魚，羴省聲。相然切

⿱雨鮮　小雨財零也。从雨鮮聲。讀若斯。息移切

癬　乾瘍也。从疒鮮聲。息淺切

扇　扉也。从户，从翄省。孫本作「从翄聲」，恐誤，此從毛本。式戰切

傓　熾盛也。从人扇聲。《詩》曰：「豔妻傓方處。」式戰切

⿰虫扇　蠅醜蝙，摇翼也。从虫扇聲。式戰切

譱　吉也。从誩从羊。此與義美同意。常衍切

鄯　鄯善，西胡國也。从邑从善，善亦聲。時戰切

僐　作姿也。从人善聲。堂演切

膳　具食也。从肉善聲。常衍切

善　篆文善从言。

繕　補也。从糸善聲。時戰切

⿰善頁　倨視人也。从頁善聲。旨善切

嫸　好枝格人語也。一曰靳也。从女善聲。旨善切

通也。从牙在穴中。昌緣切

肥肉也。从弓，所以射隹。長沙有下雋縣。徂沇切

臇也。从肉雋聲。讀若纂。子沇切　臇或从火巽。

蟲食也。从蚰雋聲。子兖切

穿木鐫也。从金雋聲。一曰琢石也。讀若瀸。子全切

以木有所擣也。从木雋聲。《春秋傳》曰：「越敗吴於檇李。」遵爲切

剟也。从刀、冊。冊，書也。所姦切

惡健犬也。从犬，删省聲。所晏切

誹也。一曰翼便也。从女，删省聲。所晏切

竹器也。从竹删聲。蘇旰切

珊瑚，色赤，生於海，或生於山。从玉，删省聲。穌干切

宣也。宣气散，生萬物，有石而高。象形。所閒切

魚游水皃。从水山聲。《詩》曰：「蒸然汕汕。」所晏切

謕也。从言山聲。所晏切

腹痛也。从疒山聲。所晏切

邖　地名。从邑山聲。所間切

屾　二山也。所臻切[二十]

贊　見也。从貝从兟。則旰切[二十一]

纘　繼也。从糸贊聲。作管切

鑽　所以穿也。从金贊聲。借官切

儹　最也。从人贊聲。作管切

酇　百家爲酇。酇，聚也。从邑贊聲。南陽有酇縣。作管切，又作旦切

欑　積竹杖也。从木贊聲。一曰穿也。一曰叢木。在丸切

篹　竹器也。从竹贊聲。讀若纂。一曰叢。作管切

灒　汙灑也。一曰水中人。从水贊聲。則旰切

饡　以羹澆飯也。从食贊聲。則幹切

㜺　白好也。从女贊聲。則旰切

瓚　三玉二石也。从玉贊聲。《禮》：「天子用全，純玉也；上公用駹，四玉一石；侯用瓚；伯用埒，玉石半相埒也。」徂贊切

爨　齊謂之炊爨。臼象持甑，冂爲竈口，廾推林内火。七亂切　[illegible]　籀文爨省。

車衡三束也。曲轅䪙縛，直轅𨏼縛。从革爨聲。讀若《論語》「鑽燧」之「鑽」。借官切

䪙或从革、贊。

賊也。从二戈。《周書》曰：「戔戔巧言。」昨千切

賊也。从歺戔聲。昨干切

齧也。从犬戔聲。初版切

履也。从足戔聲。慈衍切

送去也。从食戔聲。《詩》曰：「顯父餞之。」才線切

迹也。从彳戔聲。慈衍切

迹也。从行戔聲。才綫切

表識書也。从竹戔聲。則前切

不深也。从水戔聲。七衍切

淺也。从人戔聲。慈衍切

賈少也。从貝戔聲。才線切

虎竊毛謂之虦苗。从虎戔聲。竊，淺也。昨閑切

善言也。从言戔聲。一曰謔也。慈衍切

錢　銚也。古田器。从金戔聲。《詩》曰：「庤乃錢鎛。」即淺切，又昨先切

綫　縷也。从糸戔聲。私箭切　線　古文綫。

帴　帬也。一曰帗也。一曰婦人脅衣。从巾戔聲。讀若末殺之殺。所八切

醆　爵也。一曰酒濁而微清也。从酉戔聲。阻限切

⿰阝戔　水皀也。从皀戔聲。慈衍切

棧　棚也。竹木之車曰棧。从木戔聲。士限切

嶘　尤高也。从山棧聲。士限切

𣧑　禽獸所食餘也。从歺从肉。昨干切

全　完也。从入从玉。純玉曰全。疾緣切　仝　篆文。許書先「仝」次「全」，則「仝」爲篆文矣；而「全」下云「篆文」，段氏以爲當是「籒文」，是也。今先「全」次「仝」。「全」下「篆文仝」三字不録。「仝」下增「篆文」[二十二]二字。从工。𠓝　古文全。許書作「仝」，今改。

牷　牛純色。从牛全聲。疾緣切

詮　具也。从言全聲。此緣切

銓　衡也。从金全聲。此緣切

恮　謹也。从心全聲。此緣切

絟 細布也。从糸全聲。此緣切

跧 蹴也。一曰卑也，絭也。从足全聲。莊緣切

輇 蕃車下庳輪也。一曰無輻也。从車全聲。讀若饌。市緣切

佺 偓佺，仙人也。从人全聲。此緣切

荃 芥脃也。从艸全聲。此緣切

泉 水原也。象水流出成川形。疾緣切

鱻 新魚精也。从三魚。不變魚。相然切

尟 是少也。尟俱存也。从是、少。賈侍中說。酥典切

睿 深通川也。从谷从𣦵。𣦵，殘地阬坎意也。《虞書》曰：「睿畎澮距川。」私閏切

濬 容或从水。

㵚 古文容。

㪚 分離也。从攴从𣏟。𣏟，分㪚之意也。穌旰切

散 雜肉也。从肉㪚聲。穌旰切

饊 熬稻粻程也。从食散聲。穌旱切

霰 稷雪也。从雨散聲。穌甸切

䨘 霰或从見。

潸 涕流皃。从水，散省聲。《詩》曰：「潸焉出涕。」所姦切

𩁹　繳𩁹也。从隹𢿌聲。一曰飛𩁹也。穌旰切

筭　長六寸。計曆數者。从竹从弄。言常弄乃不誤也。蘇貫切

祘　明視以筭之。从二示。《逸周書》曰：「士分民之祘。均分以祘之也。」讀若筭。蘇貫切

蒜　葷菜。从艸祘聲。蘇貫切

算　數也。从竹从具。讀若筭。蘇管切

籑　具食也。从食算聲。士戀切　饌　籑或从巽。

潠　飲歃也。一曰吮也。从水算聲。衫洽切，又先活切

篡　屰而奪取曰篡。从厶算聲。初官切

匴　淥米籔也。从匸算聲。穌管切

𣀔　小舂也。从攴算聲。初絭切

𨐤　治車軸也。从車算聲。所眷切

纂　似組而赤。从糸算聲。作管切

䵶　黄黑而白也。从黑算聲。一曰短黑。讀若以芥爲齏，名曰芥荃也。初刮切

𠨍　二卪也。巽从此。闕。士戀切

巽　具也。从丌𠨍聲。蘇困切　𢁉　古文巽。　巽　篆文巽。

僎 具也。从人巽聲。士勉切

選 遣也。从辵、巽，巽遣之；巽亦聲。一曰選，擇也。思沇切

譔 專教也。从言巽聲。此緣切

𦊘 网也。从网巽聲。思沇切 ⿰⻊巽《逸周書》曰：「不卵不⿰⻊巽，以成鳥獸。」𦊘者，⿱罒繯獸足也。故或从足。

鐉 所以鉤門户樞也。一曰治門户器也。从金巽聲。此緣切

顨 巽也。从丌从頭。姚曰：「頭亦聲。」此《易·顨卦》「爲長女，爲風」者。蘇困切

⿰頁頁 選具也。从二頁。士戀切

㳄 慕欲口液也。从欠从水。敘連切 ⿰侃欠 次或从侃。 ⿰水欠 籀文次。

羨 貪欲也。从次，从羑省。姚曰：「次亦聲。」羑呼之羑，文王所拘羑里。似面切

⿺辶羨 遮遠也。从辵羨聲。于線切

⿰糸羨 偏緩也。从糸羨聲。昌善切

旋 周旋，旌旗之指麾也。从㫃从疋。疋，足也。似沿切

⿰氵旋 回泉也。从水，旋省聲。似沿切

縼 以長繩繫牛也。从糸旋聲。辭戀切

圜鑪也。从金旋聲。辭戀切

好也。从女旋聲。似沿切

三泉也。闕。詳遵切

辟也。象舟之旋，从舟；从殳。殳，所以旋也。北潘切 古文般从攴。

轉目視也。从目般聲。薄官切

䵺姍，下哂。从黑般聲。薄官切

搫擭，不正也。从手般聲。薄官切

臥結也。从髟般聲。讀若槃。薄官切

痍也。从疒般聲。薄官切

奢也。从女般聲。薄波切

大帶也。《易》曰：「或錫之鞶帶。」男子帶鞶，婦人帶絲。从革般聲。蒲官切

覆衣大巾。从巾般聲。或以爲首鞶。薄官切

承槃也。从木般聲。薄官切 古文从金。 籀文从皿。

盤蝥，毒蟲也。从虫般聲。布還切

藩也。从爻从林。《詩》曰：「營營青蠅，止于楙。」附袁切

樊 鷙不行也。从𠬞从棥，棥亦聲。附袁切

攀 引也。从手从樊。姚曰：「樊聲。」普班切 𠬝 或从反𠬞。許書「攀」爲「𠬝」或字，今易之。

⿰樊頁 大醜皃。从頁樊聲。附袁切

⿰樊見 覶⿰樊見也。从見樊聲。讀若幡。附袁切

⿰樊阝 京兆杜陵鄉。从邑樊聲。附袁切

蠜 𠂤蠜也。从虫樊聲。附袁切

燓 燒田也。从火、棥，棥亦聲。附袁切

煩 熱頭痛也。从頁从火。一曰焚省聲。許書無「焚」字，「焚」即「燓」字也。附袁切

薠 青薠，似莎者。从艸煩聲。附袁切

彬 文質僣也。从彡、林，林者，从焚省聲。府巾切 份 从人分聲。《論語》曰：「文質份份。」許書先「份」後「彬」，今易之。「彬」下「古文份」三字今不録。份下增「篆文」二字。

虨 虎文，彪也。从虍彬聲。布還切

𠦒 箕屬。所以推棄之器也。象形。官溥說。北潘切

糞 棄除也。从廾推𠦒棄釆也。按：𠦒亦聲。官溥說：似米而非米者，矢字。方問切

瀵 水浸也。从水糞聲。《爾雅》曰：「瀵，大出尾下。」方問切

稻紫莖不黏也。从禾糞聲。讀若靡。扶沸切

辨別也。象獸指爪分別也。讀若辨。蒲莧切　古文釆。

獸足謂之番。从釆；田，象其掌。姚曰：「釆亦聲。」附袁切　番或从足从煩。　古文番。

敷也。从言番聲。《商書》曰：「王譒告之。」補過切

穜也。一曰布也。从手番聲。補過切　古文播。

艸茂也。从艸番聲。甫煩切

爇也。从火番聲。附袁切

宗廟火孰肉。从炙番聲。《春秋傳》曰：「天子有事鐇焉，以饋同姓諸矦。」附袁切

淅米汁也。一曰水名，在河南滎陽。从水番聲。普官切

大箕也。从竹潘聲。一曰蔽也。甫煩切

屏也。从艸潘聲。甫煩切

老人白也。从白番聲。《易》曰：「賁如皤如。」薄波切　皤或从頁。

以石箸隿繁也。从石番聲。博禾切

犬鬬聲。从犬番聲。附袁切

璠 璵璠。魯之寶玉。从玉番聲。孔子曰：「美哉璵璠。遠而望之，奐若也；近而視之，瑟若也。一則理勝，二則孚勝。」附袁切

繙 冕也。从糸番聲。附袁切

旛 幅胡也。从㫃番聲。孚袁切

[illegible] 大波也。从水旛聲。孚袁切

幡 書兒拭觚布也。从巾番聲。甫煩切

鄱 鄱陽，豫章縣。从邑番聲。薄波切

䪤 小蒜也。从韭番聲。附袁切

橎 木也。从木番聲。讀若樊。附轅切

蟠 鼠婦也。从虫番聲。附袁切

[illegible] 鼠也。从鼠番聲。讀若樊。或曰鼠婦。附袁切

羳 黃腹羊。从羊番聲。附袁切

𢍏 摶飯也。从廾釆聲。釆，古文辨字。讀若書卷。居券切

卷 厀曲也。从卪𢍏聲。居轉切

捲 气勢也。从手卷聲。《國語》曰：「有捲勇。」一曰捲，收也。巨員切

髮好也。从髟卷聲。《詩》曰：「其人美且鬈。」衢員切

罷也。从人卷聲。渠眷切

勞也。从力，卷省聲。渠卷切

養畜之閑也。从囗卷聲。渠篆切

粉也。从米卷聲。去阮切

河東安邑陬也。从𠂤卷聲。居遠切

曲角也。从角𠔉聲。巨員切

缺齒也。一曰曲齒。从齒𢍏聲。讀若權。巨員切

手也。从手𠔉聲。巨員切

顧也。从目𢍏聲。《詩》曰：「乃眷西顧。」居倦切

攘臂繩也。从糸𢍏聲。居願切

牛鼻中環也。从木𢍏聲。居倦切

以穀圈養豕也。从豕𢍏聲。胡慣切

革中辨謂之韏。从韋𢍏聲。九萬切

契也。从刀𠔉聲。券別之書，以刀判契其旁，故曰契券。去願切

帣　囊也。今鹽官三斛爲一卷。从巾𢍏聲。居倦切

⿱𢍏豆　豆屬。从豆𢍏聲。居倦切

奧　宛也。室之西南隅。从宀𢍏聲。臣鉉等曰：「𢍏非聲。」烏到切

澳　隈厓也。其内曰澳，其外曰隈。从水奧聲。於六切

隩　水隈，崖也。从𨸏奧聲。烏到切

墺　四方土可居也。从土奧聲。於六切　古文墺。

燠　熱在中也。从火奧聲。烏到切

⿱竹奧　漉米籔也。从竹奧聲。於六切

薁　蘡薁也。从艸奧聲。於六切

片　判木也。从半木。匹見切

辡　辠人相與訟也。从二辛。方免切

辯　治也。从言在辡之閒。姚云：「辡亦聲。」符蹇切

辨　判也。从刀辡聲。蒲莧切

辮　交也。从糸辡聲。頻犬切

⿲辛心辛　憂也。从心辡聲。一曰急也。方沔切

辬　駁文也。从文辡聲。布還切

瓣　瓜中實。从瓜辡聲。蒲莧切

䁈　小兒白眼也。从目辡聲。蒲莧切

反　覆也。从又、厂，反形。府遠切　𠨆　古文。

返　還也。从辵从反，反亦聲。《商書》曰：「祖甲返。」扶版切　⿰彳反　《春秋傳》返从彳。

⿰車反　車耳反出也。从車从反，反亦聲。府遠切

眅　多白眼也。从目反聲。《春秋傳》曰：「鄭游眅，字子明。」普班切

叛　半也。从半反聲。薄半切

版　判也。从片反聲。布綰切

販　買賤賣貴者。从貝反聲。方願切

瓪　敗也。从瓦反聲。布綰切

飯　食也。从食反聲。符萬切

昄　大也。从日反聲。補綰切

阪　坡者曰阪。一曰澤障。一曰山脅也。从𨸏反聲。府遠切

汳　水。受陳留浚儀陰溝，至蒙爲雝水，東入于泗。从水反聲。皮變切

冕也。周曰弁，許書作「覍」，今改。殷曰吁，夏曰收。从廾，上象形。皮變切 或从兒，象形。籒文。許書先「覍」、次「𥄎」、次「弁」，「弁」爲或字，今易之，並移「𥄎」下「从廾，上象形」五字於「弁」下。

拊手也。从手弁聲。皮變切

喜樂皃。从日弁聲。皮變切

酒疾孰也。从酉弁聲。芳萬切

埽除也。从土弁聲。讀若糞。方問切

門欂櫨也。从門弁聲。皮變切

𤬪屬，蒲器也，所以盛穜。从甾弁聲。布忖切

物中分也。从八从牛。牛爲物大，可以分也。博幔切

半體肉也。一曰廣肉。从半从肉，半亦聲。普半切

大皃。从人半聲。薄滿切

量物分半也。从斗从半，半亦聲。博幔切

分也。从刀半聲。普半切

諸矦鄉射之宮，西南爲水，東北爲牆。从水从半，半亦聲。普半切

畔　田界也。从田半聲。薄半切

絆　馬縶也。从糸半聲。博幔切

袢　無色也。从衣半聲。一曰《詩》曰：「是紲袢也。」讀若普。博幔切

姅　婦人汙也。从女半聲。《漢律》：「見姅變，不得侍祠。」博幔切

㚘　竝行也。从二夫。輦字从此。讀若伴侶之伴。薄旱切

嬎　兔子也。娩，疾也。从女、兔。芳萬切

緜　聯微也。从系从帛。武延切

免　許書無此字，段氏補，今從之。段補解云：「兔逸也。从兔不見足，會意。」亡辨切

㝃　生子免身也。从子从免。姚曰：「免亦聲。」芳萬切

嬔　生子齊均也。从女从生，免聲。芳萬切

輓　引之也。从車免聲。無遠切

勉　彊也。从力免聲。亡辨切

晚　莫也。从日免聲。無遠切

睌　晚瞖，目視皃。从目免聲。武限切

浼　汙也。从水免聲。《詩》曰：「河水浼浼。」《孟子》曰：「汝安能浼我？」武皋切

冕 大夫以上冠也。邃延、垂瑬、紞纊。从冃免聲。古者黃帝初作冕。亡辨切 絻 冕或从糸。

鞔 履空也。从革免聲。母官切

鮸 魚名。出薉邪頭國。从魚免聲。亡辨切

㒼 平也。从廿，五行之數，二十分爲一辰。㒳，㒼平也。讀若蠻。母官切

瞞 平目也。从目㒼聲。母官切

滿 盈溢也。从水㒼聲。莫旱切

懣 煩也。从心滿聲。從小徐本[二十三]。莫困切

鬗 髮長也。从髟㒼聲。讀若蔓。母官切

慲 忘也。慲兜也。从心㒼聲。毋官切

璊 玉䞓色也。从玉㒼聲。禾之赤苗謂之虋，言璊，玉色如之。莫奔切 玧 璊或从允。

𣯽 以毳爲𦅾，色如虋，故謂之𣯽。虋，禾之赤苗也。从毛㒼聲。《詩》曰：「毳衣如𣯽。」莫奔切

樠 松心木。从木㒼聲。莫奔切

面 顏前也。从𦣻，象人面形。彌箭切

偭 鄉也。从人面聲。《少儀》曰：「尊壺者偭其鼻。」彌箭切

愐 勉也。从心面聲。彌殄切

湎　沈於酒也。从水面聲。《周書》曰：「罔敢湎于酒。」彌兖切

緬　微絲也。从糸面聲。弭沇切

䩘　勒靼也。从革面聲。彌沇切

蝒　馬蜩也。从虫面聲。武延切

覞　竝視也。从二見。弋笑切[二十四]

㒳　二入也。兩从此。闕。良獎切[二十五]

【校記】

[一]大徐本作「从女、日」。

[二]大徐本作「从革从安」。

[三]大徐本作「从女从爰」。

[四]兩處「鞥」原均訛爲「輸」（臺灣、廣州本均同），今正。

[五]臺灣本原脱「小」字，今據廣州本補。

[六]大徐本作「从廾，𡕥省」。

[七]大徐本作「从犬从舌」。

［八］段氏認爲此字當作「㮇」。

［九］「閑」字條重見於卷十四和卷十五下，但標目弟十四及弟十五均無此字。上海本注：「倫案：《表》無此部。此字又見十五卷末。」參看卷十五下校記［三十七］。

［十］申聲在卷十二。

［十二］大徐本作「从人从見」。

［十二］大徐本作「从人从官」。

［十三］大徐本作「从又从歺」。

［十四］《説文》「奐」字有或體「院」。

［十五］臺灣本無此注，今依廣州本。

［十六］大徐本作「从金从鸞省」。

［十七］篆文大小徐本均从「叚」，但小徐本解説則言「段聲」，引《春秋傳》亦作「碫」，而注音則爲「痕加反」。

［十八］此係從小徐本。大徐本篆从「延」，説解亦謂「延聲」。

［十九］上海本注爲：「按當云㚘聲。」

［二十］「屾」字條在卷十二和本卷重見。上海本注：「倫案：已見十二卷。」參看卷十二校記［十六］。

［二十一］卷十三「甡」字條注云疑「贊」从甡聲。參看卷十三校記［八］。

［二十二］「文」字原脱（臺灣、廣州本均同），今補。

〔二十三〕大徐本作「从心从滿」。

〔二十四〕上海本注：「倫案：《表》無。疑非此部字。」

〔二十五〕此字重見於卷十。上海本注：「倫案：《表》無。已見卷十，應删。」參看卷十校記〔四〕。

卷十五上

依也。上曰衣，下曰裳。象覆二人之形。於稀切

倚也。从人衣聲。於稀切

痛聲也。从心依聲。《孝經》曰：「哭不偯。」於豈切

户牖之閒謂之扆。从戶衣聲。於豈切

炮肉，以微火溫肉也。从火衣聲。烏痕切

閔也。从口衣聲。烏開切

女字也。从女衣聲。讀若衣。於稀切

酒泉天依阪也。从𨸏衣聲。於希切

殹聖人阿衡，尹治天下者。从人从尹。於脂切 古文伊。从古文死。

蛜威，委黍。委黍，鼠婦也。从虫，伊省聲。於脂切

姑也。从女从戌。《漢律》曰：「婦告威姑。」於非切

楲　楲窬，褻器也。从木威聲。於非切

畏　惡也。从甶，虎省。鬼頭而虎爪，可畏也。於胃切　𤰞　古文省。

猥　犬吠聲。从犬畏聲。烏賄切

鍡　鍡鑸，不平也。从金畏聲。烏賄切

隈　水曲，隩也。从𨸏畏聲。烏恢切

⿰角畏　角曲中也。从角畏聲。烏賄切

椳　門樞謂之椳。从木畏聲。烏恢切

渨　没也。从水畏聲。烏恢切

煨　盆中火。从火畏聲。烏灰切

㷉　从上案下也。从𡰥；又持火，以尉申繒也。於胃切

慰　安也。从心尉聲。一曰恚怒也。於胃切

褽　衽也。从衣尉聲。於胃切

罻　捕鳥網也。从网尉聲。於位切

蔚　牡蒿也。从艸尉聲。於胃切

一　惟初太始，道立於一，造分天地，化成萬物。於悉切　弌　古文一。

 五指持也。从受一聲。讀若律。呂戌切

 虎所攫畫明文也。从虎寽聲。古伯切

 水裂去也。从水虢聲。古伯切

 取易也。从手寽聲。郎括切

 十銖二十五分之十三也。从金寽聲。《周禮》曰：「重三鋝。」北方以二十兩爲鋝。力輟切

 餟祭也。从酉寽聲。郎外切

 卑垣也。从土寽聲。力輟切

 脅肉也。从肉寽聲。一曰脟，腸閒肥也。一曰膫也。力輟切

 木也。从木寽聲。力輟切

 商何也。从虫寽聲。力輟切

 牛白脊也。从牛寽聲。力輟切

 芳艸也。十葉爲貫，百廿貫築以煑之爲鬱。从臼、冂、缶、鬯；彡，其飾也。一曰鬱鬯，百艸之華，遠方鬱人所貢芳艸，合釀之以降神。鬱，今鬱林郡也。迂勿切

 木叢生者。从林，鬱省聲。迂弗切

 玄鳥也。齊魯謂之乙。取其鳴自呼。象形。烏轄切  乙或从鳥。

空大也。从穴乙聲。烏黠切

牒也。从木乙聲。側八切

轢也。从車乙聲。烏轄切[一]

目深皃。从目、窅。讀若《易》曰「勿卹」之「卹」。於悅切

亏也。審愼之詞者。从亏从宷。《周書》曰：「粵三日丁亥。」王伐切

回也。象回帀之形。羽非切

相背也。从舛囗聲。獸皮之韋，可以束枉戾相韋背，故借以爲皮韋。宇非切　古文韋。

戾也。从攴韋聲。羽非切

離也。从辵韋聲。羽非切

束也。从東韋聲。於非切

織横絲也。从糸韋聲。雲貴切

木也。可屈爲杅者。从木韋聲。于鬼切

回也。从水韋聲。羽非切

守也。从囗韋聲。羽非切

重衣皃。从衣圍聲。《爾雅》曰：「𧝐𧝐䙡䙡。」羽非切

湋 不流濁也。从水圍聲。羽非切
闈 宫中之門也。从門韋聲。羽非切
褘 蔽厀也。从衣韋聲。《周禮》曰：「王后之服褘衣。」謂畫袍。許歸切
幃 囊也。从巾韋聲。許歸切
韢 衺也。从交韋聲。羽非切
諱 認也。从言韋聲。許貴切
媁 不説皃。从女韋聲。羽非切
煒 盛赤也。从火韋聲。《詩》曰：「彤管有煒。」于鬼切
韡 盛也。从𠌶韋聲。《詩》曰：「萼不韡韡。」于鬼切
偉 奇也。从人韋聲。于鬼切
韙 是也。从是韋聲。《春秋傳》曰：「犯五不韙。」于鬼切 愇 籀文韙从心。
葦 大葭也。从艸韋聲。于鬼切
肙 小蟲也。从肉囗聲。一曰空也。烏玄切
蜎 蜎也。从虫肙聲。在沇切[二]
涓 小流也。从水肙聲。《爾雅》曰：「汝爲涓。」古玄切

小盆也。从金肙聲。火玄切

䤆酒也。从酉肙聲。古玄切

焆焆，煙皃。从火肙聲。因悦切

麥莖也。从禾肙聲。古玄切

繒如麥稍。从糸肙聲。吉掾切

大車縛軛靻。从革肙聲。狂沇切

規也。从囗肙聲。似沿切

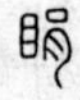視皃。从目肙聲。於絢切

忿也。从心肙聲。一曰憂也。於緣切 籀文。

猒也。从食肙聲。烏玄切

棄也。从手肙聲。與專切

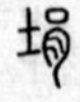徒隸所居也。一曰女牢。一曰亭部。从土肙聲。古泫切

挑取也。从刀肙聲。一曰窐也。烏玄切

角弓也，洛陽名弩曰弲。从弓肙聲。烏玄切

青驪馬。从馬肙聲。《詩》曰：「駜彼乘駽。」火玄切

員 物數也。从貝囗聲。王權切 ⿱口鼎 籀文从鼎。

圓 圜全也。从囗員聲。讀若員。王問切

⿰員見 外博眾多視也。从見員聲。讀若運。王問切[三]

縜 持綱紐也。从糸員聲。《周禮》曰：「縜寸。」爲贇切

隕 從高下也。从𨸏員聲。《易》曰：「有隕自天。」于敏切

磒 落也。从石員聲。《春秋傳》曰：「磒石于宋五。」于敏切

霣 雨也。齊人謂靁爲霣。从雨員聲。一曰雲轉起也。于敏切 ⿵冂鼎 古文霣。

𦓤 除苗間穢也。从耒員聲。羽文切 耘 𦓤或从芸。

損 減也。从手員聲。穌本切

⿰肉員 切孰肉，内於血中和也。从肉員聲。讀若遜。穌本切

愪 憂皃。从心員聲。王分切

⿸疒員 病也。从疒員聲。王問切

⿰員頁 面色顚顚皃。从頁員聲。讀若隕。于閔切

鄖 漢南之國。从邑員聲。漢中有鄖關。羽文切

溳 水。出南陽蔡陽，東入夏水。从水員聲。王分切

脩豪獸。一曰河内名豕也。从彑，下象毛、足。讀若弟。羊至切　籀文。　古文。

習也。从聿𣏟聲。羊至切　籀文肄。籀文體有誤。　篆文。

宿衛也。从韋、帀，从行。行，列衛也。疑韋亦聲。于歲切

衛也。从足衛聲。于歲切

寱言不慧也。从心衛聲。于歲切

牛踶衛也。从牛衛聲。于歲切

豚屬。从豚衛聲。讀若罽。于歲切

穀府也。从肉；𡆧，象形。云貴切

報也。从言胃聲。于貴切

大息也。从口胃聲。丘貴切　喟或从貴。

楚人謂女弟曰媦。从女胃聲。《公羊傳》曰：「楚王之妻媦。」云貴切

繒也。从糸胃聲。云貴切

大風也。从風胃聲。王勿切

水。出隴西首陽渭首亭南谷，東入河。从水胃聲。杜林説。《夏書》以爲出鳥鼠山。雝州浸也。云貴切

彙 蟲，似豪豬者。从㣇，胃省聲。于貴切 蝟 或从虫。

稀 疏也。从禾希聲[四]。香依切

絺 細葛也。从糸希聲。丑脂切

睎 望也。从目，稀省聲。海岱之閒謂眄曰睎。香衣切

欷 歔也。从欠，稀省聲。香衣切

唏 笑也。从口，稀省聲。一曰哀痛不泣曰唏。虛豈切

脪 創肉反出也。从肉希聲。香近切

俙 訟面相是。从人希聲。喜皆切

晞 乾也。从日希聲。香衣切

郗 周邑也。在河內。从邑希聲。丑脂切

莃 兎葵也。从艸，稀省聲。香衣切

豨 豕走豨豨。从豕希聲。古有封豨脩蛇之害。虛豈切

甤 草木實甤甤也。从生，豨省聲。讀若綏。儒隹切

蕤 艸木華垂皃。从艸甤聲。儒隹切

毇 米一斛舂爲八斗也。从㲋从殳。許委切

缺也。从土，毁省聲。許委切　古文毁，从壬。

傷擊也。从手、毁，毁亦聲。許委切

火也。从火毁聲。《春秋傳》曰：「衛矦燬。」許偉切

惡也。一曰人皃。从女毁聲。許委切

燬也。南方之行，炎而上。象形。呼果切

地名。从邑火聲。呼果切[五]

一名蝮，博三寸，首大如擘指。象其卧形。物之微細，或行，或毛，或蠃，或介，或鱗，以虫爲象。許偉切

舉目使人也。从攴从目。讀若颰。火劣切

臥驚也。一曰小兒號寣寣。一曰河内相評也。从寢省，从言。火滑切

出气詞也。从曰，象气出形。《春秋傳》曰：「鄭太子曶。」呼骨切　籀文曶。一曰佩也。象形。

古器也。从匚曶聲。呼骨切

青黑色。从水冒聲。段云：「各本篆文作『㴈』，解作『㫚聲』。此以隸體改篆也。《篇》《韻》皆曰：『淴今作㴈。』今據正。」大徐本呼骨切[六]

豕屬。从冒曶聲。呼骨切

高皃。从木曶聲。呼骨切

轉也。从囗，中象回轉形。户恢切　古文。

淵洄也。从水回聲。從小徐本[七]。户灰切

仁也。从心从叀。胡桂切　古文惠从芔。

細疏布也。从糸惠聲。私鋭切

櫜紐也。从韋惠聲。一曰盛虜頭橐也。胡計切

水。出廬江，入淮。从水惠聲。胡計切

木也。从木惠聲。胡計切

禾成秀也，人所以收。从爪、禾。小徐本作「从禾爪聲」，今不從。徐醉切　采或从禾惠聲。

袂也。从衣采聲。「褎、采」雙聲。似又切　俗褎从由。

合也。从亼，从曾省。曾，益也。黄外切　古文會如此。

會五采繡也。《虞書》曰：「山龍華蟲作繪。」《論語》曰：「繪事後素。」从糸會聲。黄外切

會福祭也。从示从會，會亦聲。《周禮》曰：「禬之祝號。」古外切

艸多皃。从艸會聲。《詩》曰：「薈兮蔚兮。」烏外切

廥　芻藁之藏。从广會聲。古外切

襘　帶所結也。从衣會聲。《春秋傳》曰：「衣有襘。」古外切

噲　咽也。从口會聲。讀若快。一曰嚵，噲也。苦夬切

䯤　骨擿之可會髮者。从骨會聲。《詩》曰：「䯤弁如星。」古外切

⿰禾會　糠也。从禾會聲。苦會切

膾　細切肉也。从肉會聲。古外切

劊　斷也。从刀會聲。古外切

旝　建大木，置石其上，發以機，以追敵也。从㫃會聲。《春秋傳》曰：「旝動而鼓。」《詩》曰：「其旝如林。」古外切

⿰黑會　沃黑色。从黑會聲。惡外切

嬒　女黑色也。从女會聲。《詩》曰：「嬒兮蔚兮。」古外切

獪　狡獪也。从犬會聲。古外切

鄶　祝融之後，妘姓所封。潧洧之間。鄭滅之。从邑會聲。古外切

澮　水。出霍山，西南入汾。从水會聲。古外切

檜　柏葉松身。从木會聲。古外切

分別也。从虤對爭貝。讀若迴。胡畎切

頭也。从百从儿。古文䭫首如此。百者，䭫首字也。胡結切

古文禼。姚文信據《釋獸》釋文：「此古文『鬨』，今本譌入『禼』下。」

車軸耑鍵也。兩穿相背，从舛；禼省聲。禼，古文偰字。胡戛切

無違也。从辵舝聲。讀若害。胡蓋切

石之似玉者。从玉舝聲。讀若曷。胡捌切

螻蛄也。从䖵舝聲。胡葛切

俱詞也。从比从白。古諧切

樂和龤也。从龠皆聲。《虞書》曰：「八音克龤。」户皆切

詥也。从言皆聲。户皆切

馬和也。从馬皆聲。户皆切

彊也。从人皆聲。《詩》曰：「偕偕士子。」一曰俱也。古諧切

九江謂鐵曰鍇。从金皆聲。苦駭切

禾稾去其皮，祭天以爲席。从禾皆聲。古黠切

腒也。从肉皆聲。古諧切

瑎　黑石似玉者。从玉皆聲。讀若諧。户皆切

湝　水流湝湝也。从水皆聲。一曰湝湝，寒也。《詩》曰：「風雨湝湝。」古諧切

喈　鳥鳴聲。从口皆聲。一曰鳳皇鳴聲喈喈。古諧切

階　陛也。从𨸏皆聲。古諧切

⿰糸皆　大絲也。从糸皆聲。口皆切

楷　木也。孔子冢蓋樹之者。从木皆聲。苦駭切

𠦝　背呂也。象脅肋也。古懷切

幾　微也。殆也。从𢆶从戍。戍，兵守也。而兵守者，危也。居衣切

嘰　小食也。从口幾聲。居衣切

僟　精謹也。从人幾聲。《明堂月令》：「數將僟終。」巨衣切

機　主發謂之機。从木幾聲。居衣切

⿺走幾　走也。从走幾聲。居衣切

⿰豈幾　㡲也，訖事之樂也。从豈幾聲。臣鉉等曰：「《説文》無『㡲』字，从幾从气，義無所取。當是『訖』字之誤爾。」渠稀切

⿱幾血　以血有所刏涂祭也。从血幾聲。渠稀切

誹也。从言幾聲。居衣切

穀不孰爲饑。从食幾聲。居衣切

珠不圜也。从玉幾聲。居衣切

禾穖也。从禾幾聲。居豨切

蝨子也。一曰齊謂蛭曰蟣。从虫幾聲。居豨切

天子千里地。以遠近言之，則言畿也。从田，幾省聲。巨衣切

鬼俗也。从鬼幾聲。《淮南傳》曰：「吴人鬼，越人𩴾。」居衣切

頰肉也。从肉幾聲。讀若畿。居衣切

木之曲頭止不能上也。古兮切

踞几也。象形。《周禮》五几：玉几、雕几、彤几、髤几、素几。居履切

肉也。从肉几聲。居夷切

餓也。从食几聲。居夷切

地名。从邑几聲。居履切

山也。或曰弱水之所出。从山几聲。居履切

木也。从木几聲。居履切

冬時，水土平，可揆度也。象水從四方流入地中之形。癸承壬，象人足。居誄切

菜也。从艸癸聲。彊惟切

籀文此字今增。从癶从矢。小徐作「矢聲」，再酌。似當從之。

葵也。从手癸聲。求癸切

㑦，左右兩視。从人癸聲。其季切

目不相聽也。从目癸聲。苦圭切

馬行威儀也。从馬癸聲。《詩》曰：「四牡騤騤。」渠追切

湀辟，深水處也。从水癸聲。求癸切

事已閉門也。从門癸聲。傾雪切

吴楚之外，凡無耳者謂之𦗼。言若斷耳爲盟。从耳闋聲。五滑切

姚據《廣韻》補此字。

《周禮》：「侍臣執戣，立于東垂。」兵也。从戈癸聲。渠追切

河東臨汾地，即漢之所祭后土處。从邑癸聲。揆唯切

木也。从木癸聲。又度也。求癸切

人所歸爲鬼。从人，象鬼頭。鬼陰氣賊害，从厶。居偉切古文从示。

餽　吴人謂祭曰餽。从食从鬼，鬼亦聲。俱位切，又音饋

傀　偉也。从人鬼聲。《周禮》曰：「大傀異。」公回切　瓌　傀或从玉褢聲。

魁　羹斗也。从斗鬼聲。苦回切

嵬　高不平也。从山鬼聲。五灰切

巍　高也。从嵬委聲。疑是嵬聲，再考。牛威切

隗　陮隗也。从𨸏鬼聲。五辠切

䫥　頭不正也。从頁鬼聲。口猥切

瘣　病也。从疒鬼聲。《詩》曰：「譬彼瘣木。」一曰腫旁出也。胡罪切

媿　慙也。从女鬼聲。俱位切　愧　媿或从恥省。

瑰　玫瑰。从玉鬼聲。一曰圜好。公回切

褢　袖也。一曰藏也。从衣鬼聲。户乖切

槐　木也。从木鬼聲。户恢切

螝　蛹也。从虫鬼聲。讀若潰。胡罪切

騩　馬淺黑色。从馬鬼聲。俱位切

臾　艸器也。象形。《論語》曰：「有荷臾而過孔氏之門。」求位切　蕢　篆文。从艸貴聲。許書先「蕢」

後「臾」，今易之。「臾」下云「古文蕢」，今不録。「蕢」下增「篆文」二字。

貴　物不賤也。从貝臾聲。居胃切

匱　匣也。从匚貴聲。求位切

闠　市外門也。从門貴聲。胡對切

⿰言貴　中止也。从言貴聲。《司馬法》曰：「師多則人⿰言貴。」⿰言貴，止也。胡對切

聵　聾也。从耳貴聲。五怪切　⿰𠭊耳　聵或从𠭊。鉉曰：「當从蔽省。義見蔽字注。」[八]

憒　亂也。从心貴聲。胡對切

遺　亾也。从辵貴聲。以追切

殨　爛也。从歺貴聲。胡對切

潰　漏也。从水貴聲。胡對切

隤　下隊也。从𨸏貴聲。杜回切

穨　禿皃。从禿貴聲。杜回切

⿰髟貴　屈髮也。从髟貴聲。丘媿切

⿰骨貴　厀脛間骨也。从骨貴聲。丘媿切

僓　嫺也。从人貴聲。一曰長皃。吐猥切，又魚罪切

織餘也。从糸貴聲。胡對切

韋繡也。从革貴聲。求位切

餉也。从食貴聲。求位切

椐也。从木貴聲。求位切

續也。从糸、㡭。一曰反㡭爲繼。古詣切

枸杞也。从木，繼省聲。一曰監木也。古詣切

楚人謂治魚也。从刀从魚。讀若鍥。古屑切

芺也。从艸魝聲。古詣切

走意。从走薊聲。讀若髽結之結。古屑切

歙食气屰不得息曰旡。从反欠。居未切

小食也。从皀旡聲。《論語》曰：「不使勝食既。」居未切

日頗見也。从旦既聲。其異切

嘆也。从口既聲。《詩》曰：「嘅其嘆矣。」苦蓋切

忼慨，壯士不得志也。从心既聲。古溉切

滌也。从手既聲。《詩》曰：「摡之釜鬵。」古代切

溉 水。出東海桑瀆覆甑山，東北入海。一曰灌注也。从水既聲。古代切

墍 仰涂也。从土既聲。其冀切

穊 稠也。从禾既聲。几利切

蔇 艸多皃。从艸既聲。居味切

槩 杚斗斛。从木既聲。工代切

旡 古文旡。

㤅 惠也。从心旡聲。烏代切 㤅 古文。

愛 行皃。从夊㤅聲。烏代切

僾 仿佛也。从人愛聲。《詩》曰：「僾而不見。」烏代切

䈇 蔽不見也。从竹愛聲。烏代切

彑 豕之頭。象其鋭，而上見也。讀若罽。居例切

彝 宗廟常器也。从糸；糸，綦也。廾持米，器中寶也。彑聲。此與爵相似。《周禮》：「六彝：雞彝、鳥彝、黄彝、虎彝、蟲彝、斝彝。以待祼將之禮。」以脂切 彝 彝 皆古文彝。

⿰木彝 木也。从木彝聲。羊皮切

炅 見也。从火、日。古迥切

𣦼探堅意也。从𣦼从貝。貝，堅寶也。讀若概。古代切

囚突出也。从土⿱𣦼貝聲。胡八切

菜也。葉似韭。从韭⿱𣦼貝聲。胡戒切

畫也。从八从人。人各有介。古拜切

境也。从田介聲。古拜切

門扇也。从門介聲。胡介切

袥也。从衣介聲。胡介切

齒相切也。从齒介聲。胡介切

刮也。从手介聲。古黠切

搔也。从疒介聲。古拜切

尲尬也。从尣介聲。公八切，又古拜切

忽也。从心介聲。《孟子》曰：「孝子之心不若是忿。」呼介切

妒也。从女介聲。胡蓋切

憂也。从心介聲。五介切

簪結也。从髟介聲。古拜切

 系馬尾也。从馬介聲。古拜切

 大也。从大介聲。讀若蓋。古拜切

 大圭也。从玉介聲。《周書》曰：「稱奉介圭。」古拜切

 善也。从人介聲。《詩》曰：「价人惟藩。」古拜切

 菜也。从艸介聲。古拜切

 鳥，似鶡而青，出羌中。从鳥介聲。古拜切

 艸蔡也。象艸生之散亂也。讀若介。古拜切

 相遮要害也。从夂丯聲。南陽新野有夆亭。乎蓋切

 傷也。从宀从口。宀、口，言从家起也。丯聲。胡蓋切

 剝也。从刀害聲。古達切

 擖也。从手害聲。胡秸切

 矛屬。从矛害聲。苦蓋切

 車聲也。从車害聲。一曰轄，鍵也。胡八切

 通谷也。从谷害聲。呼括切

 騬牛也。从牛害聲。古拜切

⿸广心 敏也。从心从目，害省聲。許建切

⿺走憲 走意。从走憲聲。許建切

藼 令人忘憂艸也。从艸憲聲。《詩》曰：「安得藼艸？」況袁切 ⿱艹煖 或从煖。萱 或从宣。

㓞 巧㓞也。从刀丯聲。恪八切[九]

栔 刻也。从㓞从木。姚曰：「㓞亦聲。」苦計切

契 大約也。从大从㓞[十]。《易》曰：「後代聖人易之以書契。」苦計切

⿰契頁 司人也。一曰恐也。从頁契聲。讀若褉。胡計切

⿱宀契 静也。从宀契聲。於計切

⿺走契 超特也。从走契聲。丑例切

楔 櫼也。从木契聲。先結切

鍥 鎌也。从金契聲。苦結切

偰 高辛氏之子，堯司徒，殷之先。从人契聲。私列切。此字當别出爲「卨」重文，此當删。「卨」下云「讀與偰同」，非云「偰」古文也。再酌。[十一]

⿰契阝 周封黃帝之後於⿰契阝也。从邑契聲。讀若薊。上谷有⿰契阝縣。古詣切

⿰契鳥 ⿰契鳥䴙，鳧屬。从鳥契聲。古節切

 縣持也。从手㓞聲。苦結切

 噬也。从齒㓞聲。五結切

 一角仰也。从角㓞聲。《易》曰：「其牛觢。」尺制切

恝

 小兒瘛瘲病也。从疒恝聲。臣鉉等曰：「《説文》無恝字，疑从疒从心，契省聲。」姚曰：「《素問》瘈瘲皆从契。鉉説近是。」尺制切

 引縱曰㨢。从手，瘛省聲。尺制切

 麻一耑也。从糸㓞聲。古屑切

 競也。从二兄。二兄，競意。从丯聲。讀若矜。一曰兢，敬也。居陵切[十二]

 分決也。从又，象決形。古賣切

 行流也。从水夬聲。從小徐本[十三]。廬江有決水，出於大別山。古穴切

 馬行皃。从足，決省聲。古穴切

 踶也。从走，決省聲。古穴切

 器破也。从缶，決省聲。傾雪切

 穿也。从穴，決省聲。於決切

肤 孔也。从肉，決省聲。讀若決水之決。古穴切

妜 鼻目閒皃。讀若煙火炔炔。从女，決省聲。於說切

疦 瘍也。从疒，決省聲。古穴切[十四]

𩫖 缺也。古者城闕其南方謂之𩫖。从𩫏夬聲。從小徐本讀若拔物爲決引也。傾雪切[十五]

玦 玉佩也。从玉夬聲。古穴切

抉 挑也。从手夬聲。於說切

⿱穴抉 深抉也。从穴抉聲。從小徐本[十六]。於決切

⿱㓞夬 齘契，刮也。从㓞夬聲。一曰 ，畫堅也。古黠切

鈌 刺也。从金夬聲。於決切

⿲𦥑夬 臼㓞也。从䀠，決省聲[十七]。於決切

⿰目夬 涓目也。从目夬聲。古穴切

快 喜也。从心夬聲。苦夬切

袂 袖也。从衣夬聲。彌弊切

蚗 蚗蚗，蛁蟟也。从虫夬聲。於悅切

鴂 寧鴂也。从鳥夬聲。古穴切

　獸也。似牲牲。从㲋夬聲。古穴切

　駃騠，馬父贏子也。从馬夬聲。古穴切

　气也。逯安説：亡人爲匃。古代切

　馬疾走也。从馬匃聲。古達切

　何也。从曰匃聲。胡葛切

　白也。从言曷聲。於歇切

　去也。从去曷聲。丘竭切

　息也。一曰气越泄。从欠曷聲。許謁切

　息也。从心曷聲。去例切

　盡也。从水曷聲。苦葛切

　欲歠歠。从欠渴聲。苦葛切

　蓋也。从艸渴聲。於蓋切

　㵣也。从口曷聲。於介切

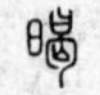　傷暑也。从日曷聲。於歇切

　飯餲也。从食曷聲。《論語》曰：「食饐而餲。」乙例切，又烏介切

微止也。从辵曷聲。讀若桑蟲之蝎。烏割切

趌趨也。从走曷聲。居謁切

屋迫也。从广曷聲。於歇切

壁間隙也。从土曷聲。讀若謁。魚列切

門聲也。从門曷聲。乙鎋切

不成，遂急戾也。从弦省，曷聲。讀若瘞葬。於罽切

高舉也。从手曷聲。去例切，又基竭切

負舉也。从立曷聲。渠列切

禾舉出苗也。从禾曷聲。居謁切

特立之石。東海有碣石山。从石曷聲。渠列切　古文。

楬櫫也。从木曷聲。《春秋傳》曰：「楬而書之。」其謁切

芞輿也。从艸楬聲。《玉篇》亦作「楬聲」，毛本注刻、小徐本俱作「稭聲」。再考。去謁切

編枲韤。一曰粗衣。从衣曷聲。胡葛切

絺綌艸也。从艸曷聲。古達切

刮也。从手葛聲。一曰撻也。口八切

䜌 臣盡力之美。从言葛聲。《詩》曰：「藹藹王多吉士。」於害切

䣻 南陽陰鄉。从邑葛聲。古達切

蝎 蝤蠐也。从虫曷聲。胡葛切

鶡 似雉，出上黨。从鳥曷聲。胡割切

巜 水流澮澮也。方百里爲巜，廣二尋，深二仞。古外切

計 會也。筭也。从言从十。古詣切

骨 肉之覈也。从冎有肉。古忽切

齰 齧骨聲。从齒从骨，骨亦聲。户八切

㾶 𦘿病也。从疒从骨，骨亦聲。户骨切

欯 咽中息不利也。从欠骨聲。烏八切

滑 利也。从水骨聲。户八切

顝 大頭也。从頁骨聲。讀若魁。苦骨切

搰 掘也。从手骨聲。户骨切

緭 結也。从糸骨聲。古忽切

鶻 鶻鵃也。从鳥骨聲。古忽切

 木本。从氏。大於末。讀若厥。居月切

 塞口也。从口，氒省聲。氒，音厥。古活切  古文从甘。

 隱也。从木昏聲。一曰矢栝，築弦處。古活切

 會也。从人昏聲。《詩》曰：「曷其有佸？」一曰佸佸，力皃。古活切

 合會善言也。从言昏聲。《傳》曰：「告之話言。」胡快切  籀文語从會。

 讙語也。从耳昏聲。古活切

 噍聲。从齒昏聲。古活切

 水流聲。从水昏聲。古活切  涽或从聒。

 疏也。从門涽聲。苦括切

 絜也。从手昏聲。古活切

 潔髮也。从髟昏聲。古活切

 掊把也。从刀昏聲。古八切

 斷也。从金昏聲。古涽切

 善自用之意也。从心銛聲。《商書》曰：「今汝懖懖。」古活切 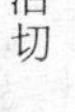 古文从耳。

 疾也。从辵昏聲。讀與括同。古活切

䯏　骨耑也。从骨昏聲。古涽切

秳　舂粟不潰也。从禾昏聲。户括切

姡　面醜也。从女昏聲。古活切

頢　短面也。从頁昏聲。五活切，又下括切

⿰示昏　祀也。从示昏聲。古末切

萿　苦蔞，果蓏也。从艸昏聲。古活切

鴰　麋鴰也。从鳥昏聲。古活切

欮　屰气也。从屰从欠。居月切　瘚　或从疒。許書「欮」爲「瘚」或字，今易之。「欮」下云「或省疒」，今不録。

厥　發石也。从厂欮聲。俱月切

⿰角厥　角有所觸發也。从角厥聲。居月切

蹶　僵也。从足厥聲。一曰跳也。亦讀若橜。居月切　⿰足闕　蹶或从闕。

橜　弋也。从木厥聲。一曰門梱也。瞿月切

撅　从手有所把也。从手厥聲。居月切

⿰力厥　彊也。从力厥聲。瞿月切

⿺走厥　蹠也。从走厥聲。居月切

臀骨也。从骨厥聲。居月切

白鷢，王鴡也。从鳥厥聲。居月切

虌也。从艸厥聲。居月切

魚名。从魚厥聲。居衛切

鼠也。一曰：西方有獸，前足短，與蛩蛩、巨虛比，其名謂之蟨。从虫厥聲。居月切

門觀也。从門欮聲。去月切［十八］

乚

鉤識也。从反亅。讀若捕鳥罬。居月切

戉

斧也。从戈乚聲。《司馬法》曰：「夏執玄戉，殷執白戚，周左杖黃戉，右秉白髦。」王伐切

踰也。从辵戉聲。《易》曰：「雜而不越。」王伐切

度也。从走戉聲。王伐切

視高皃。从目戉聲。讀若《詩》曰「施罛濊濊」。呼哲切

輕也。从足戉聲。王伐切

輕也。从女戉聲。王伐切

濊泧也。从水戉聲。讀若椒椴之椴。又火活切

采彰也。一曰車馬飾。从糸戉聲。王伐切

鉞　車鑾聲也。从金戉聲。《詩》曰：「鑾聲鉞鉞。」呼會切

孑　無右臂也。从了，乚象形。居桀切

孓　無左臂也。从了，丿象形。居月切

启　開也。从户从口。康禮切

啟　教也。从攴启聲。《論語》曰：「不憤不啓。」康禮切

䁈　省視也。从目，啓省聲。苦系切

晵　雨而晝姓也。从日，啓省聲。康禮切

棨　傳，信也。从木，啓省聲。康禮切

綮　撽繒也。一曰徽幟，信也，有齒。从糸𢼄聲[十九]。康禮切

气　雲氣也。象形。去既切

趌　直行也。从走气聲。魚訖切

杚　平也。从木气聲。古没切

吃　言蹇難也。从口气聲。居乙切

欯　喜也。从欠气聲。一曰口不便言。居气切

訖　止也。从言气聲。居迄切

汔　水涸也。或曰泣下。从水气聲。《詩》曰：「汔可小康。」許訖切

齕　齧也。从齒气聲。户骨切

刉　劃傷也。从刀气聲。一曰斷也。又讀若殪。一曰刀不利，於瓦石上刉之。古外切

麧　堅麥也。从麥气聲。乎没切

[illegible]　秃也。从頁气聲。苦骨切

忥　癡皃。从心气聲。許既切

圪　牆高也。《詩》曰：「崇墉圪圪。」从土气聲。魚迄切

釳　乘輿馬頭上防釳。插以翟尾、鐵翮，象角。所以防網羅釳去之。从金气聲。許訖切

仡　勇壯也。从人气聲。《周書》曰：「仡仡勇夫。」魚訖切

[illegible]　虎皃。从虎气聲。魚迄切

氣　饋客芻米也。从米气聲。《春秋傳》曰：「齊人來氣諸矦。」許既切　[illegible]　氣或从既。餼　氣或从食。

愾　大息也。从心从氣，氣亦聲。《詩》曰：「愾我寤歎。」許既切

鎎　怒戰也。从金氣聲。《春秋傳》曰：「諸矦敵王所鎎。」許既切

芞　芞輿也。从艸气聲。去訖切

稭也。从禾气聲。居气切

絲下也。从糸气聲。《春秋傳》有臧孫紇。下没切

皿也。象器之口，犬所以守之。去冀切

捐也。从廾推華棄之，从𠫓。𠫓，逆子也。詰利切　古文棄。　籀文棄。

見雨而比息。从䙹从雨。讀若欷。虛器切

墣也。从土，一屈象形。苦對切　凷或从鬼。

行不便也。一曰極也。从尸凷聲。古拜切

許書無此字。諧聲有。姚文僖補之云：「《玉篇》：『㕟，大息也。』與『喟、嘳』音義同。又耳部『聵』或作『聲』，知『嘳、㕟』同字。」

艸也。从艸㕟聲。苦怪切

汝南安陽鄉。从邑，蔽省聲。苦怪切

神䰠也。如龍，一足。从夊；象有角、手、人面之形。渠追切

磔也。从舛在木上也。渠列切

傲也。从人桀聲。渠列切

鉤逆者謂之亅。象形。讀若橜。衢月切

 芟艸也。从丿从乀相交。魚廢切  乂或从刀。

 治也。从辟乂聲。《虞書》曰：「有能俾嬖。」魚廢切

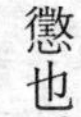 懲也。从心乂聲。魚肺切

 怒也。从心刀聲[二十]。讀若顡。李陽冰曰：「刀非聲，當从刈省。」魚既切

 虎皃。从虎乂聲。魚廢切

 冰臺也。从艸乂聲。五蓋切

 食臭也。从食艾聲。《爾雅》曰：「餀謂之喙。」呼艾切

 豕怒毛豎。一曰殘艾也。从豕、辛。魚既切

 妄怒也。一曰有決也。从殳豙聲。魚既切

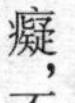 癡，不聰明也。从頁豙聲。五怪切

 煎茱萸。从艸顡聲。《漢律》：會稽獻藾一斗。魚既切

 種也。从坴、丮。持亟種之。《書》曰：「我埶黍稷。」魚祭切

 木相摩也。从木埶聲。魚祭切  槸或从艸。

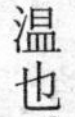 温也。从火埶聲。如列切

 於湯中爚肉。从炎，从熱省。熱非聲，當删。徐鹽切  或从炙。

私服。从衣埶聲。《詩》曰：「是褻袢也。」私列切

抵也。从車埶聲。陟利切

羊箠耑有鐵。从金埶聲。讀若至。脂利切

燒也。从火蓺聲。《春秋傳》曰：「爇僖負羈。」臣鉉等曰：「《説文》無蓺字，當从火从艸，熱省聲。」

姚云《廣韻》「埶、蓺」同，定「蓺」爲「埶」或字。〔二十一〕如劣切

遠也。卜尚平旦，今夕卜，於事外矣。五會切　古文外。

闕也。大陰之精。象形。魚厥切

墮耳也。从耳月聲。魚厥切

折也。从手月聲。魚厥切

絶也。从刀月聲。魚厥切

斷足也。从足月聲。魚厥切　跀或从兀。

列骨之殘也。从半冎。讀若櫱岸之櫱。五割切　古文歺。

水流𡿪也。从川，歺省聲。從小徐本〔二十二〕。良辥切

分解也。从刀𡿪聲。良薛切

齒分骨聲。从齒列聲。讀若剌。盧達切

繒餘也。从衣列聲。良辥切

火猛也。从火列聲。良嶭切

烈風也。从風列聲。讀若列。良薛切

水清也。从水列聲。《易》曰：「井洌，寒泉，食。」良辥切

比也。从人列聲。力制切

黍穰也。从禾列聲。良薛切

遮也。从辵列聲。良辥切

次弟馳也。从馬列聲。力制切

芀也。从艸列聲。良辥切

栭也。从木列聲。《詩》曰：「其灌其栵。」良辥切

蛣蛚也。从虫列聲。良薛切

船行不安也。从舟，从刖省。讀若兀。五忽切

語相訶歫也。从口歫辛。辛，惡聲也。讀若櫱。五葛切

危也。从𨸏，从毁省。徐巡以爲隉，凶也。賈侍中說：隉，法度也。班固說：不安也。《周書》曰：「邦之阢隉。」讀若虹蜺之蜺。五結切

內 入也。从冂，自外而入也。奴對切

軜 驂馬内轡繫軾前者。从車内聲。《詩》曰：「渋以觼軜。」奴荅切

汭 水相入也。从水从内，内亦聲。而銳切

訥 言難也。从言内聲。從小徐本。[二十三]内骨切

納 絲溼納納也。从糸内聲。奴荅切

魶 魚。似鼈，無甲，有尾，無足，口在腹下。从魚納聲。奴荅切

芮 芮芮，艸生皃。从艸内聲。讀若汭。而銳切

蜹 秦晉謂之蜹，楚謂之蚊。从虫芮聲。而銳切

笍 羊車騶箠也。箸箴其耑，長半分。从竹内聲。陟衛切

衲 卻也。一曰行遲也。从彳从内。姚曰：「内聲。」他内切 復 或从日从夂。許書「衲」爲「復」或字，今易之。退 古文从辵。

朒 朔而月見東方謂之縮朒。从月内聲。女六切

㕯 言之訥也。从口从内。女滑切

裔 衣裾也。从衣㕯聲。余制切 㐸 古文裔。

矞 以錐有所穿也。从矛㕯聲[二十四]。一曰滿有所出也。余律切

刮去惡創肉也。从刀矞聲。《周禮》曰：「劀殺之齊。」古鎋切

空皃。从穴矞聲。呼決切

涌出也。一曰水中坻，人所爲，爲潏。一曰潏，水名，在京兆杜陵。从水矞聲。古穴切

綆也。从糸矞聲。余聿切　古文从絲。　籒文繘。

權詐也。益、梁曰謬欺，天下曰譎。从言矞聲。古穴切

權詐也。从心矞聲。古穴切

危也。从口矞聲。余律切

狂走也。从走矞聲。余律切

回避也。从辵矞聲。余律切

醬也。从酉矞聲。居律切

果。出江南。从木矞聲。居聿切

知天將雨鳥也。从鳥矞聲。《禮記》曰：「知天文者冠鷸。」余律切　鷸或从遹。

蟠蟥也。从虫矞聲。余律切

驪馬白胯也。从馬矞聲。《詩》曰：「有驈有騜。」食聿切

周燕也。从隹，屮象其冠也，冏聲。一曰蜀王望帝，婬其相妻，慙亡去，爲子巂鳥。故蜀人聞

子巂鳴，皆起云「望帝」。户圭切

有二心也。从心巂聲。户圭切

提也。从手巂聲。户圭切

𡿨𡿨也。从𡳾从爪，巂聲。户圭切

創裂也。一曰疾瘺。从疒巂聲。以水切

佩角，鋭耑可以解結。从角巂聲。《詩》曰：「童子佩觿。」户圭切

言壯皃。一曰數相怒也。从言巂聲。讀若畫。呼麥切

綏也。从革巂聲。山垂切

愚戇多態也。从女巂聲。讀若隓。式吹切

維綱，中繩。从糸巂聲。讀若畫，或讀若維。户圭切

甍也。从金巂聲。户圭切

東海之邑。从邑巂聲。户圭切

大鼅也。以胃鳴者。从虫巂聲。户圭切司馬相如説：蠵从夐。

詞之必然也。从入、丨、八。八象气之分散。兒氏切

麗爾，猶靡麗也。从冂从㸚，其孔㸚，尒聲。此與爽同意。兒氏切

華盛。从艸爾聲。《詩》曰：「彼薾惟何？」兒氏切

髮皃。从髟爾聲。讀若江南謂酢母爲䰯。奴禮切

久長也。从長爾聲。武夷切

滿也。从水爾聲。奴禮切

近也。从辵爾聲。兒氏切　古文邇。

智少力劣也。从鬥爾聲。奴禮切

箷也。从竹爾聲。尼輒切

絡絲檷。从木爾聲。讀若柅。奴禮切

王者印也。从玉爾聲。斯氏切　篆文。壐所以主土，从土。許書先「壐」後「壐」，今易之。

「壐」下「籀文」二字今不録。「壐」下增「篆文」二字。

秋田也。从犬壐聲。息淺切　獮或从豕。宗廟之田也，故从豕、示。

弛弓也。从弓壐聲。斯氏切

粗緒也。从糸壐聲。式支切

䶒黿，詹諸也。《詩》曰：「得此䶒黿。」言其行黿黿。从黽爾聲。式支切

二

地之數也。从偶一。而至切

不前，不精也。从欠二聲。七四切　古文次。

用梳比也。从髟次聲。七四切

績所緝也。从糸次聲。七四切

便利也。从人次聲。《詩》曰：「決拾既佽。」一曰遞也。七四切

態也。从女次聲。即夷切

趑趄，行不進也。从走次聲。取私切

謀事曰咨。从口次聲。即夷切

欂櫨也。从木咨聲。子結切

以土增大道上。从土次聲。疾資切　古文垐从土、即。《虞書》曰：「龍，朕堲讒説殄行。」堲，疾惡也。

以茅葦蓋屋。从艸次聲。疾兹切

縱也。从心次聲。資四切

專久而美也。从壹，从恣省聲。乙冀切

戰見血曰傷；亂或爲惛；死而復生爲𣦸。从死次聲。咨四切

稻餅也。从食次聲。疾資切　餈或从齊。　餈或从米。

貨也。从貝次聲。即夷切

艸多皃。从艸資聲。疾兹切

積禾也。从禾資聲。《詩》曰：「穦之秩秩。」即夷切

久雨涔資也。一曰水名。从水資聲。才私切，又即夷切

墜也。从韭，次、𠂔皆聲。此字或與𠂔聲兩部皆收，或一收一否，再酌。祖雞切　䪢或从齊。

古文二。「二」字今增。而至切

副、益也。从貝弍聲。古文二。而至切

當也。从手貳聲。直異切

上肥也。从肉貳聲。女利切

酸棗也。从木貳聲。而至切

陰陽薄動靁雨，生物者也。从雨，畾象回轉形。魯回切　古文靁。　古文靁。　籀文。

靁閒有回。回，靁聲也。

綴得理也。一曰大索也。从糸畾聲。段注云：「即靁省聲也。」力追切

禱也。累功德以求福。《論語》云：「讄曰：『禱尔于上下神祇。』」从言，纍省聲。力軌切

或不省。

儽　垂皃。从人纍聲。一曰嬾解。落猥切

樏　山行所乘者。从木纍聲。《虞書》曰：「予乘四載。」水行乘舟，陸行乘車，山行乘樏，澤行乘輴。力追切

漯　水。出鴈門陰館累頭山，東入海。或曰治水也。从水纍聲。力追切

㔣　推也。从力畾聲。小徐作「靁省聲」。盧對切[二十五]

壘　軍壁也。从土畾聲。段改作「靁省聲」。力委切

灅　水。出右北平浚靡，東南入庚。从水壘聲。力軌切

鑸　錑鑸也。从金壘聲。洛猥切

儡　相敗也。从人畾聲。讀若雷。魯回切

櫑　龜目酒尊，刻木作雲雷象。象施不窮也。从木畾聲。魯回切　罍　櫑或从缶。[illegible]　櫑或从皿。[illegible]　籒文櫑。

瓃　玉器也。从玉畾聲。魯回切

藟　艸也。从艸畾聲。《詩》曰：「莫莫葛藟。」一曰秬鬯也。力軌切

蘽　木也。从木藟聲。力軌切　[illegible]　籒文。

鸓　鼠形，飛走且乳之鳥也。从鳥畾聲。力軌切　[illegible]　籒文鸓。

行禮之器也。从豆，象形。讀與禮同。盧啓切

履也。所以事神致福也。从示从豊，豊亦聲。靈啓切　古文禮。

酒一宿孰也。从酉豊聲。盧啓切

總十二屬也。从骨豊聲。他禮切

水。出南陽雉衡山，東入汝。从水豊聲。盧啓切

鱯也。从魚豊聲。盧啓切

二爻也。力几切

旅行也。鹿之性，見食急則必旅行。从鹿丽聲。《禮》：「麗皮納聘。」蓋鹿皮也。郎計切　古文。　篆文麗字。

行邐邐也。从辵麗聲。力紙切

艸木相附䕻土而生。从艸麗聲。《易》曰：「百穀艸木䕻於地。」呂支切

冠織也。从糸麗聲。所綺切

數也。从攴麗聲。力米切

棽儷也。从人麗聲。呂支切

汛也。从水麗聲。山豉切

癰也。从疒麗聲。一曰瘦黑。讀若隸。郎計切

暴也。从日麗聲。所智切

求也。从見麗聲。讀若池。郎計切

下酒也。一曰醇也。从酉麗聲。所綺切

竹器也。可以取粗去細。从竹麗聲。所宜切

舞履也。从足麗聲。所宜切〔二十六〕 或从革。

南陽縣。从邑麗聲。郎擊切

魚名。从魚麗聲。郎兮切

馬深黑色。从馬麗聲。吕支切

銛也。从刀。和然後利，从和省。《易》曰：「利者，義之和也。」力至切

風雨暴疾也。从風利聲。讀若栗。力質切

古文利。

履黏也。从黍，㓥省聲。㓥，古文利。作履黏以黍米。郎奚切

耕也。从牛黎聲。郎奚切

金屬。一曰剥也。从金黎聲。郎兮切

徐也。从辵黎聲。郎奚切

恨也。从心㔹聲。一曰怠也。郎尸切

雞黃也。从隹黎聲。一曰楚雀也。其色黎黑而黃。郎兮切

艸也。从艸黎聲。郎奚切

殷諸侯國。在上黨東北。从邑㔹聲。㔹，古文利。《商書》：「西伯戡𨞚。」郎奚切

果名。从木㔹聲。㔹，古文利。力脂切

曲也。从犬出户下。戾者，身曲戾也。郎計切

帛戾艸染色。从糸戾聲。郎計切

艸也。可以染留黃。从艸戾聲。郎計切

弼戾也。从弦省，从盩。讀若戾。郎計切

手耕曲木也。从木推丰。古者垂作耒梠以振民也。盧對切

耕多艸。从艸耒，耒亦聲。盧對切

頭不正也。从頁从耒。耒，頭傾也；亦聲。二字從小徐本。讀又若《春秋》陳夏齧之齧。盧對切

謚也。从言耒聲。力軌切

郲　今桂陽郲陽縣。从邑耒聲。盧對切

頪　難曉也。从頁、米。姚曰「米聲」，今不從。一曰鮮白皃。从粉省。盧對切

類　種類相似，唯犬爲甚。从犬頪聲。力遂切

禷　以事類祭天神。从示類聲。力遂切

纇　絲節也。从糸頪聲。盧對切

剌　戾也。从束从刀。刀者，刺之也。盧達切

[illegible]　㓹也。从巾剌聲。盧達切

瘌　楚人謂藥毒曰痛瘌。从疒剌聲。盧達切

賴　贏也。从貝剌聲。洛帶切

嬾　懈也，怠也。一曰臥也。从女賴聲。洛旱切

瀨　水流沙上也。从水賴聲。洛帶切

[illegible]　寒也。从仌賴聲。洛帶切

籟　三孔龠也。大者謂之笙，其中謂之籟，小者謂之箹。从竹賴聲。洛帶切

[illegible]　魚名。从魚賴聲。洛帶切

獺　如小狗也。水居食魚。从犬賴聲。他達切

⿰玉剌 玉也。从玉剌聲。盧達切

楋 木也。从木剌聲。盧達切

劣 弱也。从力、少[二十七]。力輟切

【校記】

[一]「乙、乭、札、軋」四字條重見於卷十二。參看卷十二校記[二十五]。上海本亦注云：「倫案：已見十二卷。」

[二]「在沇切」係大徐本切語，當有誤。小徐本注「狂沇反」。

[三]上海本此位置無「⿰貝見」而有「⿰貝云」，並注：「倫案：⿰貝云字已見十三卷云部。」

[四]《説文》無「希」字。

[五]臺灣本脱「火、⿰火卩」二字條（缺一頁），今據廣州本補。上海本則列「火、⿰火卩、疢」三字，注：「倫案：原無此部，依標目補。疢，據嚴可均説，火亦聲。」按：大徐本：「疢，熱病也。从疒从火。」小徐本作「從火從疒」。「疢」字條已見卷十二。

[六]小徐本注「虎配反」。

[七]大徐本作「从水从回」。

[八] 上海本注：「段氏曰：當从蔽省。」按：此誤記。段注實爲：「許書敝聲之字三，而逸『敝』篆。」

[九] 大徐本原注「恪入切」，訛。小徐本「起八反」。

[十] 小徐本作「從大㓞聲」。

[十一] 按：此注前後矛盾，當係不同時期所加。依前半段所言，此篆當删，併入卷十五下「禼」字條内；今依後半段所言，及「再酌」一語，仍保留此條。參看卷十五下校記[二十八]。

[十二]「兢」字條又見於卷六，不過依陳澧手批，今已删去。參看卷六校記[二]。廣州本無「兢」字條，上海本有。

[十三] 大徐本作「从水从夬」。

[十四] 臺灣本「疦」字條原置「眏」「快」兩字條之間，今依廣州本移於此。

[十五] 大徐本作「从亯从夬」。此字條原置「缺」「𥤮」兩字條之間，今依廣州本移於此。

[十六] 大徐本作「从穴从抉」。

[十七] 小徐本作「夬聲」；段注同。

[十八] 臺灣本「闕」字條原置「鷢」「蕨」兩字條之間，今依廣州本移於此。

[十九] 段注改爲「啟省聲」，云：「攴不成字。」

[二十] 段注改爲「从心、刀」。

〔二十一〕臺灣、廣州本「爲或埶字」，今據上海本改爲「爲埶或字」。
〔二十二〕大徐本作「列省聲」。
〔二十三〕大徐本作「从言从内」。
〔二十四〕大徐本作「从矛从肉」。
〔二十五〕此處衍「務也从力䖒聲其據切」數字（臺灣、廣州本均同）。今删去。
〔二十六〕大徐本注「所綺切」，小徐本注「疎比反」。
〔二十七〕此係從小徐本。大徐本作「从力少聲」。

卷十五下

至也。从氐下箸一。一，地也。或是「氐聲」。再考。丁禮切

怒不進也。从辵氐聲。都禮切

趨也。从走氐聲。都禮切

觸也。从牛氐聲。都禮切

擠也。从手氐聲。丁禮切

苛也。一曰訶也。从言氐聲。都禮切

苛也。从口氐聲。都禮切

木根也。从木氐聲。都禮切

腄也。从肉氐聲。竹尼切

絲滓也。从糸氐聲。都兮切

小渚也。《詩》曰：「宛在水中坻。」从土氐聲。直尼切　坻或从水从夊。　坻或从水

从耆。

秦謂陵阪曰阺。从𨸏氐聲。丁禮切

大車後也。从車氐聲。丁禮切

袛裯，短衣。从衣氐聲。都兮切

山居也。一曰下也。从广氐聲。都禮切

屬國舍。从邑氐聲。都禮切

柔石也。从厂氐聲。職雉切 厎或从石。

大也。从大氐聲。讀若氐。都兮切

敬也。从示氐聲。旨移切

病人視也。从見氐聲。讀若迷。莫兮切

水。在常山。从水氐聲。直尼切

菹也。从艸泜聲。直宜切 䓋或从皿。皿，器也。

螘子也。从虫氐聲。《周禮》有蚳醢。讀若祁。直尼切 籀文蚳从䖵。 古文蚳从辰、土。

雖也。从隹氐聲。處脂切 籀文雖从鳥。

牡羊也。从羊氐聲。都兮切

小𠂤也。象形。都回切

佩巾也。从巾𠂤聲。從小徐本[二]。所律切 　帥或从兑。又音税。

血祭肉也。从肉帥聲。呂戌切　膟或从率。

悉𧌐也。从虫帥聲。所律切

逐也。从辵𠂤聲。陟隹切

關東謂之槌，關西謂之㭪。从木追聲。直類切

以繩有所縣也。《春秋傳》曰：「夜縋納師。」从糸追聲。持僞切

女嫁也。从止，从婦省，𠂤聲。舉韋切　籀文省。

注目視也。从見歸聲。渠追切

薺實也。从艸歸聲。驅歸切

鳥之短尾總名也。象形。職追切

屍也。从肉隹聲。示隹切

陮隗，高也。从𨸏隹聲。都辠切

高也。从屵隹聲。都回切

崔　大高也。从山、隹。段補「聲」字[二]。昨回切

摧　擠也。从手崔聲。一曰挏也，一曰折也。昨回切

漼　深也。从水崔聲。《詩》曰：「有漼者淵。」七罪切

縗　著絲於筟車也。从糸崔聲。穌對切

催　相儔也。从人崔聲。《詩》曰：「室人交徧催我。」倉回切

錐　鋭也。从金隹聲。藏追切

頧　出頟也。从頁隹聲。直追切

倠　仳倠，醜面。从人隹聲。許惟切

婎　姿婎，姿也。从女隹也。一曰醜也。許惟切

[illegible]　屋从上傾下也。从广隹聲。都回切

椎　擊也。齊謂之終葵。从木隹聲。直追切

碓　舂也。从石隹聲。都隊切

推　排也。从手隹聲。他回切

蓷　萑也。从艸推聲。《詩》曰：「中谷有蓷。」他回切

趡　動也。从走隹聲。《春秋傳》曰：「盟于趡。」趡，地名。千水切

鳥張毛羽自奮也。从大从隹。姚曰：「隹亦聲。」讀若睢。息遺切

仰目也。从目隹聲。許惟切

何也。从言隹聲。示隹切

凡思也。从心隹聲。以追切

車蓋維也。从糸隹聲。以追切

水。出琅邪箕屋山，東入海。徐州浸。《夏書》曰：「濰、淄其道。」从水維聲。以追切

諾也。从口隹聲。以水切

雌雉鳴也。从鳥唯聲。《詩》曰：「有鷕雉鳴。」以沼切

菜也。从艸唯聲。以水切

似蜥蜴而大。从虫唯聲。息遺切

艸多皃。从艸隹聲。此字大徐本厠於艸部「蓷」字下、「堇」字上，非其類。小徐本厠于「茸、葏」二字之間，則大篆當從茻。職追切

在旁曰帷。从巾隹聲。洧悲切　古文帷。

神獸也。从鬼隹聲。昌九切[三]

譟也。从言魋聲。杜回切

石之似玉者。从玉隹聲。讀若維。以追切

水。出南陽平氏桐柏大復山，東南入海。从水隹聲。户乖切

器也。从匚淮聲。胡罪切

馬蒼黑雜毛。从馬隹聲。職追切

如母猴，卬鼻，長尾。从虫隹聲。余季切

祝鳩也。从隹、十。一曰鶉字。思允切　或从鳥隹聲。許書「隼」爲「鵻」或字，今易之。思允切

毛盛也。从毛隼聲。《虞書》曰：「鳥獸毴髦。」而尹切，又人勇切

平也。从水隼聲。之允切

準也。北方之行。象衆水並流，中有微陽之气也。式軌切

孰寐也。从寢省，水聲。讀若悸。求癸切

二水也。闕。之壘切

山間陷泥地。从口，从水敗皃。讀若沇州之沇。九州之渥地也，故以沇名焉。以轉切　古文㕣。

緣水而下也。从水㕣聲。《春秋傳》曰：「王沿夏。」與專切

説也。从儿㕣聲。大外切

說釋也。从言兑聲。從小徐本[四]。一曰談說。失爇切，又弋雪切

具數於門中也。从門，說省聲。弋雪切

鳥也。从鳥，說省聲。弋雪切

解挩也。从手兑聲。他括切

蛇蟬所解皮也。从虫，挩省聲。「聲」字從小徐本[五]。小徐作「稅省聲」。輸芮切[六]

消肉臞也。从肉兑聲。徒活切

馬脛瘍也。从疒兑聲。一曰將傷。徒活切

馬行疾來皃。从馬兑聲。《詩》曰：「昆夷駾矣。」他外切

彊取也。《周書》曰：「敚攘矯虔。」从攴兑聲。徒活切

租也。从禾兑聲。輸芮切

贈終者衣被曰祱。从衣兑聲。輸芮切

小餟也。从食兑聲。輸芮切

財温水也。从水兑聲。《周禮》曰：「以涚漚其絲。」輸芮切

好也。从女兑聲。杜外切

木杖也。从木兑聲。他活切，又之說切

青金也。从金㕣聲。與專切

舟也。从舟，鉛省聲。食川切

芒也。籀文鋭。从厂、剡。以芮切　篆文从金兌聲。許書先「鋭」後「𠪚」，今易之。「鋭」下增「篆文」二字。

艸之小者。从艸𠪚聲。讀若芮。「𠪚聲」下云「𠪚，古文鋭字」，今不録。居例切

魚网也。从网𠪚聲。「𠪚聲」下云「𠪚，籀文鋭」，今不録。居例切

西胡毳布也。从糸罽聲。居例切

井一有水、一無水，謂之瀱汋。从水罽聲。居例切

譍無方也。从丵从口从寸。都隊切　對或从士。漢文帝以爲責對而爲言，多非誠對，故去其口以从士也。

市也。从人對聲。都隊切

車横軨也。从車對聲。《周禮》曰：「參分軹圍，去一以爲轛圍。」追萃切

怨也。从心對聲。丈淚切

紳也。男子鞶帶，婦人帶絲。象繫佩之形。佩必有巾，从巾。當蓋切

去也。从辵帶聲。特計切

踶也。从足帶聲。當蓋切

攝取也。从手帶聲。讀若《詩》曰「螮蝀在東」。都計切　揥或从折从示。兩手急持人也。

凝也。从水帶聲。直例切

高也。一曰極也。一曰困劣也。从心帶聲。特計切

瓜當也。从艸帶聲。都計切

螮蝀，虹也。从虫帶聲。都計切

舌皃。从谷省。象形。他念切　古文丙。讀若三年導服之導。一曰竹上皮。讀若沾。一曰讀若誓。弼字从此。

輔也。重也。从弜丙聲。錯曰：「丙，非聲。」房密切　弼或如此。　並古文弼。

以艸補缺。从艸丙聲。讀若陸。或以爲綴。一曰約空也。直例切

手持隹失之也。从又从奞。徒活切

蹈也。从反止。讀若撻。他達切

犬从穴中暫出也。一曰滑也。徒骨切

不順忽出也。从到子。《易》曰：「突如其來如。」不孝子突出，不容於内也。他骨切　或从到古文子，即《易》「突」字。

陳也。象臥之形。式脂切

唸吚，呻也。从口尸聲。馨伊切

足所依也。从尸从彳从夊，舟象履形。一曰尸聲。良止切 古文履从頁从足。

籆柄也。从木尸聲。女履切 杘或从木尼聲。臣鉉等曰：「柅，女氏切。木若梨。此重出。」[七]

㣇也。竭其尾，故謂之彖。象毛足而後有尾。讀與豨同。桉：今世字，誤以豕爲㣇，以㣇爲豕。何以明之？爲啄、琢从豕，蠡从㣇，皆取其聲，以是明之。式視切 古文。

从意也。从八豕聲。徐醉切

亾也。从辵㒸聲。徐醉切 古文遂。

深遠也。从穴遂聲。雖遂切

塞上亭守逢火者。从𨸏从火，遂聲。徐醉切 篆文省。

導車所以載。全羽以爲允。允，進也。从㫃遂聲。徐醉切 旞或从遺。

衣死人也。从衣遂聲。《春秋傳》曰：「楚使公親襚。」徐醉切

禾采之皃。从禾遂聲。《詩》曰：「禾穎穟穟。」徐醉切 穟或从艸。

深也。从心㒸聲。徐醉切

陖也。从石㒸聲。徒對切

 從高隊也。从𠂤豙聲。徒對切

 陽鐆也。从金隊聲。徐醉切

 齏也。从韭隊聲。徒對切

 頭蔽顡也。从頁豙聲。五怪切

 羅也。从木豙聲。《詩》曰：「隰有樹檖。」徐醉切

 弓弩矢也。从入，象鏑栝羽之形。古者夷牟初作矢。式視切

 盛弓弩矢器也。从匸从矢，矢亦聲。從小徐本[八]。《國語》曰：「兵不解医。」於計切

 擊中聲也。从殳医聲。於計切

 劇聲也。从疒殹聲。於賣切

 戟衣也。从糸殹聲。一曰赤黑色繒。烏雞切

 華蓋也。从羽殹聲。於計切

 塵埃也。从土殹聲。烏雞切

 小黑子。从黑殹聲。烏雞切

 婗也。从女殹聲。烏雞切

 治病工也。殹，惡姿也。醫之性然。得酒而使，从酉。姚曰：「殹亦聲。」王育說：一曰

殹，病聲。酒所以治病也。《周禮》有醫酒。古者巫彭初作醫。於其切

鷖 鳧屬。从鳥殹聲。《詩》曰：「鳧鷖在梁。」烏雞切

疾 病也。从疒矢聲。秦悉切 𤕫 古文疾。𤶣 籒文疾。

㑵 妎也。从人疾聲。一曰毒也。秦悉切 嫉 㑵或从女。

疑 惑也。从子、止、匕，矢聲。「匕矢」二字當是「𠤕」字誤：分爲二，又誤才爲匕。篆體从才非从匕。段曰：「當作『从子、匙省，止聲』。」語其切

癡 不慧也。从疒疑聲。丑之切

譺 騃也。从言疑聲。五介切

懝 騃也。从心从疑，疑亦聲。一曰惶也。五溉切

㘈 小兒有知也。从口疑聲。《詩》曰：「克岐克㘈。」魚力切

擬 度也。从手疑聲。魚已切

儗 僭也。一曰相疑。从人疑聲。從小徐本[九]。魚已切

礙 止也。从石疑聲。五溉切

薿 茂也。从艸疑聲。《詩》曰：「黍稷薿薿。」魚已切

嶷 九嶷山，舜所葬，在零陵營道。从山疑聲。語其切

菜也。从艸矢聲。失匕切

有十四種：盧諸雉、喬雉、鳪雉、鷩雉、秩秩海雉、翟山雉、翰雉、卓雉，伊洛而南曰翬，江淮而南曰搖，南方曰𠷎，東方曰甾，北方曰稀，西方曰蹲。从隹矢聲。直几切　古文雉从弟。

除艸也。《明堂月令》曰：「季夏燒薙。」从艸雉聲。他計切

豕也。後蹏發謂之彘。从彑矢聲；从二匕，彘足與鹿足同。直例切

劍鼻玉也。从玉彘聲。直例切

古文矢字。正文無此字。見「𠤕」字解説。𠤎乃匕之反，當是人字。孟子曰：「矢人唯恐不傷人。」故从人。

未定也。从匕旲聲。下有「旲，古文矢字」五字，今移爲建首。語期切

糞也。从艸，胃省。式視切

箴縷所紩衣。从㡀，丵省。陟几切

紩衣也。从衣、黹，黹亦聲。豬几切

从後至也。象人兩脛，後有致之者。讀若黹。陟侈切

裁也。从刀从未。未，物成有滋味，可裁斷。一曰止也。征例切　古文制如此。

裁也。从衣制聲。從小徐本[十]。征例切[十一]

綴聯也。象形。陟劣切

合箸也。从叕从糸，叕亦聲。「叕亦聲」三字從小徐本[十二]。陟衛切

車小缺複合者。从車叕聲。陟劣切

車具也。从革叕聲。陟劣切

兩陌間道也，廣六尺。从田叕聲。陟劣切

捕鳥覆車也。从网叕聲。陟劣切　罬或从車。

拾取也。从手叕聲。都括切

挑取骨間肉也。从肉叕聲。讀若《詩》曰「啜其泣矣」。陟劣切

刊也。从刀叕聲。陟劣切

疾悍也。从女叕聲。讀若唾。丁滑切

嘗也。从口叕聲。一曰喙也。昌説切

歓也。从歓省，叕聲。昌説切　歠或从口从夬。

祭酹也。从食叕聲。陟衛切

憂也。从心叕聲。《詩》曰：「憂心惙惙。」一曰意不定也。陟劣切

穴中見也。从穴叕聲。丁滑切

口滿食。从口竅聲。丁滑切

短面也。从女竅聲。丁滑切

棳 木也。从木叕聲。益州有棳縣。職説切

鵽 鵽鳩也。从鳥叕聲。丁刮切

贅 以物質錢。从敖、貝。敖者，猶放；貝，當復取之也。之芮切

出 進也。象艸木益滋，上出達也。尺律切

茁 艸初生出地皃。从艸出聲。《詩》曰：「彼茁者葭。」鄒滑切

朏 月未盛之明。从月出聲[十三]。小徐鍇本有「聲」字，云：「本無『聲』字，有者誤也。」按：有「聲」字不誤。《周書》曰：「丙午朏。」普乃切，又芳尾切

炪 火光也。从火出聲。《商書》曰：「予亦炪謀。」讀若巧拙之拙。職悦切

祟 神禍也。从示从出聲[十四]。各本無「聲」字。《繫傳》云：「出又音吹去聲。故《詩》曰：『匪舌是出，惟躬是瘁。』故又出聲。」據此則鍇本有「聲」字，刻本誤脱耳。雖遂切 籀文祟。从襲省。

𣪊 楚人謂卜問吉凶曰𣪊。从又持祟，祟亦聲。讀若贅。之芮切

謹也。从心𣪊聲。讀若毳。此芮切

𡪏 塞也。从宀𣪊聲。讀若《虞書》曰「𡪏三苗」之「𡪏」。麤最切

款 意有所欲也。从欠，𡪏省。𡪏亦聲。苦管切 欵 款或从柰。

艸也。从艸𣪠聲。麤最切

蟲也。从虫𣪠聲。祖外切

鳥也。从鳥祟聲。辛聿切

走也。从走出聲。讀若無尾之屈。瞿勿切

無尾也。从尾出聲。九勿切

山短高也。从山屈聲。衢勿切

突也。《詩》曰：「蜉蝣堀閱。」从土，屈省聲。苦骨切

兔堀也。从土屈聲。苦骨切

搰也。从手屈聲。衢勿切

剞剧也。从刀屈聲。九勿切

濁也。从水屈聲。一曰滒泥。一曰水出皃。古忽切

剐也。从艸屈聲。區勿切

鶌鳩也。从鳥屈聲。九勿切

獸，無前足。从豸出聲。《漢律》：「能捕豺貀，購百錢。」女滑切

斷也。从木出聲。讀若《爾雅》「貀無前足」之「貀」。女滑切

物在穴中皃。从穴中出。[十五]丁滑切

詰詘也。一曰屈襞。从言出聲。區勿切　詘或从屈。

蛣蚰也。从虫出聲。區勿切

頭頔頔也。从頁出聲。讀又若骨。之出切

貶下也。从黑出聲。丑律切

病也。从疒出聲。五忽切

不巧也。从手出聲。職説切

無知意也。从耳出聲。讀若孽。五滑切

咄欪，無慙。一曰無腸意。从欠出聲。讀若卉。丑律切

相謂也。从口出聲。當没切

齚齒也。从齒出聲。仕乙切

水皃。从水出聲。讀若窋。竹律切，又口兀切

絳也。从糸出聲。丑律切

天垂象，見吉凶，所以示人也。从二。三垂，日月星也。觀乎天文，以察時變。示，神事也。神至切　古文示。

視　瞻也。从見示聲。從小徐本[十六]。神至切　𥄎　古文視。眡　亦古文視。

祋　殳也。从殳示聲。或説城郭市里，高縣羊皮，有不當入而欲入者，暫下以驚牛馬曰祋。故从示、殳。《詩》曰：「何戈與祋。」丁外切

狋　犬怒皃。从犬示聲。一曰犬難得。代郡有狋氏縣。讀又若銀。語其切

祁　太原縣。从邑示聲。巨支切

柰　果也。从木示聲。奴帶切

隸　附箸也。从隶柰聲。郎計切　隸　篆文隸，从古文之體。

⿰木隸　木也。从木隸聲。郎計切

渿　沛之也。从水柰聲。奴帶切

筮　《易》卦用蓍也。从竹从⿱巫廾。⿱巫廾，古文巫字。時制切

噬　啗也。喙也。从口筮聲。此字與建首有省改，當注出。姚氏增「筮」字建首。時制切

澨　埤增水邊土。人所止者。从水筮聲。《夏書》曰：「過三澨。」時制切

折　斷也。从手从斤。「从斤」二字今增。食列切　𣂔　古文。許書云「折」篆文、「𣂚」籀文，則「𣂔」古文也。「古文」二字今增。从斤斷艸。譚長説。許書先「𣂔」、次「𣂚」、次「折」。今「𣂚」析出，「𣂔」「折」先後互易。「折」下「篆文」二字今不録。

硩 上摘巖空青、珊瑚墮之。从石折聲。《周禮》有硩蔟氏。丑列切

哲 知也。从口折聲。陟列切 悊 哲或从心。嚞 古文哲，从三吉。

晢 昭晣，明也。从日折聲。《禮》曰：「晣明行事。」旨熱切

誓 約束也。从言折聲。時制切

悊 敬也。从心折聲。陟列切

逝 往也。从辵折聲。讀若誓。時制切

狾 狂犬也。从犬折聲。《春秋傳》曰：「狾犬入華臣氏之門。」征例切

娎 娎婡也。从女折聲。許列切

浙 江。水東至會稽山陰爲浙江。从水折聲。旨熱切

銴 車樘結也。一曰銅生五色也。从金折聲。讀若誓。時制切

[illegible] 籒文折从艸在仌中，仌寒故折。

[illegible] 扁緒也。一曰弩罥鉤帶。从糸折聲。并列切

設 施陳也。从言从殳。殳，使人也。識列切

蔎 香艸也。从艸設聲。識列切

朮 稷之黏者。象形。食聿切 秫 或从禾。許書「朮」爲「秫」或字，今易之。「朮」下云「秫或省禾」，今不録。

循也。从辵朮聲。食聿切　籀文从秫。

艸也。从艸述聲。食聿切

誘也。从言朮聲。思律切

邑中道也。从行朮聲。食聿切

狂走也。从疒朮聲。讀若欻。食聿切

恐也。从心朮聲。丑律切

綦鍼也。从金朮聲。食聿切

小風也。从風朮聲。翾聿切

水。出青州浸。从水朮聲。食聿切

山薊也。从艸朮聲。直律切[十七]

獸長脊，行豸豸然，欲有所司殺形。「司殺」讀若伺候之伺。池爾切

解廌，獸也，似山牛，一角。古者決訟，令觸不直。象形，从豸省。姚曰：「豸亦聲。」宅買切

艸木初生也。象丨出形，有枝莖也。古文或以爲艸字。讀若徹。丑列切

專小謹也。从幺省；屮，財見也；屮亦聲。職緣切　古文叀。　亦古文叀。

六寸簿也。从寸叀聲。一曰專，紡專。職緣切

竱　等也。从立專聲。《春秋國語》曰：「竱本肇末。」旨兖切

膞　切肉也。从肉專聲。市沇切

嫥　壹也。从女專聲。一曰嫥嫥。職緣切

傳　遽也。从人專聲。直戀切

轉　運也。从車專聲。知戀切

團　圜也。从囗專聲。度官切

摶　圜也。从手專聲。度官切

篿　圜竹器也。从竹專聲。度官切

蓴　蒲叢也。从艸專聲。常倫切

[illegible]　小卮有耳蓋者。从卮專聲。市沇切

縳　白鮮色也。从糸專聲。持沇切

鱄　魚也。从魚專聲。旨兖切

袁　長衣皃。从衣，叀省聲。徐鍇《祛妄》曰：「袁，省聲。」羽元切

遠　遼也。从辵袁聲。雲阮切　[illegible]　古文遠。

睘　目驚視也。从目袁聲。《詩》曰：「獨行睘睘。」渠營切

兒初生瞥者。从目瞏聲。邦免切

疾也。从走瞏聲。讀若讙。況袁切

疾跳也。一曰急也。从犬瞏聲。古縣切

急也。从心瞏聲。讀若絹。古縣切

小飛也。从羽瞏聲。許緣切

慧也。从人瞏聲。許緣切

譞慧也。从言，圜省聲。許緣切

材緊也。从女瞏聲。《春秋傳》曰：「嬛嬛在疚。」許緣切

貫也。从手瞏聲。《春秋傳》曰：「擐甲執兵。」胡慣切

落也。从糸瞏聲。胡畎切

网也。从网、繯，繯亦聲。一曰綰也。古眩切

蟲行也。从虫瞏聲。香沇切

車裂人也。从車瞏聲。《春秋傳》曰：「轘諸栗門。」胡慣切

天體也。从囗瞏聲。王權切

圜案也。从木瞏聲。似沿切

璧也。肉好若一謂之環。从玉瞏聲。户關切

復也。从辵瞏聲。户關切

檈味，稔棗。从木還聲。似沿切

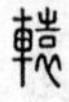輈也。从車袁聲。雨元切

所以樹果也。从囗袁聲。羽元切

蟲曳行也。从虫屮聲。讀若騁。丑善切

驂具也。从革蚩聲。讀若騁蜃。丑郢切

疾也。从止从又。又，手也。屮聲。疾葉切

居之速也。从宀疌聲。子感切

獵也。軍獲得也。从手疌聲。《春秋傳》曰：「齊人來獻戎捷。」疾葉切

佽也。从人疌聲。子葉切

女字也。从女疌聲。子葉切

裣緣也。从衣疌聲。七入切

緶衣也。从糸疌聲。七接切　緁或从習。

斛也，古田器也。从甾疌聲。楚洽切

扇也。从竹疌聲。山洽切 箑或从妾。

萐莆，瑞艸也。堯時生於庖廚，扇暑而涼。从艸疌聲。士洽切

蛺蜨也。从虫疌聲。徒叶切

危高也。从𠂤中聲。讀若臬。魚剡切

辠也。从辛𡴎聲。私剡切

衣服、歌謡、艸木之怪謂之祅。禽獸、蟲蝗之怪謂之蠥。从虫辥聲。魚列切

巀嶭山也。从山辥聲。五葛切

斷也。从刀嶭聲。私剡切

牙米也。从米辥聲。魚列切

庶子也。从子辥聲。魚剡切

艸也。从艸辥聲。私列切

鶈鸈也。从鳥辥聲。魚列切

山神，獸也。从禽頭，从厹屮聲。從小徐本[十八]。歐陽喬說：离，猛獸也。呂支切

舒也。从手离聲。丑知切

江蘺，蘼蕪。从艸離聲。呂之切

醨　薄酒也。从酉离聲。讀若離。呂支切

謧　謧詍，多言也。从言离聲。呂之切

縭　以絲介履也。从糸离聲。力知切

螭　若龍而黄，北方謂之地螻。从虫离聲。或云無角曰螭。丑知切

離　黄倉庚也。鳴則蠶生。从隹离聲。呂支切

徹　通也。从彳从攴从育。丑列切　古文徹。

勶　發也。从力从徹，徹亦聲。丑列切

聅　軍法以矢貫耳也。从耳从矢。《司馬法》曰：「小罪聅，中罪刖，大罪剄。」恥列切

夷　平也。从大从弓。東方之人也。以脂切

𢓊　行平易也。从彳夷聲。以脂切

痍　傷也。从疒夷聲。以脂切

咦　南陽謂大呼曰咦。从口夷聲。以之切

洟　鼻液也。从水夷聲。他計切

姨　妻之女弟同出爲姨。从女夷聲。以脂切

荑　艸也。从艸夷聲。杜兮切

桋 赤桋也。从木夷聲。《詩》曰：「隰有杞桋。」以脂切

鴺 鴺胡，污澤也。从鳥夷聲。杜兮切 鵜 鴺或从弟。

羠 騬羊也。从羊夷聲。徐姊切

大 天大，地大，人亦大。故大象人形。古文大也。徒蓋切 亣 古文亦象人形。許書「大、亣」別為部，今合之。他達切

泰 滑也。从廾从水，大聲。他蓋切 夳 古文泰。

汏 淅灡也。从水大聲。代何切，又徒蓋切

羍 小羊也。从羊大聲。讀若達。他末切 羍 羍或省。

達 行不相遇也。从辵羍聲。《詩》曰：「挑兮達兮。」徒葛切 达 達或从大。或曰迭。

撻 鄉飲酒，罰不敬，撻其背。从手達聲。他達切 𢻫 古文撻。《周書》曰：「遽以記之。」

杕 樹皃。从木大聲。《詩》曰：「有杕之杜。」特計切

戾 輜車旁推户也。从戶大聲。讀與釱同。徒蓋切

釱 鐵鉗也。从金大聲。特計切

軑 車輨也。从車大聲。特計切

隶 及也。从又，从尾省。又，持尾者，从後及之也。徒耐切

逮 唐逮，及也。从辵隶聲。徒耐切

眔 目相及也。从目，从隶省聲。從小徐本[十九]。小徐此下有「讀若與隶同也」六字，今不録。徒合切

遝 迨也。从辵眔聲。徒合切

⿰言遝 語相反⿰言遝也。从言遝聲。他合切

⿰木遝 榙⿰木遝，木也。从木遝聲。徒合切

褱 俠也。从衣眔聲。一曰橐。户乖切

懷 念思也。从心褱聲。户乖切

壞 敗也。从土褱聲。下怪切 ⿰眔土 古文壞省。𣀔 籒文壞。小徐本攴部重出「𣀔」字，解云：「毀也，從攴褱聲。」

瀤 北方水也。从水褱聲。户乖切

⿰立隶 臨也。从立隶聲。從小徐本[二十]。力至切

⿰忄隶 肆也。从心隶聲。他骨切

肆 極陳也。从長隶聲。息利切 ⿱髟隶 或从髟。

蕼 赤蕼也。从艸肆聲。從小徐本[二十二]。息利切

齂 臥息也。从鼻隶聲。讀若虺。許介切

殔　瘞也。从歺隶聲。羊至切

棣　白棣也。从木隶聲。特計切

夊　行遲曳夊夊，象人兩脛有所躧也。楚危切

率　捕鳥畢也。象絲罔，上下其竿柄也。所律切

⿰素率　素屬。从素率聲。所律切

⿴行率　將衞也。从行率聲。所律切

⿺辵率　先道也。从辵率聲。疏密切

⿰口率　小歓也。从口率聲。讀若㕞。所劣切

㕞　拭也。从又持巾在尸下。所劣切

刷　刮也。从刀，㕞省聲。《禮》：「布刷巾。」所劣切

殺　戮也。从殳杀聲。《說文》無「杀」字。張參曰：「杀，古殺字。」姚曰：「當从乂从古文𠬪。傳寫合爲一字。」所八切　⿲彳杀攴　古文殺。⿰杀攴　古文殺。杀　古文殺。

鎩　鈹有鐔也。从金殺聲。所拜切

𥽷　⿰米悉𥽷，散之也。从米殺聲。桑割切

榝　似茱萸。出淮南。从木殺聲。所八切

𣎵　止也。从𣎳盛而一横止之也。即里切。「鼜」下云：「次、𣎵皆聲。」今録於次聲，此不録。

𨒪　前頡也。从辵市聲。賈侍中説：「一讀若拾，又若郅。」此字非𣎵聲，亦非市聲，當從段改作𨑨。再考。北末切

趀　蒼卒也。从走𣎵聲。讀若資。取私切

䚕　䚕覷，闚觀也。从見𣎵聲。七四切

𤵸　瑕也。从疒𣎵聲。側史切

鈰　利也。从金𣎵聲。讀若齊。徂奚切

秭　五稷爲秭。从禾𣎵聲。一曰數億至萬曰秭。將几切

姊　女兄也。从女𣎵聲。將几切

笫　牀簀也。从竹𣎵聲。阻史切

泲　沇也。東入于海。从水𣎵聲。子禮切

柹　赤實果。从木𣎵聲。鉏里切

祭　祭祀也。从示，以手持肉。子例切

察　覆也。从宀祭聲。從小徐本〔二十二〕。初八切

詧　言微親詧也。从言，察省聲。楚八切

⿰目祭 察也。从目祭聲。戚細切

際 壁會也。从𨸏祭聲。子例切

⿰巾祭 殘帛也。从巾祭聲。先㓗切，又所例切

瘵 病也。从疒祭聲。側介切

⿰祭阝 周邑也。从邑祭聲。側介切

穄 穈也。从禾祭聲。子例切

蔡 艸也。从艸祭聲。蒼大切

卒 隸人給事者衣爲卒。卒，衣有題識者。臧没切

𣨛 大夫死曰𣨛。从歺卒聲。子聿切

醉 卒也。卒其度量，不至於亂也。一曰潰也。从酉从卒。姚曰：「卒亦聲。」將遂切

顇 顦顇也。从頁卒聲。秦醉切

悴 憂也。从心卒聲。讀與《易·萃卦》同。秦醉切

窣 从穴中卒出。从穴卒聲。蘇骨切

猝 犬从艸暴出逐人也。从犬卒聲。麤没切

啐 驚也。从口卒聲。七外切

觸也。从足卒聲。一曰駭也。一曰蒼踤。昨没切

齚齰也。从齒卒聲。昨没切[二十三]

讓也。从言卒聲。《國語》曰：「誶申胥。」雖遂切

堅刀刃也。从火卒聲。七内切

滅火器也。从水卒聲。七内切

不雜也。从米卒聲。雖遂切

艸皃。从艸卒聲。讀若瘁。秦醉切

會五采繒色。从黹，綷省聲。《説文》無「綷」字。姚氏改爲「萃省聲」。子對切

崒，危高也。从山卒聲。醉綏切

持頭髮也。从手卒聲。昨没切

䃺也。从石卒聲。蘇對切

破也。从瓦卒聲。穌對切

青羽雀也。出鬱林。从羽卒聲。七醉切

小溼也。从水翠聲。遵誄切

婦與夫齊者也。从女从屮从又。又，持事，妻職也。七稽切　古文妻从肖、女。肖，古文

貴字。

等也。从亝妻聲。徂兮切

艸盛。从艸妻聲。《詩》曰：「菶菶萋萋。」七稽切

雲雨起也。从水妻聲。《詩》曰：「有渰淒淒。」七稽切

霽謂之霋。从雨妻聲。七稽切

白文皃。《詩》曰：「緀兮斐兮，成是貝錦。」从糸妻聲。七稽切

痛也。从心妻聲。七稽切

新郪，汝南縣。从邑妻聲。七稽切

止也。从止从匕。匕，相比次也。雌氏切

積也。《詩》曰：「助我舉𢫬。」搣頰旁也。从手此聲。前智切

口上須也。从須此聲。即移切

鴟舊頭上角觜也。一曰觜觽也。从角此聲。遵爲切

捽也。从手此聲。側氏切

歐也。从欠此聲。前智切

不思稱意也。从言此聲。《詩》曰：「翕翕訿訿。」將此切

瞋大也。从大此聲。火戒切

目匡也。从目此聲。在詣切

苛也。从口此聲。將此切

病也。从疒此聲。疾咨切

鳥獸殘骨曰骴。骴，可惡也。从骨此聲。《明堂月令》曰：「掩骼薶骴。」骴或从肉。資四切

窳也。闕。段曰：「从此从吅，此亦聲。」將此切

淺渡也。从走此聲。雌氏切

鳥母也。从隹此聲。此移切

婦人小物也。从女此聲。《詩》曰：「屢舞姕姕。」即移切

小木散材。从木此聲。士佳切

齒相齗也。一曰開口見齒之皃。从齒，柴省聲。讀若柴。仕街切

燒柴燓燎以祭天神。从示此聲。《虞書》曰：「至于岱宗，祡。」仕皆切  古文祡从隋省。

小罰以財自贖也。从貝此聲。《漢律》：民不繇，貲錢二十二。即夷切

清也。从水此聲。千禮切

玉色鮮也。从玉此聲。《詩》曰：「新臺有玼。」千禮切

帛青赤色。从糸此聲。將此切

鈭錍，釜也。从金此聲。即移切

茈艸也。从艸此聲。將此切

飲而不食，刀魚也。九江有之。从魚此聲。徂禮切

鸃鴜也。从鳥此聲。即夷切

鼠，似雞，鼠尾。从鼠此聲。即移切

馬名。从馬此聲。雌氏切

羊名。蹏皮可以割桼。从羊此聲。此思切

獸細毛也。从三毛。此芮切

耎易破也。从肉毳聲。七絶切

數祭也。从示毳聲。讀若春麥爲毳之毳。此芮切

精戇也。从心毳聲。千短切

穿地也。从穴毳聲。一曰小鼠。《周禮》曰：「大喪，甫竁。」充芮切

墜也。从鼠在穴中。七亂切

禾麥吐穗上平也。象形。徂兮切

齊也。从刀从齊，齊亦聲。在詣切

穫刈也。一曰撮也。从禾齊聲。在詣切

等輩也。从人齊聲。《春秋傳》曰：「吾儕小人。」仕皆切

戒潔也。从示，齊省聲。側皆切　籀文齋从𩰪省。𩰪音禱。

黍稷在器以祀者。从皿齊聲。即夷切

雨止也。从雨齊聲。子計切

排也。从手齊聲。子計切

登也。从足齊聲。《商書》曰：「予顛躋。」祖雞切

嘗也。从口齊聲。《周書》曰：「大保受同祭嚌。」在詣切

持遺也。从貝齊聲。祖雞切

緶也。从衣齊聲。即夷切

炊餔疾也。从火齊聲。在詣切

材也。从女齊聲。祖雞切

肶齎也。从肉齊聲。徂兮切

稷也。从禾亝聲。即夷切　𪗉或从次。

蒺棃也。从艸齊聲。《詩》曰：「牆有薺。」疾咨切，又徂礼切

水。出常山房子贊皇山，東入泜。从水齊聲。子禮切

木也。可以爲大車軸。从木齊聲。祖雞切

齏蠤也。从虫齊聲。徂兮切

犯法也。从辛从自，言辠人蹙鼻苦辛之憂。秦以辠似皇字，改爲罪。徂賄切

山皃。从山辠聲。徂賄切

新也。从水辠聲。七辠切

犯而取也。从冃从取。祖外切

四圭也。一曰兩指撮也。从手最聲。倉括切[二十四]

鼻也。象鼻形。疾二切　古文自。

喘也。从心从自，自亦聲。相即切

畜火也。从火息聲。亦曰滅火。相即切

寄肉也。从疒息聲。相即切

姬姓之國，在淮北。从邑息聲。今汝南新鄎。相即切

木也。从木息聲。相即切

屓　臥息也。从尸、自[二十五]。許介切

詯　膽气滿聲在人上。从言自聲。讀若反目相睞。荒内切

洎　灌釜也。从水自聲。其冀切

垍　堅土也。从土自聲。讀若臮。其冀切

臮　衆詞。與也。从㐺自聲。《虞書》曰：「臮咎繇。」其冀切　⿱自氺　古文臮。

⿰氵臮　水也。从水臮聲。其冀切

郋　汝南邵陵里。从邑自聲。讀若奚。胡雞切

白　此亦自字也。省自者，詞言之氣，从鼻出，與口相助也。疾二切

暜　廢，一偏下也。从竝白聲。他計切　⿱竝曰　或从曰。　替　或从兟从曰。[二十六]

臬　射準的也。从木从自。李陽冰曰：「自非聲，从劓省。」五結切

闑　門梱也。从門臬聲。魚列切

⿰臬刂　刑鼻也。从刀臬聲。《易》曰：「天且⿰臬刂。」魚器切　劓　臬或从鼻。

⿰臬出　槷⿰臬出，不安也。从出臬聲。《易》曰：「槷⿰臬出。」五結切

寱　瞑言也。从㝲省，臬聲。牛例切

甈　康瓠，破罌。从瓦臬聲。魚例切　⿱埶瓦　甈或从埶。

姦衺也。韓非曰：「蒼頡作字，自營爲厶。」息夷切

禾也。从禾厶聲。北道名禾主人曰私主人。息夷切

茅秀也。从艸私聲。息夷切

石之似玉者。从玉厶聲。讀與私同。息夷切

二千五百人爲師。从帀从𠂤。𠂤，四帀，眾意也。疎夷切　古文師。

澌也，人所離也。从歺从人。息姊切　古文死如此。

終主。从尸死聲。從小徐本[二十七]。式脂切

陰數也。象四分之形。息利切　古文四。　籀文四。

四歲牛。从牛从四，四亦聲。息利切　籀文牭从貳。

一乘也。从馬四聲。息利切

東夷謂息爲呬。从口四聲。《詩》曰：「犬夷呬矣。」虛器切

《禮》有柶。柶，匕也。从木四聲。息利切

受泲水，東入淮。从水四聲。息利切

希屬。从二希。息利切　古文𦏁。《虞書》曰：「𦏁類于上帝。」

滅也。九月，陽气微，萬物畢成，陽下入地也。五行，土生於戊，盛於戌。从戊含一。辛聿切

歲　木星也。越歷二十八宿，宣徧陰陽，十二月一次。从步戌聲。律歷書名五星爲五步。相鋭切

劌　利傷也。从刀歲聲。居衛切

饖　飯傷熱也。从食歲聲。於廢切

噦　气啎也。从口歲聲。於月切

譿　聲也。从言歲聲。《詩》曰：「有譿其聲。」呼會切

翽　飛聲也。从羽歲聲。《詩》曰：「鳳皇于飛，翽翽其羽。」呼會切

奯　空大也。从大歲聲。讀若《詩》「施罟泧泧」。呼括切

薉　蕪也。从艸歲聲。於廢切

濊　礙流也。从水薉聲。《詩》云：「施罟濊濊。」呼括切

濊　水多皃。从水歲聲。呼會切

禼　蟲也。从厹，象形。讀與偰同。私列切。契聲内須删去「偰」字，入於此。「禼」下但云：「讀與偰同。」但「竊」下云：「禼，古文偰。」則「偰」當入「禼」下爲重文，删内契聲内「偰」字。〔二十八〕

竊　盗自中出曰竊。从穴从米，禼、廿皆聲。廿，古文疾。禼，古文偰。當更立廿建首，收此字。千結切

廿　古文疾。此字以「竊」字諧其聲，增録或删去，再酌。〔二十九〕

掃竹也。从又持𡭊。祥歲切　彗或从竹。　古文彗从竹从習。

凝雨，説物者。从雨彗聲。相絶切

小聲也。从口彗聲。《詩》曰：「嘒彼小星。」呼惠切　或从慧。

蜀細布也。从糸彗聲。祥歲切

儇也。从心彗聲。胡桂切

暴乾火也。从火彗聲。于歲切

鼎也。从金彗聲。讀若彗。于歲切

棺櫝也。从木彗聲。祥歲切

車軸耑也。从車从彗。姚曰：「彗聲。」于濊切　或从車，象形。杜林説。許書「轊」爲「害」或字，今易之。「轊」下增「从車」二字。

如野牛而青。象形。與禽、离頭同。徐姊切　古文从儿。

斷絲也。从糸从刀从卩。情雪切

小耎易斷也。从肉，絶省聲。從小徐本[三十]。此芮切

朝會束茅表位曰蕝。从艸絶聲。《春秋國語》曰：「致茅蕝，表坐。」子説切

古文絶。象不連體，絶二絲。

蠿　蠿蟊，作罔蛛蟊也。从䖵𢇍聲。此下有「𢇍，古絕字」四字，今不録。側八切

非　違也。从飛下翄，取其相背。甫微切

[illegible]　別也。从非己聲。段本删「聲」字，注云：「非亦聲。」非尾切

斐　分別文也。从文非聲。《易》曰：「君子豹變，其文斐也。」敷尾切

排　擠也。从手非聲。步皆切

誹　謗也。从言非聲。敷尾切

悲　痛也。从心非聲。府眉切

痱　風病也。从疒非聲。蒲罪切

[illegible]　跀也。从足非聲。讀若匪。扶味切

腓　脛腨也。从肉非聲。符飛切

棐　輔也。从木非聲。敷尾切

騑　驂旁馬。从馬非聲。甫微切

[illegible]　兩壁耕也。从牛非聲。一曰覆耕穜也。讀若匪。非尾切

扉　户扇也。从戶非聲。甫微切

厞　隱也。从厂非聲。扶沸切

履也。从尸非聲。扶沸切

器，似竹筐。从匸非聲。《逸周書》曰：「實玄黄于匪。」非尾切

車笭也。从竹匪聲。敷尾切

往來婓婓也。一曰醜皃。从女非聲。芳非切

若軍發車百兩爲一輩。从車非聲。補妹切

戲也。从人非聲。步皆切

長衣皃。从衣非聲。薄回切

毛紛紛也。从毳非聲。甫微切

塵也。从土非聲。房未切

大目也。从目非聲。芳微切

捕魚竹网。从网、非。姚曰：「非聲。」秦以「罪」爲「辠」字。徂賄切

餱也。从食非聲。陳楚之閑相謁食麥飯曰餥。非尾切

河東聞喜縣。从邑非聲。薄回切

芴也。从艸非聲。芳尾切

臭蟲，負蠜也。从蟲非聲。房未切 蟲或从虫。

翡 赤羽雀也。出鬱林。从羽非聲。房味切

飛 鳥翥也。象形。甫微切

騛 馬逸足也。从馬飛聲。從小徐本[三十一]。《司馬法》曰：「飛衞斯輿。」甫微切

肥 多肉也。从肉从卪。符非切

嶏 崩也。从屵肥聲。符鄙切

萉 枲實也。从艸肥聲。房未切 ⿸麻賁 萉或从麻賁。

蜰 盧蜰也。从虫肥聲。符非切

比 相與比敘也。从反人。匕，亦所以用比取飯，一名柶。卑履切[三十二]

尼 從後近之。从尸匕聲。女夷切

⿰米尼 潰米也。从米尼聲。交阯有蓔泠縣。武夷切

秜 稻今季落，來季自生，謂之秜。从禾尼聲。里之切

泥 水。出北地郁郅北蠻中。从水尼聲。奴低切

屔 反頂受水丘。从丘，泥省聲。奴低切

柅 木也。實如棃。从木尼聲。女履切

牝 畜母也。从牛匕聲。《易》曰：「畜牝牛，吉。」毗忍切

旨 美也。从甘匕聲。職雉切 旨 古文旨。

脂 戴角者脂，無角者膏。从肉旨聲。旨夷切

恉 意也。从心旨聲。職雉切

指 手指也。从手旨聲。職雉切

詣 候至也。从言旨聲。五計切

稽 畱止也。从禾从尤，旨聲。古兮切

䭫 下首也。从𩠐旨聲。康禮切

⿸尸旨 尻也。从尸旨聲。詰利切

耆 老也。从老省，旨聲。渠脂切

嗜 嗜欲，喜之也。从口耆聲。常利切

榰 柱砥。古用木，今以石。从木耆聲。《易》：「榰恒凶。」章移切

蓍 蒿屬。生十歲，百莖。《易》以爲數。天子蓍九尺，諸侯七尺，大夫五尺，士三尺。从艸耆聲。式脂切

⿰革旨 蓋杠絲也。从革旨聲。脂利切

鮨 魚䏿醬也。出蜀中。从魚旨聲。一曰鮪魚名。旨夷切

 瞑鴲也。从鳥旨聲。旨夷切

 大麕也。狗足。从鹿旨聲。居履切  或从几。

 㡜裂也。从巾匕聲。卑履切

 頭瘍也。从疒匕聲。卑履切

 密也。二人爲从，反从爲比。毗至切  古文比。

 地相次比也。衞大夫貞子名坒。从土比聲。毗至切

 升高階也。从𨸏坒聲。旁禮切

 梐枑也。从木，陛省聲。邊兮切

 牢也。所以拘非也。从非，陛省聲。邊兮切

 殁母也。从女比聲。卑履切  籒文妣省。

 輔信也。从卩比聲。《虞書》曰：「即成五服。」毗必切

 蔭也。从广比聲。必至切

 别也。从人比聲。《詩》曰：「有女仳離。」芳比切

 不成粟也。从禾比聲。卑履切

 人臍也。从囟，囟，取气通也；从比聲。房脂切

牛百葉也。从肉毘聲。一曰鳥膍胵。房脂切　膍或从比。

妃也。从女毘聲。匹計切

反手擊也。从手毘聲。匹齊切

梠也。从木毘聲。讀若枇杷之枇。房脂切

蒿也。从艸毗聲。房脂切

蚍蜉，大螘也。从蟲毗聲。房脂切　𧕴或从虫比聲。

齧牛蟲也。从虫毘聲。邊兮切

豹屬，出貉國。从豸毘聲。《詩》曰：「獻其貔皮。」《周書》曰：「如虎如貔。」貔，猛獸。房脂切　或从比。

以豚祠司命。从示比聲。《漢律》曰：「祠祉司命。」卑履切

珠也。从玉比聲。宋弘云：「淮水中出玭珠。」玭，珠之有聲。步因切　《夏書》玭从虫、賓。

氐人𦀄也。讀若《禹貢》「玭珠」。从糸比聲。卑履切

艸也。一曰芘茮木。从艸比聲。房脂切

枇杷，木也。从木比聲。房脂切

粊　惡米也。从米比聲。《周書》有《粊誓》。今本篆作「棐」，解云：「北聲。」段氏據《經典釋文》《五經文字》改。今從之。兵媚切

奰　壯大也。从三大三目。二目爲䀠，三目爲奰，益大也。一曰迫也。讀若《易》虙羲氏。《詩》曰：「不醉而怒謂之奰。」平祕切

⿸疒奰　滿也。从疒奰聲。平祕切

㡀　敗衣也。从巾，象衣敗之形。毗祭切

敝　帗也。一曰敗衣。从攴从㡀，㡀亦聲。毗祭切

幣　帛也。从巾敝聲。毗祭切

蔽　蔽蔽，小艸也。从艸敝聲。必袂切

瞥　過目也。又，目翳也。从目敝聲。一曰財見也。普滅切

獘　頓仆也。从犬敝聲。《春秋傳》曰：「與犬，犬獘。」毗祭切　斃　獘或从死。

蹩　踶也。从足敝聲。一曰跛也。蒲結切

潎　於水中擊絮也。从水敝聲。匹蔽切

撆　別也。一曰擊也。从手敝聲。芳滅切

嫳　易使怒也。从女敝聲。讀若擊擎。匹滅切

河內謂臿頭金也。从金敝聲。芳滅切

牂牁縣。从邑敝聲。讀若鷩雉之鷩。必袂切

甲蟲也。从黽敝聲。並列切

赤雉也。从鳥敝聲。《周禮》曰：「孤服鷩冕。」并列切

海介蟲也。居陸名猋，在水名蜬。象形。古者貨貝而寶龜，周而有泉，至秦廢貝行錢。博蓋切

毀也。从攴、貝。敗、賊皆从貝，會意。段曰：「貝亦聲。」薄邁切　籀文敗从賏。

數也。从辵貝聲。《周書》曰：「我興受其退。」薄邁切

步行獵跋也。从足貝聲。博蓋切

水。出樂浪鏤方，東入海。从水貝聲。一曰出浿水縣。普拜切

周成王時，州靡國獻[illegible]。人身，反踵，自笑，笑即上脣掩其目。食人。北方謂之土螻。《尒疋》云：「[illegible][illegible]，如人，被髮。」一名梟陽。从厹，象形。符未切

犬鳴也。从犬、口。符廢切

闔門也。从門；才，所以歫門也。博計切

馬轡也。从絲从叀。與連同意。《詩》曰：「六轡如絲。」兵媚切

䨲也。从𣎵；人色也，从子。《論語》曰：「色孛如也。」蒲妹切

 排也。从力孛聲。薄没切

 吹聲沸也。从䰜孛聲。蒲没切

 郭海地。从邑孛聲。一曰地之起者曰郣。蒲没切

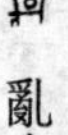 亂也。从二或。蒲没切  篆文。从言孛聲。 或从心。許書先「誖」、次「悖」、次「𢧢」，今易之。

「𢧢」下「籀文誖」，今不録。「誖」下增「篆文」二字。

 熚𤏱也。从火𢧢聲。𢧢，籀文悖字。敷勿切

 羌人所吹角屠𧥶，以驚馬也。从角𢧢聲。𢧢，古文誖字。卑吉切

 鬼頭也。象形。敷勿切

 相付與之。約在閣上也。从丌由聲。必至切

 引气自畀也。从自、畀。姚曰：「畀亦聲。」父二切

 水暴至聲。从水鼻聲。匹備切

 蔽也，所以蔽甑底。从竹畀聲。必至切

 艸木葬孛之皃。从宋畀聲。于貴切

 溼病也。从疒畀聲。必至切

 水。出汝南弋陽垂山，東入淮。从水畀聲。匹備切，又匹制切

畢 田罔也。从華，象畢形。微也。或曰由聲。段本「由」作「田」。再考。卑吉切

篳 藩落也。从竹畢聲。《春秋傳》曰：「篳門圭窬。」卑吉切

⿰畢攴 ⿰畢攴盡也。从攴畢聲。卑吉切

縪 止也。从糸畢聲。卑吉切

⿺走畢 止行也。一曰竈上祭名。从走畢聲。卑吉切

韠 韍也。所以蔽前，以韋。下廣二尺，上廣一尺，其頸五寸。一命緼韠，再命赤韠。从韋畢聲。卑吉切

⿸疒畢 足气不至也。从疒畢聲。毗至切

⿰仌畢 風寒也。从仌畢聲。卑吉切

熚 熚䰜，火皃。从火畢聲。卑吉切

彃 䠶也。从弓畢聲。《楚詞》曰：「芎焉彃日。」卑吉切

⿰酉畢 擣榆醬也。从酉畢聲。蒲計切

⿰木畢 木也。从木畢聲。卑吉切

癶 足刺癶也。从止、少。讀若撥。北末切

癹 以足蹋夷艸。从癶从殳。姚曰：「癶亦聲。」《春秋傳》曰：「癹夷蘊崇之。」普活切

䠶發也。从弓發聲。方伐切

治也。从手發聲。北末切

兩刃，木柄，可以刈艸。从金發聲。讀若撥。普活切

惟射收繁具也。从角發聲。方肺切

屋頓也。从广發聲。方肺切

固病也。从疒發聲。方肺切

蹎蹷也。从足發聲。大徐本無此字，小徐有。北末切

海中大船。从木發聲。房越切

走犬皃。从犬而丿之。曳其足，則剌犮也。蒲撥切

蹎跋也。从足犮聲。此篆小徐本作「蹷」。北末切

鱣鮪鮁鮁。从魚犮聲。北末切

出，將有事於道，必先告其神，立壇四通，樹茅以依神，爲軷。既祭軷，轢於牲而行，爲範軷。《詩》曰：「取羝以軷。」从車犮聲。蒲撥切

擢也。从手犮聲。蒲八切

治也。一曰臿土謂之坺。《詩》曰：「武王載坺。」一曰塵皃。从土犮聲。蒲撥切

魃 旱鬼也。从鬼犮聲。《周禮》有赤魃氏，除牆屋之物也。《詩》曰：「旱魃爲虐。」蒲撥切

祓 除惡祭也。从示犮聲。敷勿切

茇 艸根也。从艸犮聲。春艸根枯，引之而發土爲撥，故謂之茇。一曰艸之白華爲茇。北末切

髮 根也。从髟犮聲。方伐切 䯬 髮或从首。𩑛 古文。

襏 蠻夷衣。从衣犮聲。一曰蔽厀。北末切

韍 韠也。上古衣蔽前而已，市以象之。天子朱市，諸侯赤市，大夫葱衡。从韋从犮。段曰：「犮，聲也。」分勿切 巿 古文。从巿，象連帶之形。許書先「市」後「韍」，今易之。「韍」下「篆文市」三字，今不録。「市」下增「古文」二字。

帗 一幅巾也。从巾犮聲。讀若撥。北末切

翇 樂舞。執全羽以祀社稷也。从羽犮聲。讀若紱。分勿切

废 舍也。从广犮聲。《詩》曰：「召伯所废。」蒲撥切

瞂 盾也。从盾犮聲。扶發切

炦 火气也。从火犮聲。蒲撥切

冹 一之日滭冹。从仌犮聲。分勿切

黻 黑與青相次文。从黹犮聲。分勿切

 婦人美也。从女犮聲。蒲撥切

 棓也。从木犮聲。北末切

 鳥也。从鳥犮聲。讀若撥。蒲達切

 撟也。从丿从乀，从韋省。分勿切

 違也。从口弗聲。《周書》曰：「咈其耇長。」符弗切

 亂系也。从糸弗聲。分勿切

 擊也。从刀弗聲。分勿切

 過擊也。从手弗聲。敷物切

 擊禾連枷也。从木弗聲。敷勿切

 火皃。从火弗聲。普活切

 滭沸，濫泉。从水弗聲。分勿切，方未切

 涫也。从鬲沸聲。芳未切

 跳也。从足弗聲。敷勿切

 色艴如也。从色弗聲。《論語》曰：「色艴如也。」蒲没切

 鬱也。从心弗聲。符弗切

道多艸，不可行。从艸弗聲。分勿切

山脅道也。从山弗聲。敷勿切

走也。从走弗聲。敷勿切

目不明也。从目弗聲。普未切

見不審也。从人弗聲。敷勿切

髴，若似也。从髟弗聲。敷勿切

大也。从大弗聲。讀若「予違汝弼」。房密切

散財用也。从貝弗聲。房未切

木也。从木費聲。房未切

左戾也。从反丿。讀與弗同。分勿切

少也。从小乀聲。讀若輟。子結切

擊也。从人持戈。一曰敗也。房越切

艸葉多。从艸伐聲。《春秋傳》曰：「晉糴茷。」符發切

辠之小者。从刀从詈。未以刀有所賊，但持刀罵詈，則應罰。房越切

分解也。从冎从刀。憑列切

 見鬼鬽皃。从立从彔。彔，籒文鬽字。讀若虙羲氏之虙。房六切

 目上毛也。从目，象眉之形，上象頟理也。武悲切

 秦名屋𣫆聯也。齊謂之檐，楚謂之梠。从木眉聲。武悲切

 水艸交爲湄。从水眉聲。武悲切

 説也。从女眉聲。美祕切

 石之似玉者。从玉眉聲。讀若眉。武悲切

 右扶風縣。从邑眉聲。武悲切

 榦也。可爲杖。从木从攴。《詩》曰：「施于條枚。」莫桮切

 妙也。从人从攴，豈省聲。臣鉉等案：「豈字从敳省，敳不應从豈省。蓋傳寫之誤，疑从耑省。耑，物初生之題，尚敳也。」無非切

 隱行也。从彳敳聲。《春秋傳》曰：「白公其徒微之。」無非切

 司也。从見微聲。無非切

 小雨也。从水，微省聲。無非切

 中久雨青黑。从黑，微省聲。武悲切

 衺幅也。一曰三糾繩也。从糸，微省聲。許歸切

幑也，以絳微帛，箸於背。从巾，微省聲。《春秋傳》曰：「揚徽者公徒。」許歸切

竹也。从竹微聲。無非切　籀文从微省。

菜也。似藿。从艸微聲。無非切　籀文薇省。

還師振旅樂也。一曰欲也，登也。从豆，微省聲。墟喜切

樂也。从心豈聲。臣鉉等曰：「豈部已有此，重出。」苦亥切

康也。从心、豈，豈亦聲。苦亥切

開也。从門豈聲。苦亥切

蚍蜉也。从虫豈聲。魚綺切

高燥也。从土豈聲。苦亥切

霜雪之白也。从白豈聲。五來切

𣢟𡴘也。从見豈聲。几利切

礲也。从石豈聲。古者公輸班作磑。五對切

謹莊皃。从頁豈聲。魚豈切

有所治也。从攴豈聲。讀若豤。五來切

⿰肩齒牙也。从齒豈聲。五來切

剴 大鐮也。一曰摩也。从刀豈聲。五來切

⿰歺豈 殺羊出其胎也。从歺豈聲。五來切

⿰食豈 ⿰食㥯⿰食豈也。从食豈聲。五困切

鎧 甲也。从金豈聲。苦亥切

⿱艹豈 菜之美者。雲夢之⿱艹豈。从艸豈聲。驅喜切

尾 微也。从到毛在尸後。古人或飾系尾，西南夷亦然。無斐切

犀 南徼外牛。一角在鼻，一角在頂，似豕。从牛尾聲。先稽切

遲 徐行也。从辵犀聲。《詩》曰：「行道遲遲。」直尼切 ⿺辶𡰥 遲或从𡰥。遟 籀文遲从屖。

徲 久也。从彳犀聲。讀若遲。杜兮切

墀 涂地也。从土犀聲。《禮》：「天子赤墀。」直泥切

娓 順也。从女尾聲。讀若媚。無匪切

⿰火尾 火也。从火尾聲。《詩》曰：「王室如⿰火尾。」許偉切

美 甘也。从羊从大。羊在六畜主給膳也。美與善同意。無鄙切

媄 色好也。从女从美，美亦聲。無鄙切

米 粟實也。象禾實之形。莫禮切

縼文如聚細米也。从糸从米，米亦聲。莫禮切

或也。从辵米聲。莫兮切

艸入目中也。从目米聲。莫禮切

寐而未厭。从㝱省，米聲。莫禮切

撫也。从攴米聲。《周書》曰：「亦未克敉公功。」讀若弭。緜婢切　敉或从人。

周行也。从网米聲。《詩》曰：「罙入其阻。」武移切　罙或从卢。

擇也。从攴㝞聲。段曰：「『聲』字誤。」《周書》曰：「敹乃甲胄。」洛簫切

鹿屬。从鹿米聲。麋冬至解其角。武悲切

虋蕪也。从艸麋聲。靡爲切

鍵也。从䰞米聲。臣鉉等曰：「今俗粥作粥，音之六切。」按此非「粥」字，鉉誤甚。武悲切

味也。六月，滋味也。五行，木老於未。象木重枝葉也。無沸切

滋味也。从口未聲。無沸切

荎藸也。从艸味聲。無沸切

爽，旦明也。从日未聲。一曰闇也。莫佩切

洒面也。从水未聲。荒内切　古文沬从頁。

眛　目不明也。从目未聲。莫佩切

寐　臥也。从㝱省，未聲。蜜二切

妹　女弟也。从女未聲。莫佩切〔三十三〕

𠩺　坼也。从攴从厂。厂之性坼，果孰有味亦坼，故謂之𠩺。从未聲。許其切

剺　剥也。劃也。从刀𠩺聲。里之切

[illegible]　微畫也。从文𠩺聲。里之切

慗　楚潁之閒謂憂曰慗。从心𠩺聲。力至切

犛　西南夷長髦牛也。从牛𠩺聲。莫交切

[illegible]　引也。从又𠩺聲。里之切

漦　順流也。一曰水名。从水𠩺聲。俟甾切

釐　家福也。从里𠩺聲。里之切

[illegible]　老精物也。密祕切　[illegible]　籀文从彖首，从尾省聲。鬽　篆文。二字今增。从鬼、彡。彡，鬼毛。

魅　或从未聲。鬃下云「[illegible]」，籀文魅」而[illegible]下云「古文」爲異。許書先「鬽」、次「魅」、次「[illegible]」、次「[illegible]」，今易之。[illegible]下「古文」二字不録。

[illegible]　髴也。忽見也。从髟彔聲。彔，籀文魅，亦忽見意。芳未切

蟲也。从厹，象形。無販切

粟重一秙，爲十六斗太半斗，舂爲米一斛曰糲。从米萬聲。洛帶切

貨也。从貝萬聲。無販切

勉力也。《周書》曰：「用勱相我邦家。」讀若萬。从力萬聲。莫話切

譀也。从言萬聲。莫話切

蚌屬。似螊，微大，出海中，今民食之。从虫萬聲。讀若賴。力制切

旱石也。从厂，蠆省聲。力制切　或不省。

履石渡水也。从水从厲。姚曰：「厲聲。」力制切　或从石。《詩》曰：「深則砅。」許書「濿」爲「砅」或字，今易之。

牛白膂也。从牛厲聲。洛帶切

遠行也。从辵，蠆省聲。莫話切　邁或不省。

巍高也。从山蠆聲。讀若厲。力制切

高气多言也。从口，蠆省聲。《春秋傳》曰：「噧言。」訶介切

惡疾也。从疒，蠆省聲。洛帶切

毒蟲也。象形。丑芥切　蠆或从䖵。

𡜳 入水有所取也。从又在回下。回，古文回。回，淵水也。讀若沫。莫勃切

𩔈 内頭水中也。从頁、𡜳，𡜳亦聲。烏没切

沒 沈也。从水𡜳聲。從小徐本[三十四]。莫勃切

𤥓 玉屬。从玉𡜳聲。讀若没。莫悖切

威 滅也。从火、戌。火死於戌，陽氣至戌而盡。《詩》曰：「赫赫宗周，褒似烕之。」許劣切

滅 盡也。从水威聲。亡列切

搣 批也。从手威聲。亡列切

𥄕 目不正也。从𦫳从目。讀若末。徒結切

𥅕 火不明也。从𥄕从火，𥄕亦聲。《周書》曰：「布重𥅕席。」織蒻席也。讀與蔑同。莫結切

蔑 勞目無精也。从𥄕，人勞則蔑然；从戍。莫結切

𥈈 目眵也。从目，蔑省聲。莫結切

懱 輕易也。从心蔑聲。《商書》曰：「以相陵懱。」莫結切

幭 蓋幭也。从巾蔑聲。一曰禪被。莫結切

韤 足衣也。从韋蔑聲。望發切

瀎 拭滅皃。从水蔑聲。莫達切

污血也。从血蔑聲。莫結切

禾也。从禾蔑聲。莫結切

麩也。从米蔑聲。莫撥切

涼州謂鬻爲𩱧。从鬻𥻃聲。莫結切 𩱧或省从末。

山羊細角者。从兔足，苜聲。讀若丸。寬字从此。臣鉉等曰：「苜非聲。疑象形。」胡官切

呼也。从㗊莧聲。讀若讙。呼官切

屋寬大也。从宀莧聲。苦官切

髀上也。从骨寬聲。苦官切

州里所建旗。象其柄，有三游。雜帛，幅半異。所以趣民，故遽，稱勿勿。文弗切 勿或从㫃。

終也。从歺勿聲。莫勃切 歾或从𠬛。

尚冥也。从日勿聲。呼骨切

目冥遠視也。从目勿聲。一曰久也。一曰旦明也。莫佩切

忘也。从心勿聲。呼骨切

疾風也。从風从忽，忽亦聲。呼骨切

 菲也。从艸勿聲。《荀子》：「故愚者之言芴然而粗。」注：「芴與忽同。」文弗切

 萬物也。牛爲大物；天地之數，起於牽牛，故从牛。勿聲。文弗切

 口邊也。从口勿聲。武粉切  吻或从肉从昏。

 木上曰末。从木，一在其上。莫撥切

 目不明也。从目末聲。莫撥切

 食馬穀也。从食末聲。莫撥切

 茅蒐染韋也。一入曰韎。从韋末聲。莫佩切

 水。出蜀西徼外，東南入江。从水末聲。莫割切

 戟也。从戈从百。讀若棘。古黠切[三十五]

 按也。从反印。於棘切  俗从手。

 闚頭門中也。从人在門中。失冉切[三十六]

 入山之深也。从山从入。闕。鉏箴切

 忿戾也。从至，至而復遜。遜，遁也。《周書》曰：「有夏氏之民叨𡐦。」𡐦，讀若摯。丑利切

 闌也。从門中有木。戶閒切[三十七]

【校記】

［一］大徐本作「从巾、𠂤」。

［二］段注謂大徐本無「聲」字(陳澧所據大徐本當亦如是)，但陳刻大徐本有。段氏又謂小徐本無「崔」篆，但祁刻小徐本有，解云：「大高也。從山，隹。」

［三］臺灣本「魋」字作隸書，不寫篆文，亦未鈔解説。廣州本此位置爲空行。上海本有此字。按：此字爲大徐所增。今姑據大徐本補。參看卷一校記［二十二］。

［四］大徐本作「从言，兑」。

［五］大徐本作「从虫，挩省」。

［六］臺灣本於「蜕」字條後原有「鋭」字條，與後「剫」字條相重(惟後者篆、籀倒置)。廣州本無；上海本有。今删。

［七］「柅」字條另見本卷尼聲内。

［八］大徐本無「矢亦聲」三字。

［九］大徐本作「从人从疑」。

［十］大徐本作「从衣从制」。

［十一］臺灣、廣州本「褺」字條後原有「致、㨖」兩字條；臺灣本有陳澧手批：「已入至聲，查過抽之。」至聲在卷

十二。參看標目校記［三十四］。上海本此處無此二字。今刪去。

［十二］大徐本無「叕亦聲」三字。

［十三］大徐本作「从月、出」。

［十四］大徐本作「从示从出」，小徐本作「從示、出」。

［十五］小徐本作「從穴出聲」。

［十六］大徐本作「从見、示」

［十七］臺灣本脱自「术」至「茉」十一字條（缺兩頁），今據廣州本補。上海本有此十一字，並注：「倫案：原無此部，依標目補。」

［十八］大徐本作「从𠫓从中」。

［十九］大徐本作「从隶省」。

［二十］大徐本作「从立从隶」。

［二十一］大徐本作「从艸、隶」。

［二十二］大徐本作「从宀、祭」。

［二十三］廣州本無此字條。上海本有。

［二十四］「最、撮」二字條又見卷四取聲內。參看卷四校記［九］。

［二十五］小徐本作「從尸自聲」。

[二十六]此處原只有「囟」一字條(三本均同)。今依陳澧卷七手批(見卷七校記[十五]),將原列卷七之「囟、替」二字條移於此(覆蓋原有的「囟」字條)。

[二十七]大徐本作「从尸从死」。

[二十八]此注文中「契聲内須」四字臺灣本無,今據廣州本補。又,「刪内契聲内偰字」中前一「内」字當爲衍文。

按: 此注前後文意重複,當係不同時期寫成。參看卷十五上校記[十一]。

[二十九]標目不列「廿」字。

[三十]大徐本作「从肉、从絶省」。

[三十一]大徐本作「从馬从飛」。

[三十二]在臺灣本中,陳澧對「匕」以下二十六字條作了重新排列,與標目不完全對應。

[三十三]廣州本自「妹」字條以後全部脱失。

[三十四]大徐本作「从水从叟」。

[三十五]上海本注:「倫案: 此字以下《表》無。」

[三十六]上海本注:「倫案: 此部已見卷七。」

[三十七]「閑」字條又見於卷十四。參看卷十四校記[九]。

卷十六

饒也。从水、皿。皿，益之意也。伊昔切

器滿也。从水益聲。夷質切

經也。从糸益聲。《春秋傳》曰：「夷姜縊。」於賜切

捉也。从手益聲。於革切

笑皃。从言益聲。伊昔切，又呼狄切。段删此篆及解説，改「謚」篆爲「諡」。

鹿麛粻。从齒益聲。伊昔切

馬蠲也。从虫、目，益聲。了，象形。《明堂月令》曰：「腐艸爲蠲。」古玄切

鼠屬。从鼠益聲。於革切 或从豸。

咽也。上象口，下象形，經脈理也。伊昔切 篆文。从口益聲。許書先「嗌」後「苒」，今易之。

「苒」下「籀文嗌」三字，今不録。「嗌」下增「篆文」二字。

陋也。从𨺅，苒聲。此下云：「苒，籀文嗌字。」今不録。烏懈切 篆文䧅从𨸏、益。「篆」大徐本

誤作「籀」，小徐本不誤。

戍邊也。从殳从彳。營隻切　古文役从人。

民皆疾也。从疒，役省聲。營隻切

陶竈窻也。从土，役省聲。營隻切

穜樓也。一曰燒麥柃椴。从木役聲。與辟切

上谷名豬豭。从豕，役省聲。營隻切

酸也。作醯以鬻以酒。从鬻、酒並省，从皿。皿，器也。呼雞切

語所稽也。从丂，八象氣越亏也。胡雞切

行之迹也。从言、兮、皿。闕。徐鍇曰：「兮，聲也。」段據《廣韻》等書改篆爲「謚」，从言益聲；删訓笑皃之「謚」。神至切

恨視也。从目兮聲。胡計切

衺徯，有所俠藏也。从乚，上有一覆之。讀與傒同。胡禮切

界也。象田四界。聿，所以畫之。胡麥切　古文畫省。　亦古文畫。

錐刀曰劃。从刀从畫，畫亦聲。呼麥切

靜好也。从女畫聲。呼麥切

覡 能齋肅事神明也。在男曰覡，在女曰巫。从巫从見。胡狄切

卟 卜以問疑也。从口、卜。讀與稽同。《書》云：「卟疑。」古兮切

羈 馬絡頭也。从网从馬。馬，馬絆也。居宜切 **羈** 羈或从革。

圭 瑞玉也。上圜下方。公執桓圭，九寸；矦執信圭，伯執躬圭，皆七寸；子執穀璧，男執蒲璧，皆五寸。以封諸矦。从重土。楚爵有執圭。古畦切 **珪** 古文圭从玉。

閨 特立之户，上圜下方，有似圭。从門圭聲。古攜切

奎 兩髀之閒。从大圭聲。苦圭切

䞨 半步也。从走圭聲。讀若跬同。丘弭切

街 四通道也。从行圭聲。古膎切

洼 深池也。从水圭聲。一佳切，又於瓜切

窐 甑空也。从穴圭聲。烏瓜切

漥 清水也。一曰窊也。从水窐聲。一穎切，又屋瓜切

娃 圜深目皃。或曰吳楚之閒謂好曰娃。从女圭聲。於佳切

佳 善也。从人圭聲。古膎切

厓 山邊也。从厂圭聲。五佳切

崖 高邊也。从屵圭聲。五佳切

奊 頭衺骫奊態也。从夨圭聲。胡結切

絓 繭滓絓頭也。一曰以囊絮練也。从糸圭聲。胡卦切

詿 誤也。从言圭聲。古賣切

恚 恨也。从心圭聲。於避切

娃 不說也。从女恚聲。於避切

挂 畫也。从手圭聲。古賣切

耒圭 冊又，可以劃麥，河内用之。从耒圭聲。古攜切

刲 刺也。从刀圭聲。《易》曰：「士刲羊。」苦圭切

卦 筮也。从卜圭聲。古壞切

畦 田五十畝曰畦。从田圭聲。户圭切

哇 諂聲也。从口圭聲。讀若醫。於佳切

黊 鮮明黄也。从黄圭聲。户圭切

蘳 黄華。从艸黊聲。讀若壞。乎瓦切

𧟌 姓也。从西圭聲。户圭切

烓　行竈也。从火圭聲。讀若冋。口迥切

耿　耳箸頰也。从耳，烓省聲。杜林說：「耿，光也。从光，聖省。」凡字皆左形右聲，杜林非也。徐鍇曰：「凡字多右形左聲，此說或後人所加，或傳寫之誤。」古杏切

褧　檾也。《詩》曰：「衣錦褧衣。」示反古。从衣耿聲。去潁切

䀒　盾握也。从盾圭聲。苦圭切

邽　隴西上邽也。从邑圭聲。古畦切

茥　缺盆也。从艸圭聲。苦圭切

桂　江南木，百藥之長。从木圭聲。古惠切

[illegible]　蠆也。从虫圭聲。烏蝸切

鼃　蝦蟇也。从黽圭聲。烏媧切

[illegible]　鹿屬。从鹿圭聲。古攜切

觟　牝牂羊生角者也。从角圭聲。下瓦切

規　有法度也。从夫从見。居隨切

嫢　媞也。从女規聲。讀若癸。秦晉謂細爲嫢。居隨切

闚　閃也。从門規聲。去隓切

小視也。从穴規聲。去隓切

三足釜也。有柄喙。讀若媯。从鬲規聲。居隨切

羊角也。象形。讀若苝。工瓦切

戾也。从𦫳而兆。兆，古文別。古懷切

判也。从刀判牛角。一曰解廌，獸也。佳買切，又户賣切

怠也。从心解聲。古隘切

郭澥，海之別也。从水解聲。一説澥即澥谷也。胡買切

水衡官谷也。从𠂤解聲。一曰小谿。胡買切

薢茩也。从艸解聲。胡買切

有二敖八足，旁行，非蛇鮮之穴無所庇。从虫解聲。胡買切 蟹或从魚。

蔡邑也。从邑狊聲。《春秋傳》曰：「郹陽封人之女奔之。」古闃切

犬視皃。从犬、目。古闃切

伯勞也。从鳥狊聲。古闃切 鶪或从隹。

綬也。从艸鶪聲。《詩》曰：「卬有旨虉。」是。五狄切

鼎屬。實五觳。斗二升曰觳。象腹交文，三足。郎激切 鬲或从瓦。 《漢令》鬲从瓦

厤聲。鬲　歷也。古文亦鬲字。象孰飪五味氣上出也。郎激切。此字許書别爲部首。

搹　把也。从手鬲聲。於革切　扼　搹或从戹。

槅　大車枙也。从木鬲聲。古覈切

隔　障也。从𨸏鬲聲。古覈切

䙳　裘裹也。从裘鬲聲。讀若擊。楷革切

翮　羽莖也。从羽鬲聲。下革切

⿰酉鬲　酮也。从酉鬲聲。郎擊切

礊　石也。惡也。从石鬲聲。下革切

蒚　夫蘺上也。从艸鬲聲。力的切

毄　相擊中也。如車相擊，故从殳从軎。古歷切

擊　攴也。从手毄聲。古歷切

轚　車轄相擊也。从車从毄，毄亦聲。《周禮》曰：「舟輿擊互者。」古歷切

礊　堅也。从石毄聲。楷革切

墼　瓴適也。一曰未燒也。从土毄聲。古歷切

繫　繫繞也。一曰惡絮。从糸毄聲。古詣切

蘻 狗毒也。从艸繫聲。古詣切

⿱毄女 難也。从女毄聲。苦賣切

⿱毄心 悑也。从心毄聲。苦計切

罊 器中盡也。从缶毄聲。苦計切

檕 繘耑木也。从木毄聲。古詣切

⿰毄欠 且唾聲。一曰小笑。从欠毄聲。許壁切

⿰毄虎 虎聲也。从虎毄聲。讀若隔。古覈切

⿱毄玉 玉也。从玉毄聲。讀若鬲。郎擊切

⿱艸毄 艸也。从艸毄聲。古歷切

厃 仰也。从人在厂上。一曰屋梠也，秦謂之桷，齊謂之厃。魚毀切

危 在高而懼也。从厃，自卪止之。厃亦聲。魚爲切

垝 毀垣也。从土危聲。《詩》曰：「乘彼垝垣。」過委切 陒 垝或从𠂤。

祪 袝、祪，祖也。从示危聲。過委切

觤 羊角不齊也。从角危聲。過委切

恑 變也。从心危聲。過委切

跪　拜也。从足危聲。去委切

詭　責也。从言危聲。過委切

頠　頭閑習也。从頁危聲。語委切

姽　閑體，行姽姽也。从女危聲。過委切

洈　水。出南郡高城洈山，東入䌛。从水危聲。過委切

⿰金危　臿屬。从金危聲。一曰瑩鐵也。讀若跛行。過委切

桅　黄木，可染者。从木危聲。過委切

蛫　蟹也。从虫危聲。過委切

兒　孺子也。从儿，象小兒頭囟未合。汝移切

婗　嫛婗也。从女兒聲。一曰婦人惡皃。五雞切

鬩　恒訟也。《詩》云：「兄弟鬩于牆。」从鬥从兒。兒，善訟者也。段曰：「兒亦聲。」許激切

齯　老人齒。从齒兒聲。五雞切

睨　衺視也。从目兒聲。研計切

⿰兒見　㫄視也。从見兒聲。五計切

倪　俾也。从人兒聲。五雞切

言相說司也。从言兒聲。女家切

角觬曲也。从角兒聲。西河有觬氏縣。研啓切

屈虹，青赤，或白色，陰氣也。从雨兒聲。五雞切

石地惡也。从厂兒聲。五歷切

敕也。从攴兒聲。五計切

大車轅耑持衡者。从車兒聲。五雞切　輗或从宐。　輗或从木。

齊地。从邑兒聲。《春秋傳》曰：「齊高厚定郳田。」五雞切

寒蜩也。从虫兒聲。五雞切

剌魚也。从魚兒聲。五雞切

鳥也。从鳥兒聲。《春秋傳》曰：「六鶂退飛。」五歷切　鶂或从鬲。　司馬相如說：鶂从赤。

狻麑，獸也。从鹿兒聲。五雞切

楚謂小兒嬾䁥。从臥、食。尼見切

倚也。人有疾病，象倚箸之形。女戹切

絫坺土爲牆壁。象形。力軌切

絫墼也。从厽从土。段補「厽亦聲」三字。力軌切

增也。从厽从糸，厽亦聲。從小徐本[二]。絫，十黍之重也。力軌切

[山皋]也。从山絫聲。落猥切

木實也。从木絫聲。力追切

眾石也。从三石。落猥切

罵也。从网从言。网辠人。力智切

稀疏適也。从二禾。讀若歷。郎擊切

治也。从厂秝聲。郎擊切

過也。从止厤聲。郎擊切

履下也。从履省，歷聲。郎擊切

浚也。从水曆聲。一曰水下滴瀝。郎擊切

櫪㯕，椑指也。从木歷聲。郎擊切

石聲也。从石厤聲。郎擊切

抴也。明也。象抴引之形。余制切

臾曳也。从申丿聲。余制切

習也。从心曳聲。余制切

石之似玉者。从玉曳聲。余制切

繫也。从糸丿聲。胡計切　系或从毄、處。

絜束也。从人从系，系亦聲。胡計切

魚也。从魚系聲。古本切

大𠂤也。从𠂤鯀聲。胡本切

長行也。从㢟丿聲。以然切

長也。从手从延，延亦聲。式連切

長木也。从木延聲。《詩》曰：「松桷有梴。」丑連切

小矛也。从金延聲。市連切

竹席也。从竹延聲。《周禮》曰：「度堂以筵。」筵一丈。以然切

以石扞繒也。从石延聲。尺戰切

詞誕也。从言延聲。徒旱切　籀文誕省正。

語唌嘆也。从口延聲。夕連切

車温也。从衣延聲。式連切

鄭地。从邑延聲。以然切

震也。三月，陽氣動，靁電振，民農時也。物皆生，从乙、匕，象芒達。厂，聲也。辰，房星，天時也。从二。二，古文上字。植鄰切　古文辰。

房星；爲民田時者。从晶省，辰聲。植鄰切　曟或省。許書「晨」爲「曟」或字，今易之。

鷐風也。从鳥晨聲。植鄰切

日月合宿爲辰。从會从辰，辰亦聲。植鄰切

早昧爽也。从臼从辰。辰，時也。辰亦聲。丮夕爲夙，臼辰爲晨，皆同意。食鄰切

劈歷，振物者。从雨辰聲。《春秋傳》曰：「震夷伯之廟。」章刃切　籀文震。

舉救也。从手辰聲。一曰奮也。章刃切

富也。从貝辰聲。之忍切

女妊身動也。从女辰聲。《春秋傳》曰：「后緡方娠。」一曰宮婢女隸謂之娠。失人切

動也。从足辰聲。側鄰切

驚也。从口辰聲。側鄰切

指而笑也。从欠辰聲。讀若蜃。時忍切

口耑也。从肉辰聲。食倫切　古文脣从頁。

漘　水厓也。从水脣聲。《詩》曰：「寘河之漘。」常倫切

陙　水𠂤也。从𠂤辰聲。食倫切

宸　屋宇也。从宀辰聲。植鄰切

屒　伏皃。从尸辰聲。一曰屋宇。珍忍切

蜃　雉入海，化爲蜃。从虫辰聲。時忍切

祳　社肉，盛以蜃，故謂之祳。天子所以親遺同姓。从示辰聲。《春秋傳》曰：「石尚來歸祳。」時忍切

麎　牝麋也。从鹿辰聲。植鄰切

弟　韋束之次弟也。古文弟。古文弟从古文韋省，丿聲。特計切　弟　篆文从古文之象[三]。許書先「弟」後「弟」，今易之。「弟」下增「篆文」二字。弟聲之字皆从篆文，今先古文，使「弟」與「丿」相屬也，猶許書丄部之字皆作「二」，不作「丄」也。

娣　女弟也。从女从弟，弟亦聲。徒禮切

豒　爵之次弟也。从豊从弟。段曰：「弟亦聲。」《虞書》曰：「平豒東作。」直質切

梯　木階也。从木弟聲。土雞切

蕛　蕛英也。从艸稊聲。許書無「稊」字。段曰「梯聲之誤」，或當然也。姚曰：「从艸从禾，弟聲。」大

兮切

睇 目小視也。从目弟聲。南楚謂眄曰睇。特計切

涕 泣也。从水弟聲。他禮切

鬀 鬄髮也。从髟弟聲。大人曰髡，小人曰鬀，盡及身毛曰鬄。他計切

綈 厚繒也。从糸弟聲。杜兮切

銻 鎕銻也。从金弟聲。杜兮切

鮷 大鮎也。从魚弟聲。杜兮切

虒 委虒，虎之有角者也。从虎厂聲。息移切

⿰角虒 角傾也。从角虒聲。敕豕切

⿺走虒 ⿺走虒鷈，輕薄也。从走虒聲。讀若池。直离切

⿰心虒 忯⿰心虒，不憂事也。从心虒聲。讀若移。移尔切

歋 人相笑相歋瘉。从欠虒聲。以支切

遞 更易也。从辵虒聲。特計切

褫 福也。从示虒聲。息移切

嗁 號也。从口虒聲。杜兮切

管樂也。从龠虒聲。直离切　䶵或从竹。

奪衣也。从衣虒聲。讀若池。直离切

足也。从足虒聲。杜兮切

槃也。从木虒聲。息移切

繫褫也。一曰維也。从糸虒聲。郎兮切

器也。从金虒聲。杜兮切

水。出趙國襄國，東入湡。从水虒聲。息移切

鸊鷉也。从鳥虒聲。土雞切

鼠也。从鼠虒聲。息移切

科厄，木節也。从卪厂聲。賈侍中説，以爲厄，裹也。一曰厄，蓋也。臣鉉等曰：「厂非聲，未詳。」五果切

婐妮也。一曰弱也。从女厄聲。五果切

歠也。从次厂聲。讀若移。以支切

籀文系，从爪、絲。

大腹也。从大，𦀚省聲。此下有「𦀚，籀文系字」五字，今不録。胡雞切

生三月豚，腹豯豯皃也。从豕奚聲。胡雞切

革生鞮也。从革奚聲。户佳切

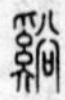山瀆無所通者。从谷奚聲。苦兮切

待也。从彳奚聲。胡計切 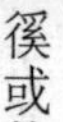徯或从足。

恥也。从言奚聲。胡禮切 謑或从奊。

女隸也。从女奚聲。胡雞切

脯也。从肉奚聲。户皆切

螇鹿，蛁蟟也。从虫奚聲。胡雞切

水蟲也。薉貉之民食之。从黽奚聲。胡雞切

小鼠也。从鼠奚聲。胡雞切

驒騱馬也。从馬奚聲。胡雞切

知時畜也。从隹奚聲。古兮切 籀文雞从鳥。

流也。从反厂。讀若移。弋支切

女陰也。象形。乁聲。從小徐本[三]。按：「也」在乁部，當云：「从乁，象形，乁亦聲。」羊者切 秦刻石也字。

匜 似羹魁，柄中有道，可以注水。从匚也聲。移尔切

迆 衺行也。从辵也聲。《夏書》曰：「東迆北，會于匯。」移尔切

馳 大驅也。从馬也聲。直离切

施 旗皃。从㫃也聲。亝欒施字子旗，知施者旗也。式支切

暆 日行暆暆也。从日施聲。樂浪有東暆縣。讀若酏。弋支切

螔 蛣蟺，强芈也。从虫施聲。式支切

杝 落也。从木也聲。讀若他。池尒切

阤 小崩也。从𨸏也聲。丈尔切

灺 燭婁也。从火也聲。徐野切

弛 弓解也。从弓也聲。從小徐本[四]。施氏切 㢮 弛或从虒。

敡 敷也。从攴也聲。讀與施同。式支切

地 元氣初分，輕清陽爲天，重濁陰爲地。萬物所陳列也。从土也聲。徒内切 墬 籒文地从㒸。

貤 重次弟物也。从貝也聲。以豉切

酏 黍酒也。从酉也聲。一曰甜也。賈侍中説：酏爲鬻清。移尔切

巴蜀山名岸脅之㫄箸欲落墯者曰氏。氏崩，聞數百里。象形，乀聲。楊雄賦：「響若氏隤。」承旨切

箸也。从土氏聲。諸氏切

著止也。从水氏聲。直尼切

跱也。从足氏聲。承旨切

眂兒。从目氏聲。承旨切

側擊也。从手氏聲。諸氏切

地祇，提出萬物者也。从示氏聲。巨支切

絮一苫也。从糸氏聲。諸氏切

長轂之軝也，以朱約之。从車氏聲。《詩》曰：「約軝錯衡。」渠支切　軝或从革。

病也。从疒氏聲。渠支切

愛也。从心氏聲。巨支切

芪母也。从艸氏聲。常之切

畫也。从虫氏聲。巨支切

三十年爲一世。从而曳長之。亦取其聲也。舒制切

紲 系也。从糸世聲。《春秋傳》曰："臣負羈紲。"私列切 緤 紲或从枼。

抴 捈也。从手世聲。余制切

迣 迾也。晉趙曰迣。从辵世聲。讀若寘。征例切

跇 述也。从足世聲。丑例切

呭 多言也。从口世聲。《詩》曰："無然呭呭。"余制切

詍 多言也。从言世聲。《詩》曰："無然詍詍。"余制切

貰 貸也。从貝世聲。神夜切

勩 勞也。《詩》曰："莫知我勩。"从力貰聲。余制切

枼 楄也。枼，薄也。从木世聲。與涉切

牒 薄切肉也。从肉枼聲。直葉切

葉 艸木之葉也。从艸枼聲。與涉切

僷 宋衛之間謂華僷僷。从人葉聲。與涉切

堞 城上女垣也。从土葉聲。徒叶切

褋 各本作"褋"，段氏據解說"枼聲"及《方言》《廣雅》《玉篇》《廣韻》改正。今從之。南楚謂禪衣曰褋。从衣枼聲。徒叶切

[illegible]　籥也。从竹枼聲。與接切

牒　札也。从片枼聲。徒叶切

屧　履中薦也。从尸枼聲。穌叶切

鍱　鏶也。从金葉聲[五]。齊謂之鍱。與涉切

韘　射決也。所以拘弦，以象骨，韋系，著右巨指。从韋枼聲。《詩》曰：「童子佩韘。」失涉切

弽　韘或从弓。

揲　閱持也。从手枼聲。今折切

渫　除去也。从水枼聲。私列切

諜　軍中反閒也。从言枼聲。徒叶切

媟　嬻也。从女枼聲。私列切

[illegible]　前頡也。从辵枼聲。各本篆作「[illegible]」，云「市聲」，與訓行皃之「迣」相混。段氏依《玉篇》改，今從之。賈侍中說：一讀若拾，又若郅。北末切

泄　水。受九江博安洵波，北入氐。从水世聲。余制切

齛　羊粻也。从齒世聲。私列切

易　蜥易，蝘蜓，守宮也。象形。《祕書》說：日月爲易，象陰陽也。一曰从勿。羊益切

目疾視也。从目易聲。施隻切

日覆雲暫見也。从日易聲。羊益切

輕也。从人易聲。一曰交傷。以豉切

侮也。从攴从易，易亦聲。以豉切

脈瘍也。从疒易聲。羊益切

袒也。从衣易聲。先擊切

敬也。从心易聲。他歷切 或从狄。

予也。从貝易聲。斯義切

艸也。从艸賜聲。斯義切

犬張耳皃。从犬易聲。陟革切

髲也。从髟易聲。先彳切，又大計切 鬄或从也聲。

鬀髮也。从髟从刀，易聲。小徐作「剔聲」。許書無「剔」字。他歷切

以舌取食也。从舌易聲。神旨切 舓或从也。

骨間黄汁也。从骨易聲。讀若《易》曰「夕惕若厲」。他歷切

銀鉛之間也。从金易聲。先擊切

緆　細布也。从糸易聲。先擊切　⿸麻易　緆或从麻。

知　詞也。从口从矢。陟離切

𥏾　識詞也。从白从亏从知。段曰：「知亦聲。」知義切　𥎿　古文𥏾。

⿰氵𥏾　土得水沮也。从水𥏾聲。讀若麷。竹隻切

⿰見𥏾　目赤也。从見，𥏾省聲。才的切

⿰酉𥏾　酒也。从酉，𥏾省聲[六]。陟离切

鼅　鼅鼄，蟊也。从黽，𥏾省聲。陟离切　蜘　或从虫。

支　去竹之枝也。从手持半竹。章移切　𠬛　古文支。

枝　木別生條也。从木支聲。章移切

⿰枝頁　小頭蕵蕵也。从頁枝聲。讀若規。又己恚切

𨙸　周文王所封。在右扶風美陽中水鄉。从邑支聲。巨支切　岐　𨙸或从山支聲。因岐山以名之也。嶅　古文𨙸从枝从山。

翄　翼也。从羽支聲。施智切　𦐊　翄或从氏。

跂　足多指也。从足支聲。巨支切

鬾　三足鍑也。一曰滫米器也。从鬲支聲。魚綺切

屩也。从履省，支聲。奇逆切

舉頭也。从頁支聲。《詩》曰：「有頍者弁。」丘弭切

頃也。从匕支聲。匕，頭頃也。《詩》曰：「跂彼織女。」去智切

攱嶇也。从危支聲。去其切

緣大木也。一曰行皃。从走支聲。巨之切

行也。从虫支聲。巨支切

馬彊也。从馬支聲。章移切

很也。从心支聲。之義切

與也。从人支聲。《詩》曰：「鞫人忮忒。」渠綺切

巧也。从手支聲。渠綺切

婦人小物也。从女支聲。讀若跂行。渠綺切

鬼服也。一曰小兒鬼。从鬼支聲。《韓詩傳》曰：「鄭交甫逢二女，魃服。」奇寄切

配鹽幽尗也。从尗支聲。是義切　俗枝从豆。

水都也。从水支聲。章移切

蔆也。从艸支聲。奇記切　杜林說：「芰从多。」

𨾙 鳥也。从隹支聲。一曰雉度。章移切

卮 圜器也。一名觛。所以節飲食。象人，卪在其下也。《易》曰：「君子節飲食。」章移切

只 語已詞也。从口，象氣下引之形。諸氏切

齞 口張齒見。从齒只聲。研繭切

抧 開也。从手只聲。讀若抵掌之抵。諸氏切

胑 體四胑也。从肉只聲。章移切 肢 胑或从支。

迟 曲行也。从辵只聲。綺戟切

枳 木。似橘。从木只聲。諸氏切

𥝩 中婦人手長八寸，謂之咫。周尺也。从尺只聲。諸氏切

𥞛 多小意而止也。从禾从支，只聲。[七]一曰木也。職雉切

伿 隋也。从人只聲。以豉切

謒 待也。从言伿聲。讀若餐。胡禮切

疻 毆傷也。从疒只聲。諸氏切

軹 車輪小穿也。从車只聲。諸氏切

是 直也。从日、正。承旨切 𣆪 籒文是从古文正。

理也。从言是聲。承旨切

諦也。一曰妍黠也。一曰江淮之閒謂母曰媞。从女是聲。承旨切

迎視也。从目是聲。讀若「珥瑱」之「瑱」。他計切

頟也。从頁是聲。杜兮切

顯也。从見是聲。杜兮切

水清底見也。从水是聲。《詩》曰：「湜湜其止。」常職切

止也。从宀是聲。常隻切

安福也。从示是聲。《易》曰：「禔既平。」市支切

滯也。从土是聲。丁禮切

唐也。从𠂤是聲。都兮切

㩗不能行，爲人所引，曰㩗㩗。从亢从爪，是聲。都兮切

徥徥，行皃。从彳是聲。《爾雅》曰：「徥，則也。」是支切

躗也。从足是聲。特計切

革履也。从革是聲。都兮切

衣厚褆褆。从衣是聲。杜兮切

鳥之彊羽猛者。从羽是聲。俱豉切

挈也。从手是聲。杜兮切

匕也。从匕是聲。是支切

帛丹黄色。从糸是聲。他禮切緹或从氏。

簧屬。从竹是聲。是支切

趧婁，四夷之舞，各自有曲。从走是聲。都兮切

艸也。从艸是聲。是支切

駃騠也。从馬是聲。杜兮切

豕也。从彑从豕。讀若弛。式視切

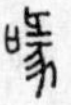口也。从口彖聲。各本篆體誤作「喙」，解云：「彖聲。」依阮太傅學士説改。許穢切

蟲齧木中也。从䖵彖聲。盧啓切古文。

江中大船名。从木蠡聲。盧啓切

鮦也。从魚蠡聲。盧啓切

怨恨也。从心彖聲。讀若膎。各本篆體作「」，解云：「彖聲。」臣鉉等曰：「彖非聲，未詳。」段本改「彖聲」。阮太傅學士説亦同。今從之。户佳切

手指相錯也。从又，象叉之形。初牙切

枝也。从木叉聲。初牙切

符命也。諸侯進受於王也。象其札一長一短，中有二編之形。楚革切　古文冊从竹。

告也。从曰从冊，冊亦聲。楚革切

編樹木也。从木从冊，冊亦聲。楚革切

疾利口也。从心冊聲。從小徐本[八]。《詩》曰：「相時思民。」息廉切

背呂也。从𠂹从肉。資昔切

瘦也。从肉脊聲。資昔切　古文膌从疒从朿，朿亦聲。

小步也。从足脊聲。《詩》曰：「不敢不蹐。」資昔切

魚名。从魚脊聲。資昔切

木芒也。象形。讀若刺。七賜切

莿也。从艸朿聲。楚革切

君殺大夫曰刺。刺，直傷也。从刀从朿，朿亦聲。七賜切

茦也。从艸刺聲。七賜切

數諫也。从言朿聲。七賜切

策　馬箠也。从竹朿聲。楚革切

⿰朿攴　擊馬也。从攴朿聲。楚革切

⿱艹⿰朿攴　以穀萎馬，置莝中。从艸敇聲。楚革切

責　求也。从貝朿聲。側革切

積　聚也。从禾責聲。則歷切

簀　牀棧也。从竹責聲。阻厄切

𦏧　羠𦏧也。从羊責聲。子賜切

磧　水陼有石者。从石責聲。七迹切

績　緝也。从糸責聲。則歷切

漬　漚也。从水責聲。前智切

䶖　齒相值也。一曰齧也。从齒責聲。《春秋傳》曰：「晳䶖。」士革切

嫧　齊也。从女責聲。側革切

幘　髮有巾曰幘。从巾責聲。側革切

嘖　大呼也。从口責聲。士革切　謮　嘖或从言。

⿰此朿　識也。从此朿聲。一曰藏也。遵誄切

諦也。王天下之號也。从丄朿聲。都計切　古文帝。古文諸丄字皆从一，篆文皆从二。二，古文上字。「辛示辰龍童音章」皆从古文丄。

審也。从言帝聲。都計切

諦祭也。从示帝聲。《周禮》曰：「五歲一禘。」特計切

結不解也。从糸帝聲。特計切

語時不啻也。从口帝聲。一曰啻，諟也。讀若鞮。施智切

孎也。孎，謹也。从女啻聲。都歷切

之也。从辵啻聲。適，宋魯語。施隻切

住足也。从足，適省聲。或曰蹢躅。賈侍中說：「足垢也。」直隻切

搔也。从手適聲。一曰投也。直隻切

雉屬，戇鳥也。从鳥，適省聲。都歷切

仇也。从攴啻聲。徒歷切

罰也。从言啻聲。陟革切

拓果樹實也。从手啻聲。一曰指近之也。他歷切，又竹戹切

矢鏠也。从金啻聲。都歷切

水注也。从水啇聲。都歷切

户樀也。从木啇聲。《爾雅》曰：「檐謂之樀。」讀若滴。都歷切

麥覈屑也。十斤爲三斗，从麥啇聲。直隻切

緥也。从衣啇聲。《詩》曰：「載衣之褅。」他計切

側行也。从走束聲。《詩》曰：「謂地蓋厚，不敢不趚。」資昔切

小雨零皃。从水束聲。所責切

心疑也。从三心。讀若《易》「旅瑣瑣」。又才規、才累二切

垂也。从惢糸聲。段删「聲」字，注云：「惢亦聲。」如壘切

破木也。一曰折也。从木从斤。先激切

汏米也。从水析聲。先擊切

人色白也。从白析聲。先擊切

蜥易也。从虫析聲。先擊切

賤也。執事也。从𠂇、甲。補移切

女之卑者也。从女从卑，卑亦聲。便俾切

股也。从骨卑聲。並弭切古文髀。

短脛狗。从犬卑聲。薄蟹切

短人立竨竨皃。从立卑聲。傍下切

中伏舍。从广卑聲。一曰屋庳。或讀若逋。便俾切

階也。脩爲蠯，圜爲蠇。从虫庳聲。宋本無「聲」字，毛本、小徐本皆有[九]。蒲猛切

傾首也。从頁卑聲。匹米切

城上女牆俾倪也。从𨸏卑聲。符支切　籀文陴从𩫏。

益也。从人卑聲。一曰俾，門侍人。並弭切

益也。从會卑聲。符支切

增也。从土卑聲。符支切

接益也。从衣卑聲。府移切

土藏也。从肉卑聲。符支切

別也。从冎卑聲。讀若罷。府移切

禾別也。从禾卑聲。琅邪有稗縣。旁卦切

兩手擊也。从手卑聲。北買切

毀也。从攴卑聲。辟米切

毇也。从米卑聲。旁卦切

須髮半白也。从須卑聲。府移切

涉水顰蹙。从頻卑聲。符眞切

豎石也。从石卑聲。府眉切

圜榼也。从木卑聲。部迷切

刀室也。从革卑聲。并頂切

罌謂之𤭯。从瓦卑聲。部迷切

鈭錍也。从金卑聲。府移切

簁箄也。从竹卑聲。并弭切

水。在丹陽。从水箄聲。匹卦切

騎鼓也。从鼓卑聲。部迷切

雨衣。一曰衰衣。从艸卑聲。一曰萆藨，似烏韭。扶歷切

蜀縣也。从邑卑聲。符支切

黍屬。从黍卑聲。并弭切

蠯蛸也。从䖵卑聲。匹標切

蠯或从虫。

辟 法也。从卩从辛，節制其辠也；从口，用法者也。必益切

𨐨 治也。从辟从井。段曰：「辟亦聲。」《周書》曰：「我之不𨐨。」必益切

譬 諭也。从言辟聲。匹至切

闢 開也。从門辟聲。房益切 闢《虞書》曰：「闢四門。」从門从𢪒。

劈 破也。从刀辟聲。普擊切

糪 炊米者謂之糪。从米辟聲。博戹切

擘 撝也。从手辟聲。博戹切

臂 手上也。从肉辟聲。卑義切

壁 垣也。从土辟聲。比激切

廦 牆也。从广辟聲。比激切

繴 繴謂之罿，罿謂之罬，罬謂之罦。捕鳥覆車也。从糸辟聲。博戹切

躄 人不能行也。从止辟聲。必益切

避 回也。从辵辟聲。毗義切

僻 避也。从人辟聲。《詩》曰：「宛如左僻。」一曰从旁牽也。普擊切

𠪿 仄也。从厂辟聲。普擊切

 便嬖，愛也。从女辟聲。博計切

 韏衣也。从衣辟聲。必益切

 髼布也。从巾辟聲。《周禮》曰：「駹車大幦。」莫狄切

 瑞玉圜也。从玉辟聲。比激切

 瓴甓也。从瓦辟聲。《詩》曰：「中唐有甓。」扶歷切

 牡贊也。从艸辟聲。蒲計切

 黄木也。从木辟聲。博戹切

 鸊鷉也。从鳥辟聲。普擊切

 葩之總名也。林之爲言微也，微纖爲功。象形。匹卦切

 水之衺流，别也。从反永。讀若稗縣。匹卦切

 别水也。从水从𠂢，𠂢亦聲。匹賣切

 散絲也。从糸𠂢聲。匹卦切

 目財視也。从目𠂢聲。莫獲切

 衺視也。从𠂢从見。段曰：「𠂢亦聲。」莫狄切  籀文。

 羊鳴也。从羊，象聲氣上出。與牟同意。緜婢切

市也。从网、貝。《孟子》曰：「登壟斷而网市利。」莫蟹切

小視也。从目買聲。莫佳切

水。出豫章艾縣，西入湘。从水買聲。莫蟹切

出物貨也。从出从買。疑買亦聲。莫邂切

血理分衺行體者。从𠂢从血。莫獲切　或从肉。　籀文。

霢霂，小雨也。从雨脈聲。莫獲切

細絲也。象束絲之形。讀若覛。莫狄切　古文糸。

【校記】

[一]大徐本無「厸亦聲」三字。

[二]大小徐本均作「篆文古字之象」，此係依段注。

[三]大徐本無「乁聲」二字。

[四]大徐本作「从弓从也」。

[五]小徐本作「從金枼聲」。

[六]此係從小徐本。大徐本作「从酉、㽞省」。

［七］小徐本作「從禾、只，支聲」。

［八］大徐本作「从心从册」。

［九］大徐本作「从虫从庫」。

卷十七

委 委隨也。从女从禾。於詭切

倭 順皃。从人委聲。《詩》曰：「周道倭遲。」於爲切

逶 逶迆，衺去之皃。从辵委聲。於爲切 蟡 或从虫、爲。

踒 足跌也。从足委聲。烏過切

捼 推也。从手委聲。一曰兩手相切摩也。奴禾切

錗 側意。从金委聲。女恚切

覣 好視也。从見委聲。於爲切

𣨙 病也。从歺委聲。於爲切

痿 痹也。从疒委聲。儒隹切

餧 飢也。从食委聲。一曰魚敗曰餧。奴罪切

萎 食牛也。从艸委聲。於僞切

纍也。从言委聲。女恚切

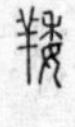羊相羵也。从羊委聲。於僞切

高也。从嵬委聲。牛威切

系冠纓也。从糸委聲。儒隹切

車中把也。从糸从妥。息遺切

白桵，棫。从木妥聲。臣鉉等曰：「當从綏省。」姚曰：「綏省聲。」儒隹切

嘉穀也。二月始生，八月而孰，得時之中，故謂之禾。禾，木也。木王而生，金王而死。从木，从𥝌省。𥝌象其穗。凡禾之屬皆从禾。户戈切

調也。从龠禾聲。讀與和同。户戈切

調味也。从皿禾聲。户戈切

相膺也。从口禾聲。户戈切

變也。从到人。呼跨切

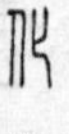教行也。从匕从人，匕亦聲。呼跨切

動也。从口化聲。《詩》曰：「尚寐無吪。」五禾切

吪圜也。从金化聲。五禾切

囮 譯也。从口、化〔一〕。率鳥者繫生鳥以來之，名曰囮。讀若譌。五禾切 ⿴囗繇 囮或从繇。又音由。段注及王氏念孫《廣雅疏証》並據《廣雅・釋言》「囮，⿴囗繇也」，以爲「囮」「⿴囗繇」字異，解説當云：「囮也，从口繇聲。」

貨 財也。从貝化聲。呼臥切

𩲡 鬼變也。从鬼化聲。呼駕切

魤 魚名。从魚七聲。呼跨切

𠀀 反丂也。讀若呵。虎何切

可 肎也。从口丂，丂亦聲。肯我切

何 儋也。从人可聲。胡歌切

荷 芙蕖葉。从艸何聲。胡哥切

河 水。出焞煌，塞外昆侖山發原，注海。从水可聲。乎哥切

柯 斧柄也。从木可聲。古俄切

抲 抲撝也。从手可聲。《周書》曰：「盡執，抲。」虎何切

閜 大開也。从門可聲。大杯亦爲閜。火下切

訶 大言而怒也。从言可聲。虎何切

阿　大陵也。一曰曲𠃯也。从𠃯可聲。烏何切

⿵門阿　門傾也。从門阿聲。烏可切

娿　媕娿也。从女阿聲。烏何切

奇　異也。一曰不耦。从大从可。段曰：「可亦聲。」渠羈切

踦　一足也。从足奇聲。去奇切

徛　舉脛有渡也。从彳奇聲。去奇切

騎　跨馬也。从馬奇聲。渠羈切

觭　角一俛一仰也。从角奇聲。去奇切

掎　偏引也。从手奇聲。居綺切

攲　持去也。从支奇聲。去奇切

旖　旗旖施也。从㫃奇聲。於离切

檹　木檹施。从木旖聲。賈侍中說：檹即椅木，可作琴。於离切

寄　託也。从宀奇聲。居義切

倚　依也。从人奇聲。於綺切

輢　車旁也。从車奇聲。於綺切

䶩 武牙也。从牙从奇，奇亦聲。去奇切

䶩 齧也。从齒奇聲。魚綺切

剞 剞剧，曲刀也。从刀奇聲。居綺切

畸 殘田也。从田奇聲。居宜切

殆 棄也。从歺奇聲。俗語謂死曰大殆。去其切

綺 文繒也。从糸奇聲。祛彼切

錡 鉏鎁也。从金奇聲。江淮之閒謂釜曰錡。魚綺切

陭 上黨陭氏阪也。从𨸏奇聲。於离切

椅 梓也。从木奇聲。於离切

猗 犗犬也。从犬奇聲。於离切

砢 磊砢也。从石可聲。來可切

坷 坎坷也。梁國寧陵有坷亭。从土可聲。康我切

疴 病也。从疒可聲。《五行傳》曰：「時即有口疴。」烏何切

苛 小艸也。从艸可聲。乎哥切

菏 菏澤，水。在山陽胡陵。《禹貢》：「浮于淮泗，達于菏。」从水苛聲。古俄切

妸 女字也。从女可聲。讀若阿。烏何切

軻 接軸車也。从車可聲。康我切

杏 果也。从木，可省聲。何梗切

莕 萎餘也。从艸杏聲。何梗切 荇 莕或从行，同。

鴚 鴚鵝也。从鳥可聲。古俄切

哥 聲也。从二可。古文以爲謌字。古俄切

歌 詠也。从欠哥聲。古俄切 謌 歌或从言。

滒 多汁也。从水哥聲。讀若哥。古俄切

戈 平頭戟也。从弋，一橫之。象形。古禾切

𢧢 擊踝也。从丮从戈。段曰：「疑奪『聲』字。」讀若踝。胡瓦切

加 語相增加也。从力从口。古牙切

嘉 美也。从壴加聲。古牙切

賀 以禮相奉慶也。从貝加聲。胡箇切

哿 可也。从可加聲。《詩》曰：「哿矣富人。」古我切

駕 馬在軛中。从馬加聲。古訝切 𩣡 籀文駕。

枷　柫也。从木加聲。淮南謂之柍。古牙切

迦　迦互，令不得行也。从辵枷聲。古牙切

妿　女師也。从女加聲。杜林說：加教於女也。讀若阿。烏何切

痂　疥也。从疒加聲。古牙切

茄　芙蕖莖。从艸加聲。古牙切

冎　剔人肉置其骨也。象形。頭隆骨也。古瓦切

咼　口戾不正也。从口冎聲。苦媧切

過　度也。从辵咼聲。古禾切

渦　水。受淮陽扶溝浪湯渠，東入淮。从水過聲。古禾切

薖　艸也。从艸過聲。苦禾切

諣　疾言也。从言咼聲。呼卦切

旤　屰惡驚詞也。从旡咼聲。讀若楚人名多「夥」。乎果切

禍　害也，神不福也。从示咼聲。胡果切

⿰丸咼　鷙鳥食已，吐其皮毛如丸。从丸咼聲。讀若骫。於跪切

媧　古之神聖女，化萬物者也。从女咼聲。古蛙切　⿰女鬲　籀文媧从鬲。

楇 盛膏器。从木咼聲。讀若過。乎臥切

緺 綬紫青也。从糸咼聲。古蛙切

蝸 蝸蠃也。从虫咼聲。忘華切

騧 黄馬，黑喙。从馬咼聲。古華切 [illegible] 籀文騧。

果 木實也。从木，象果形在木之上。古火切

窠 空也。穴中曰窠，樹上曰巢。从穴果聲。苦禾切

裹 纏也。从衣果聲。古火切

顆 小頭也。从頁果聲。苦惰切

踝 足踝也。从足果聲。胡瓦切

髁 髀骨也。从骨果聲。苦臥切

稞 穀之善者。从禾果聲。一曰無皮穀。胡瓦切

夥 齊謂多爲夥。从多果聲。乎果切

祼 灌祭也。从示果聲。古玩切

敤 研治也。从攴果聲。舜女弟名「敤首」。苦果切

課 試也。从言果聲。苦臥切

妸也。一曰女侍曰婐。讀若騧，或若委。从女果聲。孟軻曰：「舜爲天子，二女婐。」烏果切

水也。从水果聲。古火切

鱧也。从魚果聲。胡瓦切

齊謂多爲夥。从多果聲。乎果切[二]

程也。从禾从斗。斗者，量也。苦禾切

跨步也。从反夊。下有「𩰫从此」三字，今不録。苦瓦切

秦名土釜曰𩰫。从鬲牛聲。讀若過。古禾切

不正也。从立咼聲。火鼃切

蝸蠃，蒲盧，細要土蠭也。天地之性，細要，純雄，無子。《詩》曰：「螟蠕有子，蝸蠃負之。」从虫咼聲。古火切 蝸或从果。

母猴也。其爲禽好爪。爪，母猴象也。下腹爲母猴形。王育曰：「爪，象形也。」薳支切 古文爲象兩母猴相對形。

詐也。从人爲聲。危睡切

資也。从貝爲聲。或曰此古貨字。讀若貴。詭僞切

譌言也。从言爲聲。《詩》曰：「民之譌言。」五禾切

口咼也。从疒爲聲。韋委切

屋皃。从宀爲聲。韋委切

闢門也。从門爲聲。《國語》曰：「闖門而與之言。」韋委切

裂也。从手爲聲。一曰手指也。許歸切

剥取獸革者謂之皮。从又，爲省聲。符羈切　古文皮。籀文皮。

寑衣，長一身有半。从衣皮聲。平義切

弘農謂帬帔也。从巾皮聲。披義切

車駕具也。从革皮聲。平祕切

鬄也。从髟皮聲。平義切

从旁持曰披。从手皮聲。敷羈切

旌旗披靡也。从㫃皮聲。敷羈切

駊騀也。从馬皮聲。普火切

水涌流也。从水皮聲。博禾切

揚米去糠也。从箕皮聲。布火切

石碎也。从石皮聲。普過切

疲　勞也。从疒皮聲。符羈切
𡯌　蹇也。从尣皮聲。布火切
跛　行不正也。从足皮聲。一曰足排之。讀若彼。布火切
頗　頭偏也。从頁皮聲。滂禾切
詖　辯論也。古文以爲頗字。从言皮聲。彼義切
彼　往有所加也。从彳皮聲。補委切
貱　迻予也。从貝皮聲。彼義切
坡　阪也。从土皮聲。滂禾切
陂　阪也。一曰沱也。从𨸏皮聲。彼爲切
紴　絛屬。从糸皮聲。讀若被，或讀若水波之波。博禾切
鈹　大鍼也。一曰劒如刀裝者。从金皮聲。敷羈切
柀　㯙也。从木皮聲。一曰折也。甫委切
鮍　魚名。从魚皮聲。敷羈切
鄬　地名。从邑爲聲。居爲切
䧑　鄭地，阪。从𨸏爲聲。《春秋傳》曰：「將會鄭伯于䧑。」許爲切

嬀　虞舜居嬀汭，因以爲氏。从女爲聲。居爲切

蔿　艸也。从艸爲聲。于鬼切

我　施身自謂也。或說：我，頃頓也。从戈从手。手，或說古垂字。一曰古殺字。五可切　𢦐　古文我。

義　己之威儀也。從我、羊。我亦聲。宜寄切　羛　《墨翟書》義从弗。魏郡有羛陽鄉，讀若錡。今屬鄴，本内黄北二十里。

儀　度也。从人義聲。魚羈切

議　語也。从言義聲。宜寄切

檥　榦也。从木義聲。魚羈切

㕒　厜㕒也。从厂義聲。魚爲切

羲　氣也。从兮義聲。許羈切

犧　宗廟之牲也。从牛羲聲。賈侍中說：此非古字。許羈切

轙　車衡載轡者。从車義聲。魚綺切　钀　轙或从金从獻。

鄬　臨淮徐地。从邑義聲。《春秋傳》曰：「徐鄬楚。」魚羈切

鸃　鵔鸃也。从鳥義聲。秦漢之初，侍中冠鵔鸃冠。魚羈切

誐　嘉善也。从言我聲。《詩》曰：「誐以溢我。」五何切

行頃也。从人我聲。《詩》曰：「仄弁之俄。」五何切

馬搖頭也。从馬我聲。五可切

嵯峨也。从山我聲。五何切

石巖也。从石我聲。五何切

飢也。从食我聲。五箇切

帝堯之女，舜妻娥皇字也。秦晉謂好曰娙娥。从女我聲。五何切

水。出蜀汶江徼外，東南入江。从水我聲。五何切

蘿莪，蒿屬。从艸我聲。五何切

蠶化飛蟲。从䖵我聲。五何切或从虫。

羅也。从虫我聲。臣鉉等曰：「䖵部已有『⿱我䖵』，或作『䖸』。此重出。」五何切

鴚鵝也。从鳥我聲。五何切

土器已燒之總名。象形。五寡切

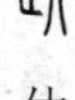休也。从人、臣，取其伏也。吾貨切

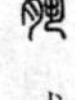或曰：嘼名，象形。闕。郎果切

瘦也。从羊羸聲。力爲切

𣩵　畜產疫病也。从歺贏聲。從小徐本[三]。郎果切

□　厀中病也。从尣从贏。姚曰：「贏亦聲。」郎果切

□　不均也。从糸贏聲。力臥切

□　銼鑹也。从金贏聲。魯戈切

□　瘻也。从立羸聲。力臥切

□　袒也。从衣羸聲。郎果切　裸　羸或从果。

蠃　蜾蠃也。从虫羸聲。一曰虒蝓。郎果切

驘　驢父馬母。从馬羸聲。洛戈切　□　或从羸。[四]

羅　以絲罟鳥也。从网从維。古者芒氏初作羅。魯何切

蘿　莪也。从艸羅聲。魯何切

多　重也。从重夕。夕者，相繹也，故爲多。重夕爲多，重日爲曡。得何切　𠩺　古文多。

□　盛火也。从火多聲。從小徐本[五]。昌氏切

卶　有大度也。从卩多聲。讀若侈。充豉切

侈　掩脅也。从人多聲。一曰奢也。尺氏切

□　廣也。从广侈聲。《春秋國語》曰：「俠溝而廖我。」尺氏切

侍也。从土多聲。尺氏切

衣張也。从衣多聲。《春秋傳》曰：「公會齊侯于袳。」尺氏切

張口也。从口多聲。丁可切

厚脣皃。从多从尚。段曰：「當云多亦聲。」陟加切

目傷眥也。从目多聲。一曰瞢兜。叱支切

馬病也。从疒多聲。《詩》曰：「痑痑駱馬。」丁可切

趨趙，久也。从走多聲。直離切

礙也。从車多聲。康禮切

禾相倚移也。从禾多聲。一曰禾名。弋支切

艸萎䔟。从艸移聲。弋支切

所安也。从宀之下，一之上，多省聲。魚羈切　古文宜。　亦古文宜。

人所宜也。从言从宜，宜亦聲。儀寄切

遷徙也。从辵多聲。弋支切

離別也。从言多聲。讀若《論語》「跢予之足」。周景王作洛陽誃臺。尺氏切

落也。从𨸏多聲。徒果切

姼　美女也。从女多聲。尺氏切　㚩　姼或从氏。

鉹　曲鉹也。从金多聲。一曰鬵鼎，讀若擠。一曰《詩》云「侈兮哆兮」。尺氏切

黟　黑木也。从黑多聲。丹陽有黟縣。烏雞切

栘　棠棣也。从木多聲。弋支切

朵　樹木垂朵朵也。从木，象形。此與采同意。丁果切

䇔　箠也。从竹朵聲。陟瓜切

㛊　量也。从女朵聲。丁果切

垛　堂塾也。从土朵聲。丁果切

隓　敗城𨸏曰隓。从𨸏差聲。臣鉉等曰：「《說文》無差字，蓋二左也。」許規切

嶞　山皃。从山隓聲。徒果切

隋　裂肉也。从肉，从隓省[六]。徒果切

鬌　髮隋也。从髟，隋省[七]。直追切

嫷　南楚之外謂好曰嫷。从女隋聲。徒果切

橢　車笭中橢橢器也。从木隋聲。徒果切

鏅　鈴鏅也。从金隋聲。徒果切

豶也。从豕隋聲。以水切

骨中脂也。从骨隓聲。息委切

飛也。从隹隓聲。山垂切

篆文隓。「隓」字今增。

不敬也。从心，㪔省[八]。《春秋傳》曰：「執玉憜。」徒果切 憜或省𠂤。 古文。

山之墮墮者。从山，从憜省聲。讀若相推落之憜。徒果切

無袂衣謂之䙅。从衣，惰省聲。徒卧切

魚子已生者。从魚，憜省聲。徒果切 籒文。

从也。从辵，㪔省聲。旬爲切

相毀也。从言，隨省聲。雖遂切

藍蓼秀。从艸，隨省聲。羊捶切

虫也。从虫而長，象冤曲垂尾形。上古艸居，患它，故相問：「無它乎？」託何切 它或从虫。

曳也。从手它聲。託何切

裾也。从衣它聲。《論語》曰：「朝服，袉紳。」唐左切

馬尾駝也。从革它聲。今之般緧。徒何切

負何也。从人它聲。徒何切

司人也。从見它聲。讀若馳。式支切

沇州謂欺曰詑。从言它聲。託何切

江别流也。出涽山東，别爲沱。从水它聲。徒何切

短矛也。从金它聲。食遮切

鮎也。从魚它聲。徒何切

艸木華葉𠂹。象形。是爲切　古文。

遠邊也。从土𠂹聲。是爲切

危也。从𨸏垂聲。是爲切

河津也。在西河西。从水垂聲。土禾切

厜㕒，山顛也。从厂垂聲。姊宜切

堅土也。从土𡍮聲。讀若朵。丁果切

以杖擊也。从手垂聲。之壘切

擊馬也。从竹垂聲。之壘切

瘢胝也。从肉垂聲。竹垂切

諈　諈諉，纍也。从言垂聲。竹寘切

娷　諉也。从女垂聲。竹恚切

䮔　馬小皃。从馬垂聲。讀若箠。之壘切　𩣡　籀文从豖。

𨓈　不行也。从辵䅑聲。讀若住。中句切

睡　坐寐也。从目垂聲。從小徐本[九]。是僞切

唾　口液也。从口垂聲。湯臥切　涶　唾或从水。

錘　八銖也。从金垂聲。直垂切

雓　雖也。从隹垂聲。是僞切

𨸝　磊也。从𠂤豖聲。洛猥切

𦈢　小口罌也。从缶豖聲。池僞切

吹　噓也。从口从欠。許書欠部重出「吹」字，解云：「出气也。从欠从口。」今不録。昌垂切

炊　爨也。从火，吹省聲。昌垂切

龡　籥，音律管壎之樂也。从龠炊聲。昌垂切

差　貳也。差不相值也。从左从豖。初牙切，又楚佳切　𠂰　籀文差从二。

縒　參縒也。从糸差聲。楚宜切

　齒參差。从齒差聲。楚宜切

　束炭也。从火，差省聲。讀若齹。楚宜切

　衺斫也。从木差聲。《春秋傳》曰：「山不槎。」側下切

　䃺麥也。从麥差聲。一曰擣也。昨何切

　殘田也。《詩》曰：「天方薦𤰝。」从田差聲。昨何切

　山皃。从山差聲。昨何切

　連車也。一曰却車抵堂爲䡨。从車，差省聲。讀若遟。士皆切

　髮好也。从髟差聲。從小徐本[十]。千可切

　醉舞皃。从人差聲。《詩》曰：「屢舞傞傞。」素何切

　瘉也。从疒差聲。楚懈切，又才他切

　咨也。一曰痛惜也。从言差聲。子邪切

　玉色鮮白。从玉差聲。七何切

　鹹也。从鹵，差省聲。河内謂之䣜，沛人言若虘。昨河切

　藏魚也。南方謂之魿，北方謂之鮺。从魚，差省聲。側下切

　鈍詞也。从白，鮺省聲。《論語》曰：「參也魯。」郎古切

櫓 大盾也。从木魯聲。郎古切 樐 或从鹵。

蓾 艸也。可以束。从艸魯聲。郎古切 ⿱艹鹵 蓾或从鹵。

溠 水。在漢南。从水差聲。荊州浸也。《春秋傳》曰：「脩涂梁溠。」側駕切

沙 水散石也。从水从少。水少沙見。楚東有沙水。所加切 ⿰氵尐 譚長説：沙或从尐。

娑 舞也。从女沙聲。《詩》曰：「市也婆娑。」素何切

莎 鎬侯也。从艸沙聲。蘇禾切

魦 魚名。出樂浪潘國。从魚，沙省聲。所加切

𠂇 𠂇手也。象形。臧可切

左 手相左助也。从𠂇、工。姚曰：「𠂇亦聲。」則箇切

⿰尣左 ⿰尣左⿰尣左，行不正。从尣左聲。則箇切

齹 齒差跌皃。从齒佐聲。《春秋傳》曰：「鄭有子齹。」臣鉉等曰：「《説文》無佐字。此字當从𡯁，傳寫之誤。」昨何切

坐 止也。从土，从畱省。土，所止也。此與畱同意。但臥切 㘴 古文坐。

侳 安也。从人坐聲。則臥切

挫 摧也。从手坐聲。則臥切

小腫也。从疒坐聲。一曰族絫。昨禾切

折傷也。从刀坐聲。麤臥切

斬芻。从艸坐聲。麤臥切

目小也。从目坐聲。昨禾切

訬疾也。从女坐聲。昨禾切

走意。从走坐聲。蘇和切

喪結。《禮》：「女子髽衰，弔則不髽。」魯臧武仲與齊戰于狐鮐，魯人迎喪者，始髽。从髟坐聲。莊華切

鍑也。从金坐聲。昨禾切

艸雨衣。秦謂之萆。从衣，象形。穌禾切　古文衰。

服衣。長六寸，博四寸，直心。从糸衰聲。倉回切

減也。从疒衰聲。一曰耗也。楚追切

秦名爲屋椽，周謂之榱，齊魯謂之桷。从木衰聲。所追切

貝聲也。从小、貝。酥果切

玉聲也。从玉𧴪聲。蘇果切

小麦屑之覈。从麦肖聲。穌果切

臞也。从肉肖聲。穌果切

水也。从水肖聲。讀若瑣。穌果切

遣有辠也。从网、能。言有賢能而入网，而貫遣之。《周禮》曰：「議能之辟。」薄蟹切

相屬。从金罷聲。讀若嫣。彼爲切

艸也。从艸罷聲。符羈切

如熊，黄白文。从熊，罷省聲。彼爲切 古文从皮。

與林同。人所治，在屋下。从广从林。莫遐切

披靡也。从非麻聲。文彼切

碎也。从米靡聲。摸臥切

爛也。从火靡聲。靡爲切

石磑也。从石靡聲。模臥切

旌旗，所以指麾也。从手靡聲。許爲切

研也。从手麻聲。莫婆切

塵也。从土麻聲。亡果切

　糝也。从米麻聲。靡爲切

　穄也。从黍麻聲。靡爲切

　瘺病也。从骨麻聲。莫鄱切

　牛轡也。从糸麻聲。靡爲切　　縻或从多。

　乘輿金馬耳也。从耳麻聲。讀若渳水。一曰若《月令》靡草之靡。亡彼切

　闕。芳萬切[十二]

　拖持也。从反丮。闕。居玉切

　亦丮也。从反爪。闕。諸兩切

《説文聲表》所收字《韻徵》無者[十二]

表九

工部 邛

倝部 倝

東部 [illegible] 歱

从部 《韻徵》此篇刷印矇朣，字多不見。

宋部 宋

[illegible]部 [illegible]

表十

王部　玨

皀部　既卿

圭部　《韻徵》𤉣，此本[illegible]。

卯部　卯

方部　斻

竝部　㬱

匕部　[illegible]《韻徵》[illegible]，此本[illegible]。

表十一

冎部　冎

品部　品

表十二

囚部　泅

𠂢部　𠂢

乁部　乁　尺　[illegible]　[illegible]　[illegible]　[illegible]　[illegible]

吉部　吉　[illegible]

坴部　坴　逵

眞部　禛

辰部　[illegible]　[illegible]

山部　山

辛部　宰　梓　[illegible]

扁部　獱

八部　汃　[illegible]

宀部　宀

乚部　乳孔

表十三

艸部　憒
蓐部　薅
叒部　叒
韋部　韜
彡部　彰
班部　班
門部　闇
文部　玟吝斄

表十四

彖部《韻徵》[illegible]，此本[illegible]。

[illegible]部[illegible]

出部[illegible]

內部內

見部[illegible]

毌部[illegible][illegible]

犬部吠

[illegible]部[illegible]

北部北

[illegible]部[illegible]

[illegible]部[illegible]

[illegible]部[illegible][illegible]

[illegible]部《韻徵》[illegible]，此本[illegible]。

緐部　緐

表十五

乙部　乾

釆部　悉

半部　半

鬼部　[illegible]

計部　計

[illegible]部　[illegible]

埶部　[illegible]

內部　內　肭

表十五下

止部 止
豕部 豕
黹部 黹 [illegible]
弋部 弋
之部 之
屮部 屮 [illegible]
妻部 妻 [illegible]
几部 几
非部 非 [illegible]
八部 八 [illegible]
爪部 桀
兆部 [illegible]
[illegible]部 [illegible]

殺部 [illegible]

[illegible]部 敝 [illegible]

末部 眜

閃部 閃

閑部 閑

表十六

丱部 丱

闌部 闌

皃部 [illegible]

系部 縣 [illegible]

世部 詍 諜

彖部 彖 喙 蝝

表十七

【校記】

[一] 小徐本作「從口化聲」。

[二] 原鈔果部止於「餜」字條，而陳澧於其左側手書一篆體「夥」字，但未鈔解説。今據大徐本補全。上海本

無之。

［三］大徐本作「从歺从羸」。

［四］原於「羸」字條後有「羸、籯、羸」三字條，而陳澧於頁眉手批：「此當移入十一部。」上海本此處亦有此三字，注：「疑非羸聲。當入十一部。」今移往卷十一。參看標目校記［二十二］及卷十一校記［一］。

［五］大徐本作「从火从多」。

［六］段注謂「隓省聲」。

［七］小徐本作「從髟，隋省聲」。

［八］小徐本作「從心隋聲」。

［九］大徐本作「从目，垂」。

［十］大徐本作「从髟，差」。

［十一］「炧」字條之後原有「齜」字條，陳澧批曰：「已入七聲，查過抽去。」見卷十二。參看卷十二校記［二十］。

上海本此處無此字。今删。

［十二］《韻徵》指安吉《六書韻徵》。此部分内容上海本列於標目之後、正文之前；廣州本與卷十六、十七一同脱失。

［十三］上海本無此行。參看校記［十一］。

跋

先曾祖東塾公，諱澧，字蘭甫，遺著中有《説文聲表》一種，爲公三十歲以前所作，初名《説文解字聲類譜》，嗣更名爲《説文聲統》，最後定名爲《説文聲表》，共十七卷。初稿既成，原擬倩桂星垣（文耀）[一]先生檢校一過，然後刻版，後因星垣先生有韶州之行，遂以底本送徐子遠（灝）先生，並囑其作箋，但無所成。咸豐三年，公循星垣先生之請，即付剞劂，乃於是年八月作自序一首，説明編著旨趣，但仍未即時刊刻。公殁後，是書謄本之一由公之門人廖澤羣（廷相）先生保存，送廣雅書局官刻，尚未着手，而先生遽歸道山，先君（諱慶龢，字公睦）亦存有謄本一份，原擬在蘇州付刻，又以北返未果，稿存上海中國信托公司保險櫃中。一九三七年，中日戰啓，干戈擾攘八年，該稿遂散佚無踪。先君於戰後家書中，一再提起刊刻《説文聲表》之事，有「此稿非刻不可」、「此事非汝不能辦也」、「先祖在天之靈當佑汝福壽也」之言。惟是時邁于役美京華盛頓，後調菲律賓馬尼拉，對此事實不知從何着手，每一念及，焦急萬分。

一九六八年，北大同事張佛泉先生，任教於加拿大温哥華英屬哥倫比亞大學，曾以該大學新近購入之《宋元明及舊鈔善本書目》一册見贈。余時任職東京，展閲《書目》，則「《説文聲統》十七卷」赫然在內,爲之狂喜,遂即馳書佛泉先生,請爲代洽全部影印,比蒙允諾,由該大學伍冬瓊女史任其勞,數月後即全部寄來。據該大學王伊同先生考證,此稿原歸徐信符(紹棨)先生之南州書樓,嗣轉歸姚鈞石先生之蒲阪書樓,於一九五九年由該大學購入。邁於獲得景印本後,當即函商該大學圖書館館長史圖瓦·施托士(Basil Stuart-Stubbs)先生,請准景印發行,荷承於一九七〇年八月十日來函慨允,先人遺命,遂得完成,如此奇遇,冥冥中蓋有呵護也。

此稿爲未完成本,東塾公批注應查對之處數起,如第一卷封面上批注,第六、七卷封面上批注,又於致徐子遠先生信劄中説明,標目「乃依謄清之本編録者,故與底本不相應……恐有一聲全缺者也」(據原蹟)。謄本空白甚多,係預留作箋注之用者,蓋公於致徐子遠先生書中有「弟(指徐)作箋即可寫於清本上」之語。兹爲節省紙張起見,已將完全空白之頁裁截,惟仍保留每目開始一頁之原樣,以存其真。公在原稿所作批注,係用硃筆,景印不甚清晰爲憾。

一九七一年一月廿七日曾孫之邁謹識

【校記】

[一]「文耀」應爲「文燿」。